编辑委员会

成协中　郭剑寒　贺　剑　任启明　褚福民　王　炜
傅　强　沈朝晖　徐　斌　曹　斐　曾燕斐　丁晓东

本辑主编

丁晓东

声　明

本刊的各篇文章仅代表作者本人的观点和意见,并不必然代表编辑委员会的任何意见、观点或倾向,也不反映北京大学的立场。特此声明。

《北大法律评论》编辑委员会

中文社会科学引文索引（CSSCI）来源集刊

北大法律評論
PEKING UNIVERSITY LAW REVIEW
第 11 卷·第 1 辑（2010）

《北大法律评论》编辑委员会

图书在版编目(CIP)数据

北大法律评论·第11卷·第1辑/《北大法律评论》编辑委员会编.—北京:北京大学出版社,2010.1
ISBN 978-7-301-16625-3

Ⅰ.北… Ⅱ.北… Ⅲ.法律-文集 Ⅳ.D9-53

中国版本图书馆CIP数据核字(2010)第017499号

书　　　名:北大法律评论(第11卷·第1辑)
著作责任者:《北大法律评论》编辑委员会　编
责 任 编 辑:王　晶
标 准 书 号:ISBN 978-7-301-16625-3/D·2542
出 版 发 行:北京大学出版社
地　　　址:北京市海淀区成府路205号　100871
网　　　址:http://www.pup.cn　电子邮箱:law@pup.pku.edu.cn
电　　　话:邮购部 62752015　发行部 62750672　编辑部 62752027　出版部 62754962
印 刷 者:北京大学印刷厂
经 销 者:新华书店
　　　　　787毫米×1092毫米　16开本　21.5印张　402千字
　　　　　2010年1月第1版　2010年1月第1次印刷
定　　　价:35.00元

未经许可,不得以任何方式复制或抄袭本书之部分或全部内容。
版权所有,侵权必究
举报电话:010-62752024　电子邮箱:fd@pup.pku.edu.cn

《北大法律评论》第 11 卷·第 1 辑(总第 20 辑)

目 录

编者按语 ……………………………………………………………… (1)

主题研讨 政法经验六十年

刘　忠　"从华北走向全国"
　　　　　——当代司法制度传承的重新书写 ……………………… (6)

李　晟　法制之外的普法
　　　　　——从革命文学中的司法叙事切入 ………………………… (27)

王康敏　通过"法盲"的治理 ……………………………………………… (45)

陈柏峰　群众路线三十年(1978—2008)
　　　　　——以乡村治安工作为中心 ……………………………… (88)

论文

陈端洪　人民必得出场
　　　　　——卢梭官民矛盾论的哲学图式与人民制宪权
　　　　　理论 …………………………………………………… (117)

翟小波　人民主权原则的规范逻辑与实践技艺
　　　　　——以卢梭的《社会契约论》为根据 ………………… (146)

许德风 论利息的法律管制
　　——兼议私法中的社会化考量 …………………………（176）

夫马进 李 力 译
　　讼师秘本的世界 …………………………………………（210）

评论

陈毅坚 "共谋共同正犯"
　　——一个多余的法范畴 …………………………………（239）

马剑银 哈贝马斯的基本权利观
　　——商谈论视角的基本权利体系重构 …………………（264）

李斯特 传统文化"误用"的政策分析
　　——从耐克广告争议案切入 ……………………………（284）

傅郁林 自由裁量管辖权及其行使
　　——《美国最高法院受案议程表的形成》导读 …………（312）

编后小记

责任与担当 …………………………………………………（333）

Peking University Law Review
Vol. 11, No. 1 (2010)

Contents

Editors' Notes .... (1)

Symposium: Sixty Years' Experience of Political and Legal Practice

Liu Zhong
    From North China to the Nationwide: A Rewriting of Contemporary
    Judiciary Tradition .... (6)

Li Sheng
    Dissemination of General Knowledge of Law beyond the Legal System:
    The Narrative of Justice in the Chinese Revolutionary Literature ...... (27)

Wang Kangmin
    Governance Through the "Legally Illiterate" .... (45)

Chen Baifeng
    Thirty Years of "the Mass Line" Practice (1978—2008): A Focus
    on Rural Public Security .... (88)

Articles

Chen Duanhong
    The People Must Be Present: A Graphic Elaboration of Rousseau's
    Philosophy of the Government-People Relationship and a Paraphrase
    of His Theory of Popular Constituent Power .... (117)

Zhai Xiaobo
 Normative Structure and Practical Art of Principle of Popular
  Sovereignty: Rousseau's Du Contrat Social Rivisted ………… (146)

Xu Defeng
 Social Justice and the Rationale of Usury Law ………………… (176)

Fuma Susumu Translated by Li Li
 The World of the Secret Handbook of Litigation Masters ………… (210)

Notes & Comments

Chen Yijian
 "Collusive Co-Perpetrator": Superfluous Law Concept ………… (239)

Ma Jianyin
 Habermas on Grundrechte: Reconstructing the System of Fundamental
  Rights under the Perspective of Discourse Theory ………… (264)

Li Site
 How Is Chinese Traditional Culture Misused in Nike's Advertisement:
  An Analysis of Cultural Policy ………………………………… (284)

Fu Yulin
 The Discretionary Jurisdiction and Its' Exercise: The Introduction of
  Agenda Setting in the United States Supreme Court ………… (312)

Afterword ………………………………………………………………… (333)

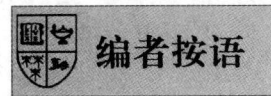

编 者 按 语

新中国已经度过了她的六十岁生日,如何从政治与法律的角度理解这过去的六十年,理解新中国建立后的三十年和改革开放后的三十年?这对于法学家来说,是一个无法回避却又充满挑战的问题。无法回避是因为,如果无法从政法的角度理解历史逻辑的展开,那么中国法治的主体性和正当性就无法自我宣示,一个政治共同体和文明体的命运就会在历史的断裂中无所适从;而充满挑战则是因为,在智识惰性的支配之下,教条主义的思维模式很容易让我们放弃对历史丰富性地深入思考,很容易陷入简单而情绪化地"批判"之中。基于这些考虑,这一期的评论组织了"**政法经验六十年**"的主题研讨,力图从中国自身的经验来深入总结、反思和批判新中国六十年来的政法经验。

要分析新中国的政法经验,我们显然无法从1949年新中国成立的那一刻开始思考,新中国的政法制度和政法经验和新中国成立前的革命根据地有着密切的传承关系。刘忠的文章《**"从华北走向全国"——当代司法制度传承的重新书写**》正是这样一篇探寻新中国司法传统的论文。通过对陕甘宁边区司法制度和华北人民政府时期的司法制度的细致分析,文章认为,当代中国司法制度所承接的传统实际上来源于华北人民政府,而非陕甘宁边区。在当前学界和司法界将目光聚焦于马锡五审判方式的今天,刘忠对于司法制度传承的重新书写具有重大的史学价值,也蕴含着重要的理论和实践价值。文章提示我们,我们不应仅仅将传统的政法经验局限于单纯的调解和纠纷解决,局限于农村的司法问题。相比我们陕甘宁边区司法制度和马锡五审判方式,新中国的司法传统拥有更为丰富的制度设计,拥有更为整全的政法视野。

如果以现代法律主义的视角来看,那么新中国前三十年似乎就是一个完全无章可循的时期,只有在改革开放之后,法治的规则之治才得以确立,历史才有了意义。但是,换一个角度来看,其实前三十年倒是一个更为"法治"化的时期,各种政策规章往往更能获得百姓的认可,也更容易获得实施。李晟的文章**《法制之外的普法——从革命文学中的司法叙事切入》**正是从普法这一命题切入,考察革命时期的政法运作是如何展开的。文章发现,革命时期的文学曾经发挥了社会治理的重要作用,"作为文学的法律"的普及实际上和今天的普法具有异曲同工的作用。通过对二者的比较,李晟进一步指出,文学和法律必然都面临解释权的争夺,无论是文学的普法,还是法律主义的普法,都无法回避政治合法性的问题。离开了政治的权威和合法性,法治建设就不可能成功。

要理解中国过去三十年的法治进程,离不开对"普法"与"法盲"这一对法治概念的深入思考。基于学术界对这个问题的研究,王康敏在**《通过"法盲"的治理》**一文中对此进行了全面而深刻的反思。文章将法律知识区分为"法律的基础性知识"和"法律的技术性知识",并根据公民对这两种不同法律知识各自不同的认识和态度,将"法盲"这一整体性概念界分成"敌对性法盲"、"被动性法盲"和"挑战性法盲"三组不同的范畴。通过对宪法文本和普法政策的细致解读和三组范畴的划分,文章把法盲与法治的关系纳入到建构"人民共和国"这一伟大政治理想的视域中进行理解。文章发现,通过对敌对性法盲的征服、对被动性法盲的教育、对挑战性法盲的细心保存和有条件支持,国家展现了精英主义与民众主义结合的共和宪政,保持了专法型法治和普法型法治的动态平衡。

陈柏峰的文章**《群众路线三十年(1978—2008)——以乡村治安工作为中心》**则从乡村治安工作这一问题切入,思考了群众路线这一传统的政法经验在过去三十年的实践。文章通过细致的谱系学分析,展现了新时期乡村治安工作中群众路线的变迁。改革开放初期,通过直接呼应群众的要求、依靠群众以维护治安、接近群众以维护群众的安全感,群众路线延续了前三十年的模式。但是随着程序主义法治理念的彰显和国家基层治理政治的变迁,群众路线受到了严重的挑战,治安联防、线人等"专门工作"开始逐渐成为乡村治安的方向。通过话语与实践的精辟分析,文章认为,以技术性的治理方式取代与群众路线相伴的身体治理方式和德行治理方式,仍然面临着巨大的困境。未来中国基层的国家权力形态和乡村治安工作的政法经验,仍然是一个极其重要而远未解决的问题。

在法学界,如今"人民主权"的概念受到了不少的质疑,而"公意"则更被认为是一个虚构的神话,应该让位于代议制民主制下的"交往理性"或"重叠共识"。对此,陈端洪的文章**《人民必得出场——卢梭官民矛盾论的哲学图式与**

人民制宪权理论》以政治哲学的高度重新阐述了人民制宪权的理论。文章从黄炎培与毛泽东的著名对话入手,借助卢梭的理论,将黄炎培提出的历史周期律问题转化为政治体死亡的定律问题和官民矛盾问题,并提出了卢梭对于政治体死亡的最根本拯救:人民制宪权的例常化。通过对卢梭官民矛盾的哲学图式与人民制宪权理论的分析,文章重申了"人民主权"和"公意"的宪政意义,为后续的研究打下了坚实的基础。

翟小波的**《人民主权原则的规范逻辑与实践技艺——以卢梭的〈社会契约论〉为根据》**一文,以卢梭的经典文本《社会契约论》为研究对象,对卢梭构建的人民主权原则进行了系统的、规范性的阐释。作者认为,在《社会契约论》中,卢梭天才地建构了人民主权——人权——法治相统一的政治法结构,提出人民主权=普遍意志的最高指导=人民直接立法之治。人民主权由此成为政治正当性的根本原理。但主权不同于治权、立法权和执行权。卢梭还讨论了政府形式论,讨论了人民主权与地方分权等的关联。在如何实践人民主权方面,卢梭试图以立法者(公民宗教—真空教育—风尚监察)消灭差异性、取代政治。实践政制的构建,应在坚持卢梭的政治法结构的前提下,同情地理解但决然地放弃乌托邦式立法者的思路。卢梭的人民主权——人权——法治的统一,关键在于立法要表达普遍意志。该政治法结构的正当性,并不因立法者思路的乌托邦味道而受任何影响。为实现普遍意志,卢梭尝试求诸程序性和主体间性的客观的形式化思路,即在坚持卢梭的政治法结构和他关于共同性塑造的基本见识的前提下,充分体认和发挥人的存在的交往性及普遍交往实践预设的人的理智性和无偏私性的潜能,确立可以屏蔽偏私意见或促成偏私意见的普遍性转化的程序,此即公议民主程序。经由公议程序,公共决策过程本身转化为意见或偏好的普遍化过程,公民自身转化为立法者(真正的自我立法),"现实人民的主权"也就同时成为"普遍意志的主权"。人民主权的规范与实践得以完整统一。

在近代民法向现代民法转型的过程中,自治这一私法的传统精神不断经受着冲击、洗礼,而"社会化"则是贯穿其间的一股强大的推力。当今私法制度之设计、解释或适用,很大程度上都要周旋于自由与强制之间,以发现游走其间的那条曼妙的"金线"(golden line)。继《租赁合同的社会控制》(《中国社会科学》2009 年第 3 期)之后,许德风又推出其"姊妹篇"**《论利息的法律管制——兼议私法中的社会化考量》**一文。该文在观察基督教长期的利息管制历史后发现,利息管制与基督教教义中的社会化思想有关,包含了扶贫济弱的社会关怀。此外,利息管制制度在很大程度上有助于提高经济效率。但随着社会经济的发展,尤其是公司制度的建立,投资手段日益多样,利息管制在社会保障方面的效果日益降低。这在一定程度上促成了其他替代如个人破产等制度的建立和发展。我国现行法的利息管制规则对保护消费者而言,其上限过高;对企业而言，又造成无谓的负担。显失公平等一般条款未能在利息管制中一展身手，也说明我国学界和实务界对私法社会化考量重要性的认识仍有待提高。

"共谋共同正犯"是日本判例为了解决参与事先谋议但并未着手实行犯罪的共谋者的量刑问题而创设的一个范畴。陈毅坚的《"共谋共同正犯"——一个多余的法范畴》一文，对"共谋共同正犯"的由来、发展以及相关学说进行了系统的梳理，指出这一范畴的创设系根据法律效果反推行为性质，有本末倒置之嫌，进而主张不应一般性地承认"共谋共同正犯"。随后，作者将我国的组织犯理论纳入考察领域，对其与"共谋共同正犯"理论之间的共通之处及优劣比较进行了阐述。最后，从共同正犯的构造入手，作者认为共同正犯是一个类型概念，以共谋的方式共同参与犯罪者，是否成立共同正犯不应一概而论，而需依据不同的参与类型而定。作者根据共谋者之间的关系，将"共谋"的共同参与区分为支配型共谋、功能型共谋与协同型共谋，并详细分析了不同参与人类型的正犯性问题。

无论是在法学领域还是在经济学、政治学领域，权利理论都已经成为一个不可回避的问题。现代自然法理论对于自然权利的主张，古典自然法理论对于自然正当的回归，科斯定理对于权利相互性的揭示，都在一定程度上回应着这个问题。马剑银的文章《哈贝马斯的基本权利观——商谈论视角的基本权利体系重构》则从哈贝马斯这一当代思想家入手，从商谈视角分析了哈氏是如何重构基本权利体系的。该文详细地梳理了现代权利哲学的两种思路："权利天赋论"和"权利国赋论"，阐述了这两种权利发生学的谱系和不足，而哈氏的基本权力观又如何以"沟通行动理论"来重构权利哲学，建立"权利互赋理论"。本文清晰而准确地把握了哈氏为继续现代性事业而奠基的权利论体系，同时也在某种程度上为反思现代性留下了空间。

晚清以来，古今中西之争一直是中国学人的中心问题。在中国崛起的语境下，李斯特的《传统文化"误用"的政策分析》一文以耐克案为中心，分析中国的传统文化保护在当下的复杂面相。从对耐克公司的行为的细致分析，李斯特认为此案凸显的是中西文化冲突下的传统文化"误用"这一社会问题。从萨义德的文化符号理论来理解，广电总局的行为恰恰是维护中国在民族国家建构中的民族文化符号。一旦把文化与民族国家构建的政治功能联系上，地方文化与普世文化竞争的世界市场背后其实是西方文化的殖民和中国的崛起对此的冲击。所以，传统文化的保护表面上仅仅是经济上的产权问题，实质却牵涉国家建设中的文化主权和文化安全。但现今在实践层面，对文化作人格物来理解的趋势面临到传统文化甄别、度量和所有权界定等诸多操作问题，而且文化保护与言论自由的平衡等宪政问题亟待解决。

法官的自由裁量权是关系诉讼制度、司法体制研究、改革的核心问题，因此在理论界和实务界颇受关注。然而目前对该问题的研究，往往将比较法中法官的自由裁量权抽象化、模糊化，作为论证加强或者削弱法官权力的论据，能够真正切合外国制度背景进行比较法研究、不脱离中国问题研究法官自由裁量权这一理论问题的成果，实属凤毛麟角。而傅郁林的**《自由裁量管辖权及其行使——〈美国最高法院受案议程表的形成〉导读》**一文，虽然是译著的导读，但是文章出于对中国现状以及避免译著被误读的出发点，通过对美国联邦最高法院大法官在案件管辖方面自由裁量权的分析，既阐释了该权力出现的社会发展、权力分工、司法体制、诉讼程序等背景，又分析了自由裁量权行使中受到的条件、程序、利益等方面的规制，还点出中国的问题和课题。这种从具体问题入手、但具有宏观理论视野的比较法分析，以及从中国问题出发、摆脱"就比较而比较"的研究思路，值得每一位研究者关注。

在帝制中国晚期的官方话语中，讼师的形象往往被对应于讼棍，这在遗留下来的官箴书中体现得尤为明显。讼师被认为是罔顾律法的无良之辈，他们只以诉讼委托者和自己胜讼、获得利益为目标，甚至把委托者作为欺诈的对象，只求自己钻过法网。但是晚近以来，随着"讼师秘本"之类的资料进入研究领域，上述长久以来积淀而成的纯粹负面形象正有所变动。讼师秘本指的是中国古代以教人打官司为要点的书籍，其内容往往包括了当时的诉讼文书的文例、地方社会的代表交给地方官的请愿书的文例、保证书、上奏文和告示文的文例等，甚至还有审讯记录的样本。正是基于对各种至今可见的"讼师秘本"的深入考察，夫马进的**《讼师秘本的世界》**一文揭示了讼师秘本之中所蕴涵的教诲、法律以及这些教诲的时代性。他提醒我们注意，讼师们实际上也有"教诲"、"告诫"和"伦理"，或是关于诬告的告诫与对和解的劝导等，或者主张尊重情、理、法等。夫马进的这篇雄文，展现了在许多其他资料中几乎很少露面的实际存在的讼师以及虚构的讼师之形象，使我们从历史的深处获得了对这一群体更为多向度的了解。

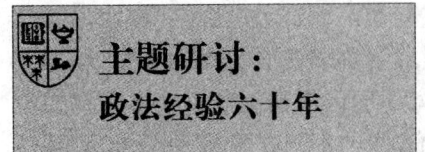

主题研讨：
政法经验六十年

"从华北走向全国"
——当代司法制度传承的重新书写

刘 忠[*]

From North China to the Nationwide:
A Rewriting of Contemporary Judiciary Tradition

Liu Zhong

内容摘要：陕甘宁边区是国共合作的产物。陕甘宁边区和陕甘宁边区高等法院都没有在物质关系上接续到新中国建立后，影响立法和最高司法机关。马锡五审判方式难以被界定为诉讼调解。对当代司法制度传承具有实在影响力的是华北人民政府时期和其前驱晋察冀边区的司法。由彭真作为这一连接谱系主线的中国司法制度传承关系不仅仅是一个学术问题，也影响了当代司法体制改革。

关键词：断裂 诉讼调解 华北 晋察冀 彭真

陕甘宁边区时期的司法是中国共产党根据地时期法制活动的重要实践之

---

[*] 上海同济大学法学院讲师，liuzhongpku@gmail.com。"从华北走向全国"语出刘少奇，见中共中央文献研究室编、陈绍畴、刘崇文主编：《刘少奇年谱（1898—1969）》（下卷），中央文献出版社1996年版，第148页。

一。但研究者通常将陕甘宁边区司法这一区域性实践的重要意义进行放大,认为1949之后中国的法律传统形成于陕甘宁边区政府时期,最高人民法院发端于陕甘宁边区高等法院,并有读本言及,"1949年2月,中共中央发布《废除国民党六法全书与确立解放区的司法原则的批示》,推广陕甘宁边区形成的司法原则。"[1]该描述的根据不知从何而出,因为反复细读中共中央该指示,其中根本无一处提到陕甘宁边区。[2]

1950年,最高法院第一任院长沈钧儒的报告说:"我们建立人民法院,首先是吸收了老解放区二十年来的经验,其次是学习了苏联和其他人民民主国家的先进的经验。"[3]由此,中国当代司法制度与1949年前的根据地实践有传承关系是无疑的,但中国共产党在苏维埃、抗战和解放战争时期,有多个根据地、解放区并存,究竟此传承接续在何处,沈钧儒并未细说。

本文试图理清此线索,以求重新书写这一司法制度。这并不仅是一个埋藏于书斋中的故纸堆问题,在2003年中共中央启动新一轮司法体制改革之后,又成为一个牵扯现实利益纷争的话题:在求诸传统正当的论辩策略中,是陕甘宁还是华北解放区成为具有实在意义的制度历史源头,对法检两院在司法格局调整中的权力匹配,具有不同的支持力。

一、无法接续的断裂

陕甘宁边区是中共中央在1937—1947年期间的驻在地,但陕甘宁边区政府不是中共中央领导下的中央政府,而只是由高岗(1945年后为习仲勋)任书记的中共西北局[4]领导下的一个地方政权,1937年由中华苏维埃共和国临时中央政府西北办事处更名而成,存续期间为1937年9月到1950年1月。与其平行并置的还有晋绥、晋冀鲁豫、晋察冀、山东、华中等根据地(解放区)。陕甘宁边区不是中国共产党根据自己的政治意识形态独立思考进行政权设计的产物,而是出于抗战时期国共合作特殊条件下的策略性考虑。根据国民党中央通讯社播发的《中共中央为公布国共合作宣言》以及周恩来与国民党中央政府张冲等人的谈判最后达成的协议,中共中央同意取消苏维埃政府及其制度,将目前红军驻在地区改为陕甘宁边区,执行国民政府统一法令与民选制度,其行政

---

[1] 延安市中级人民法院:《陕甘宁边区高等法院史迹》,陕西人民出版社2004年版,第117页。

[2] 《中央关于废除国民党〈六法全书〉和确定解放区司法原则的指示》(一九四九年二月二十二日),载中央档案馆编:《中共中央文件选集》(第十八册),中共中央党校出版社1992版,第150—153页。

[3] 沈钧儒:《人民法院工作报告》(一九五〇年六月十七日在人民政协全国委员会第二次会议上的报告)。

[4] 1941年之前为中央西北工委、陕甘宁边区中央局。

人员经民选推荐,由国民政府任命。[5]《陕甘宁边区政府组织条例》第1条就规定陕甘宁边区政府受国民政府之管辖,边区政府由陕甘宁边区参议会选举的委员十三人,组成的边区政府委员会,呈请国民政府加以委任。[6]

因此,陕甘宁边区时期的司法制度与当代中国司法制度完全没有相关:(1)检察院与法院不是人民代表大会领导的"一府两院"政体下的平行设置关系,陕甘宁边区高等法院内部设检察处;(2)边区高等法院下设有看守所,既羁押未决犯,也羁押已决犯,在功能上是目前司法体制下的看守所和监狱的混合体;(3)陕甘宁边区高等法院是边区政府的组成部分,各级地方法院或司法处是同级政府的组成部分,受各级参议会的监督和同级政府的领导,法院院长和庭长都由边区政府任免;(4)陕甘宁边区高等法院除了拥有审判权和检察权之外,还有独立的司法行政机关,也设在法院内。

陕甘宁时期的司法制度,极为简陋,没有更多可操作的具体制度实践,除了前文所述四个方面完全与当代不同,作为硬的制度事实,可以识别论争的就是审级制度和调解制度。[7]

当时的陕甘宁边区高等法院只是设在重庆的国民政府的最高法院下属的中级上诉审法院,执行的法律是国民政府颁布的《六法全书》。[8] 为了与国民政府的法院组织法和诉讼法相一致,在审级制度上,陕甘宁改变了瑞金中华苏维埃共和国政府时期实行四级两审制度[9],实行的是三级三审,县裁判员为第一审,边区高等法院为第二审,设在重庆的国民党中央最高法院为第三审。陕甘宁与重庆相隔遥远,事实上进行三审上诉是不可能的,而为了保持对《六法全书》的遵守,维持三级三审制的形式,边区政府规定不服高等法院判决的,只能上诉于边区政府委员会,再交高等法院重审。[10] 1942年后,在边区政府暂设一个五人组成的审判委员会,由林伯渠、李鼎铭、刘景范等五人为委员,林伯渠

---

[5] 中央文献研究室编:《周恩来年谱(1898—1949)》(修订本),中央文献出版社1998年版,第373—391页。

[6] 《陕甘宁边区政府组织条例》(1939年2月1日),载《陕甘宁边区政权建设》编辑组:《陕甘宁边区参议会(资料选辑)》,中共中央党校科研办公室发行,第152页。

[7] 对调解制度我放在本文第二部分详述。

[8] 《陕甘宁边区高等法院组织条例》第1条就申明"本条例根据国民政府公布之法院组织法制定之。"第2条规定边区高等法院受国民政府中央最高法院之管辖。见《陕甘宁边区高等法院组织条例》(一九三九年四月公布),载陕西省档案馆、陕西省社会科学院合编:《陕甘宁边区政府文件选编》(第一辑),档案出版社1986年版,第217—221页。(以下凡引用该选编,略去版权信息。)

[9] 区裁判部、县裁判部、省裁判部、最高法院四级。

[10] 《陕甘宁边区政府工作报告》(一九四一年四月),载《陕甘宁边区政府文件选编》(第三辑),第221页。

为委员长。受理三审上诉、行政诉讼以及死刑复判等。[11] 一直到边区政府委员会第四次会议后决定边区司法审判改为二级制,高等法院为终审机关,取消了审判委员会。[12] 但是这种二审由于在政权层级上没有区隔清楚,设在专区的高等法院分庭和边区高等法院成为重叠的二审机关,与此前的苏维埃时期和当代的四级二审制度又完全没有承继关系。

对于此,1949年中共中央在《中央关于废除国民党〈六法全书〉和确定解放区司法原则的指示》中明确地说:"在抗日时期,在各根据地曾经个别地利用过国民党法律中有利于人民的条件〔款〕来保护或实现人民的利益",但是这只是国共合作时期的一种策略性行为,"不能把我们这种一时的策略上的行动,解释为我们在基本上承认国民党的反动法律,或者认为在新民主主义的政权下能够在基本上采用国民党的反动的旧法律。"[13] 因此,将当代中国司法制度的传承归于陕甘宁边区,在政治上是说不通的。

思想、制度的传承绝非是抽象的发生,必须有物质的基础,而这样一个物质基础在陕甘宁边区高等法院与当下的司法制度之间并不存在,边区高等法院在人员上,至少经历过两次大的散失断裂,由于该断裂导致陕甘宁边区高等法院与1949年后的最高人民法院之间并没有传承关系:

第一次是1947年3月应对胡宗南闪击延安。由于胡宗南的机要秘书、中共地下党员熊向晖很早即将情报送出[14],所以延安在几个月前就已经开始进入战争动员。非作战部队之外的党政人员,包括法院在内的后方机关或合并,或取消,或缩小。后方机关转移到山西、河北等河东地区后,又进行了大规模的整编精简。[15] 边区高等法院院长马锡五则被任命为后方办事处主任,负责党政机构驻地安排等事。[16]

第二次是1950年1月19日,西北军政委员会成立,代行西北人民政府职权,陕甘宁边区政府撤销。[17] 1950年2月,西北军政委员会第三次会议决定,

---

[11] 《陕甘宁边区政府关于设立审判委员会受理第三审案件的命令》[战字第398号](一九四二年七月十日),《陕甘宁边区政府文件选编》(第六辑),第248—249页。

[12] 《陕甘宁边区政府命令——关于边区审判改为二级审判制》[战字第849号](一九四四年二月十五日),载《陕甘宁边区政府文件选编》(第八辑),第67页。

[13] 《中央关于废除国民党〈六法全书〉和确定解放区司法原则的指示》(一九四九年二月二十二日),载中央档案馆编:《中共中央文件选集》(第十八册),中共中央党校出版社1992年版,第150—153页。

[14] 熊向晖:《我的情报与外交生涯》,中共党史出版社1999年第1版,第27—44页。

[15] 《边府战时精简初步总结》(一九四七年九月二十五日),载《陕甘宁边区政府文件选编》(第十一辑),第306—311页。

[16] 陕西省档案馆编:《陕甘宁边区政府大事记》,档案出版社1991年版,第272页。

[17] 同上注,第352页。

原陕甘宁边区人民法院改为最高人民法院西北分院。[18] 1954年西北大行政区各机构撤销,人员分流到西北五省一市[19]。

原边区政府主席林伯渠1949年后没有从事政法工作,1960年去世。副主席李鼎铭是民主人士,1947年去世。副主席、代主席刘景范(刘志丹胞弟),1949年后先后任监察部、地质部、民政部副部长,也没有从事政法工作。共和国时期第二、第三任最高法院院长董必武(1954—1959年)和谢觉哉(1959—1964年),虽然都曾出任过陕甘宁时期的法院院长,但并不表明陕甘宁对日后的最高法院有多么实质性的影响。谢觉哉作为陕甘宁时代第一任院长时间极短,只有5天,1937年7月17日即离开陕北赴任兰州办事处。[20] 董必武的任职时间是1937年7月—1937年10月,但是1937年9月3日,董必武即赴武汉主持八路军办事处工作。[21] 两人的任职都是在国共两党1937年9月22日就国共合作和陕甘宁合法地位确立之前的苏维埃时期,被称为陕甘宁边区司法传统的时代还没有开始。

在边区高等法院担任院长最久的雷经天、马锡五二人同样没有成为这种历史传承的物质承担者。因为在1949年前的夺权年代,司法工作和司法干部都是不被重视的。[22] 当时在战争年代,大量案件由军法机关处理,适用军事审判程序。[23] 进入到非军事审判程序的普通案件受重视程度较低,即使如此,普通案件中影响稍大的案件,都要请示党委或政府。[24] 除此之外涉及婚姻家庭、小额债务的民事案件,因无关宏旨,交由司法决断。与建立政权、稳固政权,实现革命党向执政党转变后,对于司法和司法干部重视的加大,显有不同。1949年之前,中国共产党是通过武装斗争进行夺权的列宁主义政党,中共党内最精华

---

[18] 陕西省地方志编纂委员会编:《陕西省志(第五十八卷)》(《审判志》),陕西人民出版社1994年版,第670页。

[19] 《马文瑞传》编写组:《马文瑞传》,当代中国出版社2005年版,第342页。

[20] 《谢觉哉传》编写组:《谢觉哉传》,人民出版社1984年版,第98页。

[21] 《董必武年谱》编撰组:《董必武年谱》,中央文献出版社1991年版,第119—120页。

[22] 雷经天在整风运动中受到批评,对边区政府有意见,林伯渠找他谈话说"过去政府对法院工作关心不够,每年最多讨论一次司法工作,使法院工作成了一个独立的山头,工作做好做坏凭自己,自觉性差的人就容易产生自留现象。"《林伯渠传》编写组:《林伯渠传》,红旗出版社1986年版,第283—284页。

[23] 《陕甘宁边区军民诉讼暂行条例》,载《陕甘宁边区政府文件选编》(第七辑),第36—37页;《陕甘宁边区党委、边区政府、边区保安处、边区高等法院关于目前各县司法干部补救办法的意见》(一九三九年五月二十一日),载《陕甘宁边区政府文件选编》(第一辑),第259—261页。

[24] 司法处受理民刑案件,经过侦讯调查后,须将案情提交县政府委员会或县政务会议讨论,再行判决:一、民事案件诉讼标的物其价格在边币一万元以上者,婚姻、继承、土地案件与政策有关,或与风俗习惯影响甚巨者;二、刑事案件中之案情重要者;三、军民关系案件之情节重大者。《县司法处组织条例草案》(1943年3月30日),载《陕甘宁边区政府文件选编》(第七辑),第164—165页。雷经天经办的著名的黄克功案件,由毛泽东批示。见《致雷经天》(一九三七年十月十日),载中共中央文献研究室编:《毛泽东书信选集》,中央文献出版社2003年版,第100页。

的干部是在军队。地方政权中,事权集中于党委。工作能力强能够独当一面,并且在政治上被充分信任的干部,是在党委系统内,而不是在民主人士、统战对象都可以任职的政府及其他机构中。

雷经天原任右江苏维埃主席,在极"左"路线下差点要被枪决,被保卫局局长邓发保护得救。但被开除党籍,戴着一个只能看到两只眼睛的黑面罩,背着炊事班的大锅长征到了延安。[25] 一直到1945年中组部才对他的党籍及相关问题作出结论。抗战期间,雷经天任陕甘宁边区高等法院法庭庭长,1937年10月—1939年2月在边区高等法院任代院长,1939年2月—1945年3月任院长。延安整风期间,因为自己领导的边区司法成为独立山头而被批判。1945年初,雷经天调任八路军南下第3支队政委,解放战争时期任东江纵队政委,1949年12月四野解放广西后,任广西省副主席。1950年6月调任最高法院中南分院院长。1953年被认为工作犯错误而受留党察看二年处分,1956年调任华东政法学院院长兼党委书记,稍后调任上海社会科学院院长。1959年8月在上海病逝。[26]

马锡五1898年出生,是陕北本地保安县人(今志丹县),1930年刘志丹在陕北闹革命,了解到"哥老会"在陕甘交界处声势很大,认为把这些人团结过来,对革命事业很有利。马锡五是哥老会永宁山的大爷(领头人),经刘志丹争取,马锡五参加了革命,经他联系各地大爷,又有二百多"哥老会"成员参加了革命。[27] 马锡五1935年入党,历任陕甘省粮食部部长、国民经济部部长、陕甘省苏维埃主席等职。1940年任专员期间,因"脑疾病发""请予休养,派员接替"。[28] 1946年4月—1950年1月任边区高等法院院长。1950年后任最高人民法院西北分院院长。1954任最高人民法院副院长,1962年去世。[29]

由此可见,1949年后,雷、马两人都没有在中国共产党建政之初将其司法工作中形成的实践惯习延播到日后的立法机关或最高法院,没有能在各种制度尚在形成之时、具有极大的可塑造性的时候,作为初始构造者影响整个中国的司法制度的基础形态。

---

[25] 王福琨主编:《红七军红八军总指挥——李明瑞》,广西人民出版社2008年版,第236页。

[26] 上海社会科学院院史办公室编著:《重拾历史的记忆——走进雷经天》,上海社会科学院出版社2008年版,第44—108页。

[27] 马文瑞:《群众领袖 革命楷模》,载《刘志丹纪念文集》编委会编:《刘志丹纪念文集》,军事科学出版社2003年版,第79页。马文瑞为陕北红军早期重要干部,后任陕西省委书记、全国政协副主席。——引者注。

[28]《林伯渠、高自立对马锡五专员请求离休的复函》[后字第571号](一九四〇年十二月十三日),载《陕甘宁边区政府文件选编》(第二辑),第524—525页。

[29]《马锡五同志简历》,载《人民日报》1962年4月11日,第2版。

二、人民调解、诉讼调解与马锡五审判方式

陕甘宁边区司法实践中被认为对当代影响最大的就是马锡五审判方式,由陕甘宁边区政府主席林伯渠1944年提出。[30] 按照当时陕甘宁边区政府的解释,马锡五审判方式的核心是调审结合,以调为主:"审判与调解结合即马锡五同志的审判方式:……都是负审判责任的人亲到争讼地点,召集群众大家评理,定出双方都愿意接受也不能不接受的法子。是审判也是调解。这方式的好处:政府和人民共同断案,真正学习了民主;人民懂得了道理又学会了调解,以后争讼就会减少。要发扬这方式,重大又复杂的案子,定要这样做。""审判与调解是一件事的两面。马锡五同志的审判方式,是与调解结合的。这是一个大原则,为群众又依靠群众的大原则。在此原则下,审判上有许多问题,我们要注意研究和创造,各级政府尤其是司法部门,必须遵照调解为主、审判为辅的方针,以及马锡五同志的审判方式,在实践中运用,发挥和积累新的经验。"[31]

但是,马锡五是在1946年才被调往边区高等法院担任院长,才成为职业法官。马锡五审判方式被边区政府命名的1944年,马锡五所从事的活动究竟是一种审判,还是一种行政机关主导的民调活动,边界是需要勘定清楚的。

陕甘宁边区期间,马锡五先任曲子县县长[32],后调任庆环分区专员,再调陇东分区副专员、专员[33]。马锡五的工作职务始终是行政序列。由于百团大战暴露了八路军实力,日军加强了封锁,国民党也发动了新的反共高潮,并停止物资供应,因此陕甘宁边区财政恶化,被迫在政权建设中实行精兵简政。经过二次精简后,各级政府吃公粮的人减去35%的人。精简办法中,在专员公署一级设高等分庭,由专员兼庭长。[34] 另外,从政权建设角度出发,行政、司法合一,由专员兼庭长,县长兼司法处长的更重要目的是为了纠正边区司法中出现的"司法独立"倾向[35],密切内部工作联系,贯彻领导一元化,

---

[30] "五、诉讼手续必须力求简单轻便,提倡马锡五同志的审判方式"《边区政府一年工作总结——林主席在边区政府委员会第四次会议上的报告》(一九四四年一月六日),载《陕甘宁边区政府文件选编》(第八辑),第25页。

[31] 《谢觉哉日记》(上卷),人民出版社1984年版,第621—622页;《陕甘宁边区政府指示信——关于普及调解、总结判例、清理监所的指示》[指字第59号](一九四四年六月七日),载《陕甘宁边区政府文件选编》(第八辑),第201—203页。

[32] 《曲子县政府一九四〇年四月份工作报告》,载《陕甘宁边区政府文件选编》(第二辑),第290—292页。

[33] 时任陇东分区的书记是马文瑞。书记始终是政权架构中最重要的职务,在1942年实行党委一元化领导后,书记的地位和作用更是远远超出专员。

[34] 《陕甘宁边区简政实施纲要(一九四三年三月)》,载《李维汉选集》编辑组:《李维汉选集》,人民出版社1987年版,第161页。

[35] 《一九四三年边府工作报告》,载《陕甘宁边区政府文件选编》(第七辑),第458页。

提高工作效能[36]。

所以，从马锡五的职务属性和兼职出现的原因来看，其所使用的纠纷解决方式能否被称为是一种审判方式是有疑问的，不能以马锡五的后身份反推前身份。马锡五的调解更类似今日行政机关主持的民调而不是法院进行的诉讼调解。

从使马锡五审判方式扬名的两个重要事件来看，这种判断也是有根据的。

一个是评剧《刘巧儿》。

马锡五审判方式的扬名借助了《刘巧儿》这一到处展演的戏剧，并非完全出于工作方式的优秀所致。由于共产党要动员青年反对封建族权、家权，动摇传统社会的微观基础，并吸引青年参加、拥护新政权，因此在革命年代多次颁布《婚姻法》，作为重要的群众动员方式。评剧《刘巧儿》以及稍后摄制的同名电影被文化部确定为大规模贯彻婚姻法运动中的重要宣传手段[37]。在该剧中，因为李县长请假养病，石裁判员政策水平不足，形成错判。马专员深入调查，最后对案件重新进行了改判[38]。作为原型的马锡五在全剧中始终是以马专员而不是边区高等法院陇东分庭马庭长身份出现的。1944年3月，毛泽东在中共中央政治局会议上讲话，批评干部的工作作风，其中讲到"我们的机关中有些首长还不如群众，也有好的首长，如马专员会审官司，老百姓说他是'青天'。"[39]毛泽东使用的也是马专员，而且毛泽东用的措辞"会"一字，可以看出审官司本不是马的分内职责所在。

二是毛泽东1958年重提马青天。

述及马锡五，多会引用1958年8月毛泽东说的"还是'马青天'那一套好，调查研究，就地解决问题"[40]。这话出自1958年8月24日毛泽东对各协作区主任作的第三次讲话。根据时任水电部副部长、毛泽东通讯秘书李锐的笔记记录，那次讲话的完整版如下："法律这个东西没有也不行，但我们有我们这一套，还是马青天那一套好，调查研究，就地解决。调解为主。大跃进以来，都搞生产，大鸣大放大字报，就没有时间犯法了。对付盗窃犯不靠群众不行。""不能靠法律治多数人，多数人要靠养成习惯。军队靠军法治人，治不了，实际上是

---

[36] 《边区各级政府及参议会整编办法（摘要）》（一九四三年三月），载《陕甘宁边区政府文件选编》（第七辑），第167—170页。

[37] 《中央文化部指示各地文化部门运用各种方法大力宣传婚姻法》，载《人民日报》1953年2月2日，第1版。

[38] 袁静：《刘巧儿告状》，东北书局编，1947年版，第39页。

[39] 毛泽东：《关于路线学习、工作作风和时局问题》（一九四四年三月五日），载中央文献研究室主编：《毛泽东文集》（第三卷），人民出版社1996年版，第97—98页。

[40] 高岭：《马锡五的故事》，载《人民法院报》2007年11月10日，第3版；《构筑社会和谐稳定的伟大工程——热烈祝贺全国法院调解工作经验交流会隆重召开》，载《人民法院报》2009年7月29日，第1版。

一千四百人的大会(按,指五八年军委扩大会)治了人,民法刑法那样多条谁记得了。宪法是我参加制定的,我也记不得;韩非子是讲法治的,后来儒家是讲人治的,我们每个决议案都是法,开会也是法,治安条例也靠成了习惯才能遵守,成为社会舆论,都自觉了,就可以到共产主义了。我们各种规章制度,大多数,百分之九十是司局搞的,我们基本不靠那些,主要靠决议、开会,一年搞四次,不靠民法刑法来维持秩序。人民代表大会,国务院开会有他们那一套,我们还是靠我们那一套。这是讲上层建筑部分。"[41]

细读毛泽东上述讲话,会发现毛泽东的原意不是颂扬以诉讼为中心的法院审判的,恰是反对对马锡五审判方式进行法治审判的解读方式的。实际上,在毛泽东讲该话之前,中共中央召开了八大二次会议全面发动大跃进,1月份的南宁会议上,反冒进的周恩来等人被毛泽东严厉斥责为离右派"只剩了五十米",从而在全国各个方面掀起了大跃进的浪潮。[42] 在全国各方面大跃进的形势下,司法也提出大跃进,在"跃进"措施上,提出公安、检察、法院三机关联合办案,实行"一长代三长"、"一员代三员",有的地方将公、检、法三机关合并,成立"政法公安部"等。[43] 在马锡五审判方式的故乡,马锡五长期工作的陕西省,1959年4月3日,中共陕西省委批转省高院、省检察院、省公安厅、省司法厅党组《关于市、县级政法机关合并问题的请示报告》,据此全省多数市、县的公、检、法机关合并为党的政法部或政法公安部。[44]

即使将马锡五审判方式解读为今日诉讼的调解,这种解读也是不成立的。

当时的调解是出于一种无奈:一是法院编制规模极小。高等法院连院长在内的审判人员只有4人:院长1人,庭长1人,推事2人。[45]"高等分庭设庭长1人,推事1人,书记1人或2人,视事之繁简定之"[46]"县司法处设处长1人,审判员1人,书记员1人。"[47] 1947年10月边区政府编制中法院干部仅有7

---

[41] 李锐:《"大跃进"亲历记》(上),南方出版社1999年版,第113页。
[42] 中共中央文献研究室编、金冲及主编:《周恩来传(1949—1976)》(上),中央文献出版社1998年版,第409页。
[43] 《董必武传》撰写组:《董必武传(1886—1973)》(下),中央文献出版社2006年版,第956页。
[44] 陕西省地方志编纂委员会编:《陕西省志(第五十八卷)》(《审判志》),陕西人民出版社1994年版,第674页。
[45] 《陕甘宁边区政府第二次精兵简政实施方案纲要》(一九四二年六月十一日),载《陕甘宁边区政府文件选编》(第六辑),第210页。
[46] 《陕甘宁边区高等法院分庭组织条例草案》(一九四三年三月),载《陕甘宁边区政府文件选编》(第七辑),第155—156页。
[47] 《县司法处组织条例草案》(一九四三年三月三十日),载《陕甘宁边区政府文件选编》(第七辑),第164—165页。

人。[48] 专署高等分庭有副庭长1人,推事1人,书记员1人。县政府设裁判员1人。[49] 二是法律供给匮乏,如果适用就只有国民政府的六法全书,而出于意识形态分立,又必须对此排斥适用。从院长、庭长到基层的审判人员,法律训练普遍不足,难以用严格的法律推理和学院派标准的法律术语对纷争事实进行表述。所以,只能依照情理、道德、习俗和直觉来调解。三是中国共产党最重要的任务是武装夺取政权,是举政,而不是建政,法律的统一适用要求被压至最低。从财政负担、人力资源调配上着眼,设置一个与军事作战和屯田垦荒比较相对冗余的法院几乎是不必要的。四是当时的陕甘宁边区地处黄河、沙漠、戈壁之间与胡宗南、宁青二马、邓宝珊等重兵围困之下,且地瘠民贫,财税募补区范围极小,战争环境下的政府和当事人都无以投入起码的经费来维持一个诉讼开支。采用极简化的诉讼调解是必然选择。

而在当下,法院调解的支撑因素出自以下方面:一是调解结案产生的调解书是不可以上诉的。因此调解就掩盖了法官自身素质的不足,尤其是对于一些疑难案件,调解结案就免除了被上诉法院发现端倪而露怯,免除了改判而承担错案的风险。二是调解是当事人自愿达成的协议,遮蔽了法官在审判过程中施加的各种压力以及权力寻租贴现活动。三是法官文书制作的负担大为减少:调解书只需简单将原告主张和被告答辩列举出来,将调解协议内容载入即可。而判决案件要写出判决书和审理报告,将案件的证据、事实、法律适用、原告被告双方的主张、抗辩事由采纳与否的理由,判决理由都详细论证清楚。四是在判决书上网的制度下,面对cyber空间无限可能的挑剔者,判决书如有不慎,就会被指责,而调解书不在上网之列。五是上级法院评卷,人大组织执法检查一般都是评查判决案件,调解案件不在此列,又免除了一项职业风险。六是一个并非理性所要求的个人潜在的情绪也影响了调解率的上升,即调解案件的案卷装订要求简单,而判决案件不但要分装正卷、副卷,卷内文书的顺序有严格格式,材料分拣、编号、装订也极麻烦。[50]

所以,两个调解并无同一指称,只是一种语词上的粘连。后者无法诉诸言辞正当的隐秘规则,重拾马锡五就是对这种由隐秘规则所支持的行为的合法化而已。

从文献阅读来看,陕甘宁边区当时的调解范围极为宽泛:民事一般推行调

---

〔48〕《陕甘宁边区政府命令——发布各机关人员马匹编制表》[新胜字第51号](一九四七年十月五日),载《陕甘宁边区政府文件选编》(第十一辑),第221页。

〔49〕《陕甘宁边区政府命令——专署以下各级政权组织机构人员马匹之编制》[新胜字第72号](一九四七年十二月八日),载《陕甘宁边区政府文件选编》(第十一辑),第237页。

〔50〕 有论者将调解归于和谐社会创立等宏大叙事,但我认为任何宏大叙事,如果不能转化为微观上的激励机制,那么将无所作为。

解,刑事除汉奸、反革命破坏罪外,大部分也可适用调解。"[51]这么大范围的调解,此后的边区政府对此也是否定的:"民事纠纷尽量在乡村调解解决,但调解并不是判决,不能混为一谈,调解即是和解,能和解即和解,不能和解则不能强迫。调解的目的是为了农民团结,少误工、误事。但不论什么事一律去调解也是不对的,凡危害人权、财权等事可以允其诉讼,不应强迫调解。"[52]

1950年最高法院、司法部专门下发司法解释对陕甘宁边区的这种调解为主的司法传统进行了点名否定:"至于民事,为了息事宁人,为人民调解了案是好的,可是法院系审判机关,亦不必提'以调解为主'。""过去陕甘宁边区曾有'调解为主,审判为辅',结果发生偏向,已被否定。"[53]日后马锡五本人也承认了这种错误。[54]

至于马锡五审判方式中的便民成分,这是马列主义政治意识形态中的重要内容即群众路线的体现,而在各种工作中坚持群众路线是从俄共(布)、联共(布)到中国共产党等马列主义政党一贯坚持的[55],难以说是马锡五个人的开创。

三、华北人民法院

逻辑的历史完全不能取代历史的逻辑。陕甘宁边区的司法制度显然并没有延续到当代司法制度。就历史传承而言,1949年后的司法制度在可识别的意义上,有一个物理的连接点,这就是华北人民政府与中央人民政府、华北人民法院与最高人民法院的对接。

1947年11月,当马锡五所在的陕甘宁边区还在胡宗南军队控制之下的时候,晋察冀野战军攻克石家庄,被石太线分割的晋察冀和晋冀鲁豫两个解放区连成一片。1948年3月3日刘少奇主持中共中央工委会议,会议一致同意将晋察冀和晋冀鲁豫两大解放区合并成统一的华北解放区,将晋察冀和晋冀鲁豫两个中央局合并成立华北中央局,稍后又成立华北人民政府。刘少奇的目的就

---

[51]《一九四三年边府工作报告》,载《陕甘宁边区政府文件选编》(第七辑),第460—461页;榆林地区中级人民法院:《榆林地区审判志》,陕西人民出版社1999年版,第351—362页。

[52]《刘景范代主席在边区参议会常驻议员、政府委员暨晋绥代表联席会议上的总结报告》(一九四九年二月十七日),载《陕甘宁边区政府文件选编》(第十三辑),第81页。

[53] 最高人民法院、司法部:《关于审判方针、各级法院、监狱编制、法院领导关系及审级管辖问题的批复》(1950年6月22日),司示字第132号。

[54] 马锡五:《新民主主义革命阶段中陕甘宁边区的人民司法工作》,载《政法研究》1955年第1期。

[55] 王胜俊2009年3月在全国人大所作工作报告再提马锡五审判方式也是在这个意义上用的。见王胜俊:《最高人民法院工作报告——2009年3月10日在第十一届全国人民代表大会第二次会议上》)。

是以华北为基础,为建国做准备,实现"从华北走向全国"。[56] 1948年5月20日刘少奇在中共中央华北局扩大会议上讲话:"我们现在建设的各种制度将来要为全国所取法。中央工作主要是华北局工作,华北工作带全国性意义。我们从陕北出发,落脚华北,今天又从华北出发,走向全国。"[57]

华北人民政府的基本政制框架不再如抗战期间的陕甘宁边区受限于国共合作,已不再是陕甘宁边区抗战时期的"三三制"而是1954、1982年《宪法》所确定的政体形式人民代表大会制。早在1948年1月,毛泽东为中共中央起草的《关于目前党的政策中的几个重要问题》中第三部分"关于政权问题"就已确定:"二、中华人民共和国的权力机关是各级人民代表大会及其选出的各级政府。……在将来,革命在全国胜利之后,中央和地方各级政府,都应当由各级人民代表大会选举。"[58]华北是第一个这样的实践,用时任华北人民政府主席董必武的话是"华北临时人民代表大会已经宣布开幕了,它是一个临时性的,也是华北一个地区的。但是,它将成为全国人民代表大会的前奏和雏型。"[59]

华北人民政府在13个月里,就制定了几乎包罗政治、经济、文化领域的各个方面的法律、法规、条例、办法等,"为中央人民政府的各项工作从一建立就有规可循、有序运作打下了非常良好的基础。"[60]为此,中共中央政治局下发专门通知要求各地学习:"关于建立解放区各级人民代表会议,扩大各级人民民主政府的正常的民主生活问题,最近华北临时人民代表大会业已通过许多的法令、条例,望各解放区仿照执行。"[61]

根据这一要求,陕甘宁边区下发通知要求边区高等法院在内的各机构要学习华北解放区:1949年2月25日,陕甘宁边区参议会常驻议员、陕甘宁边区政府委员会即晋绥边区代表联席会议决定,学习华北解放区的作法,边区政府发

---

[56]《中央军委关于改变华北、中原解放区的组织、管辖境地及人选的通知》(一九四八年五月九日),载《中共中央文件选集》(第十七册),第151—153页;薄一波:《忆董老》(二〇〇三年七月十五日),载薄一波著作编写组编:《领袖元帅与战友》(图文版),中央文献出版社2008年版,第244—248页。

[57] 中共中央文献研究室编、陈绍畴、刘崇文主编:《刘少奇年谱(1898—1969)》(下卷),中央文献出版社1996年版,第148页。

[58]《关于目前党的政策中的几个重要问题》(一九四八年一月十八日),载《毛泽东选集》(第四卷),人民出版社1991年版,第1272—1273页。

[59]《人民的世纪,人民的会议》(一九四八年八月七日),载《董必武选集》,人民出版社1985年版,第199页。

[60] 中央档案馆编:《共和国雏形——华北人民政府》,西苑出版社2000年版,第26页。

[61]《中共中央关于召开党的各级代表大会和代表会议的决议》(一九四八年九月中央政治局会议通过),载《中共中央文件选编》(第十七册),第351页。

布第九号通令,规定了各级法院名称、审级制度及权限。[62] 1949年3月18日陕甘宁边区政府发出命令,印信使用办法都要与华北解放区各级政府求得一致。[63]

华北人民政府的政权建设意义不仅局限于此,而是很快实现了刘少奇的预先设计。1948年5月27日,毛泽东到达中共中央机关所在地华北解放区的西柏坡,1949年3月中共中央从西柏坡移驻北平。其间开始具体筹划开国的各项事宜。曾任国务院副秘书长兼总理办公室主任的童小鹏回忆,新中国成立初期"政务院及其下属机构所需要的为数众多的工作人员从哪里来呢?政务院副总理和所属各部主要人员怎样配备呢?这是毛泽东、周恩来和中共中央领导人在组建政务院时首先碰到的两大问题。经过毛泽东、周恩来等的反复考虑和研究,最后一致商定:首先将华北人民政府撤销,把这个班底拿过来作为政务院的基础,并参照华北人民政府的经验组织政务院。"[64] 聂荣臻回忆说中央人民政府的工作机构,就是在华北人民政府工作机构的基础上组建起来的,中央人民政府各个部的底子是华北人民政府。[65] 连华北局的机关报《人民日报》都取代了延安时期中共中央主办的《解放日报》成为中共中央的机关报。[66] 1949年10月21日,周恩来主持政务院第一次政务扩大会议,宣布政务院成立,并作《关于政务院的成立和政府机关的组织与干部问题》的报告。说明:政务院和它下属的四个大委员会和三十个行政部门是以华北人民政府为基础组建的。[67]

根据中共中央的指示,最高人民法院以华北人民法院的组织机构和工作人员为基础建立起来。[68] 公安部的主体,根据1949年7月周恩来主持召开的两次关于情报、公安两部门的机构设置与领导人选等问题的决定,以中共中央华北局社会部的全体人员加上中共中央社会部的部分机构,作为组建公安部的基础,并任命原华北局社会部部长杨奇清作为唯一的公安部副部长,协助原十九

---

[62] 《陕甘宁边区政府通令——关于各级监委会之组织机构及司法、公安机关之名称等事项规定》[通字第15号](一九四九年三月八日),载《陕甘宁边区政府文件选编》(第十三辑),第126—128页;延安市中级人民法院审判志编纂委员会:《延安地区审判志》,陕西人民出版社2002年版,第46—47页。

[63] 陕西省档案馆编:《陕甘宁边区政府大事记》,档案出版社1991年版,第320页。

[64] 童小鹏:《风雨四十年》(第二部),中央文献出版社1996年版,第48页。

[65] 聂荣臻:《聂荣臻元帅回忆录》,解放军出版社2005年版,第569页。

[66] 薄一波:《若干重大决策与事件的回顾》(上卷),中共中央党校出版社1991年版,第4页。

[67] 中央文献研究室编、力平、马芷荪主编:《周恩来年谱(1949—1976)》(上卷),中央文献出版社1997年版,第7页。

[68] 凌辉:《吴溉之》,载中共党史人物研究会编:《中共党史人物传》,第76卷,中央文献出版社2002年版,第244页。由于沈钧儒是民主人士,吴溉之为当时最高法院党组书记、常务副院长。

兵团政委、新任公安部长罗瑞卿工作。[69] 华北人民政府副主席兰公武出任最高人民检察署副检察长,担任检察署组织大纲起草人召集人。[70] 此外,华北人民政府主席董必武在1949年10月被任命为政务院副总理、政务院政治法律委员会主任,分管法律事务。[71] 董必武1954—1959年出任第二任最高法院院长。华北人民政府司法部长谢觉哉1959—1965年出任第三任最高法院院长。华北人民政府副主席杨秀峰1965之后出任第四任最高法院院长。

由此,使得华北人民政府时期的司法制度可能对此后产生重要的影响。

就前文所铺陈的审级制度和调解制度来看,在审级制度上,1948年10月23日,华北人民政府发布《关于统一各行署司法机构名称及审级的通令》,规定县司法机关为第一审机关,行署区人民法院为第二审机关,华北人民法院为终审机关。[72] 1949年3月后,颁布《关于刑事复核制度由》,加强了县市法院、行署区法院、省法院、华北人民法院四级法院设置的作法。[73] 这种做法的一个最大的改动,就是将行署一级作为县和省、华北区之间的一个独立的审级,而不是如陕甘宁边区,专区一级与边区高等法院是重叠的二审。[74] 1954年《人民法院组织法》颁布后,司法制度上一个引人注目之处就是否定了1951年《人民法院暂行组织条例》的规定[75],正式确认华北时期的做法,在省与县之间的地区行署一级设置了地区中级法院,完成了今天中国法院四级两审制在审判机关设置上的形态。

在调解制度上,华北人民政府的做法是:(1)加强基层调解组织建设:将人民调解和司法调解区分开,村设调解委员会,区设调解助理员或调解委员会[76]。(2)对司法调解作较多限制的规定。其中调解的范围:凡民事案件,均得进行调解。但即使民事案件的调解也不得违反法律上之强制规定,如法令禁

---

[69] 总参谋部《罗瑞卿传》编写组、黄瑶等:《罗瑞卿传》,当代中国出版社1996年版,第247页。

[70] 黄瑶主编:《罗荣桓年谱》,人民出版社2002年版,第718页。

[71] 《董必武年谱》编写组:《董必武年谱》,中央文献出版社2007年版,第348—350页。

[72] 晋察冀边区革命史编纂委员会编:《晋察冀边区革命史编年》,河北人民出版社2007年版,第971页。

[73] 《华北人民政府通令》(法行字第七号一九四九年三月二十三日),载《党的文献》2006年第4期。

[74] "不服县司法处第一审判决上诉之案件,以高等法院为第二审,各分区设有高等法院分庭者,以该管分庭为第二审。"《县司法处组织条例草案》(一九四三年三月三十日),载《陕甘宁边区政府文件选编》(第七辑),第164—165页。

[75] 《人民法院暂行组织条例》(一九五一年九月三日中央人民政府委员会第十二次会议通过)。

[76] 陕甘宁边区不主张设专门的调解组织,边区高等法院1942年12月8日规定"所有人民纠纷问题,可由当事人所住之乡村地邻亲友出面调解,无须专设固定之机关。见杨永华、方克勤:《陕甘宁边区法制史稿(诉讼狱政篇)》,法律出版社1987年版,第189页。

止买卖婚姻、禁止早婚、禁止超过规定的租金或利息等。刑事案件,损害国家社会公共治安及损害个人权益较重者,不得进行调解。只能对一般轻微刑事案件进行调解。[77] 由于最基层的法院是设在县一级,在当时三审制下,县初审的案件可以上诉到专区、省,专区初审的案件上诉到了省、大区。所以,加强区、村一级的民调组织建设,减少法院受诉数量,就将矛盾解决在基层而不是矛盾向上转移,也减少了讼累。

该作法实际上对1949年的各地产生了影响。1953年3月2日,中共中央东北局批转最高法院东北分院党组《关于东北第四届司法会议的报告》,强调:建立与加强街、村及区的调解组织——调解委员会,以便协同法院进行调审工作。[78] 政务院1954年《人民调解委员会暂行组织通则》[79]在基本作法上完全采纳了华北人民政府时期的做法。

前述陕甘宁边区时期的司法调解在政治话语中始终是不被提及或淡化的,而华北人民政府重视的非诉讼的民调的作法是被大力弘扬的,其标示性行动就是毛泽东和晚近以来中央政法委对于"枫桥经验"的大力宣传和推广。[80] 1963年11月22日,毛泽东批示推广浙江省诸暨县枫桥区1963年下半年在社会主义教育运动中坚持少捕人、矛盾不上交,依靠群众就地改造四类分子的作法,被称为"枫桥经验"。"枫桥经验"的核心作法是"组织建设走在工作前,预测工作走在预防前,预防工作走在调解前,调解工作走在激化前"。至迟从1999年开始,"枫桥经验"就始终是中央政法委、综治委高调给予弘扬的。[81] 2002之后,中央政法委书记罗干更是不断强调民调作为"第一道防线"的地位、意义。[82] 这种工作方式不仅在所指的意义上,而且在能指的意义上,都是与华北时期相贯通的。

---

[77]《华北人民政府关于调解民间纠纷的决定》(1949年2月25日)。
[78]《辽宁政法大事记(一九四五年——一九八五年)》,中共辽宁省委政法委员会编辑,辽出临图字[1995]第21号,第70页。
[79]《人民调解委员会暂行组织通则》(一九五四年二月二十五日政务院第二百零六次政务会议通过)。
[80] 周永康:《在纪念毛泽东同志批示"枫桥经验"45周年大会上的讲话》(2008年11月24日),载《人民法院报》2008年11月25日,第1版。
[81] 本报评论员:《"枫桥经验"值得总结和推广》,载《人民日报》1999年12月1日,第1版;《罗干在纪念毛泽东同志批示"枫桥经验"40周年暨创新"枫桥经验"大会上指出学习创新"枫桥经验"正确处理新时期人民内部矛盾》,载《人民日报》2003年11月27日,第1版。
[82]《罗干同志的讲话》(2002年9月28日),见最高人民法院、司法部:《关于印发罗干同志、肖扬同志和张福森、曹建明、段正坤同志在全国人民调解工作会议上的讲话的通知》,司发[2002]15号,2002年10月20日;《罗干同志的讲话》(2007年7月6日),见最高人民法院、司法部:《关于印发罗干同志在全国人民调解工作会议上的讲话的通知》,司发[2007]8号,2007年7月20日。

四、晋察冀、华北与彭真

从思想的物质外壳上,我们还可以发现另一条出自1949年前的华北,接续到当下司法制度的谱系主线,这就是作为中国法制主要奠基者的彭真。

进行历史源流回溯,首先要界定当下的形态。就司法制度而言,现行司法制度的主要授权根据是出自1979年《人民法院组织法》、《人民检察院组织法》和1982年《宪法》。

作为历史传承关系的表达,《关于建国以来党的若干历史问题的决议》使用了一个词"拨乱反正"。[83] "乱"是指"文革"十年之乱,"拨"是指1978年的中央工作会议和十一届三中全会开始进行的思想路线、政治路线和组织路线转变。"正"是1954年《宪法》和1956年中共八大政治决议为主要标识的路线,"拨乱反正"就是后"文革"时代的中国回复到1954年《宪法》和1956年八大所确立的政体和政治路线。

此三部法律在基础条款上与1954年《宪法》和两院的组织法保持一致,现行的司法制度根源在于1954年。在"文革"前十七年和"文革"后中国法制恢复或重新创立,从而形塑成今天中国司法制度样态的最初十年,这两个时期,中共中央最高决策层内直接主管政法工作的都是彭真。[84]

1949年10月20日成立的政务院政治法律委员会,彭真是副主任,1953年后担任政治法律委员会中共党组书记。[85] 1954年一届人大彭真当选为人大副委员长兼秘书长,主持人大日常工作,成为立法机关的具体负责人。1956年八大直到1966年"文革"前,彭真继续担任中央政治局委员,并担任"处理中央日常工作"的中央书记处的书记,负责常务,实际上是副总书记。1958年出任向中央政治局和中央书记处负责的中央政法小组组长。[86] 期间,彭真直接领导完成了《人民法院组织法》、《人民检察院组织法》等法的制定和《刑事诉讼法》、《刑法》的草稿。1979年彭真复出后,出任新成立的全国人大常委会法制委员会主任、人大副委员长,以"文革"前自己领导制定的《人民法院组织法》、《检察院组织法》和主持起草的《刑法》、《刑事诉讼法》为原本,在五届人大二

---

[83] 《关于建国以来党的若干历史问题的决议》(1981年6月27日),载中央文献研究室编:《改革开放三十年重要文献选编》(上),中央文献出版社2008年版,第182—217页。

[84] 一般均熟知彭真连续担任了十七年的北京市委第一书记、北京市长,而忽略了彭真更重要的职务,即同时作为中央政治局委员、中央书记处常务书记、全国人大副委员长兼秘书长、全国政协副主席的角色。

[85] 彭真是1945年七届一中全会上当选的13名中央政治局委员之一。七大不设政治局常委,由毛泽东等五人任中央书记处书记,彭真、陈云两人任候补书记。1950年任弼时去世后,陈云出任书记处书记,彭真成为唯一的候补书记,党内地位高于作为政治法律委员会主任的董必武。

[86] 中共山西省委党史研究室编:《彭真生平大事年表》,中共党史出版社1992年版。

次会议上通过。稍后彭真担任中央政治局委员,组建中央政法委并担任书记。1983年后担任全国人大常委会委员长。[87] 对于中国司法制度的个人思想影响最为深远的就是彭真。没有哪个个人对于中国司法制度的影响超过彭真。而彭真在本文所述的从华北走向全国的司法制度传承主题中是无法绕开的最重要人物。

前文,我提出华北人民政府与1949年后的整个中央人民政府,华北人民法院与最高人民法院在机构上的转承关系。华北人民政府由晋察冀边区和晋冀鲁豫边区政府合并而成,而晋察冀和晋冀鲁豫1938年之前统由中共北方局管辖,彭真长期担任北方局主要负责干部(北方局组织部长、北方局代表)。晋察冀和晋冀鲁豫分设之后,彭真出任中共晋察冀分局书记(中共北方分局书记),代表中共中央和北方局对边区的党、政权、军队和群众工作实施全面的领导,直到1941年赴延安。彭真领导的晋察冀被中共中央誉为"华北党的模范""敌后模范的抗日根据地及统一战线的模范区"。[88] 党史研究者将彭真担任书记的晋察冀根据地称为新民主主义社会雏形。[89] 1947年6月,刘邓率领的晋冀鲁豫野战军南下挺进大别山,晋冀鲁豫中央局和边区的干部大批随军南下,开辟中原局,在新成立的华北政权,晋察冀的干部为主体。彭真1947年9月根据毛泽东指示,重回晋察冀工作,"以中央政治局委员资格帮助与指导晋察冀工作"[90]。华北局成立后,作为中央组织部长兼中央政策研究室主任,在华北局指导整党和土改。[91]

前述华北人民政府将人民调解和司法调解区分开,在区、村两级设调解委员会[92]的做法,由彭真在晋察冀时开创。对于司法和调解,彭真的方式是借重于政府,因为政府的人力、机构的辐射能力和能达到的强度,要远远高于司法。彭真在晋察冀边区通过改革政权组织结构来达到强化治理的目的,其中一项就是划小区:将一个县划为六个至十个区,区政府到各村一天可以来回,使区政府容易领导,工作效能和速度大大提高。然后从边区政府到区政府到村,从上至下地建立起完整的工作系统,特别是在村级建立了民政、财政、教育、生产和调

---

[87]《彭真传》编写组、田酉如:《彭真传略》,人民出版社2007年版,第259—268、307—339页。

[88]《彭真传》编写组编:《彭真年谱(1902—1997)》(上卷),中央文献出版社2002年版,第60—181页;中共河北省委党史研究室、河北省社会科学院:《彭真同志在河北的革命活动》,载本书编辑组:《缅怀彭真》,中央文献出版社1998年版,第505页。

[89] 谢忠厚等:《新民主主义社会雏形——彭真关于晋察冀抗日根据地建设的思想与实践》,人民出版社2000年版。

[90] 中央文献研究室、逄先知主编:《毛泽东年谱(一八九三——一九四九)(下卷)》,中央文献出版社2002年版,第262页。

[91]《彭真传》编写组编:《彭真年谱(1902—1997)》(上卷),同前注[88],第492—510页。

[92]《华北人民政府关于调解民间纠纷的决定》(1949年2月25日)。

解(实即村政府的司法机关)等五个委员会,使边区政府的每一政令和指示能够贯彻到村。[93] 查阅当时边区高等法院的工作报告,在"目前工作方向与重点"目录下有两大项内容就是"审判案件要照顾边区人民实际生活"和"健全村调解工作,建立区调处工作"。"尤其是游击区,老百姓到县政府是一件很困难的事,区里不能及时的为他们解决问题,则对于民力上、团结上以及对政府的信赖上都会蒙受损失。"[94]

前述华北人民法院对审级制度的改变,关键是将专区一级作为独立审级,形成县市、行署、省、大区四级法院,这也是出自晋察冀边区的政权建立实践。在中共政权内部,彭真领导的晋察冀最早将专员公署在政权层级中的地位制度化[95],1940年5月颁布《晋察冀边区行政督察专员公署组织大纲》。时任中共中央北方分局书记的彭真在延安向中共中央政治局和毛泽东汇报晋察冀边区的政权建设的报告中提到晋察冀在政权设置上对于专员、专区一级的设计考虑。中共中央肯定了晋察冀边区的建设经验,将这个报告要点分几次批转各根据地党委。[96] 陕甘宁边区第二届参议会1942年公布了《陕甘宁边区的行政督察专员公署组织暂行条例》[97]。

此做法为华北人民政府继承,在政府行政区划设置上也是实行虚三级制:华北人民政府下辖河北、山西、平原、察哈尔、绥远五省,省下为专区,专区下为县,比如河北省人民政府辖10个专区、132个县、4个市。[98] 1954年6月撤销代表中央政府行使职权的大区一级行政机构后,中央、省、专区、县,四个层级就十分清晰,使得1954年《人民法院组织法》否定1951年《人民法院暂行组织条例》,确立"四级两审制"的设计在政制上成为可能。1983年之后广泛推行地改市,市成为实际上的一级政权,市中院成为今日最重要的一个审级。这一改革最早源出于华北时期的行政区划设计。

在既有的司法制度历史表述中,"从华北走向全国"这条线索是被完全漠视的。在革命叙事的宣传中,晋察冀—华北地区的许多军事事迹广为人知,如

---

[93] 《晋察冀边区各项具体政策及党的建设经验》(一九四一年六月四日—八月二十一日),载《彭真文选(1941—1990年)》,人民出版社1991年版,第12—13页;彭真:《关于晋察冀边区党的工作和具体政策报告》,中共中央党校出版社1997年版,第190页。

[94] 《司法工作报告》(一九四四年三月高等法院王院长在边区司法会议上的报告),载晋察冀边区高等法院编印:《司法工作学习材料》(第一辑),1945年12月15日,第35—36页。

[95] 地区的设置较早于1932年由南京国民政府内政部长黄绍竑提出。

[96] 彭真:《关于晋察冀边区党的工作和具体政策报告》,中共中央党校出版社1997年版。

[97] 《晋察冀边区行政督察专员公署组织大纲》(1940年5月2日公布),《陕甘宁边区行政督察专员公署组织暂行条例》(1942年1月公布),载韩延龙、常兆儒编:《中国新民主主义革命时期根据地法制文献选编》(第二卷),中国社会科学出版社1981年版,第254—256,212—215页。

[98] 《华北人民政府关于重新调整行政区划的决定》(一九四九年八月九日),载中央档案馆、河北省社会科学院、中共河北省委党史研究室编:《晋察冀解放区历史文献选编(1945—1949)》,中国档案出版社1998年版,第598—602页。

狼牙山五壮士、王二小、歼灭阿部规秀、雁翎队、敌后武工队、地道战等，原因并非是其他根据地没有典型事件，而只是由于华北毗邻中国知识分子最密集的区域平津，抗战爆发后，作为平津地区的大量高校青年学生和许多知识分子转入该根据地，使得这一区域的干部和知识分子数量明显高于其他根据地[99]，从而大量革命事迹被以文字、摄影、戏剧等各种方式广为传播。所以，作为一个推测，这一地区的法制文献也应该很充分，法制实践也应该具有不同于其他地区的特点。

但是，认知活动由供给和需求共同完成，认知活动中供给的质量、品种、式样决定了认知需求所实际能接受到的内容。我们只能看到我们被给予的物，而无法超越被给予的境况之外，我们的认知被外在形式限定，所能达到的只是一个被前定了的片段，而不能随心所欲地将自己的认知施加于任何自在之物。近二三十年，党史、档案部门出版、整理了大量有关陕甘宁边区的各种档案、资料，法制史学界也出版了许多高水平的研究陕甘宁边区法制史的作品。但学术界专门研究有关华北人民政府、晋察冀边区、晋冀鲁豫边区期间法制史的学术论文和著作，在我的检索范围内，没有一件。华北人民法院、华北人民政府及其前身的法制只是尘封于河北、山西等省档案馆内，因没有学者去挖掘、研究，使得其尚未进入学术市场，而实际上处于一种自在状态。学术的疏忽导致部分文字对这一历史传承的误读。历史是不同文本话语角逐、被选择的结果。由此，使得仅作为革命年代诸多根据地、解放区之一的陕甘宁被放大，而华北被漠视。

但是，在实际立法、司法工作中，这条由彭真所领导的传统最大地影响了中国当代司法[100]，其能够产生影响力的驱动原因首先是来自干部选用，而在中国的政党制度和工作机制下，干部选用是决定工作形态的第一因素。北方局、晋察冀及华北局、中共北平地下党时期大量长期在彭真直接领导下的干部，在彭真分管政法工作的"文革"前17年和"文革"后，许多人担任了政法工作的重要领导职务并身体力行地执行了彭真的法制观念，如全国人大常委会法制委员会副主任张友渔，中央调查部（国家安全部前身）党组副书记、副部长冯基平，中央政治局候补委员、全国人大常委会副委员长王汉斌，全国人大法律委员会副主任委员宋汝棼，全国人大法制工委秘书长岳祥，全国人大法工委主任顾昂然，全国人大法工委党组书记项淳一，司法部党组副书记、第一副部长李运昌，最高

---

[99] 如华北人民法院的院长是曾留学东京帝国大学，1929年后担任北京大学教授、时任中共中央法律委员会委员的陈瑾昆。

[100] 王汉斌：《彭真同志对我国社会主义民主法制建设的卓越贡献》，刘复之：《缅怀我国社会主义法制主要奠基人彭真同志》，载本书编辑组：《缅怀彭真》，中央文献出版社1998年版，第28—55、82—88页。在具体司法制度操作上的巨大影响，可见顾昂然：《新中国的诉讼、仲裁和国家赔偿制度》，法律出版社1996年版。

人民法院院长郑天翔等。[101]

五、历史的勾连

对于本文所述主题,我认为尚须楔入以下三点我的认识:

第一,历史传承主要不是相同性的考掘,沙里筛金般地执着于寻找不同时段制度的相同点,然后将其连缀在一起,作为一种历史图式。相反,我以为主要是一种差异性之间的接续,即为何在可以区分的不同时段,同一个制度行动者要么接续历史,要么进行变更。

第二,目前看到的都是纸上的条文,而少有践行中的实际运作形态情形。纸面上的文字在司法实践中的执行究竟有多少偏差,需进一步占有材料。

第三,在严酷的军事作战年代,中共中央最主要的精力是在军事作战,地方政权的许多举措只是权宜之计,是服务于军事作战的,而且为了与国民党在政治形象上进行较量,根据地实行了许多不同于今天的制度设计。

因此,缘起可能如福柯、德勒兹等坚持断裂、碎片化意义的观点所否认的那样是学术自负。缘起考究的意义只在于当下,如皮亚杰通过研究儿童心理,来探求人类认知的起源;文化人类学者通过对残存的初民社会的考察,力求发现现代人类文明的问题。但将两个分处于不同时空情境中的历史片段勾连在一起,是需要想象力的,而驰骋的想象力扭曲历史实在,并不完全是一种简单的认知偏差,在利益诉求多样、权力格局多元的形态下,再造历史的目的有时是一种有意识,或虽无意识但却可能落入利益纷争中的非单纯学术活动。

自1993启动《刑事诉讼法》修改就开始的司法体制改革争论[102],因为涉及公安、检察、法院、司法行政诸机关权力重新调整,已经成为中央核心决策层、最高人民法院、最高人民检察院、公安部、司法部和学术界都关注的问题。而不断地强化、论争自己部门在国家政制结构中的位置,是确保新一轮的司法改革中扩权,至少是不丢权的重要手段,不但寻求支持于学理,而且借力于域外的成例,更要求诸于传统正当性。[103] 对司法体制改革,最高决策层的态度是:"改革必须坚定不移走中国特色社会主义政治发展道路,坚持党的领导、人民当家作主和依法治国的有机统一;必须借鉴人类法治文明的优秀成果,但绝不照抄照

---

[101] 李海文、王燕玲编著:《世纪对话——忆新中国法制奠基人彭真》,群众出版社2002年版。

[102] 《关于刑事诉讼法修改情况和主要内容》(1996年1月15日在刑事诉讼法修改座谈会上的讲话),载顾昂然:《立法札记——关于我国部分法律制定情况的介绍(1982—2002)》,法律出版社2006年版,第502页。

[103] 最高人民法院政治部发出通知要求全国各地法院"要充分认识修复'旧址'和建设陈列馆的主要意义"。最高人民法院政治部:《关于做好修复陕甘宁边区高等法院旧址和建设陕甘宁边区审判史陈列馆功有关事宜的通知》,法政[2002]145号。

搬西方政治制度、司法制度的模式。"[104] 域外话语正当性的路径,在政治层面是行不通的。因此,将自己的合法性接续于一个在政治话语中被牢固的确定为正当的大叙事,再造历史传承,就是这种历史书写的目的了。

如1993年中纪委二次全会后检察院的反贪力度加大,此后诉讼法学界要求限制、分拆、取消检察院的"倒检之声"也渐起。这在陕北和华北两个不同传承中,昭示了不同的意蕴:在陕甘宁边区时代,检察机关是设在法院内的,没有独立的与法院平行并置并对法院进行监督制约的检察院。但是在彭真对司法制度的理解中,检察院在政体中的位置极重。许崇德回忆说:1980年后,新宪法的起草原由胡乔木组织,胡乔木工作进展较慢,邓小平下令改由彭真主持。1981年,彭真接替胡乔木组织起草《宪法》后,改变了原来的宪法草稿的框架、思路,提出以1954年宪法为基础。[105] 胡乔木曾考虑仿效美国的政治体制,撤销检察院,将检察权归司法部行使,由司法部长担任总检察长。但是彭真"坚决抵制了试图撤销人民检察院、推行美国式政治体制的主张"。而且,根据彭真的意见,宪法草案还增写了第135条,明确了检察院和公安、法院的关系。[106]

一切行动中的司法者都是结果取向的。政治场域中的任何制度安排都是面向未来,现世的司法都只是关注上手的问题,关注当下的规则设计所实际产生的效果。往昔的历史陈迹,只有在能有助于产生更有利的后果时才会被援以为根据,否则不会被提及。

作为一种学院内黑板上的法学,沉溺于故纸中是一种学术姿态,重新书写司法制度传承只是一种书生意气。在一个长时段内断言一个制度和另一制度之间的传承,可能只是因为两者所使用的语词上的相近、相同,而完全没有指称物的对应。不管是陕甘宁还是华北,距离当下的中国司法制度实践都已经六十年之外,其间,中国社会经历剧烈的震荡变迁,尤其是以1949、1978、1992年为年份标志的制度改新。断言陕甘宁或华北与当下之间的传承接续,可能经不起挑剔的谱系知识考古。而"从华北走向全国"的历史事件是实在的,更细节的片段支持依赖于我们对档案馆、口述史对象的激活。

(初审编辑:丁晓东)

---

[104] 《中共中央召开党外人士座谈会 听取对深化司法体制改革工作的意见》,载《人民日报》2008年11月29日,第1版。

[105] 许崇德:《彭真与1982年宪法的修改工作》,载中共中央党史研究室、中央档案馆编:《中共党史资料》第80辑,中共党史出版社2001年版,第56—69页。

[106] 许崇德:《中华人民共和国宪法史》,福建人民出版社2003年版,第842—843页。

法制之外的普法
——从革命文学中的司法叙事切入

李 晟[*]

Dissemination of General Knowledge of Law beyond the Legal System: The Narrative of Justice in the Chinese Revolutionary Literature

Li Sheng

内容摘要：对革命文学中的司法叙事进行考察，可以发现文学曾经长期发挥着社会治理的重要作用，而"作为文学的法律"的普及与今天的普法，有着共同的特点。两种普法的不同效果，表明普法与法律的权威并无根本上的关联，法律的权威主要还是基于政治合法性。思考当代中国的法治建设，不能遗忘政治合法性。

关键词：法律与文学　普法　法律权威　合法性

---

[*] 北京大学法学院 2006 级博士研究生。

一、引言

在中国建立民族国家与实现现代化的过程中,法治的建设是其中一项重要内容,其目标不仅仅是要治国,更是要建国。[1] 因此当代中国的法治建设,其成就与局限,都备受关注,而且不仅仅限于法律人的关注。无论是从改革开放,还是从大规模的立法工作展开,抑或是将"依法治国,建设社会主义法治国家"写入宪法算起,到现在都已经经过了不短的时间,今天的中国法治却仍然还有很多不尽如人意之处。问题究竟出在哪里,无疑是见仁见智,存在着诸多的解读。但总的来说,大家应当都不会否认,当下中国的立法数量已经相当可观,并且内容上也学习了诸多域外先进经验,因此更主要的问题存在于立法的实施环节,可谓"法治之'法'硕果累累,法治之'治'长路漫漫"。[2]

既然法治的建设是整个国家现代化工程中的一个组成部分,是变法之治而非守成之治,因此,如何使得立法之后,法律能够迅速普遍、统一、明确、严格、公正的得到实施,就成为一个突出的问题。[3] 而在当代中国,所选择的策略便是法律的普及。伴随着大规模的立法工作,"普法五年计划"已经进入到第五个,而"全国法制宣传日"也粉墨登场。并且,普法不仅仅为国家所重视,也受到民众的自觉重视:不同于已经建成法治的发达国家中"法律只给一只书架"的窘境,中国书店里的法律书架越做越大;电视上《今日说法》与《法治在线》成了热门栏目,并且有了众多观众虔诚地对其中报道的案件和专家们的分析做了记录;人们开始热衷于讨论通过各种法规汇编、法律问答、案例精解中所学到的法律,出租车司机们也可以看出"它没宪法"的问题;"秋菊"与"王海"们也变得层出不穷,从五毛钱的收费到0.5厘米的身高,无不可以打一场官司讨要个"说法"。而针对普法与立法同样繁荣却仍然效果不佳的现状,也就出现了反思,对普法的反思便是其中的一个思路。[4]

那么,是否问题确实出在普法上呢?仍然是由于中国法治建设是整个现代民族国家建构的组成部分这样一个基本的宏观背景,今天的中国法治并非凭空创建,而是有着其无法走出的时间与空间背景,深受此前的民族革命的影响。因此,反思当代中国法治建设,不妨从其"不出娘胎之时"开始,将自革命时期

---

〔1〕 参见苏力:"现代化视野中的中国法治",载苏力、贺卫方主编:《20世纪的中国:学术与社会》,山东人民出版社1997年版,第1—46页。

〔2〕 凌斌:"立法与法治:一个职业主义视角",载《北大法律评论》第6卷第1辑,法律出版社2004年版。

〔3〕 凌斌:"革新法治的孝公难题",载《法制与社会发展》2008年第3期。

〔4〕 最突出的反思,请参见凌斌:"普法,法盲与法治",载《法制与社会发展》2004年第2期;"立法与法治:一个职业主义视角",载《北大法律评论》第6卷第1辑,法律出版社2004年版;"法治的两条道路",载《中外法学》2007年第1期。

以来在中国共产党领导下的法治建设作为一个连贯的传统加以考察,无疑有其必要。

而要回顾历史,我们首先面临的第一个问题就是,在革命时代是否存在我们今天所定义的法治抑或法制?当然,中国共产党人不是梁山好汉,无论是在苏区、抗日根据地还是解放区,他们都在戎马倥偬之余,制定了社会治理的一些重要规则。但与今天法典的卷帙浩繁相比较,实在是存在着天壤之别。如果我们生硬地拿历史来对比今天的普法,恐怕难免"直把杭州作汴州"。好在,法律不是纯粹"从言辞开始建立的城邦",而是社会生活的一个反映。这就意味着我们可以多面向地加以考察,除去对于法治本身的观察与反思,法律之外的视角也同样能给予我们以启示。例如同样作为社会镜像的文学作品,就常常在法律无法映照自身时,提供法律变迁的图景,尤其是在那些社会与法律都发生变革的关键时刻。[5] 而革命时期正是这样一个变革的关键时刻,虽然欠缺今天如此成熟的法制,但却有着更多的社会变迁的镜像。虽然说文学作品并不能就当作真实的史料加以使用,但虚构与真实并没有本体论上的鸿沟,文学作品总是在一定程度上反映着社会生活。[6] 因此,从文学这一镜像的视角切入,或许是考察革命时期的法治的一个窗口,也是理解当代中国法治问题的一个渠道。本文的分析,虽然从文学中所反映出来的法律开始,但并不局限于"文学中的法律",还包括"作为法律的文学"。

二、没有法制的普法:革命文学中的司法叙事

革命时期意味着与平常时期太多的不同,它表现为严格的敌我区分与太多的动荡不安,政治与军事上那些你死我活的重大问题压倒了其他的一切问题。因此,在这样的时期,其实严格而言,在我们通常所见到的那些革命文学中,是很少见到"司法"在场的,太多的篇幅被留给了政治和军事。但是,我们仍然可以在关于革命的文学中,寻找到某些关于司法的叙事。

在《李有才板话》中,我们可以看到被称为"一只虎"的地主阎恒元,这个民愤极大的地主,就是通过利用自己作为村长的权力,并结交盗匪,采用各种手段逼得底层的农民破产之后将作为祖业留下的土地典押给他。"老槐树底下的人差不多都是把地押给他才来的","算的结果,连老槐树底带村里人,押给恒元的地,一共就有八十四亩"。[7] 他的这种行为,在村里引起了一致的愤怒,但

---

[5] See Theodore Ziolkowski, *The Mirror of Justice: Literary Reflections of Legal Crises*, Princeton University Press, 2003.
[6] 参见沈明:"法律与文学:可能性及其限度",载《中外法学》2006年第3期。
[7] 赵树理:《李有才板话》,中国社会科学院文学研究所现代文学研究室编:《中国现代短篇小说选1918—1949》(第六卷),人民文学出版社1981年版,第315页。

由于代表革命政权负责监督的"章工作员"的官僚作风,并未发现他的劣行,反而称赞他是"开明士绅"。而更有斗争经验、更懂得走群众路线的县农会主席老杨,来到村里检查工作,一听到"这几年把地押了,啥也讲不起了",就立刻警觉起来,认识到这其中的紧要。经过细致的调查,发现了阎恒元等人把持村政和诸多破产农民押地给阎恒元的事实之后,他立即指出"押地、不实行减租、喜富不赔款、村政权不民主,这四件事最大……咱们要斗争他们,就要叫恒元退出押地,退出多收的租米……",[8]并在村里发起组织农救会,而这个农救会的一个重要作用,就是斗争阎恒元让其退还押地。对此,"板话"是这样表述的:

入了农救会,力量大几倍,
谁敢压迫咱,大家齐反对。
清算老恒元,从头算到尾;
黑钱要他赔,押地要他退。[9]

而最后的结果是,充分发动群众召开了群众大会,通过群情激愤的控诉,将底层民众压抑许久的诉求充分地表达了出来,尤其是对于土地的诉求。在会议上,"恒元的违法事实,大家一天也没有提完……第二天仍然继续开会,直到晌午才算开完。斗争的结果是老恒元把八十四亩押地全部退回原主"。[10]

对于这样一个故事,从头至尾似乎都不见法律的出场。但正是在这种"不在场"中,革命的司法体现了其"不在场的在场"。小说中反复提到并引起民愤的"押地",是指一方因急需现金,不得已将土地的占有、使用、收益权转移给另一方,今后用钱再赎回。用法言法语来表达的话,就是土地典押这一用益物权行为。这种典押,固然是地主欺压农民的一种方式,但因其"活卖"毕竟保留了日后赎回的可能,从而避免了彻底失去土地的绝路。在小农经济时代,土地作为最基本的生产资料,并不仅仅是一件普通的、可以自由买卖的财产,甚至也不只是生计来源,更是一个人维系尊严感和安全感的根基。因此,有着"一典千年活,一卖眼前死"的说法,土地典押在中国历史上可谓有着深远的制度源流,长期得到认可和保护。根据史尚宽的观点,典权关系往往是基于"囊中钱空,无以治事,转而谋诸所有之物,以其所有匡其所无",又不肯抛弃崇敬祖先、重孝好名的传统观念而产生的。[11] 而由黄右昌主持起草的1930年的《中华民国民法典》物权编中,对典权作出了专章规定,并对立法理由加以了说明:"我国之有典权,由来已久,此种习惯,各地均有。盖因典仅用找贴之方法,即可取得

---

[8] 同上注,第330页。
[9] 同上注,第332—333页。
[10] 同上注,第335页。
[11] 史尚宽:《物权法论》,台湾荣泰印书馆1957年版,第391页。

所有权,非若不动产质于出质人不为清偿时,须将其物拍卖,而就其卖得价金内扣还,手续至为繁复。且出典物价格低减时,尚可抛弃其回赎权,于典物价格高涨时可主张找贴之权利,有自由伸缩之余地,实足以保护经济上之弱者。故本法特设本章之规定。"[12] 而在小说所描写的故事所发生的时代,《中华民国民法典》乃是全国通行的法律,作为中华民国政府治下的"特区"的各个根据地,也都适用包括民法典在内的《六法全书》。即使在实践中不承认六法全书的话,《陕甘宁边区地权条例》也规定:"依保证人民土地私有制的原则,凡合法土地所有人在法令限制范围内,对于其所有土地有自由使用、收益和处分(买卖、典当、抵押、赠与、继承)之权。"[13] 那么,文中所叙述的"押地",就完全是一个合法的行为。并且,我们还可以看到在《陕甘宁边区土地典当纠纷处理原则及旧债纠纷处理原则》中规定"典当时效的处理,有约定者从其约定,无约定者,从民间习惯"[14]。民法典则将典期规定为最长三十年,超过三十年的,缩短至三十年。约定典期不满十五年的,不得附有"到期不赎即作为绝卖"的条款。小说中写道"十五年不见的老朋友,今天回来了,怎能不高兴?……我那三亩地不是押了十五年了吗?"[15] 可见,从典押的时间来看,也并无违法之处。而土地典押契约的解除,要么是双方合意的结果,要么是经过调解达成,要么就是通过诉讼和仲裁的裁判,总之都是一个法律行为。但在这个故事里,我们看到的却是"押地"成为民怨沸腾的暴行,通过群众大会的斗争,迫使承典人不得不退还了典押的土地。

《小二黑结婚》是另一个在革命时期广为流传的文学作品。[16] 作为故事男女主人公的小二黑和小芹,在这样一个以"结婚"为主题的故事中,我们并没有看到有多少他们爱情的描写,而极大的篇幅都放在他们与反对势力的斗争上。小二黑的父亲"二诸葛"重视的是"命相",掐算生辰八字替小二黑收了一个小七岁的童养媳;而小芹的母亲"三仙姑"看重的则是钱财,收了一个"在阎锡山部下当过旅长的退职军官"的吴先生三千五百块钱和首饰绸缎,将小芹许配了出去。[17] 当

---

[12] 转引自刘广安:"传统习惯对清末民事立法的影响",载《比较法研究》1996年第1期。
[13] 转引自曾宪义主编:《中国法制史》,高等教育出版社、北京大学出版社2000年版,第358页。
[14] 陕西省档案馆、陕西省社科院编:《陕甘宁边区政府文件选》(第七卷),档案出版社1988年版。
[15] 凌斌:"立法与法治:一个职业主义视角",同前注[2],第338页。
[16] 赵树理:《小二黑结婚》,中国社会科学院文学研究所现代文学研究室编:《中国现代短篇小说选1918—1949》(第六卷),人民文学出版社1981年版,第281—296页。
[17] 作者在这里的把握是非常巧妙的。"三仙姑"不是将小芹许配给了在一般的争取婚姻自由故事中常见的大户人家的子弟,而是许给一个"死了老婆"的中年人做续弦,这种做法显然是不符合青年男性的利益的;而更重要的是,这个"吴先生"还不是一般的地主士绅之类,而是"阎锡山手下做过旅长的退职军官",于是这个问题就进一步转化为反动(至少是落后)的中年人与革命的青年人之间的矛盾,这个关于婚姻自由的斗争从而更加具有革命的意义,更加容易唤起青年人的革命激情。当然,这个细节或许并非作者如此有意地塑造,但至少是无意之中作出了一种更强化了小说的意识形态色彩、更有利于小说服务于革命的表述。

父母一方定下了在民间传统中有效力的婚姻受到子女借助新政权法律的强有力抵制的时候,纠纷被提交到了区长那里。当"二诸葛"对区长说"女不过十五不能订婚,那不过是官家规定,其实乡间七八岁订婚的多着哩。区长恩典恩典就过去了……",这个用民间习惯来对抗"官家规定"的说法,遭到严厉的反驳,区长说:"凡是不合法的订婚,只要有一方不愿意都得退!"这个"有一方不愿意"其实是很微妙的,因为在传统婚姻制度中,父母的同意就是同意,也就是说只要不是像黄世仁威逼杨白劳那样,就属于双方都同意的,这个在民间是一种大家都承认和分享的观念。但革命之后,不一样了,"同意"的权利转移到了子女身上。区长对"二诸葛"说:"给他订婚不由他,难道由你啦?老汉!如今是婚姻自主,由不得你了"。而面对"三仙姑",区长也是"给她讲了一会婚姻自主的法令,说小芹和小二黑结婚完全合法"。于是,小二黑和小芹就"冲破封建枷锁"得到自由结合,"二诸葛"和"三仙姑"与所有这个故事的旁观者则受到了一次深刻的教育,认识到婚姻已经由"结两姓之好"变为了"结两性之好"。

　　严格来说,这只是关于纠纷解决的故事,在这样两个故事中,解决纠纷的并不是司法机关,也没有明确的法律依据,更缺乏严格的法律程序,因而看起来并非司法。但是,在这两个故事中所解决的问题,却是土地与婚姻这两个最基本的民生问题,在司法不在场的情况下,关于财产和婚姻的秩序得到了建构,事实上完成了民法乃至宪法所承担的任务。当然,文学作品并不就等于现实生活,我们不可能由这样两篇小说就推断出当时在革命根据地建立起了这样一种法治。事实上,共产党治理下的根据地,也承认中华民国的《六法全书》的合法性,也以条例的形式制定自己的法律,也建立了包括最高法院和基层法院在内的司法机构。如果在现实中出现了上面所提到的文学作品中所描述的案件,更有可能的还是通过马锡五审判方式由司法人员,而非"农会主席"或是"区长"来加以解决。但是,文学与现实之间的差异在此并不重要。因为,革命已经对文学提出了这样的要求:"要使文艺很好地成为整个革命机器的一个组成部分,作为团结人民、教育人民、打击敌人、消灭敌人的有力的武器,帮助人民同心同德地和敌人作斗争";"革命的文艺,应当根据实际生活创造出各种各样的人物来,帮助群众推动历史的前进。"[18]而上述的作品,正是忠实地贯彻了这些要求创作的,并得到了认可。那么,即使不是完全真实地反映了当时革命根据地的法治状况,至少是对当时共产党人所期望的和人民群众所欢迎的法治状况的一种类型化的描述。

　　为什么文学会承担了这样的任务?一个首要的原因在于,革命根据地所在

---

[18] 毛泽东:"在延安文艺座谈会上的讲话",载《毛泽东论文艺》(增订本),人民文学出版社1992年版,第35、49页。

的地区,都并非发达的城市工商业社会,而是典型的乡土社会,社会经济文化都比较落后,可以说是没有法制的社会基础的"法律不入之地"。在这样的地方,要实现对社会的改造、建立法律的治理,统治者必须有很强的控制能力,将法律强有力地推向最底层,渗透到整个社会的每一个角落。但由于残酷的战争和这些农村地区本身的贫弱,革命政权必须集中本就相当有限的政治资源、经济资源与人力资源投入到战争中去,用于司法的治理能力是相当有限的。意识形态是一种俭省的治理模式,而作为传递意识形态的一个重要手段,文学也就成为一种有效的治理技术。不过,基于司法能力不足而采取文学的治理,在中国历史上也是长期存在的,并不是什么新鲜事。[19] 针对革命时期的这种通过文学的治理,还要从"革命"的语境来看问题。革命之于常态,有着极大的不同,革命话语也就成为一种相当独特的话语。[20] 革命需要破坏旧世界,同时又需要建构新世界,而这个建构起来的新世界,不仅仅是物质与制度的层面,也包括精神层面。要建构起一个世界,人们需要相信关于这个世界的一整套话语体系,以及这个话语体系所体现出来的关于某种因果联系的想象。司法所依赖的一套社会建构也是在于我们的想象力认为某些东西理所当然就是正确的,即使不理解却可以信仰。而这种想象力,是时代的产物,是不断变迁的。革命时代,正是要形成建立起自己的新世界所需要的想象力。简单地看,"通过文学的治理"似乎多了文学的浪漫想象而没有法制应有的严密逻辑。但文学,在此时已经成为逻辑的一种有效的建构手段。用革命的语言来说,就是"世界上没有无缘无故的爱,也没有无缘无故的恨"。[21] 革命的文学正是要建构起关于"爱"与"恨"的新的想象。通过文学的叙事,原来人们头脑中的一整套因果联系被打破和重构了,一种新的逻辑被建立起来指导着人们关于因果联系的想象。"日常法律领域"[22]内那些传统的问题,有了新的解释方式。典权关系不再是基于"囊中钱空,无以治事,转而谋诸所有之物,以其所有匡其所无,又不肯抛弃崇敬祖先、重孝好名的传统观念"而产生的,而是地主阶级残酷压迫农民的产物,乃是以一种合法的契约形式来巧取豪夺贫苦农民的土地。婚姻,不再是"结两姓之好"、父母双方出于未来家庭生活考量的一种选择;而是男女之间基于志同道合产生的爱情的结晶,因而,"如今是婚姻自主,由不得你了"。离婚,也不再是由于不能实现婚姻的社会功能;而是因为夫妻双方中有一方不能在思想上与另一方达成一致,在对待革命的问题上"拖后腿"。在另一部小说中,我

---

〔19〕 参见苏力:《法律与文学》,三联书店2006年版,第六章。
〔20〕 关于革命话语的描述,可参见福柯:《必须保卫社会》,钱翰译,上海人民出版社1999年版。
〔21〕 陕西省档案馆、陕西省社科院编:《陕甘宁边区政府文件选》(第七卷),同前注〔14〕,第59、62页。
〔22〕 凌斌:"法治的两条道路",载《中外法学》2007年第1期。

们看到,"不进步、被人斗争"固然是离婚的重要理由,甚至"婆家在敌区"也可以成为离婚的一个理由(当然不是全部理由)。[23] 这也就支持了在革命的法律中,以"男女因政治意见不合或阶级地位不同,准予离婚"、"充当汉奸或有危害抗战行为者,另一方得诉请离婚"[24],替代了"七出三不去"。即使是最容易达成共识的刑事犯罪,除去那些反革命的犯罪之外,革命文学中也往往告诉人们,犯罪的出现不是因为犯罪人个人品行的败坏,而是因为社会的残酷压迫使其不得不铤而走险作出反社会的举动,因此,要对他们加以改造而不是惩罚,更重要的则是改造社会。[25] 而司法,也不是经过严格的专业化程序运作,借助于专业知识得出结果;而是一种民意的决断,如果通过民主表达出来大多数人的意愿如此,那事情就应当如此。[26] 通过文学所传递的这些信号,一系列新的因果联系被建立起来,人们不知不觉地接受了这样一种对世界的想象,从而能够习惯于按照革命的要求来看待世界和改造世界,最终建设一个革命的世界。这个过程充分体现了"文学之所以能抵法律的不足,乃是因为它上演的是具体、生动而典型,直接诉诸读者的伦理意识和同情心的一幕幕'人间喜剧'"[27]。正是因为文学具有这样的优势,于是,文学成为一种很好的治理方式,不仅仅是可以节省司法资源,更重要的是可以建立革命的新法治。因此,所要分析的就不仅仅是"文学中的法律",更重要的是"作为法律的文学"。

三、文学的普及与法治的普及

这样一些承载着革命的要求,传递着关于新的因果联系的信号的文学作品,除去其内容上的特点之外,在形式上也有着自己的特色。与同时期的其他文学作品相比,革命根据地的文学作品在语言上要更加通俗直白,叙事结构也

---

[23] 康濯:《我的两家房东》,载中国社会科学院文学研究所现代文学研究室编:《中国现代短篇小说选 1918—1949》(第六卷),人民文学出版社 1981 年版,第 454 页。

[24] 均转引自朱晓东:"通过婚姻的治理",载《北大法律评论》第 4 卷第 2 辑,法律出版社 2002 年版。

[25] 马克思曾经有过经典的论述,认为犯罪是孤立个人反抗社会的极端措施。但在民间,对犯罪的认识显然不会如此深刻,要让这样一种马克思主义的因果联系得到理解,对于革命者而言是非常重要的,这既可以最大限度地获得自己的同盟军,又可以尽量保证自己治理下社会的安定。在一篇关于一个惯偷得到改造成为劳动模范的小说中,这种新的看待犯罪的观念得到了强有力的表述,参见柳青:《土地的儿子》,载中国社会科学院文学研究所现代文学研究室编:《中国现代短篇小说选 1918—1949》(第六卷),人民文学出版社 1981 年版,第 26—43 页。

[26] 与此相对应的是,革命文学中还着力表现出作为对手的国民政府的司法制度的繁琐、虚伪和非正义。此类描写,可以在几乎所有提及"国统区"司法的小说中出现。例如,骆宾基:《一九四四年的事件》,载中国社会科学院文学研究所现代文学研究室编:《中国现代短篇小说选 1918—1949》(第六卷),人民文学出版社 1981 年版,第 156—171 页。

[27] 冯象:"法律与文学(代序)",载《木腿正义》(增订版),北京大学出版社 2007 年版,第 15 页。

更加单纯清晰。这也不仅仅是作家个人的艺术追求使然,同样是由于其所承担的任务所决定。对于文学,"为什么人的问题,是一个根本的问题,原则的问题"[28]。而对于革命的文学,就是要"站在无产阶级立场上","为革命的工农兵群众服务"[29]。既然要面向广大人民,为革命的工农兵服务,就要考虑到他们"迫切要求一个普遍的启蒙运动,迫切要求得到他们所急需的容易接受的文化知识和文艺作品",因而,"在目前条件下,普及工作的任务更为迫切。"[30] 正是基于这样的要求,这些文学作品在形式上,都表现为通俗易懂,广泛吸收了民间文学作品的特色,贴近普通民众的生活,易于普通民众的阅读、欣赏和理解。这种文学形式,关联着一种在"解放区"形成的特定的文化实践——这种文化在形式来源、生产经过和传播方式上都既不同于五四以来在知识分子层中流行的新文化,又有别于"原生的"民间文艺形式和意识形态。而作为文化产品,它既有明显的"本土"、"大众性"或"通俗"色彩,又有受西方文化影响的"文化人"的加工痕迹[31]。我们看到的《李有才板话》关于土地的斗争、《小二黑结婚》中争取婚姻自由的努力,首先是"从群众中来",来自于从民间现实的"司法"运作中所提炼出来的活生生的故事;同时,这种"山药蛋味"又并非是原汁原味的,而是经过受到革命意识形态熏陶的新型知识分子的加工再"到群众中去",反过来向其他地区传播、宣传革命的意识形态的一个载体。通俗化与大众化,是这些文学作品在形式上的最重要特色。

人民需要革命文学的普及,绝不仅仅是因为人民需要文学。在硝烟弥漫、战火连天的革命岁月里,文学似乎是奢侈品,但却得到中国共产党人的高度重视。在1942年,这个抗日战争最艰苦的相持阶段中,用将近一个月的时间召开延安文艺座谈会,就是对于文学之重视的最生动体现。而这种重视,绝不是因为中国共产党更加喜爱文学,而是因为他们更深刻地发现了"我们还要有文化的军队,这是团结自己、战胜敌人必不可少的一支军队"[32]。因而,这个时期文学的繁荣和普及,就不能仅看做是"国家不幸诗家幸"的产物,而是有组织的知识生产的产品。正所谓"纤笔一支谁与似,三千毛瑟精兵",文学作品的创作者们,其最重要的身份,是"文化的军队"中的一员。而他们所创作的作品的普及,最重要的意义也要通过革命来加以体现。革命的法治,就是其中的一个重

---

[28] 陕西省档案馆、陕西省社科院编:《陕甘宁边区政府文件选》(第七卷),同前注[14],第45页。

[29] 同上注,第43—44页。

[30] 同上注,第50页。

[31] 参见孟悦:"《白毛女》演变的启示",载唐小兵编:《再解读:大众文艺与意识形态》,北京大学出版社2007年版,第48—58页。

[32] 陕西省档案馆、陕西省社科院编:《陕甘宁边区政府文件选》(第七卷),同前注[14],第14、34页。

要部分。

这些革命文学的法治意义,首先在于一种面向人民的对革命司法合法性的直观宣传。通过宣传,整个根据地的人民都得到了关于革命的法制的更深一步的教育,那就是革命的法制是人民的法制、司法是人民的司法,一切都表现了鲜明的阶级立场。由于采取了一种相当通俗的表达方式,文化程度不高的人民也能够通过文学的生动叙述普遍理解并接受,从中认识到革命的法制对于他们解决纠纷、获得良好秩序的积极意义。其次也是更重要的,便在于上文已经提到的,通过故事来重建人们心目中对于社会生活的因果联系的观念,以塑造符合革命要求的生活方式和生活秩序。

由于文学有着这样的功能,文学的叙述得到普及,也就是一个"普法"的过程。随着文学作品的普及,人民群众通过对文学作品的欣赏,得到的并不只是心灵的愉悦和艺术鉴赏力的提高,更重要的是理解了革命的法治。而普通民众广泛地理解了革命的法治之后,他们会接受新的关于世界的因果联系,建立起"词与物"之间的新联系。因而,他们会从传统的朴素的民间意识形态,转向现代的革命意识形态来思考问题,也就会从革命法治的视角对社会生活加以自己的解释。当人民群众广泛地具备了关于革命法治的知识之后,他们会据此产生对不同问题的"说法",并讨论所可能存在的那些不同"说法"。

对此,我们可以通过一部更为经典的革命文学《白毛女》理解的更为深刻。《白毛女》的最初剧本中,并没有枪毙黄世仁的情节,这或许是一种传统司法立场的产物,认为其犯罪尚不致死刑,也可能是从艺术效果考虑,认为在舞台上不应表现这一点。但在上演之后,观众一致要求枪毙黄世仁,最后是经过中央开会讨论,由刘少奇拍板决定,在舞台上表演出枪毙黄世仁,最大限度地满足民众要求、实现文学的革命功能。[33] 在这样一个由观众决定的改编中,我们可以看到在革命文学中"民意"的重要。而这种民意,事实上又是通过革命文学的宣传加以引导和培养,又反作用于革命文学。在现实中,根据地有没有"黄世仁"这样的案件,他有没有被判处死刑,这其实并不重要。这个例子所反映出来的东西,其背后的逻辑,才是我们讨论法治问题所需要重视的。人民群众通过来自于革命文学的普及宣传,对于革命的法治问题,有了自己的理解和解释。在革命的普法之前,他们或许还持有"欠债还钱,天经地义"的观念,或许还觉得"父债子还"也是理所当然,杨白劳和喜儿的悲剧也只是因为穷人的命不好,黄世仁则不过是为富不仁。而在革命的普法之后,他们明白了,这个悲剧不是因为命运造成的,而是阶级压迫造成的,并且是可以通过阶级斗争改变的。站在

---

[33] 王德彰:"《白毛女》走过的六十年",载《人民政协报》网站:http://epaper.rmzxb.com.cn/2008/20081113/t20081113_219332.htm,最后访问日期 2008 年 11 月 29 日。

阶级立场上，他们得出了自己的判断，黄世仁强抢喜儿、逼死杨白劳的罪行，是罪大恶极，不杀不足以平民愤的。因此，他们并不需要了解相关的法律规定，了解刑法中关于此类行为及其结果之间的因果联系的知识，而只从已经获得的革命的知识出发，对这种阶级压迫的罪行作出"罪刑法定"与"罪刑相适应"的判断。人民群众先是通过革命的宣传建立起阶级压迫与阶级斗争的观念，再基于自己的阶级仇恨来要求革命宣传给出一个让他们满意的答案。这就是普法的效果。而这个关于戏剧结局应该如何上演的决策居然通过中央政治局来作出，充分体现了对他们所要求的"说法"的重视。而这个决定，同样体现了革命文学之所以受到重视，和革命文学中的"司法"叙事之所以具有革命的意义，这都是因为革命文学的"普法"意义。

上面的分析，或许还是会受到置疑。这是法治吗？这是普法吗？在这个过程中，既没有制定"与国际接轨"的先进的法律规范，也没有教会人民大众如何学法用法"为权利而斗争"。仅仅有一些故事，和民众从故事中产生的"说法"。但是，这些故事和说法，却能够深入人心，为整个革命根据地的民众所熟悉、理解和拥护，并据以指导他们的日常生活以及根据地的政治参与，从而建立起立基于"行动中的法"的一整套秩序。虽然他们不会如今天接受了普法的人们那样动辄喊出"宪政"、"法治"、"人权"的口号，但他们却广泛地理解根据地现实的政法规则与运作。他们明白了在共产党领导之下，对私人土地产权的尊重与限制，对婚姻自主的保护，对妇女权益的保障，对政治的民主参与的推动。而既然"法治只能是全体人民社会生活，包括他们的斗争、失败、压迫和解放的产物"[34]，那么在这里的法治中，最基本的文本就不是宪法或法律，而是《延安文艺座谈会上的讲话》与"老三篇"等。[35] 而对最基本的文本以及那些在此指导之下创作出来的作品的普及，普及的是"作为法律的文学"，自然也就是普法了。

四、从文学到法制：不同普法的不同效果

理解了文学的普及在革命时代所具有的普法意义，我们也就发现，这一进路被一以贯之的继承了下来。在革命法制草创的时代，文学的普及使得新的意识形态得以普及，从而在此基础上建立起法治秩序。而到了法制体系已经初步建立，许多方面能够"有法可依"的今天，将法律普及到大众之中始终是一项重要的工作。当代的法治建设当然比起过去更加注重立法，但却从来也没有放松对于普法的重视。但是，普法这一张旧船票，却似乎无法登上今天的客船。经

---

[34] 冯象："秋菊的困惑和织女星文明"，载《木腿正义》（增订版），北京大学出版社 2007 年版，第 58 页。

[35] 冯象："法律与文学（代序）"，同前注〔27〕，第 27、32 页。

过了这样的普法之后，虽然活学活用的全民普法渐入佳境，但今天的中国距离理想中的法治仍然遥远，而生活的秩序却似乎更不如前，对法治的信仰也出现了危机。

对于普法的反思指出，因为法律本身必然存在含糊不清和相互矛盾之处，普法使得普通民众对法律有了了解，就会产生对法律的不同解释，尤其是在"日常法律领域"中。而这种由普法所导致的对法律的解释的扩散，动摇了专职法律人的统治，可能使得法律"滋彰"，"流溢到百姓官吏之中，成为街谈巷议的对象，进而成为混淆黑白、欺上瞒下的工具"。如果这类现象广泛出现而又得不到解决，对法治的信仰和信心自然也就被摧毁无遗了。[36] 于是，也就有了"奸恶大起，人主夺威势亡国灭社稷"的危险。[37] 而对比备受赞赏的西方法治，法律职业者对于法律的解释具有很强的垄断，法律的权威也就因为这种垄断而更为牢靠，可以称之为"专法之治"。[38]

普法的发达，与法律权威的丧失，无疑是真实的共同存在的现象。但是，两者之间是否一定存在必然的因果联系，却值得推敲。上文已经分析过，作为法律的文学，曾经得到了极大的普及。由于在文学治理的年代，社会生活中的诸多基本规则并非通过法律建构，相反是体现于文学作品之中，因此，文学的普及同样使得普通民众可以对规则有自己的解释。而与法律相比，文学文本更加具有开放性，所存在的含糊不清和相互矛盾之处只多不少，因而必然有更加多元化的解释以及由此引发的更为激烈的冲突。[39] 但是，那个时代却并没有出现我们今天所面临的如此严重的问题，这些多样化的解释并未像今天的普法所导致的那样威胁到法律的权威，导致"法令滋彰，盗贼多有"。[40] 这两个时代中普法的不同效果，显然不是因为世风日下、人心不古而造成的，也不会是因为文学是较之法律更加有效的治理方式。那么，原因在哪里呢？

原因不在于文学，也不在于法律，而在于政治。普及不等于交流，普及意味的是基础性知识的传播，并且是一个自上而下的过程，普及者掌握着更高一层的知识，将较为低级的知识向下传播。当被普及者接受了教育之后，他们开始按照普及者所给出的思维方式和知识体系来进行思考，而这个过程首先意味着

---

[36] 凌斌："法治的两条道路"，同前注〔22〕。

[37] 蒋礼鸿：《商君书锥指》，中华书局1986年版，第145页。

[38] 凌斌："法治的两条道路"，同前注〔22〕。

[39] 鲁迅曾对于关于《红楼梦》的研究有这样一段精彩的描述："单是命意，就因读者的眼光而有种种：经学家看见《易》，道学家看见淫，才子看见缠绵，革命家看见排满，流言家看见宫闱秘事……"鲁迅："《绛洞花主》小引"，载《鲁迅全集》第八卷：《集外集拾遗补编》，人民文学出版社1981年版，第147页。这段话充分地反映出文学解释的多样化。而联系建国后很快就发起的对俞平伯《红楼梦研究》的争论与批判，可以更好的理解文学的开放性所引发的多元化解释，在通过文学的治理时所具有的政治意义。

[40] 《老子·第五十七章》。

他们对普及者的服从。正如我们只有学习了数学和物理的基础知识之后,我们才会理解牛顿和爱因斯坦的伟大。而民间数学爱好者试图证明哥德巴赫猜想的努力虽然众多,但只要专业的数学家加以否认,就毫无办法,这就意味着解释的多元化本身不仅不能破坏权威,而且还是臣服于权威的。在文学治理的时代,革命的领导者将革命的文学普及下去,人们开始在此基础上发展出自己多元化的理解和解释,但这些理解和解释都仍然必须遵照最初的普及者的权威解释。例如,《海瑞罢官》的创作意图也是为了强调学习海瑞的"现实意义",也是试图从自己的理解出发来参与到通过文学的治理之中,但是,当更有权威的解释者指出"《海瑞罢官》就是这种阶级斗争一种形式的反映……并不是芬芳的香花,而是一株毒草"[41],虽然表面上说"通过这次辩论,能够进一步发展各种意见之间的相互争论和相互批评……既容许批评的自由,也容许反批评的自由"[42],实际上却使得争论被权威所终结。或许有人会说,当时的社会同质化程度更高,因而更容易消除分歧。但事实上,社会同质化程度高,只是权威之下分歧得到解决的一个结果,而不是原因。而只要有分歧,最终就不可能通过社会的同质化来解决,而只能是由更高的权威来裁决。因此,只要有足够的权威存在,解释的多元化就不会成为问题,被普及者永远都是学生,他们对于一部文学作品究竟是"香花"还是"毒草"的争议,在"班主任"这个权威的教导下是很容易实现统一的。[43] 这个决定了文学应该如何被解释的权威,不是知识上的,而是政治上的。而当文学作为一种政治治理的中心策略时,保证对文学多元化理解的控制权威的存在,就依赖于政治合法性。

话语的背后是权力,但是话语的普及并不等于权力的普及,因为权力并不和话语本身相联系,而是与话语的运作过程相结合,被普及者所使用的话语与普及者所使用的话语即使在形式上相同,在实质作用上也并不一样。对于法律解释问题,同样如此。普法,是一个将法律话语结构化、客观化、本质化的过程,使人们一谈到某些话语,就与客观的事物自动建立联系,从而在给定的空间中思考。而且,普法有着更加明显的自上而下进行的特征,更加强有力的告诉了被普及者"这里是罗陀斯,就在这里跳跃吧"。因此,对于法律存在不同的解释乃至争议本身,因为自觉地进入到这个空间中进行思考,不仅不一定是对法治的质疑和动摇,相反还有可能意味着对法治的维护和推动。如果真的对法治完全失去了信心,就不会诉诸这套话语来争论了。正如争论无产阶级专政的历史经验意味着论战双方都还是马克思主义者一样,争论物权法的合宪性,无论所

---

[41] 姚文元:"评新编历史剧《海瑞罢官》",载《文汇报》1965年11月10日。
[42] "评新编历史剧《海瑞罢官》编者按",载《人民日报》1965年11月30日。
[43] 参见刘心武:"班主任",载《短篇小说选 1977—1978》,人民文学出版社1978年版,第147—176页。

运用的是什么样的学术资源,都意味着双方还是法治主义者。当法律的普及者始终具有权威时,普法是不会造成对法治的威胁,只有权威本身受到威胁才导致了普法看起来威胁权威的后果。法律解释,在更本质的意义上是一个权力问题而非知识问题,即使是看似高度技术性的法律教义学推理,事实上都不能回避政策性的或者说政治性的判断。[44] 因此,法律知识得到普及所导致的解释的多元化,本身并不存在动摇法律人的专业统治、甚至进而破坏法制统一和法律权威的巨大威胁。当权威动摇时,即使法律的话语没有得到普及,借助于另一套话语体系的挑战也会出现。

在当代中国,之所以普法的发达与法律权威的动摇这两个现象同时出现,一个隐蔽的因素就在于政治合法性。利用普法来实现专法之治,最根本的障碍也在于政治合法性,而不是法律本身。政治合法性遭受到质疑之后,日常法律领域中的问题一旦产生争议,就不仅仅是法律解释的争议,也就不可能仅仅通过法律解释得到解决。例如,针对刘涌案的二审判决,无论如何解释"毒树之果"、程序正义,基本上都只能说服少数中间派,而基本不可能说服那些坚定的反对者。因为那些激烈地反对着刘涌案判决的人们,其实他们反对的并非法律人所极力捍卫的非法证据排除规则,或许在另一个场合,他们就在热烈的歌颂着辛普森案件所体现出来的程序正义。事实上,刘涌不会死这个结果,就是被反对的全部内容,与程序正义无关,与刑讯逼供也无关。而为什么是刘涌而不是其他人的生死引起了如此巨大的争议,在于刘涌是改革开放之后获利最大的一部分人的典型代表,因而如何处理刘涌,就关系到政府如何对待新时期分化的各个社会利益集团,从而涉及政治合法性。试想,如果不是法学家用"正当程序"、"毒树之果"之类的解释来使死缓判决正当化,而是经济学家用"保护优秀企业家、创造更大的社会财富"这样的解释来试图正当化,被反对和攻击的,就会是经济学家了。[45] 再来对比《白毛女》,如果在戏剧中根据《刑法》来判决的话,黄世仁被判处死刑的可能性也很小,但是那样的话,"人民群众不答应"。我们不妨再对比马加爵案件。残忍地杀死了四名同学的马加爵,更像是一个龙勃罗梭意义上的"天生犯罪人"的马加爵,较之刘涌反而得到了更多的同情。在网络上,许多网民大肆渲染甚至编造着关于马加爵的悲惨故事,以唤起人们的同情。经过一系列亦真亦假的事实的传播,这个案件中,马加爵似乎已经成为了新时期社会失败者的一个代表,是"被侮辱和被损害的",因而他的犯罪也

---

[44] 法律教义学之上的判断所采用的资源或许是不一样的,但无论是德沃金的"原则问题"还是波斯纳的实用主义,可以说还是异曲同工的,都不把法律当作纯粹的知识问题。参见波斯纳:《超越法律》,苏力译,中国政法大学出版社 2001 年版;Ronald Dworkin, "Hard Cases," 88 *Harvard Law Review* 1057（1975）549.

[45] 这不是说,我就认为刘涌必须死,刘涌不死就意味着"官匪勾结",而仅仅是指出民众对此的普遍认识,他们关心的绝不是法律问题,而就是政治问题。

成为对不公正的社会的反抗。对比之后,更加可以发现,刘涌与马加爵的生死,都不仅仅是一个法律问题。在这个意义上说,最高法院提审刘涌案,并不关注这个个案的正确与否,一个更为重要的意义在于,通过对民意的尊重维护政治的合法性。而且,由于此前被视为"错误"的判决来自于辽宁省高院,最高法院的及时介入,就将民众的批评地方化了。通过这样的措施,中央的政治合法性得到了维护,这个问题就不再可能是新兴的"资本家"与普通民众的冲突,也不会是坚持正当程序理想的法律人与"法盲"的冲突,而不过是地方法院一个不够严谨的"工作失误"。

人们对法律解释之所以存在争议,并进而由争议发展到对法律的轻视、抵制和破坏,不是因为他们轻视法律,热衷于用自己的解释来对法律人"抢班夺权",而是因为他们对制定法律的"立法者"存在着质疑。事实上,他们并没有接受法律人想象中那么多的普法。[46] 更不是因为接受了普法才产生出这种质疑,而是因为普法使他们在现实生活中基于自己的感受和利益判断产生的质疑找到了一种话语的载体。即使没有普法,他们也完全可以找到别的载体。而存在这种质疑,当然不是说民众对我们这个国家、这个社会存在不满,也不是说此前的那个文学治理的时代就比现在更加进步。但是,合法性不完全是客观的,在很大程度上是主观的,重要的不是事实上治理的如何,而是民众认为治理的如何。在那个文学治理的时代,虽然我们今天看来有很多不能理解不能接受之处,但是当时的民众却普遍认为更加符合他们的利益,因而更加尊重政治权威。而今天,虽然说改革开放三十年来的中国社会基本上得到了帕累托最优的改进,各个阶层都从中得利多于受损;但由于利益的分化,而且有了更广泛的视野中进行的对比,在对比中仍然不免让许多群体感到失落与愤懑。而且,市场经济或者说现代化本身造成的激荡的社会变迁,也让不少人感到彷徨与伤逝。而现代社会中大众媒体的发达,则更加强化了这一点。正是由于许多民众对现代化之后给予他们的生活状态存在不满,才会有他们的反思、反对与反抗,他们认为现代化之后并不"代表最广大人民群众的根本利益",因而质疑作为现代化重要组成部分的法治的合法性。[47] 如果不是在法治或是建立此种法治的立法者的合法性这一根本问题上存在质疑,即使他们心底还存在着疑惑,或者直接表达出他们的不同解释,但这种争议仍然是在"专法之治"的世界之内的,不出

---

[46] 对于"今日说法"的观众的一个调查就显示出,观众最感兴趣的主要还是那些反腐、侦破与纠正政府违法行政的故事,而这些其实恰恰是普及法律知识最少的,这也与美国法制类电视节目中具有刺激性和娱乐性的内容流行是一致的。参见刘洋:"普法、大众与权力——对《今日说法》的一个法律—文化分析",载《清华法学》第十一辑,清华大学出版社2007年版。

[47] 对于这种现代性危机的思考,可以参见汪晖:《去政治化的政治——短20世纪的终结与90年代》,三联书店2008年版。

法治的五指山,他们也就会给法官送上"辨法析理,胜败皆服"的锦旗。[48]

当然,我不是说我们今天这个时代是缺乏政治合法性的时代。而人们对现代化之后的生活不满,为什么又将最突出的矛头指向了法治呢?这又不能说仅仅是一个现代性危机,而和当代中国所进行的普法没有关系。事实上,当前的法治之所以面临强烈的质疑,一个原因就是相当一大批法律人没有认识到法律所依赖的政治合法性,在普法的过程中热衷借助于法治来批评政治。"在中国,在法律本土化或'现代化'的进程里,《宪法》除了示范、跟踪指定的官方意识形态,并随之不时调整方向外,还担负一项同样重要而且更加敏感的任务。那就是充当不断高涨的法治化批判意识的'母法'。"[49] 面对种种不合理的社会现象,法律人常常慷慨激昂地斥之为"法治不健全"的产物,并许诺法治建成之后必定大有改观。他们或许是因为自己的理想,但更有可能是因为自己的利益。不少法律人或许以为,对现实政治的批判越强,就越容易建立起法治的合法性,越容易以法治理想改造现实社会,越容易实现法律人的统治。因此,他们不断地指责社会现实,强调水的浑浊乃是鱼不会游泳所致,并努力地教鱼游泳,许诺一旦鱼学会了游泳,水也就变清了。[50] 这类宣传,当然有一定的积极意义,但殊不知所要建立的法治之上层权威,仍然是政治,当政治合法性受到置疑时,仅仅依靠价值中立的法律实证主义本身不能确立起正当性。而政治的合法性受到的批判越多,就越难以建立起权威来解决普法之后层出不穷的对法律多元化的解释与争论。如果批判意识过强,忽视了法治本身依赖于政治合法性,那么,当政治合法性在法治话语的批判之下逐步冰消瓦解之际,建构在其上的法治也就会同样崩溃,并且会更早。而要想脱离现存的政治重建法治,则不过是建立空中楼阁而已。说得夸张一些,如果法律人不能看到"皮之不存,毛将焉附",而继续只从法律一个视角来进行批判的话,就是搬起石头砸自己的脚,甚至是自己给法治掘墓。

当然,并不是说批判者就全都没有看到法治与政治合法性的关联。这种批判,或许正是看到了之后的有意而为,正是要通过对现实的批判给出合法性的另一种来源。通过一种关于法治意识形态的进步性观念,给出一种关于美好未来的许诺,以此来遮蔽人们对于现实的不满。而且,并非法治自身就完全不能建立合法性。在立法、司法与行政程序中,都应努力通过现代社会的民主程序给持有多元化道德观念的群体以平等的表达机会,通过充分的表达和交流在最

---

[48] 参见刘星:"走向什么司法模型——'宋鱼水经验'的理论分析",载《法律与社会科学》第二辑,法律出版社2007年版。

[49] 冯象:"它没宪法",载《政法笔记》,江苏人民出版社2004年版,第30页。

[50] 参见冯象:"送法下乡与教鱼游泳",载《政法笔记》,江苏人民出版社2004年版,第116—129页。

低限度上达成重叠共识,也就是发现"最大公约数",而在找到这种"最大公约数"之后,就可以在此基础上展开法治实践,确立法治的合法性根基。[51] 经过这样一个寻求重叠共识的交往过程,人们努力地创造最大化的"公共领域",从而通过公共领域中的交往行为使得个人自由与社会团结之间的紧张则得到了缓解,而由此产生的法律是公民的自我立法,法治的合法性经由程序得到自我确立。[52] 但是,这仍然不能完全解决处于社会转型期的中国所面临的独特问题。无论是罗尔斯的重叠共识,还是哈贝马斯的公共领域,都仍然必须立足在基本权利这样的基石之上。而在此基础上的民主程序或者说交往行为,其本身都是现代自由主义法治的一个部分。对于不分享其基石概念,因为分歧过大而不愿意交流的人来说,作用就相当有限了。而作为变法之治的中国,现在仍然面临着夯实法治的地基这个基本的问题。

五、结语:政法的一条道路

因此,要解决当今中国法治的问题,可以说解铃不需系铃人。法治的问题,根子不在于法律,也不在于普法,而在于政治。"法治的核心问题不是法,而是权力。"[53] 但是,必须说明的是,我既不是仅仅宣传一种"让二老满意"的庸俗的法理学,认为凡是民众支持的,法律人就要支持,凡是民众反对的,法律人就要反对;也不是在重复色拉叙马霍斯所强调的"正义不是别的,就是强者的利益"[54],认为法治无非就是按照权力的意志行事,法律人需要完全听命于和服务于政治;更不想推论出在单一的政治权威下万马齐喑、只有"八个样板戏"的高度同质化是法治应该所走的道路。我所力图揭示的,是法律人应该看到政治的重要性,在思考法律问题应当有更加宏观的视野,建立"走向立法者的法理学"。[55] 而不是把法律职业当作行会经营,局限于自己这"一亩三分地"的短期利益。[56] 我们这个时代的法律人躬逢"法治"之盛,但还是需要"有政治头脑、讲政治",切不可如同民国时期的先辈们那样,仅仅看到了当时法学如今天一般的一派繁荣景象,为"法律的将来或许属于中华"而兴奋,却对于中国社会的核心问题视而不见,最终出乎意料地看着他们所建设的那个法治跟随着政治

---

[51] 参见罗尔斯:《政治自由主义》,万俊人译,译林出版社2000年版。

[52] 参见哈贝马斯:《在事实与规范之间:关于法律和民主法治国的商谈理论》,童世骏译,三联书店2003年版。

[53] 冯象:"法学的理想与现实——兼评龚祥瑞主编《法治的理想与现实》",载《木腿正义》(增订版),北京大学出版社2007年版,第83页。

[54] 柏拉图:《理想国》,郭斌和、张竹明译,商务印书馆1985年版,第18页。

[55] 强世功:"迈向立法者的法理学——法律移植背景下对当代法理学的反思",载《中国社会科学》2005年第1期。

[56] 参见波斯纳:《超越法律》,苏力译,中国政法大学出版社2001年版,第一章"法理学的物质基础"。

一起倾覆。[57] 而忽视了法治的政治合法性基础,片面强调法治的批判功能,则会令法治成为线性进化观所提供的一种廉价许诺。当进步无法充分实现,这种许诺难以向大众兑现之时,法治本身的合法性也是岌岌可危。在此,我并不是否认社会的进步,沉浸于对昨日回忆的思乡病之中,而只是要强调这个进步过程的复杂性,绝非单方面的突进就可以完成。

而看到了在法治之中政治权力的重要性,我们或许能更好地理解"法治的两条道路"。无论是"以普法求专治",还是"先专治后普法"[58],不存在根本性的分歧与优劣,重要的是两者都需要政治合法性的保障。高度重视教化与改造的政法制度,肯定要将文学作为主要的社会控制手段并加以普及。而社会转型之际,文学虽然退居边缘,法律获得了中心地位,普法所要强调的仍然是教化与改造,只是换了一种意识形态而已。之所以文学的普及变成了法律的普及,最主要的原因就是在社会转型的过程中,传统的政治权威也需要新的合法性来源。从这个意义上说,"法律的日常要务便是掩饰",而法律也必然具有批判旧体制与旧观念但又同时被批判的双重性格。[59] 而即使是最激进批判的法治意识形态,也是承担着政治治理的使命应运而生的。在教化与改造依然重要的背景之下,普法之治的面子虽然是法治,里子却依然是文学,依旧是通过故事和说法来教育民众,建构新的逻辑与想象。同文学的普及一样,普法之治如果出了问题,根源不会在普的是什么法、怎样普法,而是谁来普法。只要"主权者"的政治合法性得以稳固,就有能力控制住普及之后关于法律的不同说法和由此引发的争议。而如果这些争议对法治的权威造成了威胁,那也一定不是法而是普法的人出了问题。[60] 中国的法治所走的这样一条普法之治的道路,从政法的角度看过来,这就是一条一脉相承的道路,既无分叉也不能回头。而对于法律人而言,政法的一条道路,是无从选择也无从更改的,这是一个给定的空间。法律人所要做的,是在尊重现实的基础上,在这个空间里构筑自己的城邦,而不是试图破坏这个现存的空间再来重建一个理想国。这或许无奈,但却是必须冷静面对的现实,脱离现实的狂热理想,所带来的只能是灾难。

(初审编辑:丁晓东)

---

[57] 参见冯象:"法学方法与法治的困境",载《木腿正义》(增订版),北京大学出版社 2007 年版,第 129—133 页。

[58] 凌斌:"法治的两条道路",同前注[22]。

[59] 冯象:"送法下乡与教鱼游泳",同前注[50]。

[60] 最近,法学家梁慧星对于司法腐败现象所做的强烈抨击,似乎可以看作"人出了问题"的一个注脚。梁慧星:"司法腐败到了不能忍受的地步",南都网:http://epaper.nddaily.com/A/html/2009-03/08/content_723170.htm,最后访问日期 2009 年 3 月 19 日。

通过"法盲"的治理

王康敏[*]

Governance Through the "Legally Illiterate"

Wang Kangmin

内容摘要：本文通过对"法盲"这一当下中国法治现实存在之事物/现象的分析，试图将法盲的存在放置在"法的统治"和"国家治理"的宏观背景下进行理解，进而以此来勾勒一条区别于西方法治的有关中国本土法治的发展图谱。具体而言，本文通过将法律知识区分为"法律的基础性知识"和"法律的技术性知识"，并根据公民对这两种不同法律知识各自不同的认识和态度，从而将"法盲"这个日常生活中随意使用的整体性概念界分成"敌对性法盲"、"被动性法盲"和"挑战性法盲"三组不同的范畴。把法盲与法治的关系纳入到建构"人民共和国"这一伟大政治理想的视域中进行理解，法治的运作策略也就变成一种具体而微的类分治理。正是通过对敌对性法盲的征服和对被动性法盲的教育，以及对挑战性法盲的细心保存和有条件支持，国家治理的理性由此得以展现：即国家治理的逻辑既不是纯粹的法的统治，也不是多数人决定的人民民主，而是平衡于两者之间的共和宪政。

关键词：法盲　法治　基础性知识　技术性知识　治理

---

[*] 武汉大学法学院法学理论专业 2008 级博士研究生。感谢匿名审稿人对本文提出的极具启发性的修改意见。

一、导论

（一）问题的提出

任何重大事件都需要有个高贵的出身和神圣的谱系来建构自身的合法性基础。当下我们正在进行的新法治建设就借助于法理学上的家谱编撰技术，将自己的起源与十一届三中全会、改革开放、领导人南方谈话等当代重大历史事件勾连起来，以历史/政治的合法性来论证自己的知识正当性。[1] 在大力推进法治建设不断向前发展的过程中，于话语表达层面上，我们把"法治"视为一个知识/真理的确证过程。法律被理解为一种习得的知识，因而法治的推行在逻辑上就被解释成公民正确认识法律、学习法律、并最终掌握法律的武器来捍卫自身权利，实现人民民主的行动进程。为了教育公民，促使公民认识到法律在现代社会生活中的重要性，中国从 1985 年开始，分阶段分步骤地在全社会开展了法制宣传教育的五年规划（简称"普法"运动）[2]，并把每年的 12 月 4 日定为"全国法制宣传日"，目的是为了"进一步发扬社会主义民主、加强社会主义法制，推进社会主义两个文明的建设，实现党在新时期总的奋斗目标和总任务"。

由于法治是一个涉及民族全体的事业，新法治的建构就不仅仅意味着一套制度体系的建立和法律技术的运用，更包括对新的法律主体的设计与塑造，以及主体伦理实践原则的转型。[3] 源于对"文化大革命"中群众专政式草根民主的拒斥与否定，党的政策提出"有理想、有道德、有文化、有纪律"的"四有新人"教育，反映在法律层面上就是新法治对"公民"这一全新法律主体的期待与想象由"卑贱者最聪明"变成了耶林所主张的那种具有"健全的是非感"，能够主动运用法律来"为权利（法权）而斗争"的文明类型。[4] 为了塑造这样的法律主体，我们需要通过思想动员、教材编写、骨干培训、送法上门、知识竞赛、新闻影视、考试考核等技术策略将法律知识在全社会进行最大范围的普及。而就是在这个法律知识传播和观念确立的过程中，"法盲"从意指"欠缺法律知识的人"的中性名词转变成指代愚昧、无知、鄙俗之特定落后群体的贬义形容词。语义转换的背后意味着一套全新价值序列的建立，"法盲"成了一个新法治需要认真对待的"他者"。实践上需要认真对待的问题并不意味着在理论上也会同样受到认真对待，就好像呼吸很重要，但不会有太多人去深研呼吸系统的原

---

[1] 张文显主编：《法理学》（第三版），高等教育出版社、北京大学出版社 2007 年版，第 50、65 页。

[2] 该活动从 1985 年开始进行，迄今已经是第五个五年规划实施阶段，按照全国"五五普法规划"的要求，第五个五年规划是从 2006 年开始实施，到 2010 年结束。

[3] 强世功："惩罚与法治：中国刑事实践的法社会学分析（1976 年—1982 年）（上篇）"，载陈兴良主编：《刑事法评论》第 9 卷，中国政法大学出版社 2001 年版，第 443 页。

[4] 耶林：《为权利而斗争》，郑永流译，法律出版社 2007 年版，第 22—25 页。

理一样。法盲作为法制现代化的一个病灶性存在,大多被我们理解成一个社会的/实践性的问题,是可以通过更大力度的法制宣传教育予以解决的问题;而很少从理论上去深入思考法盲为什么会存在？法盲形成的社会机理是什么？法盲究竟是生成的还是被制造的？它与法治的关系是什么？法盲真的是法治的对立面吗,抑或它原本就是法治型塑的构成要件？法盲的存在对于法律共同体来说意味着什么？我们有没有可能通过某种努力彻底地消除法盲的存在？是否可能设想一种无法盲的法治发展模式……

纵观中西法制的思想/实践史,法律的确定性与可知性基本上被视为一个不言自明的前提判断。无论是郑子产铸刑鼎;还是商鞅变法所力主的"为法,明白易知;行法令,明白易知",以使"天下之吏民无不知法者"[5];抑或拿破仑雄心勃勃所宣谕的"要让我们的农民白天干一天活,晚上可以在煤油灯下诵读《民法典》",民法典要成为"法国人人能懂、人人必备、仅次于圣经的书";再到富勒的作为法律内在道德的程序自然法[6],其实质都是主张法律是一种类似于"1+1=2"一样明白确定的客观知识。只要具备基本的信息识别能力,通过学习,人人都可能像掌握民族语言一样知晓法律的指令,践行法治。这样的思想推导在逻辑上无疑可以成立,也符合人类理性的自我预设,否则我们就无法理解作为人类重要法律文化之一的成文法传统。在这个意义上,可以说所有的成文法国家其法治架构都建立在"法律确定可知"这一逻辑原点之上。那么,既然法律是确定可知的,排除掉信息闭塞、精神疾病、不识文字等认知障碍,为什么还会有法盲存在呢？我们普遍接受了"知识改变命运"、"知识就是力量"的说法,并把文化教育摆在公民生活的首要位置,但我们似乎从未听说"法律改变命运"、"法律成就未来"之类的宣言。这是不是意味着"法律"具有某些不同于"知识"的特质？它们存在何种区别？另一方面,法律及法律人的形象在民间观念中一直不甚光彩[7],尽管国家始终不遗余力地推行普法教育,但实践效果似乎并不乐观,新闻中不时会出现"法盲抗法"的报导。于是,关于法盲社会构成的经验命题就变成了秋菊们为什么不懂法、不学法的伦理考问。正是通过这种理论逻辑上的层层设问,法盲的身份存在已然内生为中国法治一个避不开、绕不过的重大问题,不但要在法制实践的操作层面认真对待,更需在理论深度上进行法理学的严肃思考,这正是本文的问题意识所在。

(二) 研究现状、命题与理论意义

当前有关法盲与法治关系的法理学研究,大多将关注的焦点投射在国家性

---

[5] (战国)商鞅:《商君书校注》,张觉校注,岳麓书社2006年版,第116页。
[6] Lon. L. Fuller, *The Morality of Law*, Revised edition, Yale University Press, 1969, p.186.
[7] 关于法律人的糟糕形象在大量流传的民谚、幽默讽刺和文学作品中随处可见。当然这并不仅仅是"中国特色",而是人类法律文化的一个普遍困惑,连莎士比亚都说:"要做的第一件事情就是杀死所有的法律人。"

普法运动对于建构现代法治国家所可能具有的制度功用上,着眼于普法运动的历史与现实、功能与意义、问题与方向,或者以宏观视角梳理普法运动发生以及运作的中国语境,或者从微观事件切入,考察普法运动发挥功能的具体机制。[8] 这些研究与其说是"关于法盲的研究",毋宁说是"针对法盲的社会措施的研究",在这些研究当中,法盲被理解成普法工作得以持续进行的一个背景性存在,是需要接受教育和进行法律启蒙的对象,属于法治社会中的边缘性群体,其存在的全部意义就在于为现代法治的治理提供了可供分析、剔除和克服的病理性标本。

少数精彩的研究涉及法盲之存在对于现代法治的积极意义。苏力教授的研究尽管没有直接指向"法盲",但是他对秋菊和山杠爷等个体生命在遭遇现代法治时所呈现的困惑与不解的分析,从一个反向角度指出秋菊们的困惑不在于秋菊无知,法律有知,而恰恰是因为秋菊有知,法律无知。普适的法律缺少一种有关当地社区生活规则的地方性知识,"正式的法律制度无法理解、也没有试图理解什么是秋菊要的'说法'。……制度的逻辑限制了一种人人知道的知识以及其他的可能性"。[9] 尽管如此,现代法律却并不打算承认并虚心吸纳这种地方性知识,而是一路高歌猛进地将普法进行到底,不但要在城市普法,还要将现代法律输送到作为法治之边陲的广大农村,"送法下乡"和"文字下乡"[10]一样,都是希图通过"局部支配性权力关系的重建"来实现国家总体权力对乡村社区的支配和治理。[11] 冯象先生在苏力的问题基础上,从秋菊所要的那个"说法"进入,直接讨论了法盲在现代法治中的宿命性地位。冯象的研究指出,现代法治本身就是要设法保存并每时每刻地生产越来越多的法盲,因为"它把不懂得预期它的干预、没办法认可它的裁断的秋菊们放逐到'法律意识'或'权利意识'之外。秋菊的困惑,其实正是法治得以'现代化'的不可缺少的前提条件"。[12] 在另一篇文章中冯象还指出,法盲的自我认知和对法律知识的真诚期待,是凡信奉现代法治的人都必须认真培养的心理习惯和法治意识的自然反射,和法律对历史的回溯一样,法盲的知识缺陷是法治之道的产物,"法盲因此是建设法治的先决条件和必然产生,是社会法治化以后我们大多数人的名字"。[13] 凌斌博士则质疑了"法盲能够理解法律知识"这一前提判断,同时对苏力的基于权力视角的相关论说表示反对,认为这两种观点"默认了一种法治

---

[8] 许章润主编:《清华法学——"普法研究"专辑》(第11辑),清华大学出版社2007年版,专题研究部分。
[9] 苏力:《法治及其本土资源》(修订版),中国政法大学出版社2004年版,第67页。
[10] 费孝通:《乡土中国 生育制度》,北京大学出版社2002年版,第28页。
[11] 苏力:《送法下乡》,中国政法大学出版社2006年版,第3—19页。
[12] 冯象:《木腿正义》(增订版),北京大学出版社2007年版,第56页。
[13] 冯象:《政法笔记》,江苏人民出版社2004年版,第102页。

对法盲的宿命论",从而取消了法盲与法治之间,以及法治进程中人、集团、阶级及其代表力量的历史创造力。站在民主政治的立场,凌斌在论文中对"法治精英主义"进行了反思,进而肯定法盲本身就是主导中国法治与现代化目标走向、运作方式和最终结局的决定性力量之一,并在此基础上倡导一种"普法型法治和法盲法理学"。[14] 上述三项研究无疑从另一种全新的视角丰富了我们对现代法治的理解,通过选择性的理论建构,法盲不再是那个面目模糊"被侮辱与被损害的"卑微群体,他们有自己的好恶与情感,也有自身的诉求与主张——尽管那项诉求可能是一个无法为现代法治的权利话语所翻译、理解的"说法"。更为重要的是,上述研究告诉我们,法盲不是外于法治的"他者",毋宁说他们原本就是附着在现代法律机器上的元件之一,现代法治的运作根本就离不开法盲们的参与。无论是作为一具权力治理的身体标本,还是可以用自己的作为与不作为来重新定义法治的主体,法盲都是与现代法治共生共处的客观存在,中国的法治建设已无法再沙盘推演地重设一条排除法盲的发展路径,只可能选择一种"通过法盲的治理"。

但是,无论是秉持知识的进路还是权力的微观分析,都是用一种外在视角来考察法盲与法治,仿佛"法盲"与"法治"像实验室里的活体标本一样,是可以不带情感进行冷静剖析和分解的对象,从而忽略了作为参与者的我们对法治进程设身处地的感性体悟;另一方面,过度优越的知识立场还可能使作为研究者的我们欠缺一种关于"法盲"的可能性想象。换句话说,我们可能根本就不理解法盲的真实想法,我们之前关于法盲与法治的理论可能根本就不成立,是一个伪命题,这不无可能。凸显法盲在现代法治中的主体性地位,进而强调法盲对法治运作的型构甚至主导作用,是一种更为激进的思考姿态。但和前面的知识进路与权力视角一样,它把法治与法盲的关系理解成一种单向的作用与反作用力关系,在概念范畴的选择上将法治精英主义与法治的群众路线、专法型法治与普法型法治进行了二元对立的处理[15],而没有也不可能发现法盲与法治之间互动式的关系性勾连。与此同时,上述研究还存在一个共同的缺陷就是,为了论述上的方便,三位学者都将"法盲"视为一个同质性群体,而没有对法盲的具体构成进行细致厘分,未能看到"法盲"群体内部可能存在的结构性差异,这一点限制了他们研究结论的解释力。

本文的研究力图在上述理论基础上进行更深一步的拓展。具体而言,通过将"法律知识"界分为"基础性知识"和"技术性知识",本文指出,通常所概称的"法盲"实际上包涵两种不同类型:欠缺基础性知识的"敌对性法盲"和缺乏

---

[14] 凌斌:"普法、法盲与法治",载《法制与社会发展》2004 年第 2 期。
[15] 凌斌:"商鞅战秋菊:法治的两条进路",载《中外法学》2007 年第 1 期。

技术性知识的"被动性法盲"。前者由于他们缺乏对国家法律的感性认识,从而对国家法秩序和价值立场持一种敌视或蔑视的态度,又或者因为欠缺现代法治国家所必要的公民意识[16]与法情感,而成为国家所反对和排斥,甚至需要借助种种社会控制手段来纠正和消除的对象,可称其为"敌对性法盲";后者具备对法律必要的感性认识,但因为现代法律本身的复杂性和高度技术性,使得他们对法律抱持的是一种犹疑性态度,除非接受相关的专业训练,否则他们无从掌握法律运作的程序和内在机理,而不得不借助于法律共同体的示范与服务,被动地参与到现代法治的进程中来,不妨称其为"被动性法盲"。无论是敌对性法盲还是被动性法盲,都是因为缺乏对某种法律知识的了解与认知,在这个意义上,他们都属于固在型法盲,前者是"无视于法",后者是"无识于法"。与此同时,还存在另外一种特殊类型的"法盲",这种类型的"法盲"并不缺乏现代法治国家所必要的公民意识和健全的法情感,这一点使得他们区别于"敌对性法盲";同时他们并不因为缺乏法律的技术性知识就对法律持疑虑和避而远之的态度,这一点使他们区别于"被动性法盲"。在某些重大案件的场合,他们甚至会依循法律的基础性知识来质疑、考量法律共同体基于法律的技艺理性(artificial reason)所作出的决断和立场选择,并愿意以"公民不服从"的伦理姿态尝试挑战不具备价值合理性的法律,从而被国家制定法或法律共同体定义为"法盲"。由于这一类型的"法盲"意在经由自我抉择的言论或行动来校正他们认为不具有实质合理性的法律或法律决定,不妨称其为"挑战性法盲"。与对待"敌对性法盲"的态度不同,国家似乎并不一概否认"挑战性法盲"基于常识和自然理性(natural reason)作出的呼告与主张,在有的场合还会利用甚至借助他们的声势来对抗法律共同体基于法律逻辑所作出的结论与判断。

正是通过对"敌对性法盲"、"被动性法盲"和"挑战性法盲"所进行的三元区分,国家一方面以全民普法的方式来反对、改造"敌对性法盲",从而将国家法律的基本立场和价值观念潜移默化地向社会进行宣谕、传播;同时,又借助"被动性法盲"来维持整个法律机器的运作;以及,更为重要的,凭借"挑战性法盲"的常识理性和公民伦理来矫正、调适、修校形式主义法治可能造成的制度僵化,为制度变迁开辟了一条超法(extra-law)的渠道。而正是在普法与对法律自治的纠偏的权衡取舍中,国家治理的艺术得以展现:国家治理的逻辑既不在于多数人(multitude)的决定,也不在于纯粹的法律自治,而是体现在平衡于人民民主和法的统治之间,对"人民共和国"善好政治秩序的把握和对民族未来美好生活的追求。

---

[16] 马长山:"公民意识:中国法治进程的内驱力",载《法学研究》1996年第6期;李龙、周志刚:"论公民意识的法治价值",载《浙江社会科学》2001年第1期。

二、法盲的分类与社会构成

从字面意思上理解,"法盲"指的是缺乏基本法律常识的个殊性群体。这是社会对某个特定群体共性特征的一种描述和标识。社会生活不是静默无语的自在之物,而是由人进行组织和编写的。在此过程中,我们会动用自己的理解、想象、偏见来打造社会,描摹我们对社会的认识。由此,社会成为人类经认知和理解织就的意义之网,而语词就是其中人们用以建构社会的一种重要力量。

语词是一种精致的类分技术。我们可以通过一系列精巧复杂的语词命名技术,把"法律面前人人平等"的"人"区分成政治伦理意义高下有别的文明人/野蛮人、贵族/奴隶、朋友/敌人、军人/平民、同志/叛徒、精英/群氓。通过这些简洁有效的命名技术,我们确认了自己的身份归属,并凭借对立面的存在凝聚了"集体意识",社会也由此形成了不同的阶层和利益集团。当我说别人是"法盲"的时候,就意味着我意识到自己和社会大多数人一样,是遵纪守法的良好公民。我通过守法公民的身份归属获得了一种安全感和自我满足,同时我还会在心里不断告诫自己,为了避免像"他们"一样沦为法盲而被别人指责,我必须主动遵守、拥护国家法纪,因为正是国家法律赋予了我好公民的自我认可与他人认同。同时,语词还是一种价值序列的建构技术。同样是欠缺对某种"知识"的了解,但是对乐谱、颜色、路况这种知识的欠奉并不会让我们感觉不安,或许是因为乐谱、颜色、路况这些技术性知识太琐碎了,不足以和文化、法律这种一般化的知识相提并论;那么,为什么对哲学这种古老的伟大智慧的知识欠缺却不会引致类似对法盲的鄙夷?!当谈及某个人欠缺基本的哲学素养时,我们可能会惋叹。但我们心里清楚,这和说一个人"没文化"、"不懂法"在价值评判上是完全不同的两回事,后者带有一种明显的贬斥意味。这或许说明,"文化"和"法律"在我们人类的知识序列中一定处于一个极不寻常的位置,以至于我们一提到这些语词就自然而然地和某些神圣的事物与观念联系起来。

一个语词突然在我们的社会生活中变得重要,并由此获得了某种神圣的意义,这显然不是语词自身的原因。语词作为一个偶然性的指代符号,是我们这些书写、诉说、使用语词的人们给它添加了不同的意义,或者说,是人之营造的社会语境给它赋予了不同的意义。文化和法律之所以在人类的知识序列中处于优越性地位,法盲和文盲之所以由叙述性的中性名词转变成判断性的贬义形容词,是因为在现代工商社会,文化和法律变得空前重要起来。现代工商社会作为一个"数目字管理"的社会[17]，缺乏文字识别能力，就意味着我们无法获取起码的信息，或者即使获取到信息也无法根据知识作出正确的选择和决断，这样我们可能会被少数垄断了知识的"伪精英"所误导，犯错而不自知；与此同时，形式理性化的法律是现代工商社会市场经济运作规则的反映，如果没有基本的法律知识，我们怎么参与市场经济？市场主体的权利义务如何厘定？利益发生冲突后纠纷如何得到解决？我们怎么在国际市场上进行贸易往来？此外，人民主权原则是现代国家政治正当性的基础，人民主权就是人民自己管理自己。但在绝大多数国家，特别是大国，不可能让每一个公民亲自参与国家管理，因此人民主权的政治原则就转化为"人民代表主权"的法律设计。[18] 问题是，如果人民没有文化和知识，我们如何判断人民代表真的代表的是"我的"利益？如果没有法律制约，我们又怎能保证今天选出的人大代表明天不会变成一个暴虐的国王？因此，法律变得重要，与知识本身无关，与国家治理策略的转型有关。这就要求我们要转换研究视角，把理论焦点从法盲的观念史转向法盲的社会史，从国家治理的角度去分析法盲的社会构成。

（一）敌对性法盲

在思考社会科学的概念时我们应注意"词与物"的区分[19]，否则势必会陷入语词的丛林而不可自拔。尽管"法盲"是一个整体性的概念，但具体到构成法盲个体的人却是形象万千、各有不同。真实的世界中不存在抽象的"法盲"，只有一个个被标记为法盲的"人"，于是关于"什么是法盲"（what）的问题便可以替换成哪些人（who）如何（how）被建构为法盲的问题。

我们先来看一个法盲转变成职业诉讼代理人的个案[20]，从这个典型个案中，我们或许可以窥知现代法治和法盲之间的一些隐秘关联。之所以选择这个个案，一是出于信息成本的考虑。这一个案报导首先出现在权威性的国家法制报刊《法制日报》上，并且上过中央电视台。[21] 考虑到当前媒体的宣传策略以及对报导事例的选择技巧，可以推断该事例具有足够的典型性，能体现社会观念对法盲的一般性理解；同时，报导媒体本身的权威性又可以最大程度地保证报导信息的真实可信；另外，区别于绝大多数媒体报道中法盲们的悲剧性命运，

---

[17] 黄仁宇：《资本主义与二十一世纪》，生活·读书·新知三联书店2003年版，第230页以下。

[18] 强世功：《立法者的法理学》，生活·读书·新知三联书店2007年版，第三章、第五章。

[19] 福柯：《词与物——人文科学考古学》，莫伟民译，上海三联书店出版社2001年版，导论。

[20] 详尽报导请参见"怪人周密德：从法盲到职业诉讼代理人"，载《法制日报》2004年12月20日版。

[21] 2006年12月16日中央电视台七套《乡约》栏目《法盲陪审员》的相关报导。节目文字资料整理，参见"法盲诉讼"，http://www.cctv.com/program/xy/20061217/101074.shtml，最后访问日期2009年5月20日。

本案中的主人公非但没有被终局性地贴上"法盲"的标签,反而通过种种努力,成为一名职业诉讼代理人,并被多家法律机构聘请,还走上了名校的讲台。因此,仔细分析文中主人公命运转变所折射的问题,可以管窥现代社会建构、消解、驯化法盲的隐秘运作。

  周密德,原籍湖南益阳,出生于武汉,是个土生土长的农民,也是个没有上过一天学的"文盲"。1985年周密德承包了自家房前的一口臭水塘,并通过收拣城市垃圾填埋臭水塘,分拣废品去卖的方式赚了不少钱,引起周围乡民的眼红。此后不久,不少村民在他的承包地上搭盖建筑物,气急之下,周密德将村民胡某告上了武汉市硚口区法院,法盲开始与法律发生了接触……

  周密德想请律师帮自己打官司。他说,在当时聘请律师打一场官司,花200元就可以了,但是我给律师600元。我的想法是,我给你的钱多,你就会起劲地为我讲话。我当时的月工资只有52元,这600元钱就是我整整一年的工资。但是,到了法庭上,我听着,怎么法官呐、律师呐,有些说得不是那么一回事情,怎么不帮我讲话?我急了。

  平生第一次上法庭,自恃有理不怕人的周密德大喊大叫,手脚乱指乱划。审判员走过来警告他,他置若罔闻;审判员欲将他拉出法庭时,他竟给了审判员两拳。结果,周密德被拘留10天,官司也输了。[22]

这是一份关于法盲首次接触法律的病理文本。记者刻意采用了第一人称的叙述方式,使文本中的文字显得格外的质朴真实,完整地再现了法盲初次遭遇法律后的困惑与不解。"在当时聘请律师打一场官司,花200元就可以了,但是我给律师600元。我的想法是,我给你的钱多,你就会起劲地为我讲话。"这是法盲对法律的第一个误解,周密德把律师提供的法律服务当成了农村里请帮工师傅同样性质的事情——谁给的钱多,就要为谁起劲出力。他根本不知道作为公共产品的法律有着一套与日常生活完全不同的运作逻辑,律师的收费,是根据诉讼标的和相关收费标准参照收取的,律师提供的服务也只与律师本身的业务能力和证据资料有关,律师根本不可能因为你给的钱多就超越法律程序来"起劲地为你讲话"。"到了法庭上,我听着,怎么法官呐、律师呐,有些说得不是那么一回事情,怎么不帮我讲话?我急了。"这里所谓"说得不是那么一回事情"指的是和周密德理解的自己的财产损失不是"那么一回事",但法官和律师肯定知道他们彼此讨论的就是"那么一回事",只不过由于他们使用的是法言法语,并且把"臭水塘"这些在农村司空见惯的自然事物替换成了"合同标的"

---

[22] "怪人周密德:从法盲到职业诉讼代理人",载《法制日报》2004年12月20日版;"一位公民的'法律能力'",载《新民周刊》2005年第3期。

这个奇怪的词组,因此让周密德不解并觉得着急。或许更让周密德着急的是,明明是自己有理,那么按照老百姓"当官要为民做主"的质朴观念,大家都应该为我说话,替我讨个说法才对,可"法官呐、律师呐……怎么不帮我讲话",法官和传统的青天大老爷有什么不同吗?!自恃有理不怕人的周密德在法庭大喊大叫着,可法庭上的律师和法官却不能理解他的诉求,他无论如何也想不到,生活中有"理"走遍天下的自然常理到了法庭上却变成了由证据、程序和法言法语转译而成的法理,法盲的大喊大叫对于法律职业共同体来说就像美洲土著对殖民者的呼告一样,是另一种不被理解的"语言"。如果仅仅是"语言",周密德的喊叫并不足以被法律标识,问题是周密德不但诉诸了"语言",还付诸了"行动","审判员欲将他拉出法庭时,他竟给了审判员两拳"。或许对周密德来说,这两拳和在庄稼地里对某个不听劝的偷懒村民挥出的教训性两拳并没有什么差别,都属于一种自然情感的宣泄。但同样的行为发生在不同的场景却可能在法律上产生截然不同的后果评价。如果这两拳打的是某个村民,并且发生在他承包的臭水塘边,这至多不过是需要村委会批评教育的打架行为;但转移到了法庭,发生在审判员身上,就是严重扰乱法庭秩序的行为。这里,法律的逻辑又一次颠覆了周密德的社会直觉,他不但输了官司,还被刑事拘留了10天……

以上分析清晰地展现了一个法盲是如何形成以及在现代法律面前步履维艰、处处撞壁的窘迫境地,当前新闻媒体中广泛报道的法盲大多都属于这种类型,本文将其称之为"敌对性法盲"。

敌对性法盲指的是这样一种类型的法盲,他们由于缺乏教育或者存在观念性的错误,根本无力认识国家法律的基本立场和价值取向,进而在法情感上和国家法律的立场相对立。如果把公民的法律意识细分成感性认识和理性认识[23],那么关于法律的知识就可以分为"基础性知识"和"技术性知识"。所谓法律的基础性知识指的就是维持一个共同体所必要的,反映社会绝大多数成员公共价值选择的核心法律,例如互不侵犯生命、财产安全的法律,有关合同信用的法律,维持一夫一妻婚姻制度的法律等。这些法律与其说来自国家的规定,不如说来自社会共同体长久生活而形成的共同默契,缺乏关于法律的基础性知识就意味着缺乏基本的社会生活适应能力。因此这里所说的敌对性法盲指的是对国家的基础性法律缺乏起码的感性认识的那部分主体。敌对性法盲的存在不仅仅体现了公民对法律无知,并且更多反映的是无知背后透露出的,对国家所意图建立的客观法秩序的冷漠与隔绝。法律不同于效率导向并体现工具理性的行政命令的一个原因在于,国家法律是价值导向的,体现的是价值理性。

---

[23] 李龙主编:《法理学》,人民法院出版社、中国社会科学出版社 2003 年版,第 311—316 页。

法律的背后站着的是国家的意志与立场,展现的是国家所珍视并大力维护的价值基础,对法律的淡漠与无介于怀,就不仅意味着对某一特定指令的拒绝与反对,毋宁说是对国家基本立场和价值取向的否定和不认同。[24]

也许有人会认为这种解说是我对法盲的一种过度诠释和思想加工,或许法盲根本就不存在"对国家基本立场和价值取向的否定和不认同",这种解说都太"高估"法盲们的自我认知了。法盲盲于法的直接原因就是他们没文化、不识字,根本不能理解法律的内容。换言之,他们首先是一个"文盲",其次才导致他们成为一个"法盲"。我接受这种常识判断,但同时要指出,即便他们真的是因为不识字而无法了解法律所欲传达的信息,这仍然不妨碍他被认定为敌对性法盲。说得更直接点,无知不是一张白纸的纯净状态,无知本身就是对国家基本价值立场的反对和抵触。现代国家建立在理性公民缔结的社会契约基础之上,具体到我国宪法,"中华人民共和国"这个伟大的政治生命体就是建立在"人民当家作主"这一基础价值之上。中国"人民"不是蝇营狗苟、无知无欲、朝生暮死的"小民",而是具有高贵政治理想,能够"共同创造了光辉灿烂的文化"的伦理共同体。如果国家的绝大多数公民都没有文化,不能识字,我们要么会陷入"人对人是狼"的自然状态,要么就只能把国家权力交给少数的知识精英,形成少数人的贵族政治,而不可能创建人民自己掌控自己命运的共和政治。正是站在这个高度,我们才能深刻体会我国宪法为什么不但要把受教育权规定成公民的基本权利,还要规定为公民基本义务的目的所在。因此,"不知法不为罪"不是现代法律的当然立场,"不知法不赦"才是国家法律的内在要求。[25]现代法治要得以型塑,就必须将"文字下乡"和"送法下乡"结合起来,从精神到肉体来改造、征服敌对性法盲。

(二)被动性法盲

如果我们在大街上做一个随机的社会调查,问相关路人"会不会大义灭亲杀人"、"会不会故意占有他人财物不还",可以合理推想绝大多数人都会给出否定性回答。但要是我们问什么是"除斥期间"、什么是"诉讼时效",什么是"起诉一本状主义",相信很多人都回答不出。那么,他们是法盲吗?是,也不是!说他们是法盲是因为他们的确存在对某些法律知识的无知,说他们不是法盲是因为这与我们对"法盲"的想象存在偏差。正因为存在这个"是也不是"的悖论,我们可以借助"基础性知识/技术性知识"区分出第二种类型的法盲,即

---

[24] 自从价值法学明确地指出法律概念具有储存价值的功能以来,法学家和法律实务家发现在法律规定的背后隐藏了实质价值,而不仅仅是对某种行为的类型化描述。参见黄茂荣:《法学方法与现代民法》,中国政法大学出版社2001年版,第231页以下;拉伦茨:《法学方法论》,陈爱娥译,商务印书馆2003年版,第102页。

[25] 张明楷:《刑法格言的展开》(第二版),法律出版社2004年版,第57—61页。

被动性法盲。

法律除了是一种有关社会公共生活得以组织的基础性知识,还是一种维持现代国家有序运行的技术性知识,例如法庭的审判程序、政府的组织架构、诉讼文书的撰写、社团法人的设立、合同的解释、知识产权的保护等。这种法律知识的出现是现代社会分工精细化与复杂化的产物,是随着传统农业社会向现代工商社会转型的伴生性存在。因此,在某种意义上,它疏离于大多数公民的日常生活,代表了某种与众不同的新型知识传统。这里我们可以借用法制史上柯克与国王的那段经典对话来帮助我们理解这种技术性知识。当时英国国王詹姆斯一世接受了大主教的观点,认为法官不过是国王的代表,因此国王有资格亲自定案,理由在于法律是理性的,国王与法官一样具有理性。对此,大法官柯克回答道:

> 的确,上帝赋予陛下丰富的知识和非凡的天资;但是陛下对英格兰王国的法律并不精通。涉及陛下臣民的生命、继承、动产或不动产的诉讼并非依据自然理性来决定的,而是依仗技艺理性和法律的判断来决定的;法律乃是一门技艺,一个人只有经过长期的学习和实践,才能获致对它的认识。[26]

从柯克的回答中我们可以看出,法律的技术性知识不是像"1 + 1 = 2"一样的客观知识,只要具备基本的认知理性,买上一本法条诵读一二就可以掌握的。法律的技术性知识更多是一种实践理性,是要经过专业训练和长年累月的实践才可以掌握的一门技艺。因此,即便一个公民具有良好的知识修养,但如果他没有接受过法律教育的专业训练,他仍然难以理解现代法律的种种技术性要素,也就是说,他依旧是一个"法盲"。尽管法律的技术性知识可能迥异于我们的日常理解,但我们的日常生活却无论如何不可能脱离法律技术性知识的组织与维护。现代法治意味着"法的统治",法律已经全面渗透进我们生活的每个角落和诸多细节,公民从摇篮到坟墓都在不同程度和法律打着交道。如果公民要想参与到法治的运作进程中,他就必须借助法律职业共同体的帮助,通过法律职业共同体的转译,将自己的正当诉求予以合法化表达。在这个意义上,被动性法盲区别于敌对性法盲最大的地方,在于他并不反对国家法的基本价值立场,有的时候他也希望借助国家法律来维护自己的权益,但由于他对法律这种神秘的技术性知识的不了解,他对法律抱持的是一种犹疑不决,想亲近却又害怕受挫的态度。就像《法律之门》里的那个乡下人,始终徘徊畏缩在法律门前,

---

[26] 转引自季卫东:《法治秩序的建构》,中国政法大学出版社2000年版,第199页。个别字句有改动。

在重重盘算和自我设问中却至死不敢付诸行动,踏进法律的大门。[27]

被动性法盲的存在是现代法治发展的必然产物,它包括两个层面的意涵:第一,被动性法盲之所以无识于法,不是因为他们不想有识于法;他们之所以成为无识于法的法盲,是因为现代性法律的高度技术化特征使得他们难识于法。法律的技术性知识在某种意义上成为自外于他们的存在,一种远离他们生活世界的外在叙事,他们无力挣脱"系统对生活世界的殖民"这种现代性的历史宿命[28],而无可奈何地被定格在"法盲"的身份位置上;第二,正是由于现代性法律更多是一种自外于他们经验世界之外的抽象知识,因此他们难以对法律产生自发的亲近感。尽管他们知道法律可以维护他们的权利,但不到万不得已,他们不会主动拿起法律的武器来主张自己的权利,他们欠缺耶林所说的那种"为权利而斗争"的行动能力和公民伦理。[29] 被动性法盲和法律职业共同体一样,既是现代法治的伴生性产物,也是整个法治机器得以展开的主体要素。思考被动性法盲与现代法治的关系必须将法律职业共同体结合起来,将法律与现代人的命运结合起来,只有解决好作为"沉默的大多数"存在的被动性法盲的问题,现代法治才能有更为广泛的合法性基础。

(三) 挑战性法盲

> **材料一:** 被告人刘涌被指控组成具有黑社会性质的犯罪组织,非法持有枪支和管制刀具,采取暴力手段聚敛钱财,引诱、收买国家工作人员参加黑社会性质组织或者为其提供非法保护,其作案31起,其中直接或者指使、授意他人实施故意伤害犯罪13起,致1人死亡,5人重伤并造成4人严重残疾,8人轻伤。在辽宁省铁岭市中级人民法院庭审过程中,刘涌等被告人当庭推翻其在侦查阶段向公安机关所作的有罪供述,并称在侦查过程中遭到侦查人员的刑讯逼供。刘涌等被告人的辩护律师也将侦查阶段存在刑讯逼供的问题作为重要的辩护理由,但铁岭市中级人民法院对此辩护意见不予采纳。一审判决以故意伤害(致人死亡)罪,判处刘涌死刑立即执行。一审宣判后,被告人刘涌以公安机关在侦查过程中存在刑讯逼供,口供取得方式违法为由,提出上诉,并提交了能够证实刑讯逼供的相关证据。辽宁省高级人民法院就刑讯逼供问题作出认定,二审改判死缓。二审判决宣布后,骤然成为舆论集中攻击的焦点。在此后的三个月内,刘涌案成为媒体炒作的热点问题,网络上的评论更是数以十万条地增加。除个别

---

[27] 博西格诺等:《法律之门》(第八版),邓子滨译,华夏出版社2007年版,引言。
[28] 哈贝马斯:《在事实与规范之间——关于法律和民主法治国的商谈理论》,童世骏译,生活·读书·新知三联书店2003年版;哈贝马斯:《交往行为理论》(第1卷),曹卫东译,上海人民出版社2004年版,第127页。
[29] 耶林:《为权利而斗争》,同前注[4],第9—16页。

学者以外,绝大部分民众均认为二审改判不当。在这种情况下,最高人民法院以"原二审判决对刘涌的判决不当"为由,依照审判监督程序提审该案。2003 年 12 月 20 日最高人民法院对刘涌案作出终审判决,认为原二审判决对刘涌所犯故意伤害罪的量刑予以改判的理由不能成立,应予纠正,最终判处刘涌死刑,剥夺政治权利终身。在最高人民法院宣告判决之后,刘涌即在当天被立即执行了死刑。刘涌被执行死刑以后,民意普遍认为正义得到了伸张。

材料二:尽管春节前北京市政府再三提醒市民遵守"禁放"法规,但除夕夜京城此起彼伏的烟花爆竹,让这座城市在硝烟中迎来鸡年初一。2 月 9 日零时,农历新年的钟声敲响,北京市区内烟花爆竹燃放不断。2005 年北京市实行禁放 12 年来首次调整禁放区,将禁放区扩大到五环内,但仍有大量市民在禁放区内燃放烟花爆竹。"我们小时候过年,从一进入腊月 23 就开始了放鞭炮。这浓浓的年味一直留在我心里。"大学毕业分配在北京的 37 岁的王晓辉从事律师已有 15 个年头,除夕夜,他带着夫人和儿子在明令禁止的东直门外点燃了一串 200 头的爆竹。记者看到,和王晓辉一起的还有不少的"民间解禁"人士,有老人、孩子、从事不同职业的人,其中不乏受过良好教育的知识分子。"在爆竹声中,才能体味过年的滋味,这是咱老祖宗留下的传统。"北京街头一位姓孟的中年人说。他告诉记者,除夕之夜他们全家在属于禁放区的居住小区内燃放了烟花和爆竹。2005 年春节,实行了 12 年的《北京市关于禁止燃放烟花爆竹的规定》再度受到挑战。[30]

敌对性法盲和被动性法盲是因为对某种法律知识——无论是基础性知识还是技术性知识——的阙如而作出的分类。与此同时,我们还经常听说另一种类型的"法盲"。这种类型的"法盲"是一个特殊的群体,他们不是以某种身份进行的区分,他们之中有每天早出晚归的工人,也有脸朝黄土背朝天的农民,还有些可能是出入于高档写字楼的白领,或者是学识丰富的学者、律师,他们之所以被称为"法盲"是因为他们的行动直接和法律的规定或者现代性法律[31]的精神理念发生了抵触和冲突,从而被回溯性地标识为"法盲"。这种特殊类型的

---

[30] 饶雅洁、李京华:"北京'禁放'法规为何屡遭挑战?",新华网: http://news.xinhuanet.com/focus/2005-02/10/content_2568053.htm,最后访问日期 2009 年 3 月 20 日。

[31] 在本文语境中,和作为时间描述性概念的"现代法律"不同,"现代性法律"是一个包涵价值判断的指称,意指分享了近代以来的启蒙和进步观念,以权利保护和方法论个人主义为基本价值旨归的一套法律系统和制度观念。它确信法律的发展是一个由传统法律向现代法律不断进步的过程,在这过程中,现代法律确立了一系列较之传统法律更为可欲因而不可置疑的原则和目标。

法盲不像敌对性法盲那样对国家法律的基本立场持敌视或者反对的态度,他们支持并拥护国家法制,他们愿意向国家奉献自己的公民忠诚,相信国家法律是正义与善德的体现,是公民权利的终极救赎,而司法则是社会正义的最后一道防线;在这个意义上,他们也区别于被动性法盲,他们并非消极地坐等法律与自己发生接触,而是积极地向国家法律发出自己的呼喊,希望借助法律能改变一些不合理的现状。但他们从来不是消极地顺服于法律,以至于盲信到法律不存在错误的地步,他们坚持认为法律(Lex)必须符合更高级的法(Ius),一旦他们认为法律或者那些先进的理念存在不合理的地方,他们就会用自己的行动/言论主动地去挑战它,并愿意为自己和他人承担责任。他们从来不是根据某种抽象的先进理念或者教科书的教导在思考法律,而是根据一个普通中国人的正当情感来评价法律的社会效果,这就是我所指的第三类法盲——挑战性法盲。

  这里需要在理论上澄清的一点是,本文对"法盲"三种类型的界定可能和我们头脑中关于"不懂法,犯法而不自知"的法盲形象相差较远,尤其后面的被动性法盲和挑战性法盲更是与我们通过媒体所接收的关于法盲的印象大相径庭。但语言哲学的发展告诉我们,不是语词的意义决定了语词被怎样使用,而是语词的用法决定了语词的意义。[32] 关于"法盲"的真实含义原本就不存在一个本质主义的理解,一切都是随着要研究问题的切换和分析方法的转变而不断重新再定义的过程。就像对于"什么是法律"这个法理学的元问题,规范分析法学派和社会学法学以及现实主义法学都会有不同的理解,这里的关键不在于谁的定义更真确,而是看你采用的是哪种视角去看待这个问题,以及你所界定的概念是否有助于人们加深对问题的理解。另外,在我看来,对法盲或者更一般化地来说对任何法律概念不同角度的界定,本身就反映了法律实践/斗争的一面,即法律不是一个"就在那儿"有待我们认识发现的客观实在,而更多涉及利益分歧的不同主体就各自态度立场的表述与实践、冲突与妥协。说到底,法律及法律现象的概念勘定不是真理认知的过程,而是话语权争夺的过程。谁是法盲,谁不是法盲,与定义无关,而与定义者的立场相关。最后,法律是一个"安排秩序的分类体系"[33],而分类是我们采取行动时需要依靠的一个重要指针。通过对三种不同法盲类型的界分,可以帮助我们破除笼罩在"法盲"这个语词背后的意识形态迷思,进而影响到我们对法盲的认知和判断,以及在法治实践中对其处理的方式、态度。也就是说,通过对概念的类分化处理,"法盲"不再单纯意指那个愚昧落后,有待法律进行启蒙的无知群体,而变成一个更具社会科学色彩的,有待我们深入认识的对象范畴。正是通过这种处理,法盲之

---

[32] 维特根斯坦:《哲学研究》,陈嘉映译,上海世纪出版集团2005年版,第76页。
[33] 王启梁:"法律:一个安排秩序的分类体系",载《现代法学》2004年第5期。

于法治就不再是一个简单的"越少越好"的问题,他们拥有一套应对国家法律的技术和策略,因而需要我们细心区分、区别对待。也正是在这样细心区分、区别对待的话语实践中,国家权力的触角透过法盲们的身体,延伸向了社会,国家治理的理性由此得以展现。

三、普法规划中的法盲定位

(一) 国家普法的兴起

谈到法盲的问题,人们头脑中的第一直觉往往是,法盲之所以会犯法,原因就在于他们不懂法,为此就要在法盲中进行法律知识的宣传与灌输,让他们学法、知法、懂法,进而懂得用法律的武器维护自己的利益。我们的政策似乎也是这么理解的。"文化大革命"结束后,我们把"文革"期间发生的种种非理性行为归结为"四人帮"对社会主义法制的破坏[34],而加强社会主义法制的首要前提就是"有法可依",然后在此基础上要求司法机关"执法必严"。尽管科学立法和严格执法很重要,但是,如果人们不知道法律,不知道非法与合法行为界限的话,法律的行为规制功能就难以实现;同时,如果人们对法律的想象依旧停留在"公安六条"的基础上,那么新的权利意识也无由兴起,法律保护权利的效果就不可能得到发挥。因此,必须要在全社会范围内进行广泛的法律宣传,使人们亲近法律、掌握法律:

> 群众知法,才能守法……我们还痛心地看到,有些青年,动辄聚众斗殴,白刀子进红刀子出,他们竟以为这才可以显出英雄本色;有的人信口雌黄,诬陷忠良,污人清白,他们以为这是"四大"给予的权利,等等。在这些人当中……大多数人是因为没有或缺少法制观念。我们要通过新法律的宣传,使广大人民群众分清守法与违法,罪与非罪的界限,认清违法的严重性,要造成一种强大的社会舆论,增强人民群众的法制观念,使法律条文成为人民自觉遵守的刑罚规范。
>
> 群众知法,才能有效地同违法分子作斗争……
>
> 群众知法,就可以运用法律的武器进行自卫……我们要将这个武器交给人民,让人民掌握它、运用它。九亿人民拿起这个武器,就将造成无比强大的民主力量。[35]

从新中国成立初期非常时刻下"通过运动的治理"到新时期常态社会中

---

[34] 《人民日报》特约评论员:"社会主义民主和法制的里程碑——评审判林彪、江青反革命集团",载《历史的审判》,群众出版社1981年版,第179页。

[35] 辽宁省高级人民法院办公室:"学习新法律 宣传新法律",载《理论与实践》1979年第7期。

"通过法律的治理"[36],法治作为一种新型治理技术既是通过一套全新的制度系统来实施运作的,也是通过对新的法律主体的塑造来表现的。正是基于这种决策认知,1985年中共中央、国务院转发了中宣部、司法部《关于向全体公民基本普及法律常识的五年规划》的通知。该通知指出:

> 全民普及法律常识是我国人民政治生活中的一件大事,是社会主义精神文明建设的一个重要组成部分。做好这项工作,对于进一步发扬社会主义民主、加强社会主义法制,推进社会主义两个文明的建设,实现党在新时期总的奋斗目标和总任务,都具有重要的意义。要把这项工作,同社会治安的综合治理以及其他各项思想政治教育有机地结合起来,为培育有理想、有道德、有文化、有纪律的社会主义一代新人打好坚实的基础。要大力运用报刊、广播、电视、电影、文学艺术等各种宣传文化阵地和各种手段,准确地、形象地进行法制宣传。要通过正反两方面的典型,特别是通过大力宣扬和表彰正面的典型,在全体人民中树立各种遵纪守法的榜样,创造依法治国、依法办事的良好气氛。要引导人们不仅学法、知法,更要自觉守法、用法,勇于同各种违法乱纪的行为作斗争,为实现社会风气、社会秩序、社会治安的根本好转而努力。[37]

这段简短的文字是国家展开普法运动的政策说明,类似于法律解释学上的"立法目的",无疑对我们准确理解当前仍在广泛进行的普法运动起到了提纲挈领的观念指导作用。第一,这段文字清楚地指出,对于普法,我们不能仅仅从法制建设的层面来看待,更要把它置放在"社会主义精神文明建设的一个重要组成部分"的地位来理解,它属于"两手抓,两手都要硬"的范畴,是和器物文明等量齐观的伦理文明。因此,普法不但意味着法律知识的普及,同时还代表着对公民精神和法律气质的培养。第二,普法不但与民主法制和精神文明建设息息相关,同时对于"党在新时期总的奋斗目标和总任务"具有重大意义。那么,党在新时期总的奋斗目标和总任务是什么?1982年中国共产党第十二次全国代表大会明确提出党在新时期的总任务是"团结全国各族人民,自力更生,艰苦奋斗,逐步实现工业、农业、国防和科学技术的现代化,把我国建设成为高度文明、高度民主的社会主义国家;确定从1981年到20世纪末,经济建设总的奋斗目标是在不断提高经济效益的前提下,力争使全国工农业的年总产值翻两番,使人民生活达到小康水平"。由此可知,普法不仅是同社会治安综合治理

---

[36] 黄士元:"陪审制及其对我国司法改革的启示",载《山东科技大学学报》(社会科学版)2004年第2期;对我国新时期背景下运动式治理的一个考察,请参见唐皇凤:"常态社会与运动式治理——中国社会治安治理中的'严打'政策研究",载《开放时代》2007年第3期。

[37] 《中共中央、国务院转发〈关于向全体公民基本普及法律常识的五年规划〉的通知》(1985)。

彼此结合的管领策略,更是国家自身转型的构成要件之一,它对我们实现"四个现代化",把我国建设成一个强大的、高度文明、高度民主的社会主义国家具有重大意义。第三,高度文明、高度民主的国家需要有与之相匹配的国民主体来参与组建,就好像我们不能设想一个由所多玛城的邪恶市民来参与建构的罗马帝国一样[38],国家不是一部自行运作的法律机器,它需要来自公民伦理和自由实践的推动。因此,我们的普法宣传必须同其他各项思想政治教育有机地结合起来,要与社会主义、共产主义的理想信念结合起来,为培育有理想、有道德、有文化、有纪律的社会主义新人打好坚实基础。第四,尽管普法隶属于社会治理和国家转型的一部分,但它不仅是一项话语表达,更是一种复杂的话语实践,必须和种种实践技术紧密地配合起来,因此,"要大力运用报刊、广播、电视、电影、文学艺术等各种宣传文化阵地和各种手段……进行法制宣传。要通过正反两方面的典型,特别是通过大力宣扬和表彰正面的典型,在全体人民中树立各种遵纪守法的榜样,创造依法治国、依法办事的良好气氛。"

从1985的一五普法规划到现在正在进行的五五普法,中国的普法工作已经开展了24个年头。按照我们之前的理解,普法是为了在全社会范围内普及法律知识,消除法盲。那么一项工作持续开展了24年,按常理推断,再多再愚昧的法盲也都应该基本掌握了法律的知识,那是不是意味着我们的普法工作可以就此告一段落了呢?显然不是这样!那么,究竟是什么原因使得普法工作得以继续进行并将持续开展下去?五个普法的五年规划是否存在什么异同?这些异同又将说明些什么呢?从法制到法治,从"刀"制到"水"治[39],二十年的法治发展历程当中,普法工作起到了一个怎样角色转换的作用?

(二)普法工作的重点切换

普法工作不仅是一个法律知识的输送与宣传的过程,它同时还涉及国家阶段性的政策导向和中心工作的安排,以及站在国家治理的立场上对"法盲"的类分处理和重新再定义。因此,从一五普法到当前的五五普法,普法工作对象、内容、目标的转变就不再是一个简单的政策变化问题,它同时蕴涵了国家对待法盲的立场和态度调整。这也从另一个侧面佐证了本文前面的观点,"法盲"的身份定位不是本质主义的真理揭示过程,而是随着定义者观察视角和所针对问题的切换不断流转的策略性存在。借用福柯的理论表达就是,法盲是如何被界定的并不重要,重要的是谁在界定以及为什么要界定法盲?[40]

全国一五普法规划决议中指出"从一九八五年起,争取用五年左右时间,

---

[38] 关于所多玛城的传说,请参见《圣经·旧约·创世纪》中的相关记载。
[39] 李步云、黎青:"从'法制'到'法治'二十年改一字",载《法学》1999年第7期。
[40] 福柯:"作者是什么?",逄真译,载《后现代理论的突破:外国后现代主义理论》,敦煌文艺出版社1996年版,第270—292页。

在全体公民中基本普及法律常识"。与此同时,一五普法所指向的对象是"工人、农(牧、渔)民、知识分子、干部、学生、军人、其他劳动者和城镇居民中一切有接受教育能力的公民",其中的重点对象"第一是各级干部,尤其是各级领导干部;第二是青少年"。普法内容包括"我国的宪法、刑法、刑事诉讼法、民事诉讼法(试行)、婚姻法、继承法、经济合同法、兵役法、治安管理处罚条例以及其他与广大公民有密切关系的法律常识",一五普法要求达到"通过普及法律常识教育,使全体公民增强法制观念,知法、守法,养成依法办事的习惯"。[41]

而全国二五普法规划决议的措辞开始有了细微变化,二五普法规划的指导思想中指出,普法工作要"紧紧围绕党和国家的中心工作,在各级党委、人大、政府的领导和监督下,深入学习宪法,有针对性地学习国家基本法律常识,有计划、有步骤、分层次、分部门地学习专业法律知识",此次普法的对象仍然是"工人、农(牧、渔)民、知识分子、干部、学生、军人、个体劳动者以及其他一切有接受教育能力的公民",但将普法重点扩大到了"县、团级以上各级领导干部,特别是党、政、军高级干部;执法人员,包括司法人员和行政执法人员;青少年,特别是大、中学校的在校生"。与之相伴的,普法的主要内容除了"在全体公民中继续深入学习宪法",改换成有针对性地提出"各地区根据实际需要,确定在本地区内选学的其他有关法律、法规……各部门、各系统根据业务工作需要,有重点地学习同工作、生产相关的法律知识",具体而言,"中央和地方各级国家机关还要学习有关组织法和选举法,各级党政机关还要学习有关廉政建设方面的法律、法规,各级党政机关、企业事业单位和科技部门还要学习保密法,各企业、事业单位和个体劳动者还要学习国家税收方面的法律、法规。"[42]

随着两个五年规划的顺利实施,全民普法工作取得显著成效。公民的法律意识明显增强,推动了我国民主法制建设进程,维护了社会稳定,促进了经济建设和各项事业的发展。为进一步增强公民的法制观念,保证我国国民经济和社会发展"九五"计划和2010年远景目标的实现,中央决定在前两个五年规划的基础上,继续深入开展法制宣传教育。为此制定了第三个五年法制宣传教育规划。这次普法的总体目标在于"通过在全体公民中继续深入进行以宪法、基本法律和社会主义市场经济法律知识为主要内容的宣传教育,进一步增强公民的法律意识和法制观念,不断提高各级干部依法办事、依法管理的水平和能力,促进依法治国,努力建设社会主义法制国家"。与前两次普法不同的是,三五普法的主要任务除了"继续开展宪法知识和与公民工作、生活密切相关的基本法律知识以及与维护社会稳定有关的法律知识教育",更要"着重抓好社会主

---

[41]《中共中央宣传部、司法部关于向全体公民基本普及法律常识的五年规划》(1985)。
[42]《中央宣传部、司法部关于在公民中开展法制宣传教育的第二个五年规划》(1990)。

市场经济法律知识的普及。围绕规范市场主体、维护市场秩序、加强和改善宏观调控、建立社会保障、促进对外开放等环节,有针对性地普及有关法律、法规知识,提高各级领导干部和经营管理者运用法律调节各种经济关系的本领,为保障社会主义市场经济的健康运行创造条件"。而在教育的重点对象上,除了之前的县、处级以上领导干部,司法人员,行政执法人员,青少年外,还特别加上了企业经营管理人员。与前两次普法规划中相对泛化的规定不同,三五普法的基本要求中明确指出了"县、处级以上领导干部要在深入学习邓小平同志关于社会主义民主与法制建设理论的基础上,重点了解和掌握宪法、国家赔偿法、行政处罚法、行政诉讼法、国家公务员暂行条例以及与本职工作相关的其他法律、法规",而"企业经营管理人员要着重掌握公司法、劳动法等与社会主义市场经济密切相关的法律、法规,并结合企业经营管理实际,学习其他有关法律法规,提高依法经营管理水平"。[43]

时间跨入了新世纪,第四个法制宣传教育的五年规划重大特色之一在于确定普法要"立足于依法治国、建设社会主义法治国家基本方略的总体要求",反映在普法目标上就是要"通过'四五'普法规划的实施,努力实现由提高全民法律意识向提高全民法律素质的转变,实现由注重依靠行政手段管理向注重运用法律手段管理的转变"。和三五普法规划一样,此次普法"各级领导干部、司法和行政执法人员、青少年、企业经营管理人员是法制宣传教育的重点对象",但与众不同的是,这次特别指出"要重视对农村村镇、城市社区干部的法律培训及流动人口的法制宣传教育","按照法律的有关规定,制定村规民约、居民公约及基层单位依法治理章程,建立有效的运作机制,实现民主管理、民主监督,强化基层的依法治理"。[44]

当前正在进行的五五普法区别于以往任何一次普法实践的地方在于,首次将农民列入为普法工作的重点对象,"要重点加强对领导干部、公务员、青少年、企业经营管理人员和农民的法制宣传教育"。就农民群体而言,"要着力培养和增强农民参与村民自治活动和其他社会管理的能力,使农民了解和掌握解决矛盾纠纷、维护合法权益的法律途径。加强法制宣传教育与法律服务的结合,创新农村基层法制宣传教育的途径和形式;开展对农村'两委'干部法制教育轮训活动,培养农村基层兼职法制干部"。为了达致这一目的,势必要"开展'法律进乡村'活动,促进社会主义新农村建设。要把法制宣传教育纳入政府对农村公共服务的重要内容,开展法制宣传资料、法制信息、法制文艺和法律服务进乡村活动,切实提高农民的法律意识和法制观念;加强农村法制宣传教育

---

[43]《中央宣传部、司法部关于在公民中开展法制宣传教育的第三个五年规划》(1996)。
[44]《中央宣传部、司法部关于在公民中开展法制宣传教育的第四个五年规划》(2001)。

基础设施建设,扩大宣传教育覆盖范围;提高农村法制宣传教育的服务性;继续深化'民主法治村'创建活动,健全充满活力的村民自治机制。"[45]

(三)法盲与知识:国家普法的自我调整

从以上对五个普法五年规划权威文本的解读中,我们至少可以把握到以下几个方面的信息:第一,尽管在话语表达层面,我们的政策提倡的是全民普法,但话语的实践操作上,普法的对象和重点却是有主有次,有先有后的。这当中,对领导干部法律知识的普及和深化始终都是普法工作的中心和重点。对这一点,可以有两层理解。(1)如果把普法理解成对法盲的教育与改造的话,那么从普法工作重点对象的身上,我们可以反推出法盲的存在边界。详言之,普法工作是需要支付社会成本的,在国家资源有限的条件下,对普法重点对象的细心选择就意味着国家坚决反对在该特定群体中容许有法盲之存在,但站在另一个角度来看的话,又不妨理解成在特定历史阶段,国家暂时性地容许了这些群体之外的法盲存在。(2)随着普法重点对象的变化——主要是增加——说明普法工作的确卓有成效,法盲群体在不断减少。重点对象变化的趋势,侧面反映了国家法治的发展进度,以及不同群体之于国家法治的不同意义。第二,所要普及的法律知识同样是个不断流变的过程,从一五普法的"法律常识"到二五普法的"专业法律知识"再具体到后来的"着重抓好社会主义市场经济法律知识的普及",这里面我们可以清晰地发现"基础性知识/技术性知识"两种不同法律知识的区别,而这两种不同的法律知识是针对不同受众进行的区别划分。对于前者,普法工作要求是继续开展"与公民工作、生活密切相关的基本法律知识以及与维护社会稳定有关的法律知识教育",而对于后者则是要求"着重抓好社会主义市场经济法律知识的普及。围绕规范市场主体、维护市场秩序、加强和改善宏观调控、建立社会保障、促进对外开放等环节,有针对性地普及有关法律、法规知识",目的是"提高各级领导干部和经营管理者运用法律调节各种经济关系的本领"。第三,从一五规划到五五规划,普法工作的重点对象、基本要求和内容都在不断调整,但对"宪法"的学习却始终贯彻于历年的普法工作。这意味着宪法除了在法律位阶体系中是高于其他法律的根本大法外,一定还具有某些不同于其他法律的内在特性,需要全体公民不断地深入学习;也就是说对于法盲的身份识别尽管存在选择和挑拣,但盲于"宪法"在任何时候都是国家所反对和排斥的。

如果依据福柯"知识\权力"的视角来分析普法与法盲的关系[46],法盲缺乏相应的法律知识,而国家掌握了这套法律知识并且掌握了解释权,因此,这里就

---

[45]《中央宣传部、司法部关于在公民中开展法制宣传教育的第四个五年规划》(2006)。

[46] 福柯:《惩罚与规训》,刘北成、杨远婴译,生活·读书·新知三联书店1999年版,第三章、第四章。

存在着国家对法盲的强势权力关系,这个权力关系如毛细血管般渗透到社会的各个角落。因此,法盲类似于笼罩在现代法律"全景敞视监狱"之中的囚犯,国家可以随时利用法律之眼窥探法盲的生活,而法盲却无法得知如何被窥探,以及何时被窥探。这里的窥探当然是个隐喻,喻示着国家权力的微观触角是如何不动声色地渗透进法盲的身体,形塑并改造着关于法盲的社会认知和自我认知。另一方面,既然是权力关系,也就意味着在普法与法盲的互动中,法盲决不是一具被动的身体,消极地坐视国家权力对其进行教育和改造。事实上,法盲也在不对等的知识\权力关系之中想象法律会如何规训自己,以及基于这种想象并运用"弱者的武器"[47]来发明一套规避乃至温柔地抵抗法律的自我技术。正是这套隐秘的自我技术,成为法盲具有但法律却不知晓的默会的知识,并构成了独立于国家法律大传统之外的小传统[48],进而反向性地改变了国家法治的实践形态。因此,关于法盲、普法和国家法治之间的关系,不但要从国家与公民的角度去分析,还要从大传统与小传统相互角力的层面去思考,要深入到不同形态的法盲群体内部去观察国家法律是如何借助他们的身体和社会发生联系的。

四、国家治理与敌对性法盲

(一)法律的基础性知识

如前所述,敌对性法盲的存在是因为他们欠缺了一种关于法律的基础性知识,而法律的基础性知识当中直接涵摄了国家所支持和维护的伦理立场以及基础价值。在这个意义上,可以说缺乏法律基础性知识,就意味着无从领会现代国家的精神内涵。这样的人,要么可能成为国家的敌人,要么就是自我放逐到现代国家的文明圈界之外,成为一个"化外之民",无论是哪一种情况都昭示着国家统治合法性的内在危机。因此,为了化解这种危机,国家必须毫不犹豫且立场鲜明地反对、谴责、声讨并力图征服这个国家立场的反对性群体。从这里我们可以看到,如何认识敌对性法盲,如何理解国家对敌对性法盲的治理策略,在很大程度上就是看究竟哪些要素属于现代法律的基础性知识范畴;而哪些事项构成了法律的基础性知识,又很大程度根源于民族共同体决定选择一种怎样的生活方式,以及打算建构一个怎样的文明国家。

法律的基础性知识一定是与维持一个共同体的美好生活方式密切相关。

---

[47] James C. Scott, *Weapons of the Weak, everyday forms of peasant resistance*, New Haven: Yale University Press, 1985.

[48] "大传统"与"小传统"这一组概念最初由人类学家雷德斐提出,后来为各社会科学学科普遍接受。其中大传统或精英文化是属于上层知识阶层的,而小传统或通俗文化则属于没有受过正式教育的一般人民。关于大传统/小传统这一理论范式在法理学上的运用,参见梁治平:《清代习惯法:社会与国家》,中国政法大学出版社1996年版。

而宪法之所以被称为"根本大法",也是因为它承载了一个民族关于未来政制的宏伟愿景和政治理想,是将共同寓居在一片土地上的陌生人群凝聚成一个休戚与共、紧密联系的命运共同体的灵魂精核。所以,要坚持宪法至上,我们就务必要在观念上建立这样一个知识确信,相信凡是和这个国家历史前景与民族政治相关的重大事项,宪法典文本都给出了回答和提示,关键就在于我们是否具备一双发现的眼睛和足够的理论洞察力从宪法典文本中获得想要的答案。正因此,要具体地理解什么是法律的基础性知识,要想搞清楚为什么国家要消除欠缺法律基础性知识的敌对性法盲,我们就必须回到宪法,回到宪法文本所记载的权利条款,通过一种结构性的法律解释技艺[49]去把握宪法关于"敌对性法盲"的定位。

让我们暂时抛开对自然状态的揣测[50],也不要理会罗尔斯"无知之幕"是否可能[51],仅以我们作为一个普通中国人的健全常识和自然情感来想象一下,在一个正当可欲的社会中和谐生活必须具备哪些基本条件。首先,生存一定是第一位的需要。不管人在先天的资质、能力、智力、体力及社会身份等方面存在何等差异,人的自然生存都必须依赖于某些物质性财产的保障,如粮食、土地、住所等,所以任何形态的社会都势必要确立某种关于财产的保护制度[52]和财产的分配原则(第6条)。获得财产的方式有很多,去偷去抢去骗都可以获得财产,但一个正义的社会显然不会容许这种不正当的财产获得方式,否则的话我们都会陷入一种弱肉强食、朝不保夕的恐惧状态,因为我们不知道今天获得的财产明天会不会被另一个人强行夺去。因此,公民社会获得财产的正当方式只能是劳动——不论是体力劳动还是脑力劳动——所得。通过劳动,我们将属人的主体性力量注入自然的物质存在中,把"自在自然"改造为"人化自然",使自然产品脱离了原来所处的共同状态,确定了我们对它们的财产权[53]。正是由于劳动对于人之生存具有的重大意义,因此劳动才被宪法确定为公民的基本权利之一(第42条)。与此同时,劳动不仅是我们获得生存保障的重要手段,

---

[49] 关于法律的结构性解释区别于一般法律解释方法的讨论和理论运用可参见,Charles Black, *Structure and Relationship in Constitutional Law*, Louisiana State University Press, 1969; Laurence Tribe, Taking Text and Structure Seriously: Reflections on Free-Form Method in Constitutional Interpretation, *Harvard Law Review*, Vol. 108, no. 6 (April 1995), pp. 1221—1303. 中文文献中运用这一方法的典范,参见强世功:"文本、结构与立法原意",载《中国社会科学》2007年第5期;强世功:《和平革命中的司法管辖权之争》,载《中外法学》2007年第6期。

[50] 对自然状态的不同论说分别征表了西方自然法学派对人性的不同预设,以及根据各自预设发展出多面相的理论结论。相关的具体论述可参见 A. P. d'ENTREVES, *Natural Law: An Historical Survey*, New York: Harper & Row Publisher, 1965, pp. 83—122。

[51] 罗尔斯:《正义论》,何怀宏译,中国社会科学出版社2003年版,第28—34页。

[52] 《中华人民共和国宪法》(1982)第12条,第13条。以下凡征引此法只在括弧内注明具体条款。

[53] 洛克:《政府论》(下篇),叶启芳、瞿菊农译,商务印书馆1996年版,第20页。

还是我们践行自由的必要方式。如果我们不去从事劳动,就意味着我们不能获得保障生活的物质产品,就意味着我们必须仰鼻息于那些能够为我们提供生存物品的人,被他们所操控,为他们所摆布。陷入这样悲惨境遇的人无论如何不可能成为一个自由公民,因为控制了一个人的口袋就等于控制了一个人的脑袋,当人不能自由思考的时候,离沦落为奴隶也就不远了。所以,劳动不仅是公民的基本权利,而且必须是公民的基本义务(第42条)。公民的劳动有别于奴隶的悲惨劳作的地方在于,前者是一种自由的、主动的、可选择性价值实现,而后者是一种强制的、被动的、命定的身体驱役,而伟大的"人民共和国"怎么可能建立在一群奴隶的悲惨劳作之上呢?因此,公民的劳动一定是建立在人身自由基础之上(第37条)的有人格尊严(第38条)的劳动,要有休息权(第43条)和退休保障制度(第44条);当他劳动累了之后还要有可供休息的处所并不被人侵扰,而自己的家无疑是提供这一条件的最理想场所。"每个人的住宅就是自己城堡","每个人的住宅都应当成为绝对安全之地"[54],所以公民要有住宅不受侵犯的基本权利(第39条),这就是现代法治所主张的"风能进,雨能进,国王不能进"[55]。人类之于地球不是昙花一现的即时性存在,尽管个体的生命必将逝去,但人类的种族可以通过日常的生息繁衍无限地延续下去,所以一个组织正常的社会不能缺少有关保护婚姻家庭的制度(第49条),至于这个婚姻家庭制度是建立在"夫为妻纲,父为子纲"的家父权管领基础之上,还是依循家庭成员平等的权利逻辑,取决于宪法意图建构一个怎样的国家类型。我国宪法确立的人民主权原则决定了我们的婚姻制度必然是建立在男女平等的原则之上(第48条)。

有了上述条款保障的话,一个稳定有序的社会架构就基本搭建起来了,但是我们可能会觉得意犹不足。因为通过仅凭上述保障条款所确立的社会只是一个"低俗而稳靠"(low but solid)的自然秩序,它缺乏历史的向度和伦理正当性,人生活在其中最大也是唯一目的似乎就是保全自己,繁衍后代,除此之外不再有其他更高目的的追求,这样的秩序安排和那些整天为食物而分工奔忙的蜂群、蚁群有什么区别呢!但人类的联合(association)毕竟区别于蜂群和蚁群的聚合(aggregation),我们不仅要用彼此合作来维续一个市民社会,与此同时更要以公民美德和历史伦理来建构一个政治/文明国家。正是出于这个考虑,我们必须要行使选举权和被选举权参与到国家政治的运作当中(第34条)。选举政治不同于世袭政治的最大地方在于,它是通过竞选者对各自政见的主张宣传,从而以赢取选民选票的方式来获得合法性的政治。为了表达我们的政治见

---

[54] 孙笑侠编译:《西方法谚精选》,法律出版社2005年版,第150页。
[55] 英国首相威廉·皮特语。对此的理论解说,参见刘军宁:"风能进、雨能进、国王不能进",载《公共论丛:自由与社群》,生活·读书·新知三联书店1998年版,第74—86页。

解,听取民众的政治意见,我们必须有言论、出版、集会、结社、游行、示威等基本政治自由(第35条)。一个能够真实保障选举的制度,本质上就是一个民主制度,民主制度的另一层含义就是价值多元。多元、竞争的价值观念会通过文化活动自由(第47条)呈现出来,并陷入到"诸神之争"的格局当中,这时我们一定要善于遴选和鉴别当中存在的正确与错误、真理与谬误、共识与歧见,而这种分辨能力是不可能自然承袭的,必须通过后天的教育(第46条)才能够获得。现代国家政治合法性的根基既不是"君权神授"的教会主权,也不是"朕即国家"的君主主权,而是建立在选举民主之上的人民主权政治。因此,我们要处理好"上帝之城"与"人间之城"的关系,通过政教分离和宗教自由原则(第36条),让"上帝的归上帝,凯撒的归凯撒"。通过这一系列构建,一个不死的"利维坦"终于诞生了,它寄托了我们全部的光荣与梦想,尊严与希望,成为公民获得安全与救济的可靠保障(第45条)。为了表达我们对"人民共和国"这个不朽政治生命的忠诚与热爱,我们必须维护国家的统一和民族的团结(第52条),遵守我们之间共同订立的社会契约,即国家法律(第53条),维护祖国的安全、荣誉和利益(第54条),必要的时候拿起武器来保卫它(第55条)。在"利维坦"的诞生之初,我们只有由衷的喜悦和虔诚的礼赞;但当它日渐长大并慢慢变成了个庞然巨物的时候,我们的喜悦之中却不免渲染上点点隐忧。我们不知道会不会有那么一天,这个利维坦强大到足以脱离我们的掌控,并反过来吞噬公民自由,历史的教训告诉我们,这绝对不是杞人忧天似的自我恐吓。因此,我们除了要向它教导主体资格平等的法律理念以及"尊重和保障人权"的责任伦理(第33条),还要通过硬的一手来约束它,要确保公民对国家的监督权(第41条),禁止侵犯公民的通信自由和信息秘密(第40条),以及最为重要的是,通过财税立宪主义的宪政设计[56],在发挥国家积极作用的同时,限制政府权力,这就是为什么宪法要将依法纳税规定为公民基本义务(第56条)的理据所在。这些针对国家权力的限制性条款正如一根铁链,把国家这个利维坦般的巨灵牵制、引导在人民的手中,就像小布什总统说的那样,要"驯服他们,把他们关在笼子里"。

以上这套根据"公民的基本权利和义务"联系起来的观念体系,构成了现代法治国家的核心价值范畴和重叠共识,而部门法中依据这套观念体系创立出来的实体权利/义务就是本文中所指称的"法律的基础性知识",也即一五普法规划中所说的"法律常识",缺乏这种基础性知识的公民就是所谓的"敌对性法盲"。

---

[56] 李龙、朱孔武:"财政立宪主义论纲",载《法学家》2003年第6期;史蒂芬·霍尔姆斯、凯斯·R.桑斯坦:《权利的成本:为什么自由依赖于税》,毕竞悦译,北京大学出版社2005年版,第二章,第三章。

（二）国家的征服与法盲的反抗

敌对性法盲的存在意味着国家权力的局部失灵,意味着国家无法将自己秉持并认同的价值观念传递到敌对性法盲身上。这里敌对性法盲成为一个国家权力之外的他者,国家尽管可以依仗自己的强势话语权以及话语权背后的强制性力量不时地敲打他们,令他们沮丧;但却难以刺穿他们的灵魂,令他们自觉站到国家的队伍中来。和对待被动性法盲与挑战性法盲的态度不同,如果说前两者是有待事件发生之后国家再以区分处理的方式进行甄别、检讨、诊断的对象的话,那么针对敌对性法盲,国家必须主动出击,动用各种社会资源进行征服。

在主动出击的过程中遇到的最大难题是如何有效地发现敌对性法盲。谁知道昨天还在一块抽烟歇凉的村长明天会不会把张三捆绑起来游街示众？谁晓得白天还对丈夫的虐打逆来顺受、忍气吞声的大婶,晚上会不会突然趁丈夫熟睡之后将其残忍杀害……[57] 当我们说敌对性法盲是国家价值立场的反对者的时候,意味着我们必然拥有关于国家价值的立场的判断标准,否则我们何以认定法盲的行为是一种偏离？但谁来把握这个标准呢,由作为国家公权力代表的村干部和基层法院吗？那要完成监控和征服法盲的任务需要安插多少这样的代理人？由周围的民众吗？可民众们会不会把这种敌对性法盲的犯罪行为反过来当成一种"权利性交换"[58]或者替天行道的正义之举？不论如何,人民群众中产生的问题还是要回到人民群众中予以解决,在国家资源有限的条件下,通过民众私人间的监控与惩罚无疑是解决敌对性法盲问题的现实可行途径。[59] 正是通过这个局限条件的限定,我们发觉,以往那种将全民普法理解为在国家权力主导下进行的,作为建立新的权力支配关系的组织动员手段的观点当中可能存在些许偏差。[60] 事实上,普法——特别是关于"法律常识"的普法——所指向的对象其实并非敌对性法盲,因为国家根本难以获知敌对性法盲的具体信息,而且一个本质性的国家法立场的反对者也很难通过法制宣传教育的方式改变他的敌对态度,正所谓"道不同不相为谋"。所以,国家进行全民普法的真正目的在于将法律的基础性知识以多种渠道传输到社会的各个角落,进而在全社会范围建立一套有关判断违法与越轨的真理体制,通过法制教育和知识宣讲扭转那部分潜在性的国家法立场的反对者的敌对意识,以及,更为重要的,借助其他民众——包括被动性法盲和挑战性法盲——来监控敌对性法盲的反抗。

---

[57] 王立杰:"杀夫案背后的女人",载《法律与生活》2006年第7期。
[58] 苏力:《法治及其本土资源》(修订版),同前注[9],第65—87页。
[59] 桑本谦:《私人之间的监控与惩罚——一个经济学的进路》,山东人民出版社2005年版,第二章。
[60] 苏力:《送法下乡》,同前注[11],导论;李一宁:"全民普法——一个知识/权力的视角",南京师范大学法学院硕士学位论文(2007)。

在这样一个知识/权力的确证、运作过程中,敌对性法盲成为对公民进行法制教育的最佳范本。对于大多数公民而言,国家法律可能仅仅是一个观念性的存在,一个和刑罚、监狱、军队等物理强制力相联系的符号。而法律的基础性知识相对较为抽象,尽管公民大多具有关于法律基础性知识的感性观念,但针对这些基础性知识,法律究竟有哪些权利义务方面的具体规定,他们可能并不清楚。就好像绝大多数人都知道存在"不得杀人"这一禁止性规范,但具体到个案中,他们却难以理解,为什么同样是忍无可忍将长期虐打自己的丈夫杀死的行为,仅仅是因为发生时间的不同就使得一者变成了合法的正当防卫,一者变成了故意杀人的犯罪。这个时候,就有必须利用法盲——更准确地说是借助敌对性法盲种种愚昧无知而又未必不令人同情的违法/犯罪行为——向公民宣谕法律的目的和规范要求,阐述关于法律的知识真理:国家法律,而不是其他社会观念,才是决定行为正确与错误的最终标准。即使再自然正当、再被历史和当地社区认可的下意识行为,一旦它和法律的基础性知识发生抵触,就意味着罪错产生,而这个行为的实施者也便成为国家法立场的反对者,从而决定了他自外于国家,被放逐、被惩罚的悲惨命运。正是在这种真实的、潜移默化的、形象生动的法制教育过程中,法律不再是一套程式化的抽象行为模式或者机械枯燥的干瘪条文,而化身为一个个可知可感的人或事。他们就来自我们的真实生活,就存在于我们身边,他们对法律的无知和误解和我昨天对法律的无知与误解一样。但他们是法盲,而我不是。通过他们沦为法盲的遭遇,我们从侧面知晓并巩固了法律的基础性知识;而在对他们经历的欷歔、感慨、评论中,法律的基础性知识得到了进一步的强化和确认。正是通过认识敌对性法盲,我们避免成为国家价值立场的反对者。

不得不指出,尽管国家对法盲具有知识和资源上的优势,但这种优势是相对的,有时候并不像我们想象的有那么强大。因为国家资源有限,且不得不借助公民私人间的监控与惩罚来反对和消灭敌对性法盲,这同时也就意味着国家的普法策略必须考虑到作为受众的其他公民(包括被动性法盲和挑战性法盲)的接受能力和审美趣味。换句话说,国家法凭借自身的知识优势和话语霸权向社会受众进行传播普及的时候,还要考虑广大受众的接受能力与接受意愿,因而在某些时候会出现一种悖论性场景:一方面,国家要求民众向法律靠拢,自动接受法律背后折射的国家的基本价值立场;另一方面,为了吸引民众,增强民众对国家基本价值立场的认同,国家法又不得不迁就民众的偏好,主动向民众靠拢。而在这样的牵缠和纠绊当中,国家法律在向下普及过程中发生了意想不到的变型与走样:

> 陕西石泉县法院的法官们5月初穿古装模拟古代庭审,自编自导自演,开庭审理了当地一起民事官司,庭上法官干警等都身穿古装,说古语,

引得"观众"阵阵大笑。据悉法院以"今案古审"的方式进行普法宣传,在全国法院系统尚属首次。

县衙内:一班衙役手执棍杖站立两旁,夫子、县令依次堂上就座,县令一拍惊堂木,大喊"升堂"。

县衙外:石泉民女潘金花披头散发,浑身带血,哭啼着击鼓喊冤。

县令:"何人击鼓?"

衙役:"一女子门外喊冤不止!"

县令:"速传她上堂问话。"

石泉县法院有关人员说,这出戏是在他们曾受理过的一起离婚案件基础上改编而成,在这次"今案古审"中,他们模拟古代庭审,现场说法,让群众在庭审中受到普法教育。

角色全由法官干警扮演,穿帮引得"观众"阵阵大笑。

5月3日上午,在该县仿古街"石泉县衙"内,县令、夫子、衙役全部身着古装,三尺公案上方挂着"明镜高悬"的牌匾,案头放着惊堂木和红绿头签、签筒,大堂内两边设有笞、杖架,大堂外设有鸣冤鼓,仿佛让人一下子走进了古代庭审现场。

法院有关人员介绍,庭审上的角色全部由县法院的法官、书记员和干警扮演,法院领导还不时客串。由于大家都是初演,古装戏与现实的交融,以及法官们穿帮和忘记台词时,常常引得"观众"阵阵大笑。

5月以来,法院已编排审理了《打工妹潘金花离婚》、《石磨杀人案》、《高大壮伤害案》三起案件。昨日,安康市中院有关人员说,石泉县法院利用业余时间进行"今案古审"不仅起到了普法效果,也使得法官的文化生活丰富多彩,而此举目前在全国法院系统还属首次,已得到了有关领导的肯定。[61]

这是现代法治在向民间普及过程中所展现的无比吊诡的戏剧性一幕,国家法律为了将其蕴载的基础性知识(注意法院选取的相关案件)输入到民众的身体记忆当中,却不得不借助某种可能直接与国家法立场暗相抵触,但却为普通民众的历史记忆所更为熟悉且喜闻乐见的形式(县令、衙役、笞杖、鸣冤鼓,以及附着在这些符号背后的封建宗法等级制度)。国家法制的严肃性和庄重神圣在观众的哄堂大笑声中被无形地消解了,法律在普及过程中却被法盲们好好地反普及了一下,只不过前者的"普"是普遍化的"普",而后者的"普"却是普俗化的"普",正是在这种普及和反普及的互动过程中,中国法治呈现了某些不

---

[61] "法官扮县令,今案古法审",载《河南商报》2008年5月13日版;"审案成古装戏 普哪门子法",载《青年周末》,2008年5月15日版。

五、法律共同体与被动性法盲

（一）技术性知识与法律共同体

法律不是一个空洞的容器，可以任由各种竞争性的意见、观念、思想进行填充，它必须反映国家所赞成和支持的基本价值立场，而国家法律中体现这部分要素的就是本文所指的法律的基础性知识，无论是《十二铜表法》、《摩努法典》还是《德国民法典》都会有这部分知识存在。但与此同时，法律还有为数不少的条款，可能和国家的基本价值立场并不存在什么直接的联系，而纯粹是一些组织性、程序性的规定，例如诉讼时效、地域管辖、庭审规则等，即使在和公民生活息息相关的民法、刑法中，类似的条款也不会少。这些条款本身并不承载国家的基本价值立场，而更多是一些中立性、技术性的规定，与社会生活乃至经济活动的有效组织关系更为密切，这就是和法律基础性知识相对的另一种知识类型——法律的技术性知识。随着技术分工和科技的不断发展，现代社会生活日益呈现复杂化和多元化的趋势，随之形成了韦伯意义上"诸神之争"的现代格局。由此导致的一个现象是，法律的基础性知识越来越少，而技术性知识越来越多，法律逐渐变成了一门神秘的专业技术，除非受过专门训练，否则普通的公民根本没可能领会法律的堂奥。正是根源于法律技术性知识增加导致的法律专业化，现代法治培育出了两个特殊的群体——被动性法盲和法律共同体。

法治（rule of law）也被我们理解成"法的统治"，这当然是指我们期望法律能在国家治理中确立一种至上的统治地位，当社会出现重大分歧的时候，公众会接受并认可法律的最终决断，而不是说法律真的就能自发统御现实社会生活。所以，在不断向西方法治学习的今天，我们必须牢记前贤的教导"徒法不足以自行"。法治的运作不可能脱离人的因素，现代法治在很大程度上也就表现为一种"法律人之治"。[62] 而当法律人普遍拥有这样的意识自觉，并主动地团结起来，以自己所掌握的专业知识在客观世界与法律世界隔出一道专业槽时候，一个特殊的利益群体，即法律共同体就形成了。

现代法治和法律的技术性知识以及法律共同体三者间存在着微妙的共生关系。"撇开所有技术细节不论，法治的含义就是指政府在一切行动中都受到事前规定并宣布的规则的约束——这种规则使得一个人有可能十分肯定地预见到当局在某一情况中会怎样使用它的强制权力，和根据对此的了解计划它自

---

[62] 孙笑侠：《法律人之治——法律职业的中国思考》，中国政法大学出版社 2005 年版；贺卫方："法治与法律家之治"，载《北京大学研究生学志》2000 年第 2 期。

己的个人事务。"[63] 尽管今天我们大多数人都将法的统治当成了社会治理不言自明的前提预设,但如果不是出于健忘,我们应该记得,尽管法治的观念史可以追溯到久远的古希腊城邦政治[64],可作为社会史意义上的法治兴起却是近现代资本主义肇兴之后的产物。[65] 如前所述,一个运作良好的社会依赖于某些基础性共识与合作默契,当这些基础性共识被法律吸纳的时候就构成了法律的基础性知识,法律的基础性知识是共同体生活的底线要求。尽管我们承认法律的基础性知识十分重要,但这并不意味着社会的基础共识或者国家的基本价值立场只能由法律来承载。因为与其说法律的基础性知识来自法律的规定,倒不如说这些基础性知识来自社会生活的本身,来自共同体成员间自然养成的生活默契和重叠共识。换言之,这是一种法律的前提性知识。这些默契和共识究竟是借助法律来表现,还是通过道德伦理抑或宗法礼俗来实施,这更多是由历史传统和具体的社会情势来决定。说的更直接点就是,仅凭法律的基础性知识根本不足以支撑法治这种特定的、专业化的制度实践类型的持续普遍运作。从这个意义上说,恰恰是法律技术性知识的大量出现,才使得法治成为一门专业化的,带有封闭性的社会治理策略。

法律科学和现代法治作为一种独特社会力量的兴起,在很大程度上要归功于规范分析法学派的智识贡献。作为规范分析法学派前身的注释法学派(the school of glossators)通过对《国法大全》原稿的整理、翻译和注释,直接促使了西欧罗马法的复兴,并为各国国王统一法制,摆脱封建割据控制找到了罗马法上的合法性依据,直接促进了西欧王权政治的巩固与发展;而后期的评论法学派(the school of commentatores)在注释法学派的研究基础上,注重从纷繁复杂的法条和法律现象中抽象出一般性的法律概念和法律原则,把生活中和市场上每天重复的日常行为概括成"诺承性行为"、"意思表示"、"契约"、"禁止产人"这些抽象的概念,进而使得法律成为有别于普通公民生活世界之外特殊的意义世界;而现代分析法学则始终坚持法律与道德的分离命题,归根结底都是试图让法律成为独立于公民社会常识和伦理道德的独立性存在。[66] 试想,如果法律都是公民可以凭借自我正当情感和社会的一般观念加以把握的对象的话,那么

---

[63] 哈耶克:《通往奴役之路》,王明毅、冯兴元译,中国社会科学院出版社1997年版,第73页。

[64] 柏拉图晚年承认法治是最不坏的统治,而亚里士多德则明确指出:"法治应包含两重意义:已成立的法律获得普遍服从,而大家所服从的法律又应该本身是制定得好良好的法律。"亚里士多德:《政治学》,吴寿彭译,商务印书馆1995年版,第199页。

[65] 伯尔曼:《法律与革命》,高鸿均等译,中国大百科全书出版社1993年版,第318页。

[66] 更详尽的述评,请参见何勤华:《西方法学史》(第二版),中国政法大学出版社2002年版,第三章。

社会生活就可以彻底变成"无需法律的秩序"[67],何必成天将法治念兹在兹地挂在口边?从这个意义上说,现代性法治一定是建立在一套专业的技术性知识基础之上,法治的发展历程,很大程度上就是一个法律技术性知识不断挤压、侵占法律基础性知识的过程,而法律共同体则是专属性掌握这种技术性知识的解释共同体。[68]

法律作为一种实践理性的特殊技艺,与作为"爱智之学"的哲学不同,它并非产生于追求纯粹智识的思想冲动,其历史一直与法律职业的发展史密不可分。与其他约束个人行为的规则(譬如道德、伦理、礼俗)不同,法律具有很强的外在性,也就是说法律只能管束人的外部行为,而且只能靠外在于行动者的力量来维持。这就需要有一些专门的人员来负责维持法律的正常运作。早在罗马共和国时期,一个具有相对独立性的法律家群体已经产生,其中有一些专门解答法律问题、传授法庭技巧、研究法律原则的人士,被称为法律顾问(juris-consults)或法学家(jurist),例如我们所熟知的乌尔比安等五大法学家就是这样的人物。法学家们对法律所作的阐释和研究就形成了一套关于法律的系统知识,他们把这套知识称为"法律科学"(legitima scientia)或"法学"(jurispruden-tia)。[69]当法律成为一门科学,就意味着法律获得了一种超越于生活常识的知识品性,而不再是可以凭借我们的日常经验予以把握认知的对象,必须经过长期的学习和训练才能窥其堂奥。因此,法治以及法律共同体的塑造又历来和法律教育紧密联系在一起,英国早期法律从业者的训练就是通过律师会馆这种特殊机构来进行的。逐渐掌握了法律这门特殊技艺的一小群人,他们慢慢变得保守、封闭,因为法律这门特定的技艺跟他们的切身利益直接联系起来,他们把法律技艺当做可以赢利的资源,通过一种学徒制口传亲授的知识传授方式来培养本行业的新人,以此限制法律知识的大范围传播,从而逐渐形成了一种"卡特尔"式的利益共同体。[70]

法治的确立意味着法律在社会生活中建立起无可争辩的真理地位,成为社会观念分歧的最终权威决断。然"法律必须稳定,但不可一成不变"[71],社会常识告诉我们,法律制定出来以后会根据社会情势进行不断修改,那这是不是意味着法律的真理是一种不断变动的所在呢?可一套知识能够被称为"真理",

---

[67] 罗伯特·C.埃里克:《无需法律的秩序》,苏力译,中国政法大学出版社2005年版,第10页。

[68] 张文显、卢学英:"法律职业共同体引论",载《法治与社会发展》2002年第6期。

[69] 郑戈:"法律是一门社会科学吗?——试论'法律科学'的属性及其研究方法",载《北大法律评论》第1卷第1辑,法律出版社1998年版,第47—76页。

[70] 波斯纳:《超越法律》,苏力译,中国政法大学出版社2001年版,第234页以下。

[71] 庞德:《法律史解释》,邓正来译,中国法制出版社2002年版,第2页。根据原文略有调整。

就在于它可以不必理会具体条件的变动而永远成立,就像连上帝都不能让二加二不等于四一样。如果它必需根据社会情势而不断调整自己的话,只能说这套知识离真理还存在差距。但无论如何,对于我们而言,法律就是这个祛魅化(disenchantment)的社会最后也是唯一的真理代表,因为法律不仅是真理,而且还是"真理与方法"的统一。[72] 和法律的技术性知识紧密挂钩的是法律共同体的专业思维方式和由此发展出来的专业法律方法,这套共通的法律方法是法律共同体得以成为一个理想共同体、命运共同体、利益共同体和解释共同体的技术秘密。当兰德尔在哈佛法学院大力推行"案例教学法"时,就是希望能够借助方法论的传授,使法律成为一门真正的科学真理,成为一项塑造法律人的自我技术:"法律是一门科学这种观念,以及通过案例教学法的是用来推动这种观念,构成了兰德尔对美国法律教育唯一也是最基本的贡献","培养学生将法律作为某种独特推理类型的法律感,案例教学法新的目标就是教会学生如何像一个法律人那样推理……方法论而不是实质内容成为这种制度的关键。"[73] 于是,当我们对别人说"抵押担保的范围包括主债权及利息、违约金、损害赔偿金和实现抵押权的费用"的法律规定是一种真理时,他们可能会觉得不以为然;但当我们告诉他们法律规则是由假定、行为模式和法律后果构成的逻辑体系,要"像法律人一样思考"(thinking like a lawyer)的时候,这难道不是在宣谕一个真理吗?法律要成为脱离于哲学、政治、道德之外的独立性力量就必须发展出一套精密复杂的技术性知识,这种技术性知识的生成不可能像法律的基础性知识那样直接来自社会生活本身,而必须借助法律共同体的发明和提炼。最初的法律人们发明并提炼了这样一套法律的技术性知识并将其规整成型,后来的人们如欲加入法律共同体就必须对这套知识/技术表示服膺并认真学习以求掌握,这反过来又强化了法律技术性知识的真理性与封闭性;而当这套技术进步到足够发达的时候,它又会和法律共同体的自我利益结合起来,进而不断地制造、衍生出更多的法律的技术性知识,最终使法律彻底成为一个封闭的、自外于日常生活的规则/意义体系。在此,法律脱离了与社会之间的直接联系,而依赖于专业化的法律职业阶层发生关系,由此形成一个规则主义的法律系统,成为自主性的法律秩序。[74] 而被动性法盲就是在这个法律与社会不断疏离的过程中,随着法律技术性知识的增多而无可奈何地被生产、制造出来的。

---

[72] 迦达默尔:《真理与方法》(上卷),洪汉鼎译,上海译文出版社1999年版,第四章。

[73] Neil Duxbury, *Patterns of American Jurisprudence*, Oxford: Clarendon Press. 1995, pp. 14, 21—22.

[74] 诺内特、塞尔兹尼克:《转变社会中的法律与社会》,张志铭译,中国政法大学出版社2004年版,第三章。

（二）现代法治与法盲的宿命

现代法治确立的过程被认为是一个"系统向生活世界殖民"的过程[75]，法律通过对生活规则的提炼和抽取，进而成为一种普遍化的行为规范。当这种一般化的规则和规则的诠释者即法律共同体的自我利益结合起来，进而向世界主张自己身份存在的时候，就意味着法律演化为一个超离于日常世界的他种意义世界。尽管这个意义世界处理的仍然是生活世界中的种种行为和纠纷，但它是用一种有别于日常逻辑的法律逻辑去处理这些纠纷。对于法律共同体以外的其他人来说，法律这个独特的意义世界是他们所不了解并感到陌生的。他们难以理解，明知犯罪嫌疑人是个十恶不赦的"坏人"，为什么律师还要不遗余力地去为之辩护？为什么警察只是出手教训了一下那个坏蛋，由此获得的证据就全部丧失了法律效力，不打好人，难道还不打坏人？欠债还钱，天经地义，可为什么当我向法院提出要对方偿还他所欠赌债时，法院却置之不理？这些问题实在是太超出法盲们的常识领域和生活情感了，他们无论如何也难以理解，久而久之他们觉得法律是如此陌生，不好接近，于是开始有意无意地去避开法律——那不是我们说话的地方——法盲们无可奈何地喟叹道。如果说以前民间的"厌讼"是根源于"衙门口朝南开，有理无钱莫进来"的制度腐败，那么现在民众的"惧讼"则是因为法律实在太讲理，太过于理性了——这里的"理"不是老百姓口中的"情理"，而是法律人诠释的"法理"；这里的"理性"也不是市民间充满生活热度的交往理性，而是法律冷冰冰的制度理性。

我们当然不能简单地把法律的自我复魅归结于法律共同体的职业利益，这未免太局限、太小家子气了，而且是一种道德哲学的观察视角，而不是法理学的进路。如果仅是法律共同体的职业利益导致法律脱离于日常的生活世界，那么是不是说法律共同体只要足够无私，能够主动拒绝职业利益诱惑的话，法律就能实现意义世界向生活世界的复归呢？如果制度理想必须建立在某个群体的利益抑制上，那么这个制度还能称之为"制度"吗？制度所以称其为"制度"就在于它能借助行动者的逐利行为客观上达致增进社会福利的效果，一个泯灭主体利益诉求的制度不可能成为有效可行的制度，更加不会成为世界范围的普遍追求。

从法律的技术性知识的角度进行考量，法律自我复魅成为一个超离于生活世界之外封闭的意义世界，根源于法治与民主之间的内在紧张。民主意味着少数服从多数，建立多数人的统治。但多数人的统治不等于善好的政治，因为多数人也可能犯错，多数决定并不能确保意志的合法性与正义性，纯粹民主的最

---

[75] 哈贝马斯：《在事实与规范之间——关于法律和民主法治国的商谈理论》，同前注[28]；哈贝马斯：《交往行为理论》（第1卷），同前注[28]，第127页。

大危险恰恰在于它所拥有的绝对权威可能扼杀公民自由。不要忘了,苏格拉底是被雅典的民众司法处死的,法国大革命的鲜血与恐怖则是民众盛宴狂欢之后的打包回家,希特勒更是借助民主制度最高票当选的德国总理;多数人固有的短视和对眼前利益的追逐使得民主制度难以谋划对民族长远利益的考虑,反过来却可能利用多数人形成的话语霸权去压制少数人的意见表达,形成托克维尔所说的"多数人的暴政"。[76] 美国的开国者们对"民主"怀有极大的戒心,宪法之父麦迪逊就曾指出,在一个共和国里,保护社会成员不受统治者的压迫固然重要,保护某一部分社会成员不受其他成员的不正当对待,同样重要。在不同的社会成员之间一定存在不同的利益,如果大部分成员联合起来,那么少数群体的权利就会得不到保障。[77] 正是出于对民主的警惕和不信任,美国的建国者根本就没有把"democracy"写进《独立宣言》和《美国宪法》。[78] 法治在某种意义上就是对民主的克服与纠正。托克维尔为解决"多数人暴政"开出的药方是通过司法权威防止民主暴政,"美国人赋予法学家的权威和任其对政府施加的影响,是美国今天防止民主偏离正轨的最坚强壁垒",对此,他由衷地赞叹道:"我们越是深思发生于美国的一切,就越是确信法学界是美国的能够平衡民主的最强大力量,甚至可以说是能够平衡民主的唯一力量。……法学家秘而不宣地用他们的贵族习性去对抗民主的本能,用他们对古老事物的崇敬去对抗民主对新鲜事物的热爱,用他们的道德观点去对抗民主的好大喜功,他们对规范的爱好去对抗民主对制度的轻视,用他们处事沉着的习惯去对抗民主的急躁。"[79] 由此我们可以看到,法律共同体之所以要努力将法律提升为日常生活世界之外的抽象意义世界,并非职业利益使然,而是基于对纯粹民主的惕怵,希望借助法律的技艺理性将群情涌动的大众激情过滤为法言法语的制度理性。[80] 只有借助于专业术语、法律程序、辩论规则、证据认定等这些法律的技术性知识,我们才能在法律和民众意见之间隔挡出一个自治的空间。从这个意义上说,法治本身就是制约民主的理性力量,法律进化成脱离日常世界之外的意义世界,非但不是法律的异化,反而是法律对民主潜在之暴虐的克服与救赎,而被动性法盲就是法治在克服民主的过程中必然的制度产物。理解了这一点,

---

[76] 托克维尔:《论美国的民主》(上册),董果良译,商务印书馆1996年版,第207页。

[77] 汉密尔顿等:《联邦党人文集》,程逢如等译,商务印书馆2004年版,第51篇。

[78] "尤其让我气愤的是把美国视作为一个民主国家,还说伊拉克也应该成为一个民主国家。在我们两份立国文件——《独立宣言》和《美国宪法》——中根本就不存在'民主'这个词。" see Walter E. Williams, Conflict: The Battle Hymn of the Democracy, at http://www.capmag.com/article.asp? ID = 4588,最后访问日期2008年5月20日。

[79] 托克维尔:《论美国的民主》(上册),同前注[76],第318—319、313页注[4]。

[80] 正是在这个意义上,亚里士多德才称法律为"远离激情的理性"。亚里士多德:《政治学》,同前注[64],第168页。关于法律,尤其是作为逻辑语言的司法更详尽的论述,请参见汪习根:"在冲突与和谐之间——司法权本性的追问",载《法学评论》2005年第5期。

我们才能体会冯象所说的"法盲因此是建设法治的先决条件和必然产生,是社会法治化以后我们大多数人的名字"。[81]

强调被动性法盲是现代法治对大众民主的克服过程中被制造出来,只能借助于法律共同体的专业服务才可能进入法律的意义世界,这并不是说被动性法盲注定只能成为现代法治消极无为的"他者"。事物在某些方面的长处,可能会成为它在另一些方面的短处。现代法治的优越之处在于其对民主激情的理性克服,但反过来也就意味着法治可能保守有余,能动不足。最明显的一点是,现代法治强调司法的被动性,主张不告不理。[82] 尽管法律机器一旦启动之后,可能就变成由专业法律人主导的基于法律自治的程序运作,但无论如何这部法律机器发动的"第一推动力"必须来自当事人——包括被动性法盲们——的起诉,律师和法官不可能,制度上也不允许他们自作主张、自告奋勇地为当事人主张权利。正是在这个关节点,我们看到现代法治背后的逻辑真空,没有被动性法盲的参与,现代法治只是一套僵死的制度陈设,犹如欠缺上帝之手推动的牛顿经典力学体系一样,可能只是一个美丽的理论说辞。因此,如何转换思维,通过一种新的普法观[83],将法律共同体的缔造和被动性法盲对法治的亲近与信赖结合起来,通过法律共同体对公民权利与法律正义的维护行动,传递给被动性法盲一种积极的信念,让他们在情感上愿意相信法治是他们的最好选择和终极救赎,这是当前中国法治建设亟待解决的重大问题。

六、挑战性法盲与公民共和主义

(一)法律共同体与挑战性法盲

1. 疑难案件与重大案件[84]

尽管我们把法治理解成区别于"革命"和"运动"的一种常规化治理策略,但社会生活中总是会有些超常规的特殊事态突然溢出,需要法律去细心区别,类分处理。由此我们发展出了一套精密的法律分类技术。[85] 在以往的经历中,我们发现民众对法律共同体基于法律理性作出的结论往往有两种大相径庭的态度:有的案件由于涉及复杂的条款引征的法律解释技术和繁冗的法律程

---

[81] 冯象:《政法笔记》,同前注[13],第125—131页。
[82] 对司法被动性的反思,请参见汪习根主编:《司法权论——当代中国司法权运行的目标模式、方法与技巧》,武汉大学出版社2006年版,第53—59页。
[83] 凌斌:"新的普法观",载《经济参考报》2004年5月29日版。
[84] 此一组分析范式的提出受益于强世功和罗玥"重大案件"与"普通案件"的研究启发,但内涵自有不同。参见强世功、罗玥:"在'案件监督'与'行为监督'之间——从共和政体的角度来思考'个案监督'",载江平、吴敬琏主编:《洪范评论》,中国政法大学出版社2005年版,第71—74页。
[85] 王启梁:"法律:一个安排秩序的分类体系",同前注[33]。

序,民众对此难以领会,除了案件当事人外也不会加以关心。这类案件由于法理深邃,往往是法律共同体津津乐道、反复探讨的对象,这就是部门法学中经常涉及的"疑难案件";除此之外,还有另外一种案件,这些案件本身并不一定牵扯到复杂的法律技术问题,但往往关涉社会重大价值分歧和观念对立,因而引起广泛的社会关注,社会各个阶层都主动投入到案件的探讨和争论,有的时候民间话语和精英话语会发生严重分歧与断裂,社会公众甚至会得出和法律共同体依据法律逻辑作出结论截然相反的判断,这就是我们所指的"重大案件"。"疑难案件"和"重大案件"的区分仍然建立在我们之间提出的"法律基础性知识"与"法律技术性知识"这对范畴上。"疑难案件"由于涉及法律的技术性知识,这是独立于普通公民生活世界以外的陌生知识,对于这些知识的判断,他们无由置喙,不得不以近乎迷信的态度求助于法律共同体的专业意见;而"重大案件"涉及的是法律的基础性知识,这些知识大多直接来自公民的生活经验,和我们的伦理情感、是非观念息息相关,每个公民只要他具备正常的法情感,都可以给出自己的直觉判断。

正是基于这种差别,我们便可以在敌对性法盲和被动性法盲以外,区分出第三种类型的法盲——挑战性法盲。挑战性法盲同样也不具备法律的技术性知识,这一点,他和敌对性法盲及被动性法盲一样。与之不同的是,挑战性法盲并不反对法律基础性知识背后的折射的国家价值立场,这一点使得他区别于敌对性法盲;同时,他并不因缺乏法律的技术性知识,就认为法律是和他生命无关的外在之物,于是回避、拒绝法律;恰恰相反,他们坚持认为法律是全民族的事业,每个公民都可以基于自己的正当情感和直觉性的正义观,就重大法律案件用言论/行动来表达自己的观点和立场,而这种表达本身便构成了法治实践的形态。

2. 法治:精英的还是民众的?

如果把法治理解成对民主内在缺陷的克服,那么法律就应当建立在一套专业的技术性知识基础之上,由此,法治的发展路向必然是精英主义的。用德沃金的话说,法律人应当向共和国的校长一样,对民众进行法治的信念教育。[86] 我们当前的司法改革和法律教育改革似乎就在朝这个方向努力迈进。但如果把法治理解成达致民主的制度管道[87],那么法律就应当更多地注重基础性共识的凝聚,把民众发动起来,共同投入到国家法治建设的事业当中。事实上,从长久的历史进行考察,精英意识与大众诉求的对立、妥协一直是人类社会政治制度发展、变革的主要动力和历史主线。由于社会资源的有限性,政治权力不

---

[86] 德沃金:《法律帝国》,李常青译,中国大百科全书出版社2001年版,第184页以下。
[87] 季卫东:"中国:通过法治迈向民主",载《战略与管理》1998年第4期。

可能为社会成员平等占有。于是,凡是有组织、有人群的地方就必定会涌现更富决断力和领导力的精英。在任何社会形态中,精英作为民众中最富有创造力和先进性的存在都是一种普遍现象,民主政治也和其他政治一样不能避免有组织的少数对无组织的多数进行的统治支配。[88] 但与此同时,现代国家普遍将正当性与合法性基础建立在公民的政治认同之上[89],而民主制度正是凝聚公民政治认同的最不坏的政制形式[90],任何一种排除了民众参与的制度实践难免都会遭遇自身的合法性危机。那么,中国法治的发展路向究竟应该选择精英主义的"专法型法治"还是选择民众主义的"普法型法治"呢?

　　凡是有关民族国家未来发展的重大抉择,我们都不能仅限于观念上的理论探讨,思想史上的各种学说只不过提供给了我们相关的借鉴和参考;同样,我们也不能将凝视的目光聚集在其他国家的政制实践上,中国的问题必须从中国本身的国情实际出发,着眼于中国人的切实需要。前面说过,法治的基本精义在于宪法至上,宪法至上就意味着我们要在观念上确信,关于民族国家的一切重大政制问题都能在宪法这个立国文本上找到解答。宪法,不仅是根本大法,而且还是国家政制的权威教科书。同样,要回答中国法治的未来发展路向究竟是应当选择精英主义还是民众主义,我们必须回到宪法,看看宪法给了我们哪些提示。

　　让我们打开现行《宪法》。《宪法》序言用简短的诗性文字描述了"中国"几千年发展的历史图谱,是我们了解"什么是中国"这一首要问题的观念指导。[91]《宪法》序言的头五段,一共出现了五次"中国",依次是作为历史文化载体的"中国",半殖民地、半封建的"中国",发生翻天覆地变革的转型"中国",中华民国和中华人民共和国。宪法的理想无疑是要建构"人民共和国"这个不朽的政治生命,那么,什么是人民共和国?中华"民国"和中华"人民共和国"有什么区别?"民"和"人民"存在哪些差异?要回答这些问题,离不开对宪法总体性的结构解释和必要想象,要知道,我们正在解释的是一部宪法,一部满载民族理想,又具有足够理论开放性的政治教科书。"民国"从字面上解读就是"民的国家",这里的"民"既可以是公民,也可以是小民,排除了民与民之间

---

[88] 刘军宁:《共和、民主、宪政——自由主义思想研究》,上海三联书店1998年版,第74页以下。

[89] 吴冠军:"正当性与合法性之三叉路口——韦伯,哈贝马斯,凯尔森与施米特",载许章润编:《清华法学》(第5辑),清华大学出版社2004年版。

[90] 更详尽的论述,参见科恩:《论民主》,聂崇信、朱秀贤译,商务印书馆2007年版,第64—97页。

[91] 对宪法序言中的"国家"一个极富创见性的分析,参见强世功:"基本权利的宪法解释——以齐玉苓案中的受教育权为例",载赵晓力主编:《宪法与公民》,上海人民出版社2004年版,第1—56页。

的德性差异,中华"民国"就是建立在"民众"多数同意计算之上的民主政治设计,只要"民"达成多数同意,"民国"既可以选择奴隶制度,也可以决定投票分裂国家领土,重新公投制宪,一切都有可能。因为"民国"不是建立在"人民主权"原则之上的命运共同体,而是一个取决于"公民决定"的多数集合。而中华"人民共和国"是"人民"这个高贵的政治主体通过"人民主权"原则建立起来的"共和国"。"人民"不是短视的小民,也不是丧失了伦理区别的"公民",而是服膺于"坚持人民民主专政,坚持社会主义道路,坚持改革开放,不断完善社会主义的各项制度,发展社会主义市场经济,发展社会主义民主,健全社会主义法制,自力更生,艰苦奋斗,逐步实现工业、农业、国防和科学技术的现代化,推动物质文明、政治文明和精神文明协调发展,把我国建设成为富强、民主、文明的社会主义国家"这一伟大政治理想的伦理主体;"共和国"则意味承认人民与公民,精英与群氓的德性差异,是"一切权力属于人民"的人民主权政治,在多数决定的形式原则之外,它还有追求善好政治秩序的实质伦理。

明确了宪法建构"人民共和国"的政治目的后,我们对中国法治的发展路向就可以有个清醒的认识了。人民共和国建立在"混合均衡政体"、"德性差异"、"人民主权"这三个逻辑原点之上[92],这意味着:(1)隶属于"人民共和国"这一共同政治伟业之上的中国法治不可能是一种单一的精英主义法治或者民众主义法治,而必须是两者间的动态均衡。(2)共和国端赖于"人民"的政治美德,因此,那些不具备"人民"品质的"公民"不可能成为中国法治的主体。具体到本文的研究中,那部分不具备法律的基础性知识,与国家的基本价值立场呈反对态度的敌对性法盲必须排除在中国法治主体范畴之外,他们恰恰是法治必须征服、驯化的对象。(3)宪法意图建构的是"人民共和国",区别于作为法律概念的"公民","人民"首先是一个政治的概念,政治的标准在于划分敌友。[93] 对于宪法政治的敌友区分而言,法律知识的多寡不是最重要的,关键在于对宪法政治理想的立场和态度。那些不认同宪法政治理想,试图借助法律技术来挑战国家法律体系和政制秩序的敌对性法律/知识精英[94],同样不可能成为中国法治的主体,而是国家法治需要教育、训诫和征服的对象。正是站在这个角度,我们才能深刻领会为什么任何时候对"宪法"的学习和领会都是国家普法的重中之重。

---

[92] 西塞罗:《论共和国 论法律》,王焕生译,中国政法大学出版社1998年版,第21—64页。

[93] "所有政治活动和政治动机所能归结成的具体政治性划分便是朋友与敌人的划分"。施米特:《政治的概念》,刘宗坤等译,世纪出版集团、上海人民出版社2004年版,第106—108页。

[94] 譬如"法理台独"的主张和香港回归最初几年围绕司法管辖权、居港权和人大释法案发生的争夺司法主权的政治斗争背后,都可以看到敌对性法律精英的身影。强世功:"和平革命中的司法管辖权之争",同前注[49]。

（二）挑战性法盲对现代法治的贡献

挑战性法盲对现代法治的"挑战"就体现在社会"重大案件"当中。由于现代法律业已成为一个相对封闭的真理体系，因而绝大多数案件的处理都是在法律的内部机制中消化、分解。正是借助这种独特的内部处理机制，现代法治在国家、社会和争讼主体之间建立了一个"缓冲带"，使得纠纷对社会人心的波动冲击减至最小。然而当出现了一个具体案件不能被法律机器所正常吸收、整合，而从法律的意义世界溢出到生活世界的时候，就预示着法律自治的世界开始出现裂口，此时国家权力的触角便附着在挑战性法盲的身体上，从这个裂口伸探进法律的意义世界。

在前面对敌对性法盲和被动性法盲的论述中，分析的结论似乎暗示，无论是对敌对性法盲的征服与改造，还是对被动性法盲的教育与激励，国家会和法律共同体站在同一阵线上"协同作战"；然而在"重大案件"的场合，国家对待法律共同体和挑战性法盲却有了微妙的态度转变：国家不再是一味地站在现代法治的真理立场对挑战性法盲的种种行为予以否斥、指责，反而有时候会借助挑战性法盲的自然情感力量来调整法律的意义自治。"刘涌案"就是一个适例，当刘涌二审改判死缓以后，网络上出现压倒性的批评言论，除了将批评的矛头指向裁定改判死缓的辽宁省高院外，陈兴良等十位出具专家意见书的法学精英也陷入了舆论的风口浪尖，有网友称是"一批法学精英的倒掉"。然而如果依照刑事法治"疑罪从无"、"非法证据排除规则"等价值理念来看，当主要证据存在不能排除刑讯逼供获得可能的情况，辽宁高院将刘涌的死刑判决改为死缓在法律上并不存在不妥，而陈兴良等专家就自己提供的专业服务收取相关报酬也无可非议。但民众显然不认同法律这种冷冰冰的制度理性，攻击和谩骂反而不断升级，于是有刑法学家撰文指斥为法盲们的愚昧是"法治乱象"。[95] 从最高人民法院主动依照审判监督程序提审该案到依法判处刘涌死刑，再到当天立即执行，我们可以看出，司法尤其是最高人民法院司法权的发动，绝不仅仅是专业化的知识运作，更不是不顾社会效果的法律形式主义；法律不可能仅凭自己的技术性知识获得正当性，法律以及法律判决的正当性必须在法律的基础性知识和国家治理的背景下来考察。而国家治理依从的不是法律逻辑的演绎，必须要在考虑案件法律效果的同时，还要考虑的案件的社会效果。对案件法律效果的考虑，侧重于法律技术性知识的运作；对案件社会效果的考虑，则侧重于公民对法律基础性知识的常识理解和正当情感，一旦案件的法律效果和社会效果发生冲突的时候，国家则要在法律共同体的技艺理性和社会公众的自然理性间保持

---

[95] 冯军：《评〈最高人民法院再审刘涌案刑事判决书〉——兼评从刘涌案中表现出的种种法治乱象》，载陈兴良主编：《刑事法评论》（第14卷），中国政法大学出版社2004年版。

审慎均衡,正是在这种均衡的把握之间,国家治理的智慧和政治的艺术得以体现。

1. 公民不服从运动与制度变革

公民不服从(civil disobedience)或称非暴力反抗,指的是"一种公开的、非暴力的、既是按照良心的又是政治性的对抗法律的行为,其目的通常是为了使政府的法律或政策发生一种改变"。[96] 公民不服从运动是现代社会公民以灵魂抵抗暴力的意见表达方式,公民基于非暴力反抗和良心拒绝,并甘愿承受不服从法律而导致的惩罚,以求有效促进法律制度的完善。要知道,"几乎每一种法律体系都包含一些毫无意义的甚至肯定有害的法律,服从它要么不会使人受益,要么更糟糕,还会造成伤害",公民不服从所表达的就是公民对这些"毫无意义的甚至肯定有害的法律"的不服从。这种不服从"虽然公然违反了法律,但还是表达了对法的忠诚"[97],其目的在于变更或消除这些缺陷而不是推翻整个法律制度。

我们把法律理解成是决断社会观念分歧的真理机制,但并不是说法律真的就是真理的化身。当法律的意义世界过度背离了法律基础性知识所负载的国家价值理想时,这样的法律可能会成为一个丧失价值合理性的"恶法",然而法律人的身份定位和知识局限使得法律共同体不可能直接以行动来抵制制度。[98] 此时,"礼失求诸野",我们只有借助于普通公民,尤其是挑战性法盲的健全公民伦理和基于法律基础性知识的合理质疑,去刺激、拷问形式法治的僵硬侧面,以期求得制度改善的可能。从苏格拉底到梭罗,从印度甘地领导的"非暴力不合作运动",到60年代美国黑人的民权运动,再到中国"禁鸣令"的解禁,如果不是有一群"明知故犯"的挑战性法盲们对制定法规则的言论/行动上的不断质疑和坚决批评,我们怎么可能期待有今天的制度改进。在这个意义上,挑战性法盲的公民不服从行动其实就是现代宪法中的异议权,它可以检验"我们的诸项自由制度是否具有足够的灵活性,能够经受住变革的侵袭而不至于发生内战和革命"。[99]

2. 共和政体的均衡技艺

前面说过,宪法意图构建的"人民共和国"是一种"混合均衡政体",这里的

---

[96] 罗尔斯:《正义论》,何怀宏等译,中国社会科学出版社2003年版,第353页。

[97] M.B.E.史密斯:"有一种服从法律的确切义务吗?",载毛兴贵编:《政治义务:证成与反驳》,江苏人民出版社2007年版,第213页。

[98] 出于对法律权威尊重,西方社会的法律共同体成员不会也不可能对自己时代的法律表达批判质问,如果的确深深怀疑自己时代法律的正当性,他也应当首先辞去"法律适用者"的社会身份,再表达批评意见。刘星:《西方法律思想导论》,法律出版社2007年版,第11—12页。

[99] 汉娜·阿伦特:"公民不服从",易平译,载何怀宏编:《西方公民不服从的传统》,吉林人民出版社2001年版,第140页。

"混合均衡"不单是指各阶层之间的力量均衡和地位均衡,还包括一种知识上的均衡,即法律的基础性知识和法律的技术性知识之间,形式合理性和实质合理性之间,自然理性与技艺理性之间的均衡。随着民主多元的社会格局的形成和法治强势话语在全球范围支配性地位的取得,法律的技术性知识在逐渐扩张、膨胀,但法的统治不等于共和政治,建立在法律技术性知识之上的国家可能只是一个形式主义的法治国(recht-staat),而缺乏审慎均衡的价值意涵。这一点作为罗马共和国政治后裔的英国人和以打造"新罗马"为宏愿的美国人看得十分清楚。尽管今天我们普遍把英美法系国家,特别是美国当成法治国家的样板,但美国政治的最大秘密不在于他们的法治传统,而在于他们将法治和共和政治糅合在一起形成的"共和宪政":一方面将法律的基础性知识和法律的技术性知识紧密结合起来,一方面将大众民主的道德激情和审慎理性的公民教育妥善协调,对外打造一个无比强大的超级帝国,对内则借助"制约与平衡"(check and balance)的宪法机制来约束权力,并依此形成真正意义上政治的"中庸之道"。这方面还突出表现在美国法庭规则的设计上。以法官造法而闻名的判例法国家,美国的法官只负责基于法律技术性知识所进行的法律适用和庭审主持,而陪审员则基于法律的基础性知识进行事实认定,相互配合而达致法律效果与社会效果的完美统一。而我国人民代表大会立法制度的构建也有异曲同工之妙:以法律专家为主体的全国人大法工委,依照法律的技术性知识进行法律草案的拟就,而由人大代表们依照法律的基础性知识判断是否投票通过立法。

3. 公民美德与民族国家

古典城邦制度与现代民族国家作为两个完全不同的政治组织形式,体现在它们各自服务于不同的政治目的,前者服从于政治德性,后者服从于国家理性。[100] 在国家理性的自我展开过程中,法治为了驯服大众民主的激情与野性,衍生出一套封闭的、中立性的法律的技术性知识,并通过法律共同体的法律人之治成功实现了由开天辟地时刻的"创宪民主"向日常政治时刻的"宪政民主"的国家转型,但由此也带来了法治对民主——特别是对社会主义民主——的可能挑战。如何解决"自由和法治在不断削弱社会主义民主的道德和政治基础时,不仅引发思想文化的平庸化、低俗化和娱乐化,而且导致形形色色的后现代文化对自由与法治本身的解构"[101]的现代性悖论,如何在一个消费主义盛行和欲望生产泛滥的夷平化时代重新激活社会主义民主伦理正当性,就成为摆放在具有深邃历史意识的社会精英面前一个富有挑战性的思想/实践难题。正是在

---

[100] 强世功:"民主,如何是好",载《读书》2009年第5期。
[101] 同上注。

这个问题上，法律的基础性知识隐然为我们呈现了一条重返历史的救赎之道。

法律的基础性知识是一个难于精确厘定的开放性概念，它体现了国家的基本价值立场，并因此成为区分敌对性法盲、认定敌对性法律精英、保存挑战性法盲的关键所在。国家的基本价值立场体现的是国家理性，问题是这里"国家"是谁？尽管私法上有"国家法人论"的学说，但公法上的国家绝不是一个机械精致的法人结构，而是蕴涵了历史、文化、礼法、民族等诸多要素在内的政治共同体。人民共和国的国家性质是由"我们人民"（we the people）决定的，人民的德性决定了共和国的国家理性，也决定了法律基础性知识的实质内涵。创宪时刻的人民主权决定了社会主义民主的政治本质，日常时刻下的宪政民主却可能逐渐濡化社会主义民主的政治界域。但日常政治科层化、程序化的运作逻辑限定了我们不可能通过重回开天辟地的创宪时刻的方式来重新激活社会主义民主的政治意志。所以，这里问题便转化为，在日常政治下我们如何塑造并提升人民德性或公民美德来升华、强化民族国家的民主正当性。

重新回到法盲的问题上来，由于"我们人民"的公意决定了国家的基本价值立场，并进而决定了法律的基础性知识，挑战性法盲可以通过自我对法律基础性知识的理解，来挑战不具有实质合理性的现代性法律。但如何界分挑战性法盲对现代性法律的正当性挑战和敌对性法律精英对国家法律的恶意性挑战呢？区别就在于各自行动中所透现的伦理意涵：前者的挑战是在捍卫法律基础性知识的前提下对形式理性法的质疑与反思，并愿意承担由此带来的法律后果；而后者的挑战是在否定法律基础性知识的公意共识下对国家法制的破坏和颠覆，它拒绝承认法律的权威，也不打算承担由此带来的法律后果。"自由地质疑，虔诚地信守"原本就是现代法治社会的公民美德，但如果每个人都坚持"自我对法律基础性知识的理解"会不会可能造成社会基础共识的分裂？如何避免"自由地质疑"所可能造成的对法律政治权威的动摇？所以，这里的"自由"不是真空下的自由，而是一种体现公民美德的审慎和分寸感，是建立在内心确信下的负责任的公民行动。而这种共和主义的公民美德是不可能通过字面的法律予以规定的，它更多依靠的是阅读大书（great book）、学习历史、理想教育和爱国主义教育这些公民科学的方式来养成。正是将法律的基础性知识奠基在公民美德之上，国家法治对敌对性法盲的驯化与征服变成了对社会主义新人的再造；国家对敌对性法律精英的斗争变成了唤醒公民美德的伦理感召；现代法治对被动性法盲的放逐变成了挑战性法盲审视和检讨现代性法律的契机与平台。从这个意义来说，通过法盲的治理也是通过公民教育的治理，社会主义民主的正当性就在这种公民科学中重新得到认识和提升。

七、结论

法治不是抽象的理念和玄妙的学说，而是特定空间的共同体成员出于追寻美好生活的目的而进行的一种制度尝试。因此,关于法治运作实践的问题,不能从经典著作去寻找答案,而要从民族共同体的日常实践和自然需求去探询关键;不但要看到显在的要素,还要看到隐在的资源。当前我们的法律从概念范畴到理论学说再到制度设置都是引进西方的产物,这套制度在让我们"看到"一种和中国传统秩序截然不同的新型秩序时,其固有的逻辑理路也必然会遮蔽一些具有重大价值但却为这套制度所不兼容的要素。而有的时候,恰恰是这些被忽视的隐在要素使得"中国"法治具有可能超越"西方"的原创资源。

出于对"中国"法治的关心,本文选取了"法盲"这个现代法治很少虑及,但却在中国大量存在的"分析标本"切入到对现代国家治理策略的分析当中。通过本文的分析我们可以看出,国家治理的逻辑不在于纯粹的法律自治,法律不过是国家对社会进行俭省治理的一项策略,它必须服从创建"人民共和国"这个更高的政治目的。因此,法理学研究决不能对国家、政治、道德这些高贵的事物采取视而不见的鸵鸟政策。法理学要研究国家治理和公共政策,但不是从政治学或者伦理学的角度去进行研究,而必须时刻把握法律的分析视角。从这个意义上说,是分析方法和分析进路,而不是分析对象,才是确立学科自身品性的最终依据。本文就可以看做是这样一种理论上的努力,通过把"法盲"这个抽象的一般化概念分解成敌对性法盲、被动性法盲和挑战性法盲三组可操作的概念,然后结合宪法建构"人民共和国"这个不朽政治生命的制度理想,从而指出,现代法治正是通过"普法"这种动员组织方式,发动起包括被动性法盲和挑战性法盲在内的社会公众去监督、控制敌对性法盲,以期最终能消除、改造、征服敌对性法盲;而对于被动性法盲,则是期望通过法律共同体提供的"为权利而斗争"专业服务使被动性法盲们产生对法律基础性知识的亲近感和信任感,从而重新形塑现代法治的理想主体;至于挑战性法盲,则是现代法治得以实现制度创新的重要力量,国家必须对之用心保存,以引导挑战性法盲拥有的健全人格和正当情感来软化形式法治的僵硬刻板的侧面,为制度进化开辟一条"超法"(extra-law)的出口。

(初审编辑:徐斌)

群众路线三十年（1978—2008）
——以乡村治安工作为中心

陈柏峰[*]

Thirty Years of "the Mass Line" Practice (1978—2008):
A Focus on Rural Public Security

Chen Baifeng

内容摘要：三十年来，乡村治安工作中的"群众路线"发生了重要变迁。改革初期的群众路线延续了集体化时代的样态，直接呼应群众的要求，依靠群众来维护治安，并通过接近群众来维护群众的安全感。新时期的群众路线主要包括"接近群众"，"呼应群众要求"和"依靠群众维护治安"则受到了程序法治主义的限制。群众路线变迁的同时，治安联防、线人等"专门工作"有所进展，基层国家权力的运作则发生了显著变迁。与群众路线相伴的身体治理方式和德行治理方式逐渐衰落，而与专门工作相伴的技术治理方式却未能有效替代，乡

---

[*] 中南财经政法大学法学院讲师，华中科技大学中国乡村治理研究中心研究人员，博士，chbfeng@163.com。本文曾提交"'法律的中国经验'——法律、文化与社会研讨会"（台湾大学社会科学院、洪范法律与经济研究所主办，2009年6月20—21日），感谢朱晓阳、赵旭东、尤陈俊等师友的评议。

村治安因此陷入了困境。基于此,从社会主义意识形态浓厚的传统国家迈向市场经济的现代法治国家的进程中,基层国家权力应当保持何种形态,这是一个非常关键的问题。

关键词: 群众路线　乡村治安　专门工作　国家权力

20 世纪 80 年代以来是中国社会转型最重要、最剧烈的阶段,这个阶段的国家权力具有双重性。一方面,与传统社会相比,国家权力不断扩张,无论是在纵向还是横向上,对乡村社会都渗透日深;另一方面,与 20 世纪 50—70 年代的集体化时代相比,国家权力在纵向上却有所回收,对乡村社会的控制力有所减弱。这种双重性的出现,与集体化时代中国乡村的特殊实践密切相关。新中国成立后,为了巩固新生的人民政权,打破帝国主义封锁,实现强国的历史使命,将中国从传统农业国转变为现代工业国,共产党通过土地改革对乡村社会权力结构进行了革命重组,最终通过人民公社体制将国家权力成功嵌入乡村社会。人民公社体制集党、政、经、军、民、学于一体,是一种"全能主义"[1]政治社会形态,政治权力几乎可以随时无限地侵入和控制乡村社会的每一个领域。

20 世纪 80 年代以来国家权力的双重性决定了这个时代乡村治安工作方式的两面性。一方面,治安工作要对"全能主义"进行冷却,国家权力要为乡村社会留出自由和自主空间;另一方面,治安工作同时要满足人们对乡村秩序的期待和需求,这种期待和需求同人们对共产党的认同联系在一起,同"人民"的社会主义意识形态联系在一起。因此,新的治安工作既要符合现代国家形态的要求,又要满足人们对国家权力的特殊期待。那么,在社会主义意识形态浓厚的传统国家转向市场经济的现代法治国家过程中,基层国家权力到底应当维持何种形态? 国家到底应该如何规范其治安工作? 在 20 世纪 90 年代的新条件下,尤其是当乡村混混实现关系组织化,乡村江湖逐渐形成联盟格局后[2],官僚阶层和权力行使者在具体治安工作中又会如何作为? 其效果如何? 本文将通过对三十年来"群众路线"历程的考察,来揭示这些问题。

本文的经验材料主要来自作者 2007 年 3—9 月间在湖南山湘县、湖北临江县和河南平豫县的选点调研[3],也有个别来自作者在其他地区的调研,还有一些经验材料来自报纸杂志。调研点的选择是随机的,三个调研点都在相对独立的农业型乡镇,距离县城或市区较远。调研主要在乡镇公安派出所和村庄进行。驻村调研中,与村民同吃同住,调研方法主要是访谈村干部、村民和一些乡

---

[1] 邹谠:《二十世纪中国政治》,牛津大学出版社(香港)1994 年版,第 3 页。
[2] 陈柏峰:《乡村混混与农村社会灰色化》,华中科技大学 2008 年博士论文,第 64—88 页。
[3] 按照社会科学的匿名规则,本文所涉及的关键地名、人名等均已作处理。

村混混,调研内容包括村庄的方方面面。乡镇的调研中,则与镇干部或派出所民警同吃同住。调研主要方法有二,一是访谈镇干部、民警和一些在镇"混混",调研内容主要包括乡村治安与稳定、乡村混混、镇干部和民警的日常工作等;二是查阅并复制派出所内的相关档案资料,主要包括刑事和治安案卷、上级公安机关的下发文件、县市公安局的日常简报等。由于镇干部、民警往往在全县范围内轮换调动工作,派出所的相关资料也反映全县的情况,因此我调查所获得的信息并不限于一个乡镇,而是扩展到了全县。

一、改革初期治安工作的"群众路线"

群众路线是党的根本工作路线,是指"一切为了群众,一切依靠群众,从群众中来,到群众中去"。群众路线是由共产党全心全意为人民服务的根本宗旨决定的,是实现党的宗旨的必然要求和根本体现。"一切为了群众,一切依靠群众",这是群众路线的核心内容,也是群众路线的基本要求。一切为了群众,就是要对人民负责,善于为人民服务。一切依靠群众,就是要相信群众能够自己解放自己,要尊重和支持人民群众的创造;既要反对命令主义,又要反对尾巴主义;要注意倾听人民群众的呼声,注意群众的议论;在工作中注意发动群众、组织群众。"从群众中来,到群众中去",是党的基本领导方法和工作方法,用毛主席的话来说,就是"将群众的意见(分散的无系统的意见)集中起来(经过研究,化为集中的系统的意见),又到群众中去做宣传解释,化为群众的意见,使群众坚持下去,见之于行动,并在群众行动中考验这些意见是否正确。然后再从群众中集中起来,再到群众中坚持下去。如此无限循环,一次比一次地更正确、更生动、更丰富"。[4]

虽然治安工作一直强调"群众路线与专门工作相结合",但20世纪80年代的中国乡村不太强调治安管理作为"专门工作"的一面,而更侧重于其"群众路线"的一面。社会治安工作中"群众路线"最初来源于毛主席的具体指示。建国初期,为了巩固新生的人民政权,针对当时的国内政治和治安形势,党中央决定,在全国开展镇压反革命运动。在此期间,毛主席为这场运动制定了明确的工作路线:"党委领导,全党动员,群众动员,吸收各民主党派及各界人士参加,统一计划,统一行动,严格地审查捕人和杀人名单,注意各个时期的斗争策略,广泛地进行宣传教育工作(召开各种代表会、干部会、座谈会、群众会、在会上举行苦主控诉,展览罪证,利用电影、幻灯、戏曲、报纸、小册子和传单做宣传,做到家喻户晓,人人明白),打破关门主义和神秘主义,坚决地反对草率从事的偏

---

[4] 《毛泽东选集》(第三卷),人民出版社1991年版,第899页。

向".[5] 应该说,毛主席为政法工作如何走群众路线所作出的具体指示,确定了基本路线,为政法工作在党委领导下走群众路线奠定了重要的思想基础。

1957年我国第一部《治安管理处罚条例》颁布,中央希望"经过充分的群众工作,依靠广大农民的自觉自愿,依靠广大农民的支持来管理坏分子,依靠多数人的支持来约束少数人侵犯他人利益扰害公共秩序的行为"。中央要求各级公安机关"实行群众路线。在执行治安管理处罚条例的时候,必须依靠广大群众,对于要求人民遵守国家纪律这一部分说来,必须坚决贯彻说服教育的精神。为此目的,就应当在群众中广泛地进行宣传教育,通过报纸、广播、书刊、影片、戏曲、黑板报等形式,深入到机关、团体、学校、企业、街道和农村,向群众反复宣传治安管理处罚条例的意义……号召人民群众自觉遵守,不要违反,并且督促别人遵守。号召人民群众监督坏人,不容许坏人破坏秩序。各级公安机关应当经常听取人民群众的意见".[6] 1957年《治安管理处罚条例》的效力一直维持到1987年新的《治安管理处罚条例》的施行,其中极度倚重"群众路线"的工作方式则一直延续到整个20世纪80年代。

20世纪80年代,社会治安工作作为"专门工作"的一面还不具较强的特殊职业性和技术性,因此具体工作中也一直沿袭着"群众路线"。在乡村治安工作中,群众路线主要体现在三个方面,一是直接呼应群众的要求,这使得当时对乡村混混和违法犯罪行为的惩罚具有道德标准性;二是依靠群众来维护治安,这使得当时的治安工作具有全民动员性质;三是通过接近群众来维护群众的安全感,保持公安机关对违法犯罪的威慑力,这使得群众对公安机关及其工作具有高度认同。这三个方面在具体实践中往往联系在一起,具有整体性。对群众路线的极度倚重使得治安工作呈现出群众司法的样态,使得整个社会被统一动员起来应对治安问题,使得对乡村混混和违法犯罪行为的惩罚具有群众性和弥散性。

20世纪80年代,虽然法律精英们开始了人治和法治的争论,但在中国基层,人们还延续着之前的革命思维方式,法律上的犯罪和道德上的越轨还不太为人们所区分。人们对犯罪只有笼统的、模糊不清的认识,往往把生活中不能容忍的各种各样的人归入到违法犯罪分子这样笼统的概念中。[7] 集体化时代的"四类分子"、"五类分子"逐渐淡出人们的生活,取而代之的则是"投机倒把分子"、"地痞流氓"、"诈骗犯"、"盗窃犯"、"抢劫犯"等新的词汇,同时,诸如

---

[5]《毛泽东选集》(第五卷),人民出版社1977年版,第39页。

[6] 罗瑞卿:"关于中华人民共和国治安管理处罚条例草案的说明"(1957年10月22日),http://www.lawyee.net/OT_Data/legislation_Display.asp? RID =7668,2007年10月23日访问。

[7] 强世功:"惩罚与法治:中国刑事实践的法社会学分析(上)",载《刑事法评论》第9卷,中国政法大学出版社2001年版,第389页。

"里通外国的敌特分子"、"反革命分子"等革命词汇还在继续沿用,"好吃懒做者"、"乱搞男女关系者"等传统词汇也一直沿用。无论是何种名称,无论是名称背后的罪恶有何不同,这些称呼背后都体现了人们难以忍受种种越轨行为,越轨人群也处在人们的正常生活之外,受到排斥打击,是社会生活中的边缘群体。

越轨人群被正常社会生活边缘化的理由很多,有的是基于国家法律法规的规定,有的则基于集体化时代的道德和政治意识形态,还有的基于传统社会道德。无论基于何种理由,他们都是被群众所排斥的。至于群众排斥越轨分子的原因,有的是由于越轨分子直接侵害了群众的利益,有的则是由于越轨分子直接违反了群众的传统道德观念,还有的则是由于群众接受各种"说服教育"后提高了"政治觉悟",从而对越轨分子产生了"阶级仇恨"。总之,在20世纪80年代,一方面,人们在泛革命化的集体化时代所培养起来的各种集体情感还没有消失;另一方面,党和国家在新的历史条件下,还在以新的方式培养人们的集体情感。在这些集体情感的支配下,违法和犯罪行为具有很高的道德性,对越轨行为的惩罚也因此有很高的弥散性。

尤其是在"严打"期间,道德气氛愈加浓烈。"严打"是从人治走向法治过程中所发生的悖论现象,它以运动式治理的方式开展法治建设。"严打"是正规制度装置无法保障社会秩序的转型期间,国家以执政党在革命年代获取的强大政治合法性为基础,通过有效的意识形态宣传和组织网络渗透,以发动群众为手段,尽可能调用一切资源来达到治理目的的工作方式。相对于当时社会状况来说,这种治理方式是颇为有效的。[8] 发动群众的关键在于将群众的道德诉求加进法律治理中去。正如一个亲历者所讲,"那时处在革命的气氛中,政治性很强,不讲那么多法律,法律上的犯罪和道德上的犯罪不分。"当时法律治理要通过"延伸个案方法"[9]的方法,不仅仅看越轨者的越轨行为,还要看其一贯表现,结合干部群众对当事人的看法。[10] 当时许多只是道德问题的案件,由于"民愤"极大,从而受到严厉惩罚。

20世纪80年代,虽然人民公社体制已经瓦解,但20世纪90年代中后期严重的治理性危机尚未出现,乡村关系很大程度上还延续着集体化时代的样态,村庄集体对村民的控制力还比较强,乡村干部对自身工作的道德认同感也比较强,村庄共同道德情感有承载和维护的主体,党和政府的意识形态也存在有效

---

[8] 唐皇凤:"常态社会与运动式治理",载《开放时代》2007年第3期。
[9] 关于"延伸个案方法",可参见 M. Burawoy, *The Extended Case Method*, Sociological Theory, vol. 16, no. 1(March 1998);朱晓阳:"'延伸个案'与一个农民社区的变迁",载《中国社会科学评论》第2卷,法律出版社2004年版。
[10] 对此的详细论述,可参见陈柏峰:《乡村混混与农村社会灰色化》,华中科技大学2008年博士论文,第57—62页。

的贯彻渠道。因此,乡村社会治安工作的道德秩序可以有效维持。当时社会治安工作通常按照上级政府的部署,按五个步骤有序进行。第一步,武装骨干,提高认识。召开各级会议,尤其是在乡镇召开村干部会议,贯彻文件精神,初步摸清社情,明确重点队和重点人。第二步,发动群众,调查摸底。这个过程要召开很多会,包括公社书记直接向群众传达精神的公捕大会、小队群众大会、大队群众骨干座谈会。深入发动群众,采取打尖、戳窝、拆团伙的办法抓紧侦察破案,同时搞好检举揭发,进一步明确重点对象。第三步,组织专班,抓住重点,开展破案小战斗。对可疑人员和可疑物资进一步调查摸底。第四步,办好法制教育班。对重点违法人员和犯罪嫌疑分子在摸清和落实一两笔现行违法犯罪事实材料的基础上,组织他们学习,加强"政策攻心"、分化瓦解工作。第五步,建立组织,订立合同。通过社会治安整顿,完善责任制,完善帮教制度。

那时的治安工作中,村干部起着非常重要的作用,他们既是村庄共同道德的维护者,也是上级政府的有效代理人。当时公安派出所的建制还不健全,"专门工作"远远不到位,治安工作高度依赖乡村两级来完成,村庄在其中起着非常基础性的作用。那时的村庄甚至可以开办"法制学习班","帮教"有越轨倾向的青少年。而在"严打"中,村干部简直成为公安机关的下级组织,在实践中享有扭送越轨分子去公安机关的权力。在荆州市的普兴村,1983年"严打"中,有十几个年轻人遭到了打击,其中大部分是村干部将他们扭送到公安机关的。在荆门市的新王村,当时的村干部将十来个年轻人扭送公安机关。[11]

从上述情况来看,改革初期治安工作中的惩罚直接呼应群众的要求,符合群众意愿,有时甚至直接由群众发起,对违法犯罪行为的惩罚也是依靠群众,具有全民动员性质。不仅如此,惩罚行为还以群众看得到的方式进行,这尤其体现在全县范围的公审公判大会的频繁召开,大会前后还会押着罪犯"游街"。一些乡镇为了打击"歪风邪气",也会押着轻微违法者或道德违反者游街,甚至一些村干部也用这种方式惩罚越轨者。下面是对一次公审公判大会的描述:

> 九月十日,根据××市委的统一部署,在县委、县政府的正确领导下,在县城召开了有××、××、××等公社干群参加的万人宣判大会,会议人员之多,规模之大,声势之威严,效果之显著,正如广大干群所公认的:是我县前所未有的,它大大震慑了犯罪,鼓舞了人民,是一场将坚决打击刑事犯罪活动的斗争进一步引向深入的大会,是一场张扬法制初见成效的大会。
>
> 大会前,进行了声势浩大、气势威严的游行活动。由两台载有全副武

---

[11] 未料的是,这些年轻人都被判了重刑,他们出狱后不断报复村干部,这甚至使当年的新王村村支书不得不背井离乡,全家迁走。

装、雄赳赳气昂昂的公安干警骑摩托车开路,一台设有高音喇叭的宣传车为前导,八台坐满各级领导指挥督阵的小汽车压阵,五台载着全副武装的基干民兵的大卡车助威,四台装着被押的各种刑事犯罪分子的囚车穿插其中。队伍雄壮宏大,声势威严浩大,气氛森严怵然。[12]

对违法犯罪分子的惩罚是以接近群众的方式进行的。在这次公审公判大会上,县委书记代表县委和县人民政府向群众发表了演讲,他要求全县人民:

  要进一步提高对这场严厉打击刑事犯罪活动斗争的认识,积极主动投入战斗,勇敢地检举和揭发各种犯罪分子的罪恶活动,与敌人作坚决的斗争;同时要主动地、密切地配合政法公安部门开展斗争,做政法公安部门的坚强后盾;广大干部群众,尤其是广大青少年要在这场斗争中提高思想觉悟,增强法纪观念,自觉地抵制剥削阶级思想和一切丑恶东西的影响和侵袭,积极地同违法犯罪行为作斗争;政法公安部门是人民民主专政的重要工具,要有力地行使专政职能,充分发挥"刀把子"的威力,在这场斗争中要同仇敌忾首当其冲,铁面无私、执法如山,做保卫人民利益的忠诚卫士。

  最后,他严正警告一切犯罪分子,只有认清形势,弃暗投明,悔过自新,迅速投案自首,如实交代自己和揭发同伙的罪行,争取从宽处理,才是唯一出路;犯罪分子的家属、亲友要明辨是非、抓紧时机,配合政府,做好对犯罪分子的教育和规劝转化工作,促使他们走坦白从宽的道路;犯罪分子如果心存侥幸,负隅顽抗,继续隐瞒罪行和继续犯罪作恶,必将受到更加严厉的惩罚。[13]

县委书记的讲话具有普遍性,在20世纪80年代的各种宣传材料中很容易找到相似的版本。讲话反映了党和政府对违法犯罪行为的认识,也反映了一般群众对违法犯罪行为的认识。国家将犯罪行为当作"敌人"、"坏分子"对社会主义秩序的破坏,严重犯罪者是人民群众的敌人,当然要严厉打击;在对"敌人"和"坏分子"的打击中,政法公安部门充当了"刀把子",要首当其冲地打击犯罪,保护人民利益;同时,对"敌人"的打击要依靠群众,动员群众,群众是"刀把子"的坚强后盾。"敌人"并非永远是"敌人",而是可以通过劳动改造成对社会有用的人,因此对于那些认清形势、悔过自新、投案自首、如实交代自己和揭发同伙罪行的犯罪分子,可以从宽处理,在接受应有惩罚、进行劳动改造后,重新纳入人民群众的范畴;而对那些死不悔改的、负隅顽抗的顽固分子,则应给予更严厉的打击。群众并不是一个完整无缺的整体,他们虽然属于"好人",但觉

---

[12] 山湘县公安局:"县城召开万人宣判大会,声势浩大 严惩刑事犯罪活动,打响了第一枪",载《公安工作简报》第八期,1983年9月12日。

[13] 同上注。

悟常常并不高,因此需要教育,需要党团积极分子深入群众中进行动员,动员他们同违法犯罪分子作斗争;群众中的一部分,尤其是青少年则很容易受"敌人"和"坏分子"拉拢,很容易受到剥削阶级思想和丑恶现象的侵袭,因此需要加强世界观和人生观教育,增强思想道德修养。

上述思维逻辑与集体化时代如出一辙。1957年《治安管理处罚条例》颁布时,中央就认为:"在这些违反治安管理应当受到处罚的人中,有一部分人原来就是各种坏分子。……这些坏分子是我们专政的对象。对他们的违法活动,是必须实行专政,必须加以处罚的。……从这个意义上说,治安管理处罚条例是人民对各种坏分子实行专政的一个武器。""还有另外一种情形,这就是在应当处罚的违法行为中,还有许多却是属于人民中某些轻微的违法行为……这些行为的发生,有些是因为思想意识上有错误;有些是道德作风上不好;有些是生活上工作上犯了过失"。[14] 从实践情况来看,人民群众也从上述角度来看待这一问题。在前述的公审公判大会后,群众纷纷表达他们的想法:

> 陈家坊大队会计陈银球说,今天这个会,开出劲头来了。会前,我估计今天开会的人不多,今天一开会,情况大不一样,我们通知的是一户一个,实际到会的有一千六百多,有三分之一的户关门,全家参加了大会。朱祥林一家四代七人参加了大会,最大的七十八岁,最小的三个月;陈自翔昨天开了证明,买好车票,准备到贵州去探亲,后来听说要开大会,他退了车票,参加了大会。这次宣判大会开得很好,长了好人的志气,灭了坏人的威风,群众心里高兴啊!只是杀得太少了,重大的扒子手也要杀个把子,才平民愤。

> 安加大队七十多岁的张桂林说,去年以来,他在乡场上被扒了三次,其中有两次发现了扒子手,但不敢讲,不敢抓,只好忍气吞声回去了。今天在大会上,亲眼看到扒子手汤云翔被抓起来了,政府为我们出了气,我们心里高兴啊!只要政府照样子抓下去,我们今后就不怕扒子手了。[15]

通过开展群众运动,国家有效打击"敌人"和"坏分子",社会秩序得以保障,"好人"长了志气,"坏人"没了威风,不敢再危害秩序;群众运动还可以教育群众,防止他们在生活上工作上犯错误。应该说,改革初期治安工作中的"群众路线",呼应了群众的要求,不但接近群众,还从群众运动中教育群众,发动群众维护了社会秩序,将群众带进国家的具体司法过程中,并从群众运动中增

---

[14] 罗瑞卿:"关于中华人民共和国治安管理处罚条例草案的说明",1957年10月22日,http://www.lawyee.net/OT_Data/legislation_Display.asp? RID=7668,最后访问日期2007年10月23日。

[15] 山湘县公安局:"宣判大会大得人心 人民群众扬眉吐气 犯罪分子魂飞丧胆",载《公安工作简报》第八期,1983年10月3日。

强转型期党和国家政权的合法性。从实践来看,在当时的政治和社会条件下,"群众路线"基本上有效维持了社会秩序,保障了人们的生活安全感。之所以如此,不仅仅是"群众路线"本身的作用,还与当时国家权力的运作方式,以及当时乡村社会性质有关。这一点,我将在后文详细论述。

二、"专门工作"的进展

(一)"专门工作"的社会背景

随着人民公社体制的瓦解,乡村关系发生了质的变化,将村庄与基层政府绑在一起的年代一去不返。村庄从政府的最低一级逐渐变成了群众自治单位,开始独立于乡镇,其独立利益日趋凸显;村干部从政府机关的代理人逐渐变成了自治机构的领导人,并有了更多个人利益的考虑。于是,公安机关越来越觉得村干部"不听话",发现难以通过乡村组织渠道维持乡村社会秩序。也许正是在这种背景下,基层政府开始要求村庄成立治保委员会,作为公安机关的"对口单位",负责维持村庄内部的治安保卫工作,对公安机关的工作进行协助。在20世纪80年代初,公安机关开始抱怨村庄,指责他们工作不力,对公安机关的配合不足。下面的材料是一个典型例子:

> 基层组织不够健全,工作抓得不得力。全社二十八个大队,只有两个成立了治保委员会,其余二十六个大队只有一个治保主任,孤军作战,没有一个班子。××镇的治保组织,也是有头无脚,遇事临时凑合,因而对违法人员的帮教,在组织思想和工作上都不够落实。[16]

其实,村庄一级"基础工作抓得不得力"确有其事。因为伴随着人民公社体制的瓦解,人们的集体主义和革命理想主义也随之退潮,村干部不再像从前一样,毫无保留地为集体、为政府工作,而是逐渐学得"聪明"起来,开始关注自己村庄生活的前途和个人利益。这样,在没有具体职业要求的情况下,村干部的工作就必然难以回应维持现实秩序的需求。针对这种情况,政府要求村庄在现有组织之外,重新建立治保组织。在之后的二十多年里,村里的其他组织不断瓦解减少,有的被取消,如民兵组织;有的可有可无、名存实亡,如团组织和妇女组织;但治保组织的重要性却不断提高,无论怎样精简干部都不会精简治保干部。最初建立的治保组织沿袭了旧有的乡村关系模式,基层政府期望它能够成为公安机关的村级"对口单位",能够有效维护乡村社会治安,但现实并没有按照他们的预期发展,乡村关系的实质毕竟发生了变化,不再可能维系简单的上下级关系。

---

[16] "坚持思想上的疏导工作是搞好综合治理的有效途径",临江县人民检察院文件1983年第2号。

20世纪80年代初,由于制度的惯性作用,乡村关系,包括乡镇公安派出所与村治保组织及村干部的关系尚能勉强在原有上下级关系的轨道上运行,虽然偶尔也会脱离这个轨道,村干部因此遭到基层政府指责,但这种情况尚不多见。而到20世纪80年代中后期,这种情况开始变得普遍起来,村级组织在维持村庄秩序上越来越缺乏能力,基层政府对村级组织的指责也不断增多。这一时期,乡村秩序不断恶化,基层政府在分析其原因时,基本上都会指责村庄组织的软弱无力。列举一例:

> 近年来,基层治保调解组织有些削弱,相当部分的村治保、调解主任名存实亡,工作很不得力。有的甚至没有配备治保调解人员,无名无实。这样一来,家庭、邻里、村组纠纷有的无人过问,有的处理不及时,不彻底,因而一般纠纷发展到重大纠纷,甚至升为刑事案件的时有发生。[17]

到20世纪90年代,村庄组织在维系村庄秩序方面的作用进一步衰落,这有多方面的原因。首先,随着市场经济的发展,乡村秩序的危害机制和危害形态也不断发展,逐渐超出了村庄和村级组织所能有效控制的范围。乡村江湖联盟格局开始形成,村庄甚至基层政府都难以应对。而且,社会流动性的不断增强,使得村庄不但难以应对本村混混在外地的危害秩序行为,也难以应对外村混混在本村的危害秩序行为。其次,20世纪90年代以后,农民负担日益加重,乡村出现了治理性危机,农民与乡村干部普遍出现对立情绪,这使基层政府在维护乡村秩序中难以得到农民的倾心支持。同时,村级组织和村干部也被卷进治理性危机之中,在维持乡村秩序上也难有作为。再次,那些有正义感,在乎村庄评价和名誉的村干部陆续主动或被动退出村庄政治舞台,取而代之的是一些基于利益而上台的村干部,他们常常就是危害村庄秩序的重要因素,至少对维护良好的村庄秩序并没有很大兴趣。种种原因叠加在一起,使得20世纪90年代村级组织和村干部在维护村庄秩序上几乎毫无作为,也难有作为。

基于这种现实,承担着维护乡村秩序专门职责的乡镇派出所,也越来越对村庄组织和村干部不抱希望。由于村庄组织和村干部的无所作为和无法作为,乡镇派出所在维护村庄秩序时常常不再通过村一级,而越来越独立作为。到20世纪90年代中后期,大部分村庄的治保组织似乎不再是公安派出所的"对口单位",治保组织不再协助派出所维护乡村秩序,而主要负责调解村庄内的简单民事纠纷,因此似乎变成了乡镇人民调解委员会的下级"对口"组织。可能正是基于这种现实,从20世纪90年代中后期开始,公安机关在总结"专门工

---

[17] 山湘县公安局:"关于××乡非正常死亡的情况调查",载《公安工作简报》第十二期,1985年5月7日。

作"的经验与不足时,逐渐不再提及村级治保组织,没有对他们的期待,也没有了对他们的指责。从20世纪90年代中后期的情况反观20世纪80年代,之所以那时公安机关不断指责村组织,是因为他们对村组织在维护乡村秩序还抱有希望,实践中村组织也确实有所作为。

到20世纪90年代中后期,村级组织和村干部已经难以在维护乡村秩序中起作用,基层政府由于缺乏有效的组织渠道就更加难以动员群众来维持乡村秩序,集体化时期和20世纪80年代初的"群众路线"逐渐丧失了实践的可能性。一方面,固然是由于国家正在经历转型[18],治理工作方式发生了变化,运动方式逐渐被作为落后的治理方式遭到抛弃;另一方面则是由于,在当时的治理性危机面前,农民与基层政府的对立情绪不断高涨,群众运动已经无法动员起来。由于基层政府和农民的对立和矛盾,基层政府越来越害怕农民聚集起来。因为无论何种原因,只要农民聚集起来,矛头就很容易莫名其妙地指向政府,从而引发群体性事件。这种情况下,明智的基层政府就不会用从前那种"群众路线"方式来解决乡村秩序问题。

在无法有效动员群众的情况下,20世纪80年代的"公审公判"和"游街"等方式不再能够起到作用。临江县的一位被访者告诉我,1995年他在县城读中学时,县里组织过一次公审公判大会,但那时人们不再有兴趣关注这些,到场的绝大多数都是被要求参加的中学生。而且,由于社会思想的多元化,这些形式也难以再激起人们的共同情感。当时腐败已让人们难以忍受,人们议论最多的是,那些押在台上的罪犯都是"没有关系的","有关系的"罪犯早就在政法机关的腐败下逍遥法外。因而他居然对那些押在台上的罪犯的有所同情。这是一种莫名其妙的社会情绪。福柯认为,近代以来刑罚从残忍向文明转型过程中,之所以废除公开处决的仪式,是因为公开的刑罚仪式中,民众角色的多义性,常常导致"法律被颠覆,权威受到嘲弄,罪犯变成英雄,荣辱颠倒"[19]。公审公判大会以及游街等仪式在20世纪90年代逐渐淡出中国政法实践,也许与西方公开处决仪式的衰落有相通之处。

(二) 乡村治安联防制度

旧有的"群众路线"和村级组织无法应对乡村治安工作和乡村秩序中的问题,基层公安机关就会通过加强"专门工作"来加以应对。旧有的群众路线和村级组织的功能遂被新的形式替代。这主要包括治安联防和"线人"两个方面的制度建设。

治安联防制度在乡村普遍建立是在20世纪80年代末、90年代初。1981

---

[18] 参见强世功:《法制与治理》,中国政法大学出版社2003年版,自序,第15页。
[19] 福柯:《规训与惩罚》,刘北成、杨远婴译,三联书店2003年版,第66页。

年6月党中央召开工作会议,针对当时日益混乱的社会秩序,首次提出"社会治安综合治理"的方针,要求加强防范和治本工作,扭转长期以来形成的重打轻防、重治标轻治本的思想。1986年公安部治安局下发了《关于组建城市治安巡逻网的意见》,1988年经国务院批准又印发了《关于继续加强群众性治安联防的请示》。1991年全国人大常委会和中共中央国务院下发《全国人大常委会关于加强社会治安综合治理的决定》和《中共中央国务院关于加强社会治安综合治理的决定》。两个决定中都指示加强社会治安综合治理,指示各级人民政府动员和组织城镇居民、农村村民以及机关、企事业单位的职工和学生,建立群众性自防自治的治安保卫组织,开展各种形式的治安防范活动和警民联防活动。这一系列文件的出台和实施,有力地推动了治安联防制度的建立和发展,治安联防队伍就是在治安防范薄弱、治安形势严峻的历史背景下逐步建立起来的。

　　治安联防制度在乡村的建立,主要基于20世纪80年代末村级组织和乡村体制无法满足社会治安管理的需求。在基层警力显得不足的情况下,治安联防制度就成了一个补救措施。临江县的治安联防队员李某这样形容他们和派出所民警的关系:"我们互相有用。我们是他们的耳目,是他们手脚的延长。他们一般是外乡镇的人,在本乡镇必须依赖我们才能正常开展工作。"这是大实话。比如,民警要去村里追捕嫌疑人,不太清楚村里的情形,如果没有治安联防队员,就必须依靠村干部,但村干部很可能与嫌疑人的关系很好,他就提前通知嫌疑人,在民警到之前,嫌疑人就逃跑了;即使村干部与嫌疑人的关系不好,村干部也未必愿意与民警合作,因为合作会得罪同村的嫌疑人,自己的生活可能因此遭遇麻烦。治安联防队员对村里情况很熟悉,工作起来往往事半功倍。李某说:"如果有人在汽车上玩易拉罐诈骗,我可以直接到骗子家里去抓他,这个乡镇的情况我很清楚;而民警就只能跟车,在公车上'抓现行'。"在某种程度上,治安联防队员起到了对从前村干部的替代作用。

　　当然,根据规定,治安联防队员不能单独执法,只能在民警的带领下开展工作。他们单独出现时只能保护现场,或者发现了违法犯罪行为后及时向民警报告。即使现场抓获犯罪嫌疑人,他们也不能处理,只能将其带到公安机关。事实上,民警和治安联防队员平时所干的工作并无实质不同,这也许是一般村民对他们并无区分的原因。不过,治安联防队员在涉及执法权问题上,还是非常敏感,非常注意保证程序合法,在必要的时候他们总是拉上民警一起出去应对场面,这大概是因为上级不断强调程序合法。当然,他们也曾遇过或听说过,颇有经验的嫌疑人质疑治安联防队员的执法权的事情,甚至还有联防队员因此被告上法庭。

　　应该说,治安联防队是公安机关的重要辅助力量,其维护社会秩序的作用不可低估，但治安联防队面临诸多困境。首先是经费问题。治安联防队最初在20世纪60年代存在于某些大城市。20世纪70年代，"专业化"的治安联防队率先在一些市区、城镇建立，一般由企事业单位以"出人"的形式组建。到了20世纪80年代初期，企事业单位由"出人"转变为"出银"，"治安联防费"也就自然而然地出现。从此，"以费养队，自收自支"，成了该支队伍经费保障的特色。农村乡镇自建立治安联防队时起，就沿袭了这种特色。这种收费制度本身具有内在扩张性，极容易导致乱收费，也确实导致了普遍乱收费。当前，"治安联防费"、"暂住人口管理费"等作为不合理的收费，被中央出台的法规予以取消。同时，法规要求取消治安联防收费项目后，"开展有关工作所必需的费用，由各地政府通过正常经费渠道妥善解决"。这里所谓的正确渠道，无非是要求政府通过财政预算，来解决经费保障问题。这对于财政压力日益增大的乡镇政府而言，显然难以解决。

比经费更加重要的问题是治安联防队员的违法和侵权。非国家公务员的治安联防队员，素质本来就不高，又缺乏有力的约束，因此常常发生违法现象，侵犯农民合法权益。这往往产生很大的负面社会影响，国家对此高度重视，要求公安机关加强管理。1993年2月安徽省利辛县农民丁作明因与本村副村长发生纠纷，被乡派出所关进一间屋子里，3名治安联防队员对丁拳打脚踢，并用电警棍、木棍毒打近两小时，由于伤势过重，丁于次日死亡。公安部1993年5月发出通知，针对治安联防队伍中出现的违法违纪现象，提出了清理整顿措施，要求各地加强对联防队伍的管理，实行干警带班制度。2003年3月发生了深圳治安员打死犯罪嫌疑人事件，郑州治安员系列抢劫杀人案。胡锦涛、罗干、周永康等中央领导先后作出批示。2004年9月公安部发出通知，要求各地公安机关对聘用的治安员队伍进行专项清理，按照"只出不进，逐年减少，彻底取消"的原则，将治安联防队员清退；2008年1月1日以后，各级公安机关一律不得再以任何名义留用治安员。

中央的改革意味着治安联防员将要退出历史舞台，但实践总是很复杂的。在平豫县旺镇，2005年机构改革时，治安联防队员都被清退，镇派出所只剩下六个民警，只能上班、接警，根本没有精力顾及其他事情。2006年春节过后，案件就开始上升，民警根本忙不过来。所长去找局长，说人手不够，局长说，你们所六个人还是多了呢！所长去找镇委书记，镇委书记毕业于警校，对派出所的工作非常支持，他说："你偷偷将能干的联防队员先找回来，到时镇里再给点补贴，不要让县里知道。"旺镇周围的其他乡镇，有的也采取这种办法，派出所所长与乡镇长、书记关系好的，就可以得到支持，要回联防队员。回来的联防队员，工资低得可怜，每月200元。在我调查时，他们一方面在忙着上访，要求政府一次性给付辞退补贴，一方面期望上面放宽政策，能够将他们继续留用。应该说,完全取消治安联防队员的做法并不现实。一方面,治安联防队员协助民警工作,发挥着不可替代和忽视的作用;另一方面,乡村基层警力严重不足,在短时间内无法得到足够补充。面对农村违法犯罪案件日益增多的现实,在不扩充警力的前提下,大规模地消减联防队员不利于打击违法犯罪,不利于维护乡村社会秩序。

(三)"线人"制度

20世纪80年代中后期,当旧有的"群众路线"和村级组织无法应对乡村治安工作和乡村秩序中的问题时,如果说治安联防制度是替代性应对方式中的"阳面",那么"线人"制度则是替代性应对方式中的"阴面"。线人制度是警察侦察中的一项固有制度,但在20世纪80年代中期以前,群众路线贯彻比较彻底,警察可以得到几乎所有群众的支持和主动帮助,村干部也绝对支持他们,根本不需要用到线人。20世纪80年代中后期,情况发生了变化,"线人"逐渐登场,1984年公安部制定了至今仍为秘密文件的《刑事特情侦查工作细则》。在我所收集的派出所相关资料中,最早的"线人"出现在1985年:

> ……罗是一个久蹲监狱的惯犯,有一套反侦察的伎俩,为了不暴露我方意图,派出所派出两名治安耳目潜入腹地,接近罗翔,真真假假、虚虚实实,罗翔终于上钩……[20]

这里的"线人"是指经过伪装、引诱犯罪嫌疑人"上钩"的特定民警,类似于"卧底",与现在通常意义上的"线人"还有所不同。通常意义上的线人,是指公安机关发展的为其获取情报信息的人,也称为特情、耳目。公安机关通常将线人分为两种:红色线人和灰色线人。红色线人大多是一些热心的群众,愿意与警方合作,为警方提供特殊情报。他们充当线人有的完全是出于正义感,爱打抱不平,看不惯混混和违法犯罪分子的作为,有的则是为了与派出所处好关系,还有的是为了获取金钱利益。这一点,乡村的线人与城市里的线人不太一样,城市里的线人绝大多数是为了金钱利益而与警方合作。[21]

灰色线人最初一般是警方抓住的小混混,他们犯有治安方面的案件,情节轻微,警方依法可以从轻处罚。于是民警找他谈话,做思想工作,如果他愿意与警方合作,充当线人,警方就直接将他释放,对轻微违法犯罪行为不予追究。有极少数灰色线人可能已涉及犯罪,但警方想让他们"戴罪立功",从而将他们发展为线人,不过这种人被释放出去的风险比较大。"人有人道,鼠有鼠目",灰

---

[20] 临江县公安局:"××耳目建功",载《情况反映》第十八期,1985年4月20日。

[21] 傅剑锋、成希:"水面下的秘密力量","刀尖上的'无间道'",载《南方周末》2007年8月9日。

色线人会经常与警方联系,反映情况。比如向警方反映,"××邀请我去盗窃,我没有去,最近的盗窃可能是他干的。"警察每个月都会与灰色耳目定期谈话,通常是一起吃顿饭,拉拉家常,联络感情。平常给他们办一些力所能及范围之内的事,比如开证明、办身份证时,不用他们排队,直接办好送到他们手上,他们就会很感动,从而积极与警方配合。

当前乡村派出所,几乎在每个村都安插有线人。在必要的情况下,线人会将村里的情况报告给警方。比如,村里出了杀人案件,线人会告诉警方,死者平常都与谁有矛盾;村里有异常情况或异常人员来往,或者谁家在组织人,准备打群架,线人也会将此类信息提供给警方。平豫县旺镇派出所所长在其从业生涯中所破的两起跨省绑架讨债案件,起点都是村里的线人提供消息说,村里出现了被拘禁的陌生人。对于线人提供线索,警方在破案后,通常会给予奖励,奖金来自特情费用。每一个警察在案件侦破后,都可以按照规定申请特情奖金。抓住一个网上通缉逃犯,可以申请500元的特情费用。线人通常只与单个警察联系,一个派出所内,警察各人都有自己线人,互相之间不传播;即使警察工作调动,换了管区,也不交换线人。这当然是出于对线人的保护。

20世纪80年代中后期开始,警方一直强调群众路线与线人制度相结合,下文两段材料可以为证:

> 三是发动群众提线索,挖出犯罪团伙。如××派出所,根据去年八月以来井栏、三河等村先后三次发生机械被盗案件的情况,到这些地区发动群众提供线索……四是运用特情和耳目查获流窜犯罪团伙。如××派出所本月通过治安耳目提供的线索,就先后抓获了以流窜犯郑银年为头子的16人纠合盗窃团伙和以流窜犯苏仁中为首的3人流窜盗窃团伙……[22]

> 要在情报信息方面下工夫。多年的实践证明,不管发生什么事情,只要掌握了情报信息,就能掌握主动,就能够及时妥善地处理。我们掌握情报信息的手段很多,要充分发挥这些手段和各警种的作用,公秘结合,多渠道收集信息,做到信息灵,反应快……[23]

从20世纪90年代开始,公安机关越来越重视线人制度的建设,不断宣传利用线人破案的成功经验,下面是其中一起:

> ××派出所注重对特情耳目严格管理,大胆使用,在这次破案战役中

---

[22] 临江县公安局:"我县在春季破案战役中半月挖出十一个犯罪团伙",载《情况反映》第十三期,1985年3月25日。

[23] 临江县公安局局长吴××在全局科、所、队长会议上的讲话,1992年10月8日。

收到了立竿见影的效果。十天时间内,通过特情提供线索,破获各类刑事案件35起;抓获了一批劳教在逃又作大案的丁明胜。[24]

现在,线人制度早已成为乡镇派出所的基本制度,上级机关对此也有硬性要求。临江县2002年的派出所工作评比标准中要求,民警人均必须物色治安耳目和特情2人以上,必须建有个人资料档案,"缺一人扣0.5分,未发挥作用的扣1分"。当前治安工作中的许多信息只能依靠线人提供,民警们解释说,"这与我们的身份有关,只要我们一出现,很多东西就看不到"。因此他们竭力与一些混混搞好关系,希望从混混那里获取破案的关键线索。民警们说:"村干部一般不敢帮助我们,我们也不指望他们做什么事情,他们胆小怕事,怕别人报复"。其实,很多时候,村干部甚至会帮助混混,因为"他们认自己村里的人"。"现在的世道,人人想做红脸,没有人愿意做白脸,没有利益,谁会帮你?不坏事就可以了。"有的村干部对警方说,犯罪嫌疑人在家,要求警察来抓捕,背地里却又给混混通风报信,让他们逃掉;大部分村干部明哲保身,两不得罪,对混混睁一只眼闭一只眼;只有极少数村干部会与警方配合,为警方通风报信。

正是由于村干部在乡村治安工作中的无所作为,警察对治安联防队员和线人的制度性需求才非常急切;治安联防和线人制度作为乡村治安的"专门工作",其发展才更加紧迫,也更加具有现实可能性。然而,线人制度也面临着经费困境。在调研中,我不断听到基层警察抱怨线人方面的专项经费太少,无法有效开展工作;上级公安机关却不断指责基层派出所思想不够"解放",发展线人太少,跟不上打击犯罪的需要。

三、新时期治安工作的"群众路线"

在"专门工作"日益发展的背景下,最近十多年来各地农村社会治安却不断恶化,乡村混混日趋兴起。当农民面对急剧变化的社会还不知所措时,乡村混混早就在乡村社会找到了自身发展的方向和坐标。然而,在20世纪90年代治理性危机的背景下,公安派出所由于介入涉农事务被卷进基层政府与农民的矛盾中,与农民的关系日益紧张。在涉农事务中,公安机关往往与基层政府站在一边,在农民看来充当了"打手"的角色,因此在农民心中的合法性不断降低。从20世纪90年代起,中央和地方各级公安机关不断强调禁止基层公安机关介入涉农事务。下面是一个例证:

> 最近,监利县发生一起基层公安机关因处置涉农问题不当而引发当事人自缢身亡的事件。这件事造成很坏的影响,引起中央、省委主要领导同

---

[24] 临江县公安局:"大胆使用特情",载《临江公安简报》第十三期,1991年1月8日。

志的关注。近日,《湖北日报》等新闻媒体报道了随州"处女'卖淫'案"一事,在社会上引起强烈反响。这两件事告诉我们,公安机关在处理涉农、涉计划生育、涉群体性事件、涉群众与乡镇干部矛盾、下岗职工、特困职工等弱势群体问题上,一定要慎之又慎,稍有不慎,就会损害人民群众的根本利益,就会损害公安机关乃至党委、政府的形象……公安机关是人民民主专政的重要工具,是最广大人民群众根本利益的坚定捍卫者,不是少数基层官僚主义者的"打手"……[25]

同一份文件附有对涉农事务中动用警力的严格程序汇报和具体工作要求,上级公安机关要求下级在涉农事务中只能"熄火",不能"浇油"。

在乡村治安日益恶化,而基层公安机关与农民的矛盾又日益增长的情况下,"专门工作"同时面临困境。治安联防制度面临费用和违法侵权问题。线人制度的问题也被提出来,包括线人数量严重不足、质量不高、渗透力不强、经费不足等。[26] 在"内忧外患"的背景下,公安机关从过于强调"专门工作"逐渐放开视野,"群众路线"重新被人提起。1993年,当时的公安部长在《人民日报》发表文章,提出"重温毛主席的教诲,做好新时期的公安工作"[27],文章重温了新中国成立初毛主席提出的,搞好公安工作"最重要的一条,是如何做好群众的工作,教育群众,组织群众",指出新时期的公安专门工作更应与群众路线相结合。在"专群集合"原则指导下,各地公安机关开始了新时期"群众路线"的各种尝试,这些尝试试图与群众建立了密切的联系,发动和组织群众参与治安管理,实行警民携手共同预防和打击违法犯罪、维护社会治安秩序。在农村,这些尝试主要包括巡访制度和驻村社区警务。

巡访制度,就是民警定期主动深入到辖区街道居委会或村民组的群众中去,通过巡查访问的方式,调查了解辖区的社会治安情况、犯罪分子的活动规律与特点,以及各种社会"热点"问题,然后采取针对性措施,及时预防、控制及打击各种违法犯罪活动的一种工作制度。巡防制度最初于1993年由河南省宁陵县公安局首创,被认为是新形势下基层派出所工作的新思路和新探索,是对改革农村基层派出所的传统管理模式的创新,是市场经济条件下专门工作与群众路线相结合的新路子。其基本内容有:排查案件线索,调查"三逃"人员潜址,考察重点人口,收集治安信息,指导治保会工作,宣传社会主义法制,倾听群众对公安机关的意见、建议。其基本方法是搞好"四个结合",即巡访工作与侦查

---

[25] 湖北省委常委、省政法委书记、公安厅长陈训秋同志致各市、州、县(区)公安(分)局长的信,2001年8月8日。
[26] 陈玉凡:"新形势下的刑事特情工作",载《河南公安高等专科学校学报》1996年第4期。
[27] 陶驷驹:"重温毛主席的教诲,做好新时期的公安工作",载《人民日报》1993年12月22日。

破案、基础工作建设、队伍建设、宣传发动群众相结合。在具体操作上,要求所长、指导员、警长、民警每月在辖区内定量巡访,并做好记录。民警下乡一律徒步或骑自行车,方便接触群众。同时还建立了周讲评、月定绩、季评比、年考核的管理制度,保证干警积极主动地开展巡访工作。[28]

巡访制收到了一定的效果,被认为使"严打"斗争的冲击面明显扩大,使派出所基层工作更有成效,干警队伍建设充满活力,提高了民警的作风和业务素质,改善了警民关系。[29] 其优势在于"攻""防"一体,不但是一种主动预防手段,而且使治安工作从"被动反应型"变为"主动进攻型",在某种程度上将治安管理模式由静态为主转变为动态为主。由于民警经常深入辖区巡访,能够及时发现各种违法犯罪线索,使许多案件能够及时破获,增强了打击力度;也由于民警经常下乡巡访,不断发现并打击犯罪,从而将"严打"寓于日常工作之中;还由于民警经常下乡巡访,提高了公安机关对社会面的控制能力,使得防范工作更加有效。正是由于巡防制度的效果显著,1995年河南省公安厅部署全省学习宁陵县的经验,全面推广巡访制度。各地在学习过程中,都将巡访制度当作新时期的群众路线,要求基层干警通过走群众路线,融入群众当中,做群众的贴心人,爱民、便民、利民,密切警民关系,通过巡访发现、收集犯罪线索,将巡访与预防犯罪、打击犯罪、侦察破案相结合。[30]

"宁陵经验"之外,全国还有很多地方也根据自己各不相同的情况,作了许多类似尝试,也取得了许多成功的经验。湖南省洪江市公安局株山派出所1997年开始推行的"巡访村警制",其运作形式立足于"巡",工作核心是巡访"六上门",即上门熟悉情况、上门接警办案、上门送证办证、上门宣传法制和帮教、上门调解与加强治保工作、上门实施帮贫工程。民警工作在村寨,生活在村寨,贴近村民,寓管理和防范于巡访中。[31] 四川安县派出所2003年实行的"巡访制",实行责任区分片包干,考核到民警个人,以巡逻和走访为依托,有效开展工作。其具体工作模式被概括为"一警一区巡访百户,二警联勤协作办案,三个统一规范行为,四大任务包干到人,'五·五'制度落实到位"。[32] 在湖北临江县,一个派出所首创的"月访百户"制度,得到了县公安局的表扬和推广。

---

[28] 刘灿:"巡访制:农村基层公安工作新探索",载《人民公安》1994年第10期;金守信:"农村派出所勤务制度改革新尝试",载《公安研究》1995年第1期。

[29] 刘灿,同上注。

[30] 参见作者在河南平豫调查时收集的平豫、滑县、安阳等县市学习"宁陵经验"的相关工作体会材料。

[31] 蒋成树:"巡访村警制与农村派出所改革",载《湖南公安高等专科学校学报》2000年第5期。

[32] 杨代根、谈天国、曾维平:"改革创新,整合警力资源",载《四川警官高等专科学校学报》2003年第5期。

这一制度要求每位民警每个月调查走访群众100户,被认为最大限度地挖掘了群众潜力,提高了群众参与严打整治斗争的主动性和积极性,拉近了与群众之间的距离。"广大群众能通过'月访百户'活动,经常看到民警的身影,感受到人民警察时时刻刻在身边,无形中增加了与犯罪分子作斗争的勇气和信心。"[33]这些尝试都属于新时期公安工作重新贯彻"群众路线"的具体表现。

驻村社区警务是新时期另一种贯彻"群众路线"的重要制度。"社区警务"是指社区群体和对社区有治安管辖权的警方密切配合,共同管理社区治安、防控违法犯罪活动的一种工作方式。在警方的指导下,充分依靠社区力量,利用社区资源,以调查、发现和解决社区治安问题为导向,以预防减少社区犯罪为根本目标,不断增强公众安全感,提高社区居民生活质量。人们通常认为"社区警务"是20世纪80年代从英国传入我国的,这其实是一种误解。20世纪60年代初,英国警务专家访问我国期间,曾惊异于中国人口最多而发案最少的社会治安现实,将中国治安经验带回英国,提出了"社区警务战略",其核心是警民联手合作,搞好社区犯罪预防工作。[34]当社区警务"出口转内销"又回到中国时,受到了政府和公安机关的高度重视,这可能与改革开放后日益恶化的社会治安有关。

20世纪90年代,许多地方在探索社会治安管理方式中不断试行了社区警务。以广东梅县为例,1996年就进行了社区警务改革,派出所工作重心转向以管理防范为主,警察角色由"单纯执法者"转变为"社区工作者"。具体做法一是将派出所辖区分成若干个警务区,每区配备数名专职民警,包干承担该区域的全部基础工作;二是在偏远和治安复杂地区设立警务站,民警定时驻点办公。警务站的设立为群众提供了就地办事的方便,也有效解决了群众一般见不到民警,案件、纠纷得不到及时处理,乡村混混势力容易"坐大"等问题。警务区的划分和警务站的设立使公安控制网络真正覆盖到了全县各个角落。[35]

2002年3月,公安部在杭州召开的全国公安派出所工作会议上,提出了2005年底在农村推行社区警务的构想。2006年9月,公安部颁布了《关于实施社区和农村警务战略的决定》,要求农村公安机关推行农村社区警务,为社会主义新农村服务。《决定》指出,社区和驻村民警的主要任务是开展群众工作、掌握社情民意、管理实有人口、组织安全防范、维护治安秩序。《决定》要求社区和驻村民警通过走访调查、宣传发动、巡逻守护、实地检查、警情通报等方式做好警务工作;以开展群众工作、构建和谐的警民关系为工作核心,有效地预防

---

[33] 临江县公安局:"'月访百户'重实效,同铸铁壁显声威",载《临江公安简报》第十八期,2001年6月12日。
[34] 张莉:"论社区警务与群众路线",载《辽宁公安司法管理干部学院学报》2001年第1期。
[35] 任恩顺:"梅县农村社区警务改革新思路",载《人民公安》1996年第23期。

和减少社区和农村的犯罪和治安问题。随后,农村社区警务战略在全国铺开。到2007年8月为止,全国已建立了农村警务室8万多个,配备驻村民警9万名。实践中,在农村通常以一个或多个行政村划分一个警务区、配置驻村民警,试图逐步建立农村警务工作新机制,让广大民警天天融汇到人民群众中去,近距离防范犯罪,服务农民,第一时间化解各种矛盾纠纷,让农民时刻感受到民警就在身边,从而增强安全感。

从实地调研来看,全国性的驻村警务战略有一定的效果,它推动了警力下沉、警务前移,密切了警民关系,促进了很多地方乡村治安的改善,增强了农民的安全感。具体来说,第一,驻村社区警务有一定的凝聚作用,能凝聚村集体和一些民间组织。警察经常在村庄里活动,村民比较有安全感,犯罪分子不敢放胆乱来,村干部和村庄中有正义感的村民也敢出来管事。第二,丰富了警方的信息来源。前些年警方的线索来源主要是受害人和线人,群众不太愿意为警方提供信息,因为警察长期游离于村庄生活之外,与群众交往不多,群众只在警察抓人罚款时才见到他们,对他们不熟悉,感到隔膜。群众不信任警察,因此也不愿意为他们提供信息。当警察民警在村庄中的出现频率提高后,群众和警察就有了良性互动,群众有疑问能找到警察咨询,有纠纷能找到警察排解,有案情能找到警察举报,有信息也愿意向警察汇报,警察也能在不经意中获得许多额外有用信息。第三,群众可以感觉到派出所工作态度的改变。实行警务改革前,派出所基本上是机关办事方式,民警的任务由所长临时指派,发生案件时下村处理,无事则回营待命。实施驻村社区警务后,警察与群众交道多了,官僚气息少了,群众都能感觉出来。

可以说,驻村社区警务战略是在新时期治安工作走"群众路线"最典型形式。当然,我们对其在乡村治安工作中的作用也不可高估。这一点,我将在下文详细论述。

四、基层国家权力运作的变迁

(一)群众路线与德行治理

在改革开放初期,当城乡社会秩序日趋恶化时,当时的领导人毅然决定在治安工作中走"群众路线",以打击违法犯罪行为,而此时人们对"文革"期间的群众运动还心有余悸,这不能不说是治理方式的路径依赖和习惯性选择。当时治安工作中的"群众路线"具有全民动员性质,直接呼应群众的要求,符合群众意愿,惩罚违法犯罪行为也依靠群众,将群众带进具体司法过程中。应该说,这种"群众路线"基本有效地维持了社会秩序,这与当时的政治和社会条件不无关系,尤其与当时国家权力运作的方式,以及当时群众所接受的革命理想主义观念有关。套用一句意识形态的话,当时干部和群众的"素质"比较高。当时能够有效解决治安问题,并非仅仅是"群众路线"之功,而是由于"群众路线"与国家权力的运作方式结合起来了。我们先看一起打击违法犯罪行为的个案:

> ……我局闻悉案情后,认为案件性质恶劣,必须立即侦察,刻不容缓。领导亲自部署方案,组织力量,带头出击侦查。十分钟内,由副局长邓云楚带领十八名干警驱车现场。同时,用紧急电话向有关公社通报案情,组织力量一百六十余名干事设岗堵卡,阻截罪犯。陈家坊区委、谭府公社对此案件十分重视,书记亲自出征,有关单位积极参战。刚从湘潭出车返回的汽车驾驶员闻讯后,立即出车投入战斗,陈家坊、却塘等单位的汽车也相继参战。特别是谭府公社企业干部刘丁生、李十凡两同志,均是年过半百,不怕风险,不顾一日工作劳累,毅然骑单车沿途追捕罪犯,战斗在第一线。十一时三十五分,他俩行至杨亦大队桥边时,发现一个头戴白矿工帽的青年,特征相符,行色慌张,便下车尾随其步行。箭步上前,将青年的双手抓住质问,罪犯拼命挣脱右手,拔出匕首,企图行凶。……在群众的帮助下,擒获了罪犯。……经过政策教育,朱犯又供出了两名罪犯,均系陈家坊公社刘什坝大队人。便兵分两组,驱车向距发案地二十余里的刘什坝大队出击,该地没通公路,干警步行数里。次日凌晨二时四十分,在该队干部和民兵的帮助下,包围了两犯住宅,分别以巧妙的方法抓获两犯,至此人赃俱获,一举破获此案。
>
> 这次抢劫案件的迅速侦破,我们的主要体会是:各级党委重视,措施有力,发动群众充分;坚持了专门工作和群众路线相结合的方针;充分发动和依靠群众,布下了天罗地网,使罪犯无法逃脱;干警发扬了闻风而动,雷厉风行,吃苦耐劳的战斗作风,有力地打击了罪犯,维护了社会治安,为保卫四化建设作出了贡献。[36]

在上述个案中,"群众路线"是一方面,办案人员不怕苦、不怕累的精神则是更重要的一方面。公安机关在总结破案经验时看似带有意识形态,其实道出了当时办案的客观现实。在技术条件有限的情况下,办案高度依赖公安人员的身体在场、崇高的思想道德要求和不怕苦不怕累的工作作风,这就是身体治理和德行治理。在之前的研究中,我指出了国家权力在乡村社会的不同运作方式,以国家权力行使者(包括机构和公务人员)对自身的要求及自身的性质特征为依据,将国家权力运作分为三种方式(或层面):身体治理、技术治理、德行治理。身体治理,是指国家权力行使者以保持机构或公务人员身体在场的方式对乡村社会进行治理;技术治理,是指国家权力行使者通过应用先进技术对乡

---

[36] 山湘县公安局:"奋战五小时 擒拿抢劫犯",载《公安工作简报》第十期,1980年4月6日。

村社会进行治理;德行治理,是指国家权力行使者以超越职业要求的思想、道德和品行要求为工作动力对乡村社会进行治理。国家权力的运作实际上由这三种方式(或层面)共同构成,其治理效果也由三个层面综合决定。[37] 下面这起个案更能代表德行治理的性质:

> ……为了查清线索,落实情况,稳、准、狠地打击刑事犯罪分子的破坏活动,××派出所民警常仲元等三人,于五月三十日到了巫山县,但罗平区离县城还有九十多里路,而且全是山路,交通不便。第二天早晨五点钟,他们就饿着肚子出发了,一出巫山县城,就是高山峻岭,一条十五里长的坡路绕上山顶。一山接一山,爬得他们筋疲力尽,汗流浃背,到下午四点才吃第一顿饭。五点半钟到达罗平公社。他们向公社党委汇报后,发扬勇敢战斗、不怕牺牲、不怕疲劳和继续作战的作风,破获了此案,追回了赃物。[38]

"群众路线"不但要呼应群众的要求,接近群众,还要发动群众,这对权力行使者自身提出了要求,要求他们自身能够贴近群众,在群众面前不怕牺牲个人利益,吃苦耐劳,表现出相当的道德优势,这在实践中就体现为权力的身体治理和德行治理。如果说群众路线是当时公安机关工作的政策路线,那么身体治理和德行治理则是国家权力运作的具体方式。如果没有身体治理和德行治理方式,群众路线就无法贯彻到底。没有权力的身体在场,群众就会对国家缺乏信心,自身也缺乏安全感,群众路线就无法贯彻;没有权力的德行治理,权力行使者就无法以身作则,群众就会对国家缺乏信任,群众路线也无法贯彻。

同时,群众路线能够有效运作,与村干部以及群众的"素质"也有关系。从20世纪80年代中后期开始,基层公安机关不断指责村级组织"基础工作抓得不得力",应该说这种指责有其道理。因为伴随着人民公社体制的瓦解,人们的集体主义和革命理想主义也随之退潮,村干部和村庄中的积极分子不再像从前一样,在集体主义和革命理想主义的裹挟下毫无保留地为集体、为政府工作。在没有具体职业要求的情况下,村干部的工作就必然难以回应维持现实秩序的需求,于是就会显得不得力,而村庄中也难以再出现"多管闲事"的积极分子。但是,基层政府对村庄基层组织的指责,需要放到当时社会的具体背景下去理解。在集体化时代,村庄根本没有所谓的治保组织,村庄秩序却维持得很好,人民公社瓦解后,村庄秩序出现种种问题。针对这一问题,政府在现有组织之外,要求村庄另建治保组织。但即使有了专门的治保组织,也日益难以起到重要作用,无法有效维护农村社会治安。因为在集体主义和革命理想主义退潮后,村

---

[37] 陈柏峰:"纠纷解决与国家权力构成",载《民间法》第8卷,山东人民出版社2009年版。
[38] 临江县革命委员会公安局:"高山挡不住破案人",载《情况反映》第十六期,1975年6月24日。

庄和村民本身发生了变化,以村民为基本元素的组织也因此有所不同。

回头来看,改革初期"群众路线"的有效贯彻还与村庄熟人社会有关,群众路线正是在村庄熟人社会中运作的。在 20 世纪 80 年代,一方面,人们在泛革命化的集体化时代所培养起来的各种集体情感还没有消失;另一方面,党和国家在新的历史条件下,还在以新的方式培养人们的集体情感。在这些集体情感的支配下,村庄熟人社会还能有效维持社会团结,能够对越轨行为实施有效惩罚。群众路线决定了惩罚不仅要看越轨者的越轨行为,还要看其一贯表现,并结合熟人社会对当事人的看法,这样就将熟人社会的道德诉求、共同感情加进法律治理中去,使得熟人社会的"延伸个案方法"能够进入到法律治理中。

(二) 专门工作与技术治理

20 世纪 80 年代中后期开始,乡村社会治安继续恶化,运动式的群众路线逐渐被各级政府抛弃,一是因其与现代法治原则相违背,二是因社会变迁而日益失效。面对日益严峻的社会治安状况,政府和公安机关只有不断加强"专门工作"的力度。这从两个方面展开,一是扩张公安从业人员,这通过建立治安联防制度来实现;二是突破过去的侦察方式,在乡村大胆建立线人制度。在基层政府和公安机关的社会动员能力降低的背景下,这两种制度在一定程度上缓解了违法犯罪信息收集不足的问题。不过,这两种制度从建立之初就面临着经费困难等问题。

"专门工作"的发展和转型,与 20 世纪 90 年代后国家权力的运作方式转型联系在一起。20 世纪 90 年代以后,社会经济不断发展,农村社会各种公共设施日益发展完善,全国大多数村庄通了公路,政府进入农村的效率大大提高;同时,新兴技术不断得以下乡,广大农村基本普及了电视和电话,甚至互联网也进入了许多村庄,这提高了国家的政策宣传效率,提高了农民与国家的直接交流能力;另外,基层政府的装备和技术能力不断提高,信息收集和储存能力不断提高,对乡村实际控制能力也因此得以提高。诚如吉登斯所言,伴随着现代民族—国家的成长,乡村地区的人们会不断地从地方性的制约中解放出来,直接面对国家的全民性规范,面对行政监视、工业管理、意识形态的影响和制约。[39]这一过程包括两个方面,一是通过意识形态的渗透提高自身的软控制能力。这种控制方式的关键在于让人们接受国家意识形态所宣扬的基本观念,从而提高对国家权力和正统秩序机制的认同。广播、电视和网络的普及,都有利于国家提高这种软控制能力。国家意识形态通过这些软控制手段可以将村民成功塑造成公民。二是通过现代技术手段提高自身的硬性控制能力。国家的制裁能

---

[39] 吉登斯:《民族—国家与暴力》,胡宗泽、赵力涛译,王铭铭校,生活·读书·新知三联书店 1998 年版,第 14—18 页。

力从公开性地使用暴力转变为渗透性地使用行政力量,警察、身份制度等监控,其存在空间日广,社会渗透程度日深。这种控制能力的提高,很大程度上来源于通讯与信息提取、储存手段的高度发展,以及交通手段的日益提高,它们使得监控体系的发展达到了前所未有的程度。

国家技术治理水平和技术控制能力的提高,用村民的话来说就是,"现在你只要打个110,警察马上就来了"。警察来了,就是国家权力来了,就是法律下乡。法律重新塑造了村民对村庄秩序的预期。现在,虽然派出所民警的身体不在场,但是随时可以报案,报案后纠纷就会通过法律来解决。这直接受益于通讯能力和交通能力的提高,以及媒介的日益普及。农民日益接受媒介的政策宣传和普法教育,越来越具有公民意识,能够主动服膺于国家权力运作的逻辑,国家因此达到治理目标。正是技术能力的提高使得身体治理和德行治理的退场得以可能。在这种背景下,国家开始有能力以"技术治理"的方式对乡村社会进行治理,因此身体治理方式逐渐被边缘化。基层干部和民警无事不进村庄,从身体上越来越远离村庄。同时,政府也越来越不对干部和民警作德行方面的要求,而只作一般的职业道德要求,"德行治理"日益失去魅力。因此,这一时期,"专门工作"主要以"技术治理"的方式进行。在技术治理方式不断进步,可以应付许多传统的危害乡村秩序行为时,社会治安秩序本身也越来越复杂化,技术治理方式对其常常无能为力。

在身体治理与德行治理方式衰落的同时,与技术治理方式相伴随而来的是程序法治主义。程序法治主义试图对法律行为,尤其是国家机关的行为设置法律程序,通过挖掘法律程序种种功能,来保护个人权利,限制政府机关的恣意,从而"为权力结构的改造以及政府合法性·正统性问题的处理提供具有可操作性的理论支点"[40]。可以说,改革开放以后,中国的法律不断朝着程序法治主义的方向发展。但在实践中,法律程序的缺陷也非常明显,它在保护个人权利、限制政府恣意,杜绝政府"做坏事"的同时,也取消了政府的许多选择可能性,束缚了他们"做好事"的手脚。而这在村民看来,没有做"好事",则一定是在做"坏事"。

在程序法治主义的缺陷面前,专门工作的困境被夸张地放大,国家技术治理能力不足因此凸显。很多村民都知道,派出所现在要"依法行政",不能像以前一样随便到抓人。民警也说:"现在村民法律意识强,知道我们不敢随便关人,抓人也要证据。以前只要有嫌疑,就可以抓人,现在不行了,搞不好农民要告你。"这种情况下,基层民警因此常常选择有证据优势时,才打击乡村混混;反之,干脆放弃履行职责。一次,派出所民警在临湖市桥头村抓赌,遭到了乡村

---

[40] 季卫东:《法治秩序的建构》,中国政法大学出版社1999年版,前言。

混混的集体袭击,民警遭到殴打。但由于收集证据困难,派出所并没有对此事进行立案处理,而是私下秘密地调查谁是打手,准备在这些混混因其他事情"碰到"民警的手中时,再加以重罚。毫无疑问,这样做消极影响非常大,一个村民评论说:"这样做是将'公仇'变成了'私仇'!"基层干部的正常工作被逼到这种对法律"选择性执行"[41]的"非法生存"地步,不能不引起我们的重视和深思。

同时,公安派出所的警力和经费普遍不足,许多事情根本没有精力、没有财力去应付。临江市的一个派出所长坦率地说:"现在派出所还是要抓收入,办案子要钱,财政收入必须保障。我们有不成文的习惯,没钱的案子不打击,在办案时打擦边球,该打击的不打击。这在老百姓看来,就是混混有钱就可以解决问题。其实法院、检察院也这样,交罚金就可以三年改一年。监狱也一样,交一两万就可以减刑,保外就医,这些都在社会上造成不良影响。"

在程序法治主义和财政困境面前,警察逐渐形成了自己的办案原则:多一事不如少一事。这在实践中体现为对案件的筛选机制和对法律的选择性执行机制。通常,民警对于各种纠纷,没有出现重大伤害,没有造成社会混乱的,可以不过问的,一概不予过问;没有明确线索或确切证据的案件,可以不办的,一概不办。否则,往往人力、财力投入大,收效却没有。他们也知道这样实质上不合法,"但所里就这几个人,就这点经费,我们能怎么做?"为了应对财政困境,他们往往对案件进行筛选:有钱的案件多办,无钱的案件少办,甚至尽量不办。因此派出所给人的印象是热衷于抓赌、罚款,而不是维护社会治安秩序。他们在法律边缘打"擦边球",可拘留可罚款的,一般罚款;够刑事案件的,罚款后就可以变成行政案件处理。乡镇派出所的这种选择性执法,显然导致了有限司法资源的人为非法分配,而这种分配并不是以化解治安工作的困境为出发点。

派出所应对财政压力的诸多做法,给农民留下的印象非常不好,在农村造成了很坏的社会效果。村民们说:"现在混混特别多,小偷小摸,敲诈勒索、寻衅滋事,每年都抓,每年都放,抓抓放放就是那几个。""现在的派出所进也容易,出也容易,进进出出还是那几个。"派出所对此也很困惑,临湖市的一个民警说:"有时我们抓抓放放是为了派出所的生存,有时候我们也是出于无奈。现在法律讲证据,证据不足,我们也只好放人;通常我们也知道坏事就是那几个人干的,但就是找不到证据。"在这种情况下,派出所民警逐渐也学会了轻易不"惹"混混,"要惹就一次把他们送进监狱,否则混混长了气焰,说'你抓我还是得放我';老百姓也以为我们放纵混混,'警匪一家',我们值

---

[41] 徐昕:《论私力救济》,中国政法大学出版社2005年版,第246页。

得跟这些混混搞成一家吗?"

这样一来,同改革开放之初相比,国家权力行使的策略和倾向就发生了很大的变化。国家权力不再无条件维护社会治安,而是在受法律程序约束、技术治理能力有限和财政能力有限的情况下,首先考虑自我保护和自我生存。在不出事的前提下,警方尽力维护自身的安全和发展,然后才考虑维护社会治安、打击乡村混混。当然,由于乡村混混势力坐大,警察有时也不得不考虑自己的安全。比如,民警依法本来可以打击某个混混,但可能由于怕遭到混混同伙的报复,而打消依法办事的念头,选择睁一只眼闭一只眼,除非事情闹大了,影响了"安定团结"。这样,警方似乎总在打击那些乡村混混中的"弱者",而那些势力大的"强者",却无能为力。

五、乡村治安困境及其意涵

乡村社会秩序日趋恶化,在程序法治主义、技术治理能力和财政压力的综合作用下,社会治安工作几乎陷入了困境。新时期的群众路线是国家应付这种困境的主要方法,包括巡访制度和驻村社区警务战略。它们都是先由个别地方尝试,在取得了一定的成效,得到上级的肯定后,再在较大范围内推广。这两种制度同样受制于程序法治、技术治理能力和财政能力的约束。比如,不久前开始在全国范围内普遍实施的驻村社区警务战略,由于公安机关的警力十分有限,到目前为止还只能在县城镇、城郊结合部、尚未设立派出所的乡镇和经济相对发达、人口较为集中、治安情况复杂的行政村设立驻村警务室。我在调研中发现,派出所几乎无法做到在每个村庄设置驻村警务室。这些制度和措施虽然取得了一定的成效,但在诸种约束下,其效果不应被高估。我们不能奢望新时期的群众路线能像20世纪80年代甚至集体化时代的群众路线一样,较为成功甚至彻底地解决农村社会问题,原因有两方面。

一方面,当前对乡村秩序的治理已经脱嵌于熟人社会,不是群众路线所能解决的。前文已论述,当前乡村混混通过关系网络,逐渐形成了一种稳定的组织结构,城乡江湖出现了联盟格局。在这个格局中,上层混混不再需要通过犯罪行为谋取利益,转而依赖灰色手段,可以有效规避国家的打击;即使他们在特殊时候需要运用犯罪手段,也不再需要亲自出手,下层混混甚至会主动代劳;只有下层混混才需要通过犯罪行为谋取利益。而当前对下层混混却出现了打击不尽的尴尬,因为学校不良少年、留守少年、无业少年是一支向乡村江湖补充下层混混的庞大生力军。[42] 江湖联盟格局形成后,村庄再难以对之实施约束,村

---

[42] 陈柏峰:《乡村混混与农村社会灰色化》,华中科技大学2008年博士论文,第76—88页。

民更难以应付。而且,现在村民对乡村混混并不那么熟悉,难以提供违法犯罪的确切消息。因此,依靠群众不如依靠乡村混混群体内部的线人。

另一方面,当前的群众路线与20世纪80年代的群众路线有很大不同。20世纪80年代治安工作中的"群众路线"实际上包括三个方面的内容,一是直接呼应群众的要求,这使得当时对乡村混混和违法犯罪行为的惩罚具有道德标准性;二是依靠群众来维护治安,这使得当时的治安工作具有全民动员性质,群众被带进具体司法过程中;三是通过接近群众来维护群众的安全感,保持公安机关对违法犯罪的威慑力。新时期的群众路线仅仅包括"接近群众"一方面。当前,国家也呼应群众对社会治理的要求,也依靠群众来维护社会治安,但这种呼应和发动都必须在程序法治主义的框架之下。群众自发维护社会秩序的具体手段受到法律的制约。群众只能配合国家机关维护社会秩序,进行一些检举、提供线索之类的工作,群众的要求不可能直接转化为国家机关的具体行为,更不可能参与到司法过程中去。因为现代法治是否定群众运动的,认为群众运动不符合法治程序,很容易侵犯人权。因此,新时期的群众路线也不再主张群众运动,反对群众性司法。

当前的群众路线从某种程度上是重新将"身体治理"方式提上日程,试图通过身体在乡村的在场来维持秩序,但并没有对驻村民警进行德行方面的要求。而在当今社会,对民警进行德行约束既不现实,也难做到。也就是说,身体治理和德行治理有脱节的危险。事实上,对民警的德行缺乏约束,身体治理的效果就会大打折扣,群众路线也就容易流于形式。两湖平原的很多县市、乡镇派出所都在村里设有驻村警务室,但我驻村调研中,从来没有看到警察出现。

当然,从理论上说,上级公安机关还可以通过"压力型体制"[43]来促使新时期群众路线的贯彻。实际上,公安机关一直通过"压力型体制"和"动员型体制"的交替应用来维持社会治安秩序。"压力型体制"是指一级政治组织为了完成上级下达的各项指标,而采取的数量化任务分解的管理方式和物质化的评价体系。上级组织将任务层层量化分解,下派给下级组织和个人,责令其在规定的时间内完成,然后根据完成的情况进行政治和经济方面的奖惩。在治安工作中,公安机关经常采取的"命案必破"、刑事案件指标体系就体现了这种压力型体制。这些任务和指标常常是上级评价的基本标准,因此下级公安机关实际上是在这种评价体系的压力下运作。吴毅的研究则表明,传统集中的动员型体制至今并没有完全消失,税费改革中乡镇"迎检的游戏"就体现了这种体制。[44]

---

[43] 荣敬本等:《从压力型体制向民主合作体制的转变》,中央编译出版社1998年版,第25页。

[44] 吴毅:《小镇喧嚣》,生活·读书·新知三联书店2007年版,第41页。

在治安工作中,"严打"和各种专项斗争也是动员型体制的体现。当然,"严打"和各种专项斗争中也有各种数字评价指标体系,这正说明了公安工作中"压力型体制"和"动员型体制"密不可分。多年来的实践表明,"压力型体制"和"动员型体制"能够解决社会治安中一时或一个方面的问题,却无法全面解决治安工作的困境。

其实,当前乡村治安工作的困境源于当代中国社会的整体转型。我们在从社会主义意识形态浓厚的传统国家转向市场经济的现代国家过程中,国家权力的运作方式展开了从传统的身体治理和德行治理方式向现代的技术治理方式的转型,国家权力运作方式的转型与建立法治国家的努力同步,但转型期间国家的财政能力又无法跟上现实需求。这样一来,旧的治理方式被放弃,新的治理方式又无法按照理想中的模式进行运作。从我国中西部的财政状况来看,国家权力的这种运作实态还将存续很长一段时间。在国家权力运作方式的新旧交替期间,每当国家无法应付社会治安管理的困境时,旧有的权力运作方式总会被人想起,其种种变换形式总会在特定的情况下被应用到实践中,作为紧急问题和严重困境的应对之道。当然,这种变换形式往往既要吸收传统权力运作方式的积极因素,又不能与新时期权力运作的法治基本原则相冲突,其效用因此处于不确定状态,它既可能起到积极作用,也可能流于形式。因此,在迈向现代国家的进程中,基层国家权力应当保持何种形态,这就是一个非常关键的问题。

迈克尔·曼曾区分国家权力的两个不同维度:专制权力和基础权力。前者是国家精英凌驾于市民社会之上的权力,指国家精英可以不经过与市民社会常规的、制度化的协商妥协而单独采取一系列行动。后者则是指国家实际渗透到市民社会、在其统治的疆域内执行决定的能力,它是一种国家通过其基础设施渗透和集中地协调市民社会活动的权力。这两种权力构成了分析国家权力的两个独立维度。在此基础上,迈克尔·曼区分了欧洲历史上四种不同的国家权力类型:一是封建国家,国家专断权力和基础权力都很弱;二是帝国,国家专制权力强大,但是基础权力弱小;三是官僚制国家,国家的专断权力弱小,而基础权力强大;四是权威主义国家,国家的专断权力和基础权力都很强大。[45] 许多学者都借用迈克尔·曼的概念和范式来分析国家权力,如查尔斯·蒂利、米格代尔等。我们也可以通过它透视当代中国基层国家权力的现况。建立专断权力弱小而基础权力强大的官僚制国家,是中国迈向现代法治国家进程中的理想。不过,当前乡村治安工作的困境,以及群众路线的尴尬处境,都表明现实与

---

[45] 迈克尔·曼:《社会权力的来源》(第二卷·上),陈海宏等译,上海世纪出版集团 2007年版,第68—72页。

理想还有差距,国家对社会的渗透和控制能力仍然有限,国家基础权力的建设尚未完成;而且,中国国家基础权力的建设,很难在现有的理论框架指导下轻松完成。

（初审编辑：丁晓东）

人民必得出场
——卢梭官民矛盾论的哲学图式与人民制宪权理论

陈端洪*

The People Must Be Present:
A Graphic Elaboration of Rousseau's Philosophy of the Government-People Relationship and a Paraphrase of His Theory of Popular Constituent Power

Chen Duanhong

内容摘要：本文由黄炎培与毛泽东的著名对话入手，将黄炎培误名的历史周期律放在卢梭的思想体系中，正确地问题化为政治体死亡的定律，进而探讨人世间可能的拯救。卢梭从人的实际情况与法律的可能情况着眼，发现了一条关于合法而稳靠的政权的法则——"主权者：政府＝政府：臣民"。本文把政治体的生命原理和死亡定律还原为官民矛盾，首先分六个步骤阐释了卢梭的官民矛盾的哲学图式，揭开了连比例定律之谜；然后爬梳政府蜕化与政治体死亡的概念；最后在卢梭设想的用以维持政治体生命的诸项措施中选择了最本质的一项——人民出场，用现代制宪权理论重新阐释了人民出场的制宪意义。概言

---

* 北京大学法学院副教授，宪法与行政法研究中心成员。本文是教育部人文社会科学重点研究基地项目《国家主权与反分裂的宪法理论研究》的部分成果。

之,卢梭最根本的拯救就是人民制宪权的例常化,即以经常性的和平的制宪权消解暴力革命,我称之为卢梭式的不断革命论。

关键词: 官民矛盾 政治体死亡 人民出场 制宪权

一、引言:由黄炎培误名的"周期律"谈开去

1945 年 7 月 4 日下午,毛泽东专门邀请黄炎培等人到他家里做客,整整长谈了一个下午。毛泽东问黄炎培来延安考察了几天有什么感想,黄炎培坦率地说:"我生 60 多年,耳闻的不说,所亲眼看到的,真所谓'其兴也勃焉,其亡也忽焉'。一人、一家、一团体、一地方乃至一国,不少单位都没能跳出这周期率的支配力。大凡初时聚精会神,没有一事不用心,没有一人不卖力,也许那时艰难困苦,只有从万死中觅取一生。继而环境渐渐好转了,精神也渐渐放下了。有的因为历时长久,自然地惰性发作,由少数演为多数,到风气养成,虽有大力,无法扭转,并且无法补救。也有因为区域一步步扩大了,它的扩大,有的出于自然发展;有的为功业欲所驱使,强求发展,到干部人才渐渐竭蹶,艰于应付的时候,有环境倒越加复杂起来了,控制力不免薄弱了。一部历史,'政怠宦成'的也有,'人亡政息'的也有,'求荣取辱'的也有。总之,没有能跳出这个周期率。中共诸君从过去到现在,我略略了解的,就是希望找出一条新路,来跳出这个周期率的支配。"黄炎培这一席耿耿诤言,掷地有声。毛泽东高兴地答道:"我们已经找到了新路,我们能跳出这周期率。这条新路,就是民主。只有让人民来监督政府,政府才不敢松懈;只有人人起来负责,才不会人亡政息。"[1]

这个故事大家已经耳熟能详,似乎其中的问题与答案都是自明的。人们普遍地接受了黄炎培所谓的历史周期率,时常重温他的忧恐,也像毛泽东一样向往"民主"的梦想。殊不知黄炎培先生对现象的概念化和问题化都存在严重的瑕疵与缺陷,因此无法从中获得建设性的理论见识。

黄炎培的核心概念是周期率。他形象地将其表述为一人、一家、一团体、一地方乃至一国,"其兴也勃焉,其亡也忽焉"。这其实仅仅笼统地描述了观察到的生命有机体和人为团体兴亡的现象,如果要概念化为什么规律的话,就是**死亡定律**,而非什么周期律。将这个定律概念化为周期率,在逻辑上存在明显的裂痕。周期率(periodic law)是化学元素周期律的借用,"周期的"(periodic)的意思是间歇性地出现或显示。周期律包含两层基本含义:一是同一主体、同样的事物、现象或事件反复循环,二是一个相对固定的排序或间隔。黄炎培只是

---

[1] 黄炎培:《八十年来》,中国文史出版社 1982 年版,第 157 页。

指出存在一个有兴有亡的规律性,并没有试图发现王朝的确定的生命周期,他的用词"勃焉"、"忽焉"并没有科学的确定性。倘若黄炎培真的发现一个确定的周期律,并对毛泽东坦诚相告,那他便是一位大仙,这个故事也不是科学探讨的素材,而是神秘文化的素材。有的人把黄炎培的周期率说成中国历史的周期率,这便将中国历史当成一个单一主体的政权更迭的历史。中国历史并没有表现出上述周期率的两个特征。首先,中国历史上的各个王朝有长有短,前一个王朝结束与后一个王朝开启之间的衔接也有差异。其次,中国"王朝兴亡循环"的说法完全是现代历史学基于多民族统一的国家观念对中国历史的一种解释甚至是重新定义,在历史上的各个时期的人们似乎不大可能把王朝更迭看成是同一个主体的兴亡循环。元朝和清朝是外族入侵建立的王朝(国家),对于当时的人们来说就是亡国。在政治的意义上这样的王朝更迭不存在连续性,如斯观之,中国的政治史就是断裂的历史[2]。

是什么原因导致了"一国"的灭亡呢?黄炎培把国家的灭亡诊断为**政权控制力减损**,即君主对官僚系统的控制力和政府对社会的控制力衰竭,把政治的危机当作力量危机。这样的问题意识站在帝王立场把政治体的生命等同于控制力,注定了他永远找不到解脱。不管是"政息宦成",还是"人亡政息",抑或是"求荣取辱",都是从政治体的顶端——帝王的立场而言的。无论是由于激情涣散、惰性发作,还是由于盲目扩张,或者是由于追求过高的政治发展目标而疲于应付,抑或是由于内部纷争,总之结果都一样,都是控制力下降。帝王政治观是否可取呢?诚然,从对中国历史现象的描述来说,这种看法应该说没错,因为不管我们怎样描画中国古代的体制,都不能忽视一个基本的历史本位,那就是帝王本位。但恰恰是这个描述的立场妨碍了黄炎培从合法性的层面正确地提出一个适合现代政治的问题。按照他的分析,他的具体问题就应该是:共产党(政权)将来如何保持对人民的永久而旺盛的控制力?如何保持对官僚(特别是党员官员)的控制力?必须肯定"力量"(force)概念作为理论分析的观念工具的价值,但是要发掘其理论价值,就必须扩展分析的视野,把力量要素纳入一个规范框架。假如我们把控制力替换成民心(意志)的话,那么问题就会发生逆转,重要的不再是政府如何控制人民,而是人民如何来控制政府,人民如何

---

[2] 现代国人从多民族统一的立场宣称"中国是世界上历史最悠久的国家之一"(1982年《宪法》序言),这在现代具有重要的政治含义,暗示中国作为一个政治体的延续性。今人所谓的"中国人民"的外延在几千年的历史中不断扩展,无论某个朝代是以哪个民族作为政治的统治民族,发展到今天,最终的结果是多民族融合成了一个政治民族。作为宪法的主权用语,"中国各族人民"的措辞不妥,而当用"中国人民"或"中华民族"。从国家的统一性来看,"中国各族人民"的说法并没有传达应有的纯粹性和单一性。基于多民族统一的政治观念,历史书把政治史写成了朝代史,写成了政权交替的"兴亡史"。也正由于这个原因,人们常常说中国历史是一种循环,是一个主体(不管叫做"中国人民"、"中华民族"还是"中国各族人民")的政权的兴亡循环。

名副其实地成其为人民了。

毛泽东显然比黄炎培高明,他没有学究式地指出黄炎培的错误,也未落入黄炎培的窠臼,而是跳出了政府的病体,转向人民;不直接探讨执政党、政府如何控制社会,领袖如何控制下属,而是想让人民来监督政府。两者的立论,表面看来一问一答,自然流畅,细推敲起来,两者的思想存在巨大的沟壑。毛泽东不露痕迹地把黄炎培的问题"改写"了。然而,毛泽东的回答并非文不对题,因为"只有让人民来监督政府,政府才不敢松懈;只有人人起来负责,才不会人亡政息。"

重新翻出这个故事,不是为了驳前人的面子,而是希望继续他们的思考,展现黄炎培先生的远忧对于当今的意义。为此需要寻找一个哲学框架,把"其亡也忽焉"的政治现象重新概念化、问题化。黄炎培认识到的规律其实不是新的发现,而是人类历史的常识。民主也不是中国人的发明,对于我们来说,只是一个有待作出的决断。卢梭就是一个经典范例,他把政府蜕化和政治体的死亡作为一个根本问题,找到了一个延长政治体寿命的药方——直接的例常化的人民制宪权。本文回溯卢梭的《社会契约论》[3],看看黄炎培之远忧、毛泽东之拯救在卢梭这里如何获得正确的、纯粹而系统的理论表达。

如果我们把黄炎培担心的一国之"灭亡"科学地理解为官民矛盾的最终结果的话,那么可以说,黄炎培的着眼点在官,他试图从"官"身上找到一种"力"的解决。顺着黄炎培的问题来解读卢梭,我们就应该从卢梭的亡国之忧入手,然后再看卢梭把亡国的现象问题化为什么,提出了什么拯救。我们将发现,卢梭根本没有中国式的改朝换代或政府灭亡的概念,也不把重点放在因为外国入侵导致的亡国,而关注政府的蜕化与政治体的死亡,最终的关怀还是政治体的死亡。所谓政治体的死亡,乃是人民主权的沦失,这个概念本身与其说是对政治兴亡的描述,不如说是对政治兴亡现象的规范性的诊断,因为它预设了一种哲学观念,预设了人民主权或公意的绝对意义。

欲知死亡之所由,当解生命之所赖。《社会契约论》致力于探求政治体生命的原理。卢梭发现,政治体的生与死都受支配于同样的规律,即"主权者:政府=政府:臣民"的连比例定律;面对死亡的定律,人力绝非毫无可为,最根本的措施就是人民必得出场,人民的制宪权应该例常化。然而,公意注定是脆弱的,他最后不得不诉诸人心教化,诉诸公民宗教。

本文重新诠释卢梭官民矛盾的哲学图式,即连比例定律,进而分析卢梭对政府蜕化和政治体死亡的诊断,最后反思卢梭的拯救方案——人民制宪权的例

---

[3] 本文使用的文本是卢梭:《社会契约论》,何兆武译,商务印书馆1982年版。作者同时参照了几个英文本和 GF Flammarion 出版公司2001年的法文本。以下对文本的引注只在正文中标注中译本页码。

常化。我们将发现,卢梭把通常的官民矛盾真正发展成了一个辩证的结构:主权者→政府→臣民。说其是辩证的结构是因为其中的主权者和臣民乃是人民的两种政治身份、两种政治心态。这个结构包括力量与意志的矛盾、公意与个别意志的矛盾、自由与安全的矛盾。政治体的健康状态就是上述诸矛盾的平衡状态,一旦平衡被打破,政府便走向蜕化,最终导致政治体死亡。根据意志本身的力量的自然趋势,公意总是最为脆弱,因此,政治生命的原则在于主权权威,换言之,要维持政治体的生命,人民必得经常出场伸张主权。我称之为人民制宪权的例常化,也称之为卢梭式的不断革命论。

二、官民矛盾的哲学图式

本文在哲学意义上使用官民矛盾一词,把政治本身理解为一个由官、民构成的矛盾体和一系列矛盾的复杂的运动过程。一切政治秩序的内核都是"统治——被统治",从主体的意义上说都存在一个"官——民"的结构,用现代政治学的语言来说,即"政府——人民"的结构。官、民是一对矛盾的两个方面,彼此相互依存。没有民,就没有官(政府),反之,没有官,也无所谓民。这是政治的主体性内涵。哲学意义上的官民矛盾还有另一层含义,指官民互动中二者的天然的相互敌对、相互制约。日常意义的官民矛盾指的是具体的、偶然的官民纠纷、冲突,尤其是公民对政府的不信任与不服从。面对日常的官民矛盾,政治家习惯于头痛医头,总希望尽快地息事宁人。本文回溯卢梭,并非要对当前突出的官民矛盾提出具体的解救,而是要从政治哲学层面重新正确地认识官与民的定位,认识政治体的生命原理,从而为我们理解当前的官民矛盾提供一个整体性的观念框架和一种纯粹的分析方法。

把政治界定为官民关系,或者统治与被统治的关系,这是一种经验常识。自博丹引进主权概念之后,政治的概念获得了新的高度和绝对性,变成了"主权者→臣民"的结构。其后,霍布斯为这个结构作了最系统的哲学论证,用代表的概念为专制统治找到了社会契约基础,即同意的道德基础。卢梭从个人意志自由的先验前提出发并以自由为依归,解构了博丹、霍布斯等人用智慧焊定的"主权者→臣民"的结构,并予以革命性的改造,确立了"主权者→政府→臣民"的哲学图式。该图式的秘诀在于:第一,保留了"主权者——臣民"的功能性对立,但将人民一分为二,把积极状态的人民替换为主权者,将消极状态的人民作为臣民。他所谓的主权者和臣民,套用 Kantorowicz 的话来说,就是人民的"两个身体"。如此则完成了主权者和臣民的同一化,直接消除了君主主权制的"主权者→臣民"的主体性对立或异化。第二,把传统意义的"官"的功能清晰地区分为主权者和政府,即立法权和行政权,从而一方面明确了政府对主权者的依附地位,或者说公意对公共力量的支配地位,另一方面在哲学的高度

(而不是在经验的实用的层次)树立了立法与行政的两权分立原则。

卢梭对政治结构的哲学图式的经典表述是他的著名的连比例公式:"**主权者:政府 = 政府:臣民**"。依我看来,《社会契约论》的全部思想就寓于这个连比例之中;他全部的努力就是为了证成这个公式,探求维持平衡的种种制度。一切伟大的真理都源于健全的常识,卢梭的连比例定律也是政治常识的哲理化。这些常识包括:(1)政治既是力量的结合,也是人心的团结;人心为体,力量为用。(2)人不是天使,所以需要有政府;政府官员也不是天使,所以需要节制其权力。(3)政府没有足够的力量便没有社会的安全与秩序,政府力量过大就会压抑人民的自由;政治的难题就在于自由与安全或秩序如何得兼,如何平衡。(4)政府力量取之于民,也应用之于民,但是政府必然消耗一部分力量,难题是让政府消耗多少力量合适。(5)政治的通病是官压民,哪里有压迫,哪里就有反抗。以下由简至繁,逐步推演,将上述政治常识表述为一系列公式:公式1:政治化 = 力量结合;公式2:政治化 = 人心团结,在卢梭即为政治化 = 全体的意志联盟 + 全体服从;公式3:政治化 = 力量结合 + 人心团结,在卢梭即为政治化 = 力量结合 + 公意 + 人民服从;公式4:政治化 = "公意→全部力量" + "公意→全体人民(臣民)";公式5:政治 = 主权者→政府→臣民;公式6:主权者:政府 = 政府:臣民。

1. 政治化 = 力量结合。政治的实现无外乎依赖两个要素,一是力量,二是人心。任何集体都是全体成员的一定量的力量的某种集结形式,而国家区别于其他一切团体之处就在于国家乃是一个特定地域内一切个人的力量的联合,而且是暴力的垄断者。权力这个词的英文power在自然科学中就是力量、能、能量、功率。抛开意志要素,政治权力的自然属性就是实现目的的手段,或者力量。卢梭说,社会结盟就是要"以全部共同的**力量**来维护和保障每个结合者的人身和财富"(第19页)。有的契约论者虽不主张全部出让,但总归要肯定一定程度的力量的出让与结合,否则就无法设想集体、国家。我把这个常识概括为公式1:政治化 = 力量结合。

马克思主义者和社会契约论者的根本区别在对政治的意志属性的看法上,而不在对权力的力量属性的认识上。马克思和恩格斯直截了当地把国家定义为"从社会中产生但又居于社会之上并日益同社会脱离的力量","是有产阶级用来防御无产者阶级的组织"[4]。毛泽东"枪杆子里面出政权"的格言同样是对政权的力量属性的真知灼见。在中国,我们的权力思维总是和暴力联系在一起,却没有真正的权力物理学,因此对于权力结构、权力要素、权力要素及其组

---

[4] 恩格斯:"家庭、私有制和国家的起源",载《马克思、恩格斯选集》第四卷,人民出版社1974年版,第166、168页。

合方式对应于特定目的的有效性并没有形成系统的科学的观念。一些人由于厌倦了权力的暴力叙事而抛弃了全部的力量话语,转而单纯从权威、道德角度言说权力。这就走向了另一个极端。完整地说,权力的一面是力量,另一面是人心或者意志。

2. 政治化＝人心团结。 力量是一个物理学名词,可人的力量天然地受制于人的意志,故而要实现人的力量的结合就当先实现人心的结合。这个常识可笼统地概括为公式2：政治化＝人心团结。孟德斯鸠说："个人的力量是不能联合的,如果所有的意志没有联合的话"。他还特别引用了格拉维那：这些意志的联合就是我们所谓的"人民的国家"。[5] 这话直接针对人民的国家,但其基本意思稍加改造适用于任何类型的国家。对于不同类型的国家,问题都不是是否需要意志的结合,而是谁的意志的结合以及如何结合。

意志联合,直接体现为一个积极的结盟行为,一般人谈意志联合仅仅注意到这一层含义。其实意志联合也必然意味着全体结盟者的服从与忠诚。我所谓的人心团结应当理解为不仅包括积极的意志联合,还包括消极的意志,即服从与忠诚。格拉维那所谓人民的国家,在卢梭这里获得了最理想的形态。于他,人心团结＝全体的意志联盟＋全体服从,于是,公式2的内涵便是：**合法的政治＝全体的意志联合＋全体的服从**。

对于阶级斗争理论来说,这个公式稍加改造也是适用的。一个阶级要发展为一个政治力量或政治主体就必须自觉地进行政治联合,阶级斗争理论无非不相信全体人民的意志联合的可能性而已,从而主张用一个阶级的联合力量来对抗、镇压另一个阶级的联合力量或阻止另一个阶级进行力量联合。用阶级斗争的眼光来看,人心团结用于统治阶级是意志联合,用于被统治阶级则不过是不抵抗、顺从的同义词,甚至是忍受的同义词。故此,**阶级专政的政治＝统治阶级的意志联盟＋被统治阶级的不抵抗**。完整地说,统治阶级的自我服从也包括在其中。

中国有句古话叫"得民心者得天下"。这里的"得民心"不是指人民的积极意志的联合,而是指符合人民的愿望。用韦伯的话来说,"任何一种真正的统治关系都包含着一种特定的最低限度的服从愿望,即从服从中获取（外在的和内在的）利益"。[6] 民本把政治的功能指向民利,以利博民心。如果不用阶级语言来表达,中国古代的政治＝统治集团的意志联合＋人民的服从。

3. 政治化＝力量结合＋人心团结。 政治既是力量的结合又是人心的团结,人心为体,力量为用。这可初步概括为公式3：政治化＝力量结合＋人心团

---

[5] 孟德斯鸠：《论法的精神》,张雁深译,商务印书馆1987年版,第6页。
[6] 马克斯·韦伯：《经济与社会》,商务印书馆1998年版,第238页。

结。公式 3 用加号表示力量和人心之间的联系,加号仅仅表示两大要素都是必要的,实际上政治化并非两大要素之间的加法关系。然则人心如何得以团结?力量如何组合、配置?人心和力量又当按照什么样的比例结合呢?公式 3 与其说是一个公式,不如说表达了一切政治设计的根本难题。

卢梭开宗明义地告诉我们,"我要探求在社会秩序之中,**从人类的实际情况与法律的可能情况着眼,是否有一条关于合法而稳靠的政权的法则**"。[7] 合法性的问题是人心的问题,在卢梭这里,本质上是一个意志自由的问题;而稳靠便是安全,安全取决于力量。"合法而稳靠"即是自由而安全,或者自由而有力量。这其实就是公式 3 的理论表述。

这个难题用社会契约的语言来说,就是:"要寻找出一种结合的形式,使它能以全部共同的力量来维护和保障每个结合者的人身和财富,并且由于这一结合而使得每一个与全体相联合的个人又只不过是在服从其本人,并且仍然像以往一样地自由。"(第 19 页)这明确地用价值语言转化了公式 3,从而,**政治化 = 自由 + 安全**。阿尔都塞把这个称为卢梭的理论深渊[8],却没有注意到这不过是以另一种方式重申开篇提出的难题或自我设定的理论使命。

卢梭的自由包括两层意思,一是一般自由主义理论家所鼓吹的消极自由,另一个是积极自由,即参与政治的自由。对于政治体的生命构成原理而言,有意义的是全体人民的积极自由,消极自由是政治结构作用的产物,消极自由产生不了政治。这样,**政治化 = 积极自由 + 安全**。如何把人民集体的积极自由翻译成意志的语言呢?卢梭借用了"公意"的概念。关于公意的概念,这里只需简单指出其大意即可。公意来源于全体人民,但不是全体人民的个别意志之和,后者称为众意。于是,在他这里,**公式 3 便转化为:政治化 = 力量结合 + 公意 + 人民服从**。

关于自由的概念,这里必须提醒读者注意的是,平等与自由的并重及其对自由的保障作用。在第二卷第十一章,卢梭把应该成为一切立法体系最终目的的全体最大的幸福归结为两大主要的目标:自由与平等。之所以要平等,"是因为没有它,自由便不能存在。"什么是平等呢?"这个名词绝不是指权力与财

---

[7] 见第 3 页。法文 queleque regle d'administration legitime et sure,Judith R. Masters 的英文翻译为 a legitimate and sure rule of administration。中译本基本相同。除了把 queleque 翻译成了"某种"外。这种翻译把后置定语 legitime et sure 当成修饰 regle 的,明显不通。这里的 regle 不存在是否"正当"或合法的问题,而用在政权上却合适。在该错误的基础上,中译本把"sure"译成了"确切的"。说确定的规则可以,但如果是形容政府,其意思当是"稳靠的"。这样理解,正好符合卢梭对政权的期望,即既合法且安全可靠。另外,中译本把 queleque 译成"某种"也不妥,因为 regle 是可数名词,如果是一种规则,就当用复数,可原文用单数,应当译为"某个",考虑到整个句子带有疑问语气,为了中文的流畅不妨译为"一条"、"一个"。Regle 也翻译为"准则"或"法则"。我以前在讲解《社会契约论》和进行相关的写作时,没有发现这个问题,特此道歉。

[8] 陈越编:《哲学与政治:阿尔都塞读本》,吉林人民出版社 2003 年版,第 271 页。

富的程度应当绝对相等;而是说,就权力而言,则它应该不能成为任何暴力,并且只有凭职位与才能加以行使;就财富而言,则没有一个公民可以富得购买另一个人,也没有一个公民穷得不得不出卖自身。"(第66页)为什么在我们的公式化阐释中没有平等这一项价值呢?我已经把平等作为前提,自由、公意、服从都是在全体平等基础上而言的。这严格地区别于阶级理论的政治内涵,一些权威作家把卢梭与极权主义相联系,一个重要的原因就是忽视了卢梭的自由概念和平等概念互为前提,忘记了卢梭的平等概念无阶级性,而阶级是一个区别性的概念。

4. 政治化 = "公意→全部力量" + "公意→全体人民(臣民)"。上一个阶段已经引入了积极自由、公意的概念,现在还须引入主权的概念,把主权——最高的、绝对的权威——赋予公意,从而形成政治的第一推动力,用卢梭自己的话来说,即"一个唯一的动力"(第18页)。卢梭说,撇开社会公约中一切非本质的东西,社会公约可以简化为:

"我们每个人都以其自身及其全部的力量共同置于公意的最高指挥之下,并且我们在共同体中接纳每一个成员作为全体之不可分割的一部分。"(第20页)。

用公式来演示,即是**公式4:政治化 = "公意→全部力量"**[9]**+"公意→全体人民(臣民)"**。其中"→"表示支配。力量是物理性因素,仅具有手段意义;公意对全部力量的支配以公意对全体人民的支配为目的,所以卢梭总是提到全体对全体的比率。意志是相对于人格而言的,然则公意是谁的意志呢?卢梭告诉我们,"只是在一瞬间,这一结合行为就产生了一个道德的与集体的共同体,以代替每个缔约者的个人"。"这一由全体个人的结合所形成的公共人格,以前称为城邦,现在则成为共和国或政治体;当它是被动的时,它的成员就称它为国家;当它是主动的时,就称它为主权者;而以它和它的同类比较时,则称它为政权。"(第21页)

5. 政治化 = 主权者→政府→臣民。在卢梭这里,社会契约与政治契约被

---

[9] 细心的读者会发现一个自相矛盾之处:在缔结社会契约的阶段卢梭强调全部出让(第19页)或毫无保留的转让(第20页),但在第二卷第四章《论主权权力的界限》时,卢梭又说:"每个人由于社会契约而转让出去的自己的一切权力、财富、自由,仅仅是全部之中其用途对于集体有重要关系的那部分"(第38页)。如果我们把社会结理解为人的彻底的社会化的话,那么,全部出让并不是全部剥夺,仅仅表示人的全部力量潜在的负有社会义务,而实际出让则取决于公共利益的需要,取决于主权者的裁决。卢梭的主权归属于公意,他之所以用公意的概念而不用众意或多数人意志的概念,就是要对具体的真实的政治生活设定一个内在的道德原则。公意和众意有别,这个区别就是,公意只着眼于公共利益,而众意则着眼于私人的利益。"使意志得以公意化的与其说是投票的数目,倒不如说是把人民结合在一起的共同利益;因为在这一制度中,每个人都必然地要服从他所加之于别人的条件。这种利益与正义之间可赞美的一致性,便赋予公共讨论以一种公共性。"(第40页)。由于公意的正义性,公共力量就必然是有限的。

同一化,社会化或社会状态就是政治化或政治状态。"由于社会契约,我们就赋予了政治体以生存和生命"(第44页)。但是社会契约仅仅是政治体生命的开端,借用一句道家的话来说,还是"道生一"。至于何为道,我道不清,但我知道卢梭的"公意"是"道"的体现,带有神秘色彩。"一生二"如何实现呢?"现在就需要立法来赋予它以行动和意志了,因为使政治体得以形成与结合的这一**原始行为**并不能就决定它为了保存自己还应该做些什么事情。"(第44页)立法是政治体的意志表达,而行动需等创设政府之后才可能。卢梭正确地区分政治体的两种动力——意志与力量,把力量委托给一个专门的机构——政府。把政治体看成"一",由政治体分化出负责立法的主权者和负责执行的政府,就是"一生二"。立法是由人民直接担当的,政府的创设是由人民通过一种复合行为完成的,一个是以主权者名义行使立法权决定政府的形式;另一个是人民猝然间转化为民主政府任命政府官员(第126页)。从创设政府的时刻起,人民才真正开始发挥主权者的作用,公共力量才有受托运用的主体。在政府尚未创设之前,政治的统治与被统治的关系或者官民关系尚未形成,人民并未进入真实、具体的政治关系中。有了立法的人民和执行的政府,于是就有了臣民。这可谓"二生三"。

我把这种状态概括为**公式5:政治化＝主权者→政府→臣民**。这就是政治的精神结构的初步的哲学图式。由于主权者和臣民是同一群人民的两种政治身份,所以,公式5这个哲学图式的通俗含义就是,政府有权支配人民,人民也应该有权支配政府;官民是一个相互支配的矛盾体。其实政府也是政治体自身分化出来的,所以,主权者、政府、臣民三者都是从政治体这个"一"衍生出来的。这个三元结构一经形成,政治体就出现了万千的政治现象,进入了日常状态,此所谓"三生万物"。

6. 官民矛盾的分解图式。至此,我们可以把卢梭的政治化难题,即合法与稳靠兼得的难题,或者说自由与安全结合的难题在理论上明确分解为下述三对主要矛盾的辩证关系。我用双向箭头表示每对关系,"→"表示应然的支配,"←"表示天然的反对,从而表明,政治体的生命过程就是一系列矛盾的运动过程。

A. "公意↔成员的个别意志"。这对矛盾用主体术语来表达即是"**主权者↔臣民**"。公意来源于每一个成员的个别意志,是其结晶,但又不是每一个个别意志的总和,后者称为众意;一旦形成公意,个别意志就该服从公意,在经验的层面上就是说,每个人都要守法。然而个人意志天然地不断反对公意,因而,为了使社会契约不至于成为一纸空文,它就默默地含着这样一条规定,任何人拒不服从公意的,全体就要迫使他服从(第24页)。公意要真正起作用就得依赖力量,依赖一个力量的代表者——政府。

B.**"公意↔政府团体的意志"**。同样用主体术语表达,即为**"主权者↔政府"**。在完美的立法下,公意或者主权者的意志永远应该是主导的,是政府意志的唯一规范(第79页)。政府只能是由于主权者而存在的,"所以君主的意志就只是,或者只应该是公意或者法律。可是,为了使政府共同体能具有一种真正生存,能具有一种与国家共同体截然有别的真正的生命,为了使它的全部成员都能共同协作并能适应于创制政府的目的,它就必须有一个单独的'我',有一种为它的全体成员所共有的感情,有一种力量,有一种要求自我保存的固有意志。"然而,政府意志相对于公意而言属于个别意志,个别意志总是不断地反对公意,因而政府也就继续不停地在努力反对主权(第108页)。为了防止政府背离公意,人们就当定期集会,政府愈是有力量,则主权者就愈应该经常地表现自己(第116页)。这里,我仅仅把政府作为一个整体来分析,尚未考虑政府成员的个别意志和政府团体意志的冲突。

　　C.**"政府↔臣民"**。假定政府的意志没有篡改公意,"政府↔臣民"这一对矛盾便是第一对矛盾"公意↔成员的个别意志"的延伸和具体化。政府既握有公共力量,又打着公意(法律)的旗帜,可以名正言顺而又有效地迫使臣民服从。然而臣民的个别意志天然地反对公意,也就会天然地反对政府。臣民越是不服从,政府便越是需要加强控制力;政府越是有力量,篡夺主权的概率便越大,主权者也就越加需要表现自己。

　　在现实生活中,"政府↔臣民"矛盾也许更多的是臣民对于政府不守法的行为或者官员腐败行为的不满引发的双向的不信任与对抗。我这里想强调的是,即便政府守法,不篡夺公意,官员也不腐败,"政府↔臣民"的矛盾仍然存在,此乃人性使然。倘若二者不是天然矛盾的,也就没有必要设立政府了。这个道理通常被生动地常识化为:倘若人是天使,就不需要政府。当我们谈论官民矛盾的时候,切不可忘记人性的根源。

　　7. 主权者:政府 = 政府:臣民。推演到第五个公式,我们仅仅描述出政治体三要素的连环关系,尚不能解答卢梭的难题。为此,我们需要进一步引入一个关键的概念——"比率",如此才能真正用公式的语言准确地解答那个难题。由于唯一合法的政治形式是人民主权的政治,而政府的生命是附属的,所以他要探求的比率从根本上说就是"整个共同体对自身所起的作用,也就是说全体对全体的比率。规定这种比率的法律叫做政治法,并且**如果这种法律是明智的话,我们也不无理由地称之为根本法**"。(第69页)。用宪法学的语言来说,探求比率的任务就是制宪的任务。由此可见,《社会契约论》**乃是一部关于制宪权的经书**。

　　全体对全体的比率,即是"**主权者:臣民**"的比率,用价值语言来说,就是"**自由:安全**"的比率。比率意味着客观性、确定性、有限性,用中国人的话来说就是"度"。"自由：安全"的比率如何确定呢？卢梭的独到之处首先在于他把自由区分为积极自由和消极自由，认识到靠消极自由无法形成政治体，从而也就不能保障自由，而必须在自由概念内部发现一种力量，一种适合于由自由来担当的职能。这个自由就是积极自由，其职能是立法；要规范、顺服政府力量就必须让人民行使积极自由，树立公意的主权，即人民主权。卢梭的思维可简化为"积极自由——立法（公意）——主权"。于是，"**自由：安全**"被卢梭置换成了"**主权者：臣民**"，这等于说"**积极自由：安全**"。消极自由哪里去了呢？安全或者说力量既然被限定，力量之外不就是消极自由的空间吗？这不就意味着消极自由得到了保障吗？许多读者在卢梭体系中找不到消极自由的位置，故而谴责卢梭忽视消极自由，甚至把他当作自由的敌人，其实他们根本没有抓住卢梭的难题，从而也就不把连比例公式当作整个作品的灵魂，甚至把"比率"一词当作无聊的累赘的跟风（那个时代时兴数学的表述）。说得不客气点，没有抓住卢梭的难题，也就是没有抓住一切政治的根本难题，没有比率的观念，就不配谈论自由。如果不关心消极自由，卢梭何必还高扬公意，探求政治体内在的比率呢？

"主权者：臣民"的比率是可以确知的吗？如果是，通过什么方法？卢梭发现了一个中间项——政府，从而找到了答案。只有借由政府这个中间体，"主权者——臣民"的关系才能实现。引入这个中间项之后，"主权者：臣民"的比率便可分解为"**主权者：政府**"的比率和"**政府：臣民**"的比率。这里所谓的比率用黄炎培的用语来说就是控制力，上述两个比率分别表示主权者对政府的控制力和政府对人民的控制力。前一个控制力代表积极自由，后一个控制力代表秩序、安全。黄炎培只注意到其中一个控制力，即政府对人民的控制力，故而谬以千里。两个比率又如何得以确定呢？政治生活的常识告诉我们，政府越有力量，人民也应该相应的增强对政府的控制力（第75页）。两个控制力应该维持平衡，一旦失去平衡，要么政府过于强大而人民失去自由，要么主权者人民过于强大而社会失去秩序。在这个常识推理中，政府的力量是我们考虑主权者控制力的基础。政府力量来源于主权者，但在政治实践中，主权者要根据人民对政府的感受来不断调整它所授予政府的权力，决定对政府的控制力度，直至大体平衡。最理想的状态是平衡状态，即主权者对政府的控制力和政府对臣民的控制力相平衡。卢梭把这个常识公式化为一个连比例：主权者：政府 = 政府：臣民（第73页）。

这个连比例就是卢梭孜孜以求的合法稳靠的政权的法则！就是政治体生命的秘诀！公式的等号表示绝对的平衡，这个法则全部的秘诀就在于两个控制力的平衡，用价值的语言来说就是**积极自由与秩序或安全应该兼顾、平衡**。平衡是一种理论上可能的（could be）状态，这里所谓"可能的"就是现实条件下最优的。而探求合适比率是立法者制宪的任务和人民日常立法的任务,这个连比例公式契合了卢梭开篇提出的"从……**法律的可能情况**着眼"(英文 taking laws as they could be)的初衷,告诉了我们可能好的法律是什么。

8. 政府内在的矛盾。上面在分解官民矛盾时仅仅把政府作为一个团体,而实际上这个团体也是由具体的个体的人组成的,有必要进一步解剖这个团体,揭露其中的矛盾,加上前述三对矛盾,这乃是政治体的第四对矛盾:

D. 政府作为一个团体的公意↔政府成员的个别意志。

在理想的意义上,政府就是一个团体,只有一个意志,而且这个意志相对于政治体的公意而言,应该具有极其次要的地位,而政府官员的个人意志是毫无地位的。但是政府成员是一个个自然的意志主体,他们也天然地反对政府的团体意志,反对公意。

卢梭发现意志强度与力量的有效性成正比例关系(第79页),而个别意志、团体意志与公意的强度呈递减级差,这和社会秩序所要求的级差直接相反(第79页)。据此,他证明了政府力量和官员人数成反比例关系,即行政官人数愈多,则政府也就愈弱。他由此推导出"君主制→贵族制→民主制"的力量递减级差(第79页)。可是,从正当性来说,"君主制→贵族制→民主制"是一个递增图式,即越来越接近于公意。二者相互矛盾,立法者得之东隅,失之西隅。因此,卢梭说:"立法者的艺术就正在于要善于确定这样的一点:**使永远互为反比例的政府的力量与政府的意志,得以结合成为一种最有利于国家的比率。**"(第81页)这即是说,政体的选择既要考虑政府内部的构成原理(反比例关系原理),也要放在"主权者——政府——臣民"的总结构中来考虑;所谓最有利于国家,就是在一个国家特定的条件下最有利于维持政治体精神结构的平衡,即最有利于实现"主权者:政府=政府:臣民"。一个政治体找到了自己合适的比率,就是生命力最旺盛的。由于各个国家的疆域、自然条件、人口数目、风俗诸因素各异,所以政府形式只能是相对的,换言之,只有最合适的,没有普遍最好的。

三、政府的蜕化与政治体的死亡

黄炎培悲感国家的衰亡,卢梭又何尝不是如此。卢梭把政治体和我们最熟悉的自然有机体——人体——类比,认为**"政治体犹如人体那样,自从它一诞生起就开始在死亡了,它本身之内就包含着使它自己灭亡的原因。"**(第112页)卢梭言语之中渗透着强烈的死亡意识,正是这种死亡意识锻冶了其政治思想的尖锐。

如何把国家的衰亡现象概念化?对衰亡现象的正确的概念化取决于正确的问题意识,而正确的问题意识又取决于观察者的立场和价值观念。黄炎培与卢梭形成了鲜明的对比。

黄炎培谈论"一国""没能跳出这周期率的支配力",其后的论述并没有区分国家和政府。他的含糊自有原因,一来国人的知识结构中不严格区分国家与政府(朝代),更没有人民主权的观念;二来若要区分,在对中国政治史的描述上也是一个极其困难的理论话题。黄炎培隐含地将政府的衰亡置于"官——民"的结构中,把一切问题归结为力量问题。以人民主权的哲学眼光来看,黄炎培的关注点当为**政府之衰亡**,这种政治观念在骨子里还是仅仅把人民当作臣民,当作管理对象。与黄炎培不同,卢梭在"官民"的对立关系中引入了一个主权者,真正把官民关系发展成一个辩证的结构"主权者——政府——臣民"。他区分了主权者、政府、臣民,因此,他把政治领域的衰亡现象区分为**"政府的蜕化"和"政治体的死亡"**。他没有"政府灭亡"的概念,因为在他的人民主权的模式下,政府随时可以由人民来更换,这非但没什么大惊小怪的,反倒是一种权利,是一个原则。他的全部的注意力集中在主权者的权威,在谈论政府蜕化的时候,也主要是从政府和主权者的相对关系来审察的。

洛克是卢梭重要的思想源头之一,这里不妨浏览一下洛克对政治中的衰亡现象的概念化。洛克区分了**社会解体和政府解体**。社会解体通常的几乎唯一的途径是外国武力入侵、征服一个国家。"在这种场合(因为它们不能作为一个完整而独立的整体实行自卫或自存),属于由他们所构成的那个整体的这一结合就必然终止,因此每个人都回到他以前所处的状态,可以随意在别的社会自行谋生或为自己谋安全。"[10]这和中国的亡国概念一致。社会解体时,政府当然不能继续存在。除了这种外来的颠覆之外,洛克认为政府还会从内部解体:第一,当立法机关被破坏或解散的时候;第二,当立法机关和君主这二者的任何一方在行动上违背他们的委托的时候。

由于卢梭主张直接的人民主权,洛克的社会解体被转换为政治体的死亡,而且关注点从外国入侵转移到了政治体内部;同理,解散政府乃是主权者的权利,洛克的政府解体的概念被转换为政府蜕化,关注点也从政府与立法机关的关系转换为政府与主权者的相对关系。

(一) 政府的蜕化

何谓政府的蜕化?卢梭说:"既然个别意志总是不断地在反对公意,因而政府也就持续不断地在努力反对主权。这种努力越加强,则体制就改变得越多……这就是那种内在的、不可避免的弊端之所在,它从政治体一诞生起就在不休止地趋向于推毁政治体,就像衰老与死亡最后会推毁人的身体一样。"(第108页)由此可见,**政府蜕化是政府不断地反对主权这种政治体内在的、不可避**

---

[10] 洛克:《政府论》(下篇),叶启芳、瞿菊农译,商务印书馆1981年版,第134页。

免的弊病所导致的政府体制的变化。首先政府蜕化是**政府体制的改变**,并不直接指行为方式、政府伦理、士气的变化,尽管体制变化之前必然伴随着这些变化,更不是指官员变化,因为每次人民集会必须表决的两大问题中的第二个就是"人民愿意让那些目前实际在担负行政责任的人们继续当政吗?"(第129页)。其次,这种变化是由于政府反对主权这种**内在的不可避免的弊端**导致的,并不是指人民根据情势的变化而决定进行的体制改革。按照卢梭的理论,人民有选择政府形式的权利,人民每次集会都应该问的第一个问题就是"我们是否还需要这样的政府形式?"(第129页)。

那么,政府蜕化一般是从什么政体变为什么政体呢? 体制变化又是由什么引起的?

政府蜕化有两条一般的途径,即**政府的收缩**和**国家的解体**(第108页)。什么是政府的收缩? 要理解这个概念,就需要了解政体分类的标准。卢梭遵循了一个古老的传统,按照政府成员的人数来区分政府的各种不同的类别或不同的形式,具体地说,分为民主制、贵族制、君主制。政府收缩就是政府由多数过渡到少数,即由民主制过渡到贵族制以及由贵族制过渡到王政。政府在什么情况下会收缩、蜕化呢? 那就是当政府感觉到力不从心的时候。"一个政府是决不会改变形式的,除非是到了它的力量的消耗使得它过于衰微,以至于无法继续保持原状的时候……如果政府在扩张的过程中还要使自己松弛的话,政府的力量就会全部化为乌有,并且它本身也就更难于生存下去。因此,就必须随着政府力量的耗损程度而加以补充和紧缩,否则,这个力量所维系的国家就会沦于毁灭。"(第109—110页)

卢梭此语预设了两个原理:国家力量极限原理;政府行政官人数与政府力量的反比例原理。卢梭在第二卷第九章、第十章《论人民(续)》论证了一条关于**国家的力量极限的准则**,即每个政治体都有一个它所不能逾越的力量极限。一个体制最良好的国家所能具有的幅员也有一个界限,为的是使它既不太大以至于不能治理,也不太小以致不能维持自己;随着国家的扩张,它离开极限也就愈加遥远,社会的纽带愈是伸张,便愈松弛(第59页)。衡量一个政治体外在力量的两个基本要素是领土的面积和人口的数目,"构成国家的是人,而养活人的是土地"。这两种衡量之间存在一个适当的比率,正是在这个比率中,我们可以发现一个国家的最大限度的力量。而立法者在创制之前当以此为基础来决定特定国家的政体,但这不是说立法者仅仅依据自己所见到的,而是应该依据自己所能预见到的来做判断(第62—63页)。然而,国家不等于人口在地域上的自然分布,国家要真正有力量须取决于体制,不同的组织方式产生的力量不同。一个健全有力的体制乃是人们所必须追求的第一件事,我们应该更加重视一个良好的政府所产生的获利,而不只是看到一个广阔的领土所提供的资源(第61—62页)。

关于第二个原理,卢梭在第三卷第二章做了详细的论证,这里,我们只需记住这个原理的基本意思就够了:政府行政官的人数与政府的力量成反比例关系,人数越多越没有力量。这是一条带有根本性的准则(第78页)。

既然国家的力量有一个最终的限度,而外在的力量取决于领土和人口的比率,假定原来的政府形式正确地反映了这个比率,是合适的政体,一旦领土扩张或者人口增加,这个比率被打破了,那么,政府就会感觉到乏力,于是就会趋于收缩,改变政府的形式。政府收缩的另一个原因是内部力量耗散,即由于官员人心涣散,政府用于维持自身的内在团结的力量加大,而国家的总力量固定不变,于是政府对于社会的控制力便减损,为了维持统治,政府便不得不改变形式。黄炎培把政府力量耗散归纳为精神松懈、惰性发作、官场风气日下、扩张的野心,为卢梭提供一个注脚,遗憾的是他觉察不到力量的变化对于体制的影响,因此他无法进一步洞察体制变迁的过程、危害以及拯救的制度措施。

政府蜕化的第二条途径是**国家解体**。国家解体和后面要讲的政治体的死亡相关联,是政治体死亡的前奏。国家解体以两种方式出现:

第一,"君主不再按照法律管理国家而篡夺了主权权力。这时候就发生了重大的变化;这时就**不是政府在收缩,而是国家在收缩了**。"(第110页)什么叫"国家收缩"?国家收缩就是人民主权功能的收缩,并不是疆域或人口的收缩。此时,"大的国家解体了,而在大的国家之内就形成了另一个仅只是由政府的成员所构成的国家,这个国家对于其余的人民来说,就只能是他们的主人,是他们的暴君。"国家收缩或解体的后果是什么?"从政府篡夺了主权的那个时刻起,**社会公约就破坏了**;于是每个普通公民就当然地又恢复了他们天然的自由。这时他们的服从就是被迫的而不是义务了。"(第110页)

第二,政府的成员们分别篡夺那种只能由他们集体加以行使的权力,这时候可以说有多少行政官就有多少君主,同时国家的分裂也不亚于政府,它不是灭亡就是改变形式(第111页)。黄炎培讲的"政怠宦成"、"人亡政息"就属于这第二种情形,可惜黄炎培无法对此进行科学的定性从而上升为政府形式的蜕化和国家解体。中国古代帝王历来害怕官僚系统架空皇权,可由于帝王不是来源于人民,不能诉诸人民,所以他们只能在和官僚系统的博弈中苟延残喘。毛泽东依靠人民群众取得革命的成功,也懂得发动群众来反对官僚主义。这是毛泽东相比古代帝王的高明之处。

上述国家解体的两种情形——政府篡夺主权、政府成员篡权,都是政府滥用职权。这时候政府的蜕化比政府收缩时要严重得多,区分起来,民主制蜕化为群氓制,贵族制则退化为寡头制,王政则蜕化为暴君制。"[11] 这时候,表面形式依旧,但发生了质的变化。卢梭把国家解体通称为**无政府状态**(anarchie),可谓入木三分。Anarchie(**英文** Anarchy)的辞源是 anarchos,后者由前缀 an(without 无)和 archos(ruler, chief, head, 统治者、首领)合成,基本的含义是没有统治者、没有首领。[12] 为什么政府篡夺主权,政府成员篡夺政府权力就是没有首领了呢?两种情形下,政府不是明明存在着的吗?正如前面已经阐述过的,政府篡夺主权的后果是社会公约被破坏。社会公约不存在了,不就是自然状态吗?自然状态不就是无政府状态吗?尽管此时政府还存在着,但是人民的服从"是被迫的而不是义务了"。这就是说,在权利的意义上或者说在正当性(legitimacy)的意义上,不再有政府了。而当政府官员分别篡夺政府权力的时候,政府发生了分裂,每个官员都是君主,"这同样是一种违法,并且还能造成更大的混乱。"(第 111 页)而且,对于违法的"众君主们",人们自然没有服从的义务了。

（二）政治体的死亡

那么,什么又是政治体的死亡呢?政治体的死亡,用俗话来说就是亡国,但不等同于我们意识中的改朝换代,因为改朝换代可能是政府变更,也可能是政治体死亡。

在第三篇第十一章开篇,卢梭接着第十章的意思说:"体制最好的政府,其自然的而又不可避免的倾向便是如此。如果斯巴达和罗马都灭亡了,那么,还有什么国家能够希望亘古长存呢?"(第 112 页)字面的显意是:(1)无论政体好与坏,一切政府都会蜕化;(2)国家不能亘古长存。斯巴达和罗马的例子是西方历史上国家灭亡的经典案例,由这两个案例我们看出国家灭亡的时候,(用现代的语言来说)原先的国家作为国际法上的主权单元不再存在。

"政治体死亡"的概念非常独特,它意味着政治体是一个有机体,有具体的生命形式,在卢梭这里就是人民主权,政治的生命的原则就在于主权的权威。这和洛克的社会解体差别很大,由于洛克不主张直接的人民主权,所以社会解体的唯一途径是外国入侵、征服。在卢梭的体系中,主权者与政府分离,主权者行使的是立法权,政府行使的是行政权。他有一个比喻说得很形象:"立法权是国家的心脏,行政是国家的大脑……大脑可能先于麻痹,而人仍然活着。一个人可以麻木不仁地活着;但是一旦心脏停止了它的机能,则任何动物马上就会死亡。"(第 113 页)立法权的权威也就是法律的权威,因此,"凡是法律愈古

---

[11] 中译本把"区分起来",错译为"与此有别",让人以为后述三种蜕化不是无政府状态,而是另外三种形式。此处的"暴君"和篡夺者是十足的同义语,而不是不顾法律不顾正义而暴力实行统治的国王。后一种情形属于国家解体的第一种情形。我理解,暴君制属于国家解体的第二种情形,没有权力享受王权而潜踞王权的人属于政府成员分别篡夺权力的一种。

[12] *Weberster's New Twentieth Century Dictionary*, Second Edition, The World Publishing Company, 1966.

老便愈削弱的地方,那就证明这里不再有立法权,而国家也就不再有生命了。"在《波兰政府论》第 10 章,他也说过类似的话:"在一个自由的国家里,谁要是提到法律,那就是提到一件会使全体公民人人都在它面前战栗的事情……一旦法律的威力衰竭,国家就会精疲力尽而归于灭亡。"(第 113 页正文及注 1)

政治体死亡有哪些途径呢?

第一,政府蜕化。政府蜕化是否必然导致亡国?这要区别而论。上面说过,政府蜕化包括政府收缩和国家解体两条途径。当政府收缩,即政府人数发生变化的时候,比如由民主制过渡到贵族制的时候,我们断不能说政治体死亡了。只要主权还能复原,政治体就不会死亡,就不会亡国。但是,国家解体则是政治体走向死亡的路径。说国家解体时政府形式蜕变,反过来又说政府如此蜕变导致政治体死亡,这似乎有循环论证之嫌。但是,这个循环的说法告诉我们一个真理,政府形式严重蜕变(即民主制蜕化为群氓制,贵族制则退化为寡头制,王政则蜕化为暴君制)与国家解体是同一过程的两个后果,国家解体最终的归宿就是政治体死亡。

第二,人民堕落。卢梭描述了国家濒于灭亡时的普遍情状:国家"就只能以一种幻觉的而又空洞的形式存在下去,社会的联系在每个人的心里都已经破灭了,最卑鄙的利益竟厚颜无耻地伪装上公共利益的神圣名义;这时公意沉默了,人人都受着自私的动机所引导,就再也不作为公民而提出意见了,好像国家从来就不曾存在过似的;人们还假冒法律的名义来通过仅以个人利益为目的的种种不公正的法令。"(第 132—133 页)

政治体死亡的概念指向人民,指向公意,所以卢梭把每一个人的社会联系感破灭、公意沉默当作国家濒于灭亡的症状,我们也可以将其当作政治体死亡的一个独立的原因,我称之为**"人民堕落"**,关于人民堕落的具体情形后文将详述。

第三,紧急危险。在第四卷第六章《论独裁制》中,卢梭还谈到危急情况导致的国家灭亡的危险。"如果危险已到了这种地步,以至法律的尊严竟成了维护法律的一种障碍,这时候便可以指定一个最高首领,并且暂时中止主权权威。"(第 160 页)。卢梭引用了罗马的例子来说明独裁制的应用,没有一般地说明危急状态是什么,是外患还是内患,是天灾还是人祸。在第二卷第十章,卢梭指出一个国家在建立时,最缺乏抵抗力,最易于被推毁,假如有一场**战争、饥馑或叛乱**在这个关键的时刻临头的话,国家就必定会倾覆(第 64 页)。此时内部主权中止不仅不是亡国的标志,反而是救国之策。

综上所述,政治体的死亡或亡国,可能是政府蜕化导致的,也可能是人民自身堕落所招致的,也可能是紧急危险使然。三种情形的结果都是主权沦丧,区别在于后一种情形下的拯救手段是休克疗法,即为了挽救国家主权而暂时中止人民主权,实行独裁。卢梭立论的重心在于一个政治体生命力衰竭、走向灭亡的过程、濒临死亡时的症状与导致灭亡的内因。人民堕落和政府的蜕化尽管分别叙述,但二者往往并行。政府蜕化,久而久之,人民也随之堕落;反过来,只要人民开始堕落,政府亦必蜕化。

(三)人性的弱点——政治体死亡之谜

"政治体犹如人体那样,自从它一诞生起就开始在死亡了,它本身之内就包含着使它自己灭亡的原因。"(第112页)为什么说政治体灭亡的原因包含在它本身之内?上面阐释了政治体死亡的两方面的内部原因——政府蜕化与人民堕落,这两方面的原因归结到一点,就是人性的偏私。

在论文的第二部分我们把官民矛盾分解为四对矛盾,在全部四对矛盾中,原则上前者应该支配后者,分别为:公意支配个别意志,公意支配政府意志,政府出面执行的公意(法律)支配臣民的个别意志,政府团体的公意支配官员个别意志。但是后者天然反对前者,于是每一对关系才构成了一个矛盾。一切政治体死亡的根本原因就在于**个别意志总是不断地反对公意**(相对于公意,政府团体的意志也是个别意志)。个别意志为什么会不断地反对公意呢?卢梭用了一个精当的词语"天然地"来描述这种倾向,他的意志的级差原理也是对一个不言自明的常识的直接宣示。他洞悉人性,直指人心。在第二卷第一章,他指出个别意志与公意不可能长期一致,其原因在于"**个别意志由于它的本性就总是倾向于偏私**,而公意总是倾向于平等"(第32页)。由于个别意志总是和公意背道而驰,于是"主权者:政府:臣民"结构的平衡总会被不断地打破,然后经过努力调整,在新的基础上得以恢复,几经反复,直至最后根本无法恢复,而国家归于毁灭。

为什么政府会蜕化?为什么政府的团体意志总是不断地在反对公意?这是因为政府是由天然独立的个人组成的,不是由天使组成的,而人总是偏私的;对于政府官员来说,政府官员的整体利益比全体人民的公共利益直接,而官员个人利益比政府的团体利益又更加直接。

人民的堕落是政治体死亡的根本原因,假如人民没有堕落,他们就会抗拒政府蜕化,或者起来改变政府形式。所谓人民堕落就是人民不再把社会当作"公共的我",人民的公共精神、正义感沉默。在第四卷第一章《论公意是不可摧毁的》中,卢梭描述了国家濒于灭亡时公意沉默的一般症状,全书各处还分别描述了多种症状,阐述了多方面的人性缺陷:

1. 派系与派系斗争。在第二卷第三章《公意是否可能错误》中,卢梭指出了公意与众意的本质区别,主张为了很好地表达公意,每个公民只能表达自己的意见,最重要的是国家之内不能有派系。所谓派系起初是一些"以牺牲大集体为代价的小集团",而"每个这种集团的意志对它的成员来说就是公意,而对国家来说则成为个别意志";一旦出现一个非常的大集团,"这时,不再有公意,占优势的意见只是个别的意见。"(第36页)在第四卷第一章《论公意是不可推毁的》中,卢梭再次把派系作为公意的敌人,"当小社会开始影响到大社会的时候,公共利益就起了变化并出现了对立面……**公意就不再是众意了**。矛盾和争论就露头了;于是最好的意见也都不会毫无争论地顺利通过。"(第132页)为什么说公意不再是众意了呢?要理解这句话还需要回到第二卷第三章。在那里,他说:"这时候我们可以说,投票者的数目已经不再与人数相等,而只与集团的数目相等了。"(第36页)此时未必公意不占上风,但不会顺利地通过;一旦出现非常大的集团的时候,占优势的就是个别意见了。在存在派系和派系斗争的地方,就可能出现**为了金钱而出卖自己的选票**的人。这种人不是在以自己的投票在说"这是有利于国家的",反倒是在说,"通过了这样活那样的意见,乃是有利于某个人或某个党派的。"(第133页)

卢梭反对在个人与国家之间另设一个中间层,这点常常被现代理论家抨击。我们不要忘记卢梭的人民主权是日常的直接的存在,一旦我们承认这个前提,我们就看不出社会中间体有任何积极的作用。社会组织在现代社会之所以必要乃是因为人民无法直接日常地行使主权,我们不得不因时制宜,因地制宜。卢梭何过之有?

2. 人民无力抗拒首领,甚至不再有勇气集会。在任何时代,首领们都"总是不惜用尽种种反对、种种心机、种种诺言与种种刁难,抗拒公民的集会。假如公民是**懦弱的、贪婪的、爱安逸、畏缩的更有甚于爱自由的话**,他们就不能长期抗拒政府这种一再的努力了。反抗的力量就是这样不断地在增长着,主权权威便将消逝,于是大部分城邦也就会过早地倾覆与灭亡"(第118—119页)。

3. 代表制兴起,人民不再奔向大会。代表制兴起的原因众多,包括"**爱国心的冷却,私人利益的活跃、国家的庞大、征服、政府的滥用权力**",根本的还是人的私心。还是听听卢梭自己精辟的陈述吧:

> 一旦公共服务不再成为公民的主要事情,并且公民宁愿掏自己的钱口袋而不愿本人亲身来服务的时候,国家就已经是濒临毁灭了。需要出征作战吗?他们可以出钱雇兵,而自己呆在家里。需要去参加议会吗?他们可以推举议员,而自己呆在家里。由于**懒惰与金钱**的缘故,他们便终于有了可以奴役自己祖国的军人和可以出卖自己祖国的代表。
>
> 正是**由于商业与工艺的扰攘、由于唯利是图、由于柔弱而贪图享受**,人身的服务才被转化为金钱。人们拿出来自己的一部分收益,为的是可以更安逸地增加自己的收益。出钱吧,不久你就会得到枷锁的。**钱财这个字眼是奴隶的字眼**。(第119页)

4. 人民放弃意志、放弃主权。在第二卷第一章《论主权是不可转让的》中，卢梭从意志不可转让推导出主权不能转让，坚决反对主权者——人民说首领"明天所将意图的，仍将是我的意图"。"如果人民诺诺地服从，那么，人民本身就会由于这一行为而解体，就会丧失其人民的品质；一旦出现一个主人，就立刻不再有主权者了，并且政治体从此就告毁灭。"(第 32 页)在第四卷第二章《论投票》中卢梭描述了与和衷共济的全体一致相立的另一个极端的全体一致："那就是当全体都沦于奴役状态，既不再有自由也**不再有意志**的时候。这时候，**恐怖和阿谀把投票变成了一片喧嚣**。人们不再讨论了，人们不是在赞颂就是在咒骂。"(第 134—135 页)

纵观上述种种，政治体的死亡最终都源于意志的自然倾向。回到原点，即社会结盟的动机上，我们就会发现，人们之所以结盟也是出于各人的自保的愿望加之单个人不能自保的残酷现实。如果人没有自我保存的愿望，人类作为物种就不可能存在，政治社会还从何谈起呢？可进入社会之后，人却总是偏顾自己的一己私利，最终又把政治体引向死亡。真可谓生死同由！卢梭把主权权威视为政治生命的原则，也就是把公意视为政治体的命根子，所谓公意就是每个人的公心、正义感。这种见识直接把握了政治的人性本质，入木三分。卢梭对政治体生命原理的悟觉和对政治体死亡的原因的洞察都来源于他的现实主义的人性观。一开始他就声明自己要"**从人类的实际情况与法律的可能情况着眼**"(**第 3 页**)。他并没有把人想象为天使，更没把组成政府的官员想象为天使。现实的人性基础决定了政治体的生命过程是一个矛盾的过程，政治化是必须的，也是可能的，却是一个难题。美国的国父麦迪逊用格言式的语言表达了同样的思想："如果人都是天使，任何政府都没有必要。如果是天使统治人，就不需要对政府有任何外来的或内在的控制了。"[13]可见，在人性观上，我们没有理由把卢梭归类为政治浪漫主义者。他的平衡定律确实带有理想色彩，正如他自己所表明的，他要"从法律的可能情况着眼"，探求立法(制宪)的法则，这里所谓可能的(could be)就是在现实条件下最优的。

四、制宪权的例常化与不断革命

一切生命都无奈地走向死亡，然而我们并不能因此而弃生。如果我们不再期望那不可能的事物(永恒)的话，我们仍可大有作为。正如卢梭所说，这两者(人体和政治体)"却都能具有一种或多或少是茁壮的、而又适于使本身在或长或短的时间内得以自保的组织。人体的组织是大自然的作品；国家的组织则是人工的作品。延长自己的生命这件事并不取决于人；但是赋给国家以它所**可能**

---

[13] 汉密尔顿：《联邦党人文集》，程逢如等译，商务印书馆 1982 年版，第 51 篇。

具有的最好的组织,从而使它的生命得以尽可能地延长,这件事可就要取决于人了。体制最好的国家也要灭亡的,但比起别的国家来要迟一些,假如没有意外的偶然事件促使它夭折的话。"(第112—113页)

什么是国家"所可能具有的最好的组织"呢?《社会契约论》不是要为任何国家立法,而是试图发现一个普遍的立法原理。这个原理或者法则就是上面详加阐释的连比例定理。然而,等号所表示的平衡仅仅是一种理论状态,在日常政治中两个比例总是一个约等于,但又不能偏离太大。一旦超过某个幅度或数值,政府就会蜕化;严重的,国家就会解体,走向死亡。为了维持这个连比例,卢梭设想了一切可能的方法,总体来说,包括以下内容:第一,维持主权权威,防止政府篡权。第二,设立保民官,调节政治体的平衡比率。第三,实行独裁制以对付紧急状态。第四,设立公共意见的监察官以便在个别情况下执行公共意见、保持社会风尚。第五,创设一种纯属于公民信仰的宗教,以维系社会感情、使得人们真诚地爱法律、爱正义。此即公民宗教。最后两项是卢梭遭受误解和诟病的两个主要观点。本文不打算对诸项措施一一展开分析,只想集中解析其中的主权维护和如何用主权遏制政府。

(一) 政治生命的原则就在于主权的权威:人民必得出场

既然政治生命的秘诀是"主权者:政府 = 政府:臣民"这样一个平衡定理,为什么卢梭还说"政治生命的原则就在于主权的权威"呢?该箴言非但没有违背他的连比例公式包含的平衡思想,反倒宣示了这个秘诀的至秘。这个箴言可以换种方式表达:主权权威丧失就是政治生命的终结。这印证了上面对政治体死亡的诠释。

首先,连比例定理的伟大之处即在于把人民一分为二,在这里,人民既是臣民,也是主权者,如此便把政府降级为从人民中派生出来的管理工具。在卢梭的体系中,只有人民主权的国家才是真正的**公共的**国家,才是正当的,其他的国家都是一个**私的**实体,也就是后来马克思讲的一个阶级压迫另一个阶级的工具,是政治体的死亡之路。在绝对君主制下,主权者与政府合二为一,政治的精神结构是"主权者(政府、君主)——臣民"。尽管在这种情况下,人们可能仍然认为主权者(政府)的生命状态就是政治的生命状态,但这决不是卢梭所指的政治的生命。易言之,那样的政治只有君主和政府,没有国家或政治体。

其次,政府坏了可以换,主权沦丧无药救。政府的生命来源于、依附于主权。政府的形式以及由什么人担任政府职务都取决于主权者的决断,一旦主权者认为不合适,随时都可以变更。即便政府不合适,政治体也不会马上死亡。但如若主权沦丧了,政治体也就死了。卢梭把立法权比喻为动物心脏,一旦心脏停止了它的机能,则任何动物马上就会死亡。翻译成通俗的语言,意思是,只要人民还有公心,还活跃地集会,即便政府变坏了,也没什么大不了的,换个政

府就是;反之,"只要有人谈到国家大事时说:这和我有什么相干?我们可以料定国家就算完了。"(第120页)

再次,主权的权威是脆弱的,须得精心维护。卢梭的主权概念的特殊性在于,它除了立法的权力便没有任何别的力量,所以只能依靠法律来行动,不像博丹、霍布斯的主权概念尽管也笼统地称作立法权,但包括许多行政与司法的权能。所谓主权的权威也就是公意的权威,根据意志的自然级差原理,公意最弱,因而需要精心维护。

怎样表现主权的权威呢?第三卷第十二、十三、十四章都在论述这个主题,基本思想非常明确,那就是,主权者必须行动起来,而主权者行动的唯一方式是人民集会。"除去意外情况所可能需要的特别集会之外,他们还必须有固定的、按期的、绝对不能取消或延期的机会"(第115页)。至于合法聚会的次数的多少,则取决于多方面的考虑。一般地说,"政府愈是有力量,则主权者就愈应该经常地表现自己。"(第116页)

为什么说主权者行动的唯一方式是全体公民集会呢?主权者是一个法律拟制的人格,即便在绝对君主制下,在公法理论上也必须区分君主作为主权者的公共人格和君主的自然人格。[14] 由于法律上的主权者人格必须依附于君主的自然人格,在君主政治实践中,二者纠缠不清。在人民主权制下,主权者是政治共同体这个"公我"。它是一个集体人格、道德人格,而不是一个自然人格。这个公共人格是由全体个人结合所形成的,它的意志的运用就是主权。从原则上说,主权是不可转让的,这是所有主权论者的共识。但之所以说主权者行动的唯一方式是全体公民集会是因为卢梭的主权、主权者有其独特的内涵。卢梭的主权在本质上是由公意所构成的(第120页),不外是公意的运用。权力可以转移,而意志不能(第31页);意志也绝不能被代表,它只能是同一个意志,而决不能有任何中间的东西(第120页)。

尽管卢梭的"政治生命的原则在于主权权威"的箴言直接针对的是他所说的人民主权,但是这个箴言和连比例定理对于我们分析和批判君主主权制,对于我们理解黄炎培的"周期律"也会令人茅塞顿开的奇功。我们不妨把君主区分为两种公共职能——主权者、政府首脑。对于君主来说,最重要的是保障主权,即保证主权者意志的绝对性。由于君主同时握有力量,再明智的君主也自然而然地会迷恋、贪求力量,时日一久便会慢怠主权者的公共意志职能——博取民心。在如何处理主权者君主——臣民的关系的问题上,政府本该是一个衡量器,但是由于君主同时又是政府首脑,君主作为主权者应该具有的普遍性和

---

[14] 君主一方面是一个会腐朽的自然体,即会死亡的自然人,另一方面应该看作不朽的政治体,或者政治体人格的代表。参见 Ernst H. Kantorowicz, *The King's Two Bodies*, Princeton University Press, 1957。

政府的具体性、个别性混杂在一起，君主便很难以主权者的身份对"主权者：政府"的比率作出正确的判断。同时由于他也不是臣民，更不可能对"政府：臣民"的比率及时地作出正确判断。偶尔的微服私访往往会令君王惊诧于吏治之腐败，感叹民生之多艰，但君王注定君临天下，不可能同时分身为民。而卢梭的人民主权理论使主权者和臣民合二为一，由于人民日常就是臣民，他们时刻体验着政府的力量，从而能够对政府力量作出正确的判断；而且由于他们同时又是主权者，他们可以根据自己的感受和判断调整政府；也由于主权者和臣民合二为一，人民就不会制定一种他们自己不愿意承受的法律，赋予政府多余的压迫性权力。在君主主权制下，主权者是一个自然人、一个真实的人，这里公意、政府意志、个人意志三者合一，而自然的趋势是个人意志最有力，公意和政府意志总是屈从于个人意志。于是专制君主下全体臣民的幸福都仰仗于君主的智慧、勤勉、警醒、仁爱、自然活泼的灵魂。而人民只有一种身份，那就是臣民，因此，他们对于政府比率的感觉无法有正常的全体性表达，只有在忍无可忍的情况下采取极端的形式爆发。只有在此时，作为主权者的君主方才意识到作为政府首脑的君主成了人民不堪承受的重负与不可妥协的敌人，才发现民心已变，于是勉为其难，亡羊补牢，可有时却无力回天了。

在君主主权制下，主权者君主最大的敌人是谁？是人民吗？绝不是。虽然有时是人民起义推翻了君主，但是主权者君主真正的敌人首先是他自己，即作为一个私人的他。然而君主不会把自己作为自己的敌人，相反他会把人民作为敌人，因为人民确实也是国王私人利益的敌人。"国王的私人利益首先在于人民是软弱的、贫困的，并且永远不能够抗拒国王。"（第90—91页）

作为主权者的君主的第二大敌人是以他自己为首脑的整个官僚系统，正是作为政府首脑的君主和整个官僚系统把主权者君主与人民隔离开了，并且用他们的压迫和剥削逼迫人民造反。但是主权者君主不会把作为政府首脑的君主当作敌人，而是要把每一个官员当作敌人。于是，在君主眼里，全天下都是敌人，他真是一个"寡人"。由于害怕人民的反抗，君主又不得不和官僚系统合作，然而君主天然地不会信任官僚，二者便在相互猜疑和彼此防范中合作着、博弈着。君主主权制是一种多么荒唐的制度，它把主权和政府集中在一个自然人身上，三者相互矛盾，最后主权者和政府都屈从于那个被称作君主的私人。对比可见，人民主权不仅具有君主主权压根不具有的自由价值基础上的合法性，而且具有为君主主权所不可比拟的科学性，更可能实现长治久安。换言之，人民主权既是正道，也是高明的技术。毛泽东正确地认识到："只有让人民来监督政府，政府才不敢松懈；只有人人起来负责，才不会人亡政息。"从他后来动辄诉诸群众运动的行为来判断，毛泽东悟到了一半的真理，即官僚系统是主权权威的真正敌人，而人民才是主权权威的源泉，但是他没有找到正确的组织民众的方法,没有认识到人民适合做什么,从而无法发挥其建设性的政治功能,反而使之变成了破坏性力量。

(二) 制宪权的例常化

主权者的权威存在于与政府的相对关系中,要维护主权的权威就当防止政府篡夺主权、反仆为主。主权者人民出场对政府意味着什么? 除了每一次聚会具体的立法任务外,人民有什么一般的任务? 定期的人民集会的宪法意义何在?

"当人民合法集会而成为主权者共同体的那个时刻,政府的一切权限便告终止;于是行政权也就中断,于是最渺小的公民身份便和最高级行政官的身份是同样地神圣不可侵犯,因为在被代表的人已经出现的地方就不能再有什么代表了。"(第118页)

我们猛然发现"主权者:政府:臣民"的连比例并非一种常态的、固定的存在,而呈现出复杂的动态性。第一次创制政府的时候只存在主权者,没有政府因而也没有真实的臣民。政府建立之后,只有"政府——臣民",而主权者缺席,但主权者的意志以法律的式约束着政府。假若主权者从此不再出场,人民不再集会,政府就会篡夺主权者权威,法律对于政府也就不再具有约束力。

当人民第二次集会的时候,第一次创制政府的行为都是必须重演的程序,用卢梭的话来说:"这种只能以维护社会条约为目的的集会永远应该是以两个提案而告开始;这两个提案决不能取消,并且要分别地进行表决。

第一个是:**主权者愿意保留现有的政府形式吗?**

第二个是:人民愿意让那些目前实际在担负行政责任的人继续当政吗?"(第129页)

人民第二次集会的时候,是否存在"主权者——政府"的政治结构呢? 其实此时根本就不存在"主权者——政府"的政治结构,只存在主权者,因为政府在法律上中止了。注意,政府的权力中断指的是在法律上中断,并不是堕入无政府状态,政府还处于事实存在的状态,这是和第一次创制政府的区别。在当代定期地民主选举、更换政府的时期,人们有亲身经验。

在现实的政治生活中,只存在人民和政府两个主体。人民在集会的时候以主权者身份出现,也只有在集会的时候才成其为主权者;一般情况下人民以臣民的身份出现。由此可见,"主权者:政府:臣民"并不是某个具体时刻呈现的政治结构,而是从长时期看政治体整体呈现的精神结构。然而,我们不能因此否定这个连比例的有效性。相反,正是因为主权者和臣民是人民的两面,正是因为主权者不能每时每刻显现,我们越发需要设法维持这个精神结构的平衡。这样,我们就可以充分理解为什么人民集会必须固定、按期,且无需批准手续,为什么集会的频率要和政府的力量成正比例关系。

用宪法学的语言来说,每次集会对政府形式的讨论、表决就是行使制宪权。尽管卢梭这里没有用宪法、制宪的措辞,无疑人民的第一项表决实质上就是对一国宪法本身的审查与表决,如果决定改变政府形式那就意味着改变宪法。

制宪权是对政治存在形式的总的决断权,是主权的一种表现。谁在决断,谁就是制宪权主体。但是,在卢梭这里,主权只能属于人民,因此制宪权只能由人民集体地加以行使。他虽然有根本法的概念,但根本法没有被赋予形式意义的最高性,不是高级法。因此,制宪权和一般立法权不加区分,统称为立法权。我们站在今人的立场把制宪权剥离出来,是为了借助他的纯粹的人民主权模式凸显今人津津乐道的制宪权的真正归属,明白为什么说制宪权如天马行空不受羁束,明白为什么宪政主义消解人民制宪权的努力是反民主的,无法在理论上自圆其说。

请注意卢梭的用词:提案、表决。这表明并不是每次人民会议隐含着上述两个问题,而是直接指向行动。这即是说,人民必得出场,人民每次出场必得行使制宪权。卢梭为什么把人民的制宪权当作每次集会的必经程序呢?一方面,这是主权的绝对性的逻辑推论,另一方面,这也是意志的当下性、鲜活性的结论。将制宪权制度化、例常化的实际的理由是,主权是脆弱的,而政府握有力量,会利用其力量篡夺主权。人民每次集会都审查宪法、决定政府人员的去留,乃是伸张主权、遏制政府的有效方式。换言之,人民的公共精神和主人翁意识是脆弱的,需要经常性的制度化的锻炼和集体仪式的渲染、光扬。

如果我们祛除政治革命的暴力或血腥要素,仅仅从"断裂"(break)、"重新开始"(fresh start)的意义上来理解的话,尤其是从"重新开始的权利"来理解的话,在宪法学上"革命"(revolution)便可定义为政府形式的改变和政府人员的整体性改变。我们将会惊奇地发现,在卢梭这里,由于每一次集会都要审查政府形式与政府人员,便定期地、固定地实现了政治革命,从而也就没有必要采取暴力手段来推翻压迫者了。卢梭竟然把暴力革命的需要化解在例常的人民集会的理性审议之中了!这不正是黄炎培"为伊消得人憔悴"的苦寻吗?"蓦然回首,那人却在灯火阑珊处"。原来要消除革命,就得不断地行使革命的权利!要消除暴力的革命,就得例常地实行非暴力的、理性的革命!我们不妨把主权者的例常化的制宪权称之为卢梭式的"永恒的革命权",把直接的人民主权论称为卢梭式的不断革命论(Rousseau's doctrine of constant revolution)。

敏锐的读者,特别是宪政主义者马上就会追问:如此一来,政治体不就不具有稳定的宪法了吗?卢梭是从主权者的权利来说的,并不意味着每次都必须改变政府,尤其是政府形式更不得随意改变。"除非是政府已经变得与公共福利不能相容,否则就千万不要触动已经确立的政府。"(第128页)这乃是政治的准则。实际上,只要政府形式和政府人员还是可接受的,人民一般不会轻易改变,这种因循旧制的心理就是今天人们所说的路径依赖。我的这种经验的判断可能会遭到质疑,因为法国动辄诉诸制宪权的经验(和美国诉诸违宪审查的经验对比)提供了一个反例。不过,我可以接着辩护:在直接实行人民主权的小国寡民,直接诉诸人民制宪权比在一个大国产生的危险要小得多。所以,大国的治理宜于实行宪政法治,而不宜动辄诉诸人民制宪权,这大抵也对应了那句古话"治大国若烹小鲜"。

卢梭真正担心的不是和平的、理性的"不断革命"是否会导致不稳定,而是"不断革命"的终结。卢梭清醒地意识到,长远地看,这种和平的、理性的"不断革命"迟早会终结,人民迟早会堕落,因此政治体终归要死亡。为什么呢?上面说到集会时行政权中断,"最渺小的公民身份便和最高级行政官的身份是同样地神圣不可侵犯"。要君主承认一个在上者,对他来说,那是多可怕的事啊。由于它是"对政府的一种约束,因而在一切时代里都成为首领们的一种恐惧。于是他们总是用尽种种心机、种种反对、种种刁难与种种诺言,力求抗拒人民的集会。"此时唯有仰仗公民的德性。"假如公民是贪婪的、懦弱的、畏缩的、爱安逸甚于爱自由的话,他们就不能长期抗拒政府这种一再的努力了。反抗的力量就是这样不断地增长着,而主权权威便终将消失,于是大部分城邦也就过早地倾覆并灭亡。"(第118页)我们遗憾地发觉,卢梭依靠制宪权的例常化来培育人民的主人翁意识和公共精神,但是人民却无力永远地抗拒权力的反抗与利益的诱惑。于是,卢梭转向了公民宗教!他也怀着侥幸的心理转向了真正的革命。

卢梭并不期待革命,他把革命类比为人的重症,但他肯定革命有时可能产生某种积极效果,"正如某些疾病能震荡人们的神经并使他们失去对于过去的记忆那样,在国家的经历上……革命给人民造成了某些重症给个人所造成的同样情形,这时对过去的恐惧症代替了遗忘症;这时,被内战所燃烧着的国家——可以这样说——又从死灰中复活,并且脱离了死亡的怀抱而重新获得青春的活力。"(第56页)可见,在终极的意义上,暴力革命的必要性还是无法消除!非但如此,革命反而可能是一种拯救,是国家的重生。

以毛泽东为首的共产党领导的中国革命在四年后(谈话发生在1945年)不就是让中国从死灰中复活并重新获得青春的活力吗?新中国成立后,毛泽东一反中国政治传统,信任民众,依靠民众,诉诸群众运动,实行"继续革命"。"文革"可以说是差点自毁长城,可是为什么"文革"错了?如果我们抛开个人、派系的要素,将其视为寻求政治合法性的一种尝试的话,我们将可能对政治获得更深刻的理解。倘若我们不能对"文革"进行哲学的反思,而仅仅停留在文学、故事的层面的话,我们又怎敢说:我们找到了正确的道路?我们有把握不再犯类似的错误呢?

最后有一个理论问题需要提出来,即社会契约是宪法吗?答案是,"绝对不是"。如果社会契约是宪法,那么缔结社会契约就是行使制宪权,而制宪权的主体就是每一个个人。宪法的存在预设了一个"一",亦即一个政治体,或者说一个统一的制宪权主体"人民"。社会契约论证的就是这个"一"的理性的制造、缔结(making, contracting)过程,而社会实际上是生成(growth)的,因此准确地说,社会契约论证了人民主权的社会是唯一合乎自由的和理性计算的社会。制宪是对政治体的政治存在形式的总决断,换言之,是在人民主权的原则的指引下,为落实并保障人民主权的实现,建构并维护社会的常态秩序作出具体的制度安排。用卢梭自己的话来说,政治法规定"整个共同体对自身所起的作用,也就是全体对全体的比率"(第69页)。这个问题的解答对于我们理解代表制民主的制宪权很重要,在西耶斯那里,我们将明确地看到,政族(nation,或译为民族)制宪权的行使以政族的形成为前提,政族是制宪权的主体。不过,需要再次强调的是,尽管卢梭的主权者或制宪权主体是"一",但这个"一"必须由全体公民出场构成,而不能被代表,可是在一个大国,这个"一"无可奈何地被虚拟化了,真正出场行动的是代表者,人民偶尔出场主要就是行使选举权。

五、结语:余下的课题

让我们结束对卢梭思想的漫长巡礼,回到黄炎培、毛泽东的对话上来,重温毛泽东的自信的答案"我们已经找到了新路,我们能跳出这周期率。这条新路,就是民主"。我们能对毛泽东的"民主"答案提出什么看法呢?

我之所以费力重述卢梭的人民主权思想是为了提出真正的问题及在哲学层面,也就是在最纯粹的模式上找到解决。我们发现:第一,唯一合法的政权只能是从个人意志自由出发的人民主权的政权,黄炎培操心的政府控制力的强弱是一个极其次要的问题,要想从中国历朝历代的兴亡中获得正确的现代教益就当变换观察的价值立场。第二,合法而稳靠的政权的法则是"主权者:政府＝政府:臣民"的平衡定律,简单地说就是要在人民与政府之间维持平衡,而破坏平衡正是政治体走向死亡的道路。在这个连比例中,我们找到了黄炎培关心的政府力量的合适的位置与限度。第三,政治生命的原则在于主权的权威,为此,人民必得出场。这是黄炎培的思想盲区,而毛泽东正确地指明了方向,尽管单就一个对话我们无法清晰获知毛泽东的民主观念。第四,主权者出场就是行使制宪权,要消除暴力革命,就当不断地让人民行使制宪权,也就是不断地行使非暴力的革命权利。

其实,面对官民矛盾,历史上不外乎存在两类基本态度:一类是相信民众,怀疑官僚,用民众来制约、反对官僚;另一类是怀疑民众,斥之为愚民、刁民,增强官僚系统的力量以维护稳定。大体归类,毛泽东属于前一类,黄炎培属于后一类,尽管他体恤大众命运,但这不过是民本思想而已。近代西方民主国家也属于前一类,但是它们采用的方式与毛泽东的方式大相径庭。毛泽东诉诸群众运动,西方民主国家采用代表制的程序民主,另加宪政(法治)。

行文至此,不得不作结。然而,对黄炎培、毛泽东的问题远未能就此作出系统的解释。为此,以下课题仍需努力探索:(1)中国古代政治的精神结构与革命定律;(2)代表制民主的精神结构与制宪权;(3)阶级斗争的社会观与专政理论下的政治结构;(4)毛泽东的民主观与革命理论;(5)当代中国政治的精神结构及其转型。

(初审编辑:丁晓东)

人民主权原则的规范逻辑与实践技艺
——以卢梭的《社会契约论》为根据

翟小波*

Normative Structure and Practical Art of Principle of Popular Sovereignty:
Rousseau's Du Contrat Social Rivisted

Zhai Xiaobo

内容摘要:卢梭关于人民主权原则的理论,由两个相关但又独立的方面构成。在规范性原则方面,他天才地构造了"人民主权(经由普遍意志)与人权和法治相统一"的逻辑结构。在实践技艺方面,他设计了"大立法者"、"公民宗教"及"教育和风尚监察"相互支持和补充的思路,试图以立法者消灭差异性、取代政治。实践政制的构建,应在坚持卢梭的人民主权原则的规范结构的前提下,修正立法者的思路,以人的交往性和差异性为基础,通过公议程序来推动意志的普遍化,落实人民的主权。

关键词:人民主权 卢梭 普遍意志 大立法者 公议程序

---

* 北京大学法学院讲师,教育部人文社科重点研究基地北京大学宪法与行政法研究中心研究员。电子邮箱:xiaobozhai@163.com。本文受国家社科基金项目资助,批准号08CFX004。本文写作深受陈端洪先生的启发,特此致谢。

自法国大革命后,人民主权逐渐成为普遍的宪法原则,至少是成为塑造现代宪法的规范性要素之一[1],不论西方还是东方,也不论资本主义还是社会主义。卢梭对人民主权原则做了系统而经典的论述。然而,当人权概念成为世界范围内意识形态斗争的核心后,人民主权常被视为与人权相冲突的原则;另外,二战后,在反极权主义的意识形态斗争中,卢梭被妖魔化,这也间接地导致了对人民主权原则的贬抑。于是,当今世界的政治论争,便深陷于人民主权和人权及法治相互纠结的漩涡之中。宪法和政治理论,大多转化为二者互争高低的说辞。人民主权的规范逻辑是什么?它与人权及法治的关系究竟如何?这是本文试图回答的问题。鉴于我国执政党把人民当家作主、人权、法治和党的领导的统一,作为政改的基本纲要,对这些问题的探究,也不无现实意义。既然卢梭为人民主权原则做了系统而经典的论述,本文的探究,就以他的政法著作为根据。本文力图忠实地理解卢梭的人民主权原则:请读者原谅,本文大量引用卢梭的原著[2],因为我想请卢梭自己说话。

卢梭的人民主权理论,由两个虽紧密相关但又相互独立的方面构成。其一是在规范性原理方面,他构造了"人民主权(经由普遍意志)与人权和法治相统一"的逻辑结构;其二是在原理的实践技艺(也即普遍意志的具体达成)方面,他提出了"大立法者"—"公民宗教"—"教育和风尚监察"相互支持和补充的思路,乌托邦色彩太浓。不过,人民主权的规范逻辑和实践技艺,是可以分开的,后者的瑕疵并不必然贬损前者的正当性。本文第一节展示卢梭的人民主权原理的规范结构。第二节和第三节具体展示人民主权和人权相统一的现实可能性与逻辑,间接地反驳对卢梭的极权主义指责。第四节展示卢梭提供的人民主权原理的实践技艺及其乌托邦色彩。第五节初步地提出替代性思路。

一、人民主权=普遍意志的最高指导=人民直接立法之治

实际政治经验和对道德的历史研究,促使卢梭认识到:"一切都取决于政治,人民永远都只是其政府的性质使其成为的那般。……这又取决于,在性质上总是最接近于法的政府是什么?进而,法是什么?"[Les Confessions(C)/I/404]这个发现,界定了他的政法思考的核心,即从"人之实际状况和法之可能

---

[1] 仔细说来,关于主权问题,现代宪法其实兼容了两大原则,一是人民主权(la souveraineté populaire),二是族国主权(la souveraineté nationale),简单的解释和区别,见 Francis Hamon, Michel Troper, *Droit Constitutionnel*, 30 édition, L.G.D.J, 2007, pp.194—196。

[2] 我依据的版本是在 Bernard Gagnebin 和 Marcel Raymond 指导下编辑的 *Ouevres complètes de Jean Jacques Rousseau*, Tome I—V, Paris: Gallimard, 1959—1995。对出自本全集收录的《社会契约论》的引文,直接在引文后的括弧内注明"卷/章/段"的序号;引用本全集收录的其他著作,注明书名(初次引用时注明完整书名,重复引用时注明缩写的书名)、所在的卷码(罗马数字)和页码(阿拉伯数字)。

状况"出发,确立政治法(也即政治正当性)的原理(1/序/1),确立并主张人权[Émile(É)/V/837;Discours sur L'Économie Politique(ÉP)/III/247]。

如卢梭所说,"面孔的特征,唯独在全部特征都展现出来后,才能属实。若缺少其一,整个面孔就会被扭曲"(Mon portrait/I/1122)。为避免常见的扭曲,本节先总体勾勒卢梭的政治法原理的结构。

(一) 人民主权的基本逻辑

"人生而自由,却无往不在枷锁之内。……什么使此变化成为正当的呢?我认为能解答此问题。"(1/1/1)卢梭从自然状态及自然人性出发,建构政治法原理。自然人是平等、自由且可完善的,内含两种基本情感:"为己之自爱"(amour de soi)[区别于损人惠己的"为人之自爱"(amour-propre)](Discours sur l'origine et les fondements de l'inégalité parmi les homes(OFI)/la note XV;É/IV/491—493)[3],及由此而生的恻隐心。但,时与物的进展把人扭曲了:(作为潜在官能的)理智及与之紧密相关的语言,逐步发生并发达(É/IV/304、317),"为人之自爱"开始压倒"为己之自爱",私产权、相互依赖和不平等逐渐确立。由纯粹动物状态,经历田园牧歌后,"新生的社会让位于最恐怖的战争状态:堕落而悲惨的人类……已自处于毁灭的边缘"(OFI/III/176)。阻碍自由生存的力量已超过每个人可用以维持自由生存的力量。"这种原始状态不再能继续下去。"(1/6/1)这正是社会和法的起源所在。返回纯粹动物状态已不再可能,唯独社会秩序才能助人走出困境,是"构成其他一切法权之基础的神圣法权"(1/1/2,1/9/1)。"但从自由的前提出发,并不是一切义务的设定都是有效的"[Lettres Écrites de la Montagne(LM)/III/807],卢梭申明,强力说、父权说、神意

---

[3] amour de soi 和 amour propre,是卢梭思想中很关键的两个对立概念,很难翻译,系统详解见 Dictionnaire de Jean-Jacques Rousseau(publié sous la direction de Raymond Trousson et Frédéric S. Eigeldinger), Paris: Honoré Champion éditeur, 1996, pp.32—33. 二者的字面含义都是自爱,我国卢梭翻译界也不加区别,把二者译作自爱,但这实际上混淆了两个很关键且对立的概念,错误传达了卢梭的意图。这两个概念,卢梭在 OFI 和 E 中曾做详细说明。例如,在 E(iv)中,卢梭说:"L'amour de soi,只关注我们自己,当我们的真正需要被满足后,它便也得到了满足;但 l'amour propre,总要做比较,它永不满足,且永不知满足,因为这种情感偏爱我们胜过偏爱别人,也要求别人偏爱我们胜过偏爱他们自己——这是不可能的。于是,便可理解,那温软且慈爱的感情何以来自 L'amour de soi;那忌恨且易怒的感情何以来自 l'amour propre。因此,那使人本质善良的,是需要少,少和别人做比较;那使人本质邪恶的,是需要多,总关注别人的看法。根据这个原则,就容易知晓,如何指导孩子和成人的一切感情趋善还是趋恶。人的确不能一直独自生存,因此,他们很难一直善良生存:这种困难,还随他们的关系的增加而必然增加——正是因为这些关系,为预防这些新需要在人心里产生的堕落,社会的危险使得技艺和忧虑成为必不可少的东西。"根据这段话,amour de soi 和 amour propre 的意思很易明白,但如何译作汉语呢?其实,古人对学者恰好也做了类似的划分,此即孔子说的"古之学者为己,今之学者为人"(《论语·宪问》)。"为己"是"以美其身"、"欲得之于己"(类似培根讲的为"怡情"和"长才"),"为人"是"欲见知于人"(类似培根讲的"博采")。故笔者借用这里的"为己"和"为人"的含义(不是它们当下的含义,如认为前者等于自私,后者等于无私等),勉强把二者分别译作"为己之自爱"与"为人之自爱"。

说、富者的欺骗(伪契约)、弱者的联合等,都将导致僭政,都不足以确立"正当且稳妥的统治规则"[1/序/1,1/1—5;OFI/III/176—194]。自由的前提决定了,社会秩序"只能奠基于约定之上"(1/1/2,1/4/1,LM/III/806—807)。自然人的本性、欲求及其困境决定了,社会秩序"应致力于力量之总和,但同时又不伤害自己、不忽略自己对自己应施之关怀"(1/6/3);社会契约要"寻找某结合形式,它能以全部共同力量来守卫和保护每个结合者之本人和其财物,并且,经由此结合形式,每个人,与一切人相联合,又只服从自己,自由如故。"(1/6/4)政治体的本质在于服从和自由的一致(3/13/5),唯独如此,自由人才可正当地"无往不在枷锁之内"。

社会契约的性质,决定了它的核心条款:"每个结合者及其一切法权完全转让给整个共同体(全部转让的正当性,后详)。"(1/6/6)"我们中的每一位共同地把其本人及其全部力量置于普遍意志的最高指导之下;而且,我们作为一实体接受每个成员作为整体的不可分割的部分。"(1/6/9)社会契约的具体结果就是:"取代每个订约者的个别人格,该结合行为构造了道德的与集体性的实体(也是理智的存在)[Extrait du projet de paix perpétuelle de Monsieur l'abbé de Saint-Pierre(EPPP)/III/608],它由大会内投票的成员构成。共同体就根据同一行为获得其统一性、公我、生命和意志。由一切个人联合构成的公共人格,……当它主动时,就称之为主权体;……结合者,集体地称为人民;作为最高权威的参与者,个别地称为公民,作为国法服从者,称为臣民。"(1/6/10)一方面,社会契约确立了人民,确立了政治体,订约者相互间不再是简单的"聚集",而是"结合"(1/5/1);另一方面,"臣民和人民(主权体)这两个词是互通的相依方,其理念在公民这个唯一的词中结合起来。"(3/15/5)公民既是臣民,也是主权体的参与者和构成者。

人民主权于是成为政治正当性的根本原理:转让给共同体,就是转让给人民,转让给主权体,转让给普遍意志(的最高指导),由后者把人的自然权确定为公民的法权(和义务)。不应把人民主权简单地理解为"人民的绝对且最高的权力",而应把它理解为"普遍意志的最高指导",卢梭再三申明:主权"本质上存在于普遍意志之中"(3/15/5),"只是普遍意志的行使"(2/1/2);"指导那'护国的共同力量'的普遍意志,对该力量的适用,构成了主权"[Manuscrit de Genève(MG),III,294];"社会契约给予政治体针对其一切成员的绝对权力,该权力,若受普遍意志指导,如我所说,便获得了主权之名"(2/4/1);"全部个人的意志[4]是最高命令和规则,这种普遍的和人格化的规则,即我所谓的主权

---

[4] 要说明的是,卢梭在《社会契约论》(2/3/2)中,明确区别普遍意志(la volonté générale)和全部个人的意志(或译众意)(la volonté de tous),但这是卢梭赋予 la volonté de tous 专门含义的唯一场合。在其他著作,如 DEP 和 LM 中,卢梭不曾刻意区别二者,la volonté de tous 等同于 la volonté générale。

体。"(LM/Ⅲ/807)由此可见,普遍意志是卢梭的政治体的核心。正如成员之"结合"区别于成员之"聚集",普遍意志区别于加总意志[5](2/3/2),是作为(区别于个别人格的)独立公共人格的人民主权体的意志。它在对象和内容上都是普遍的,从全体出发,适用于全体,不针对任何个别的、确定的对象(2/4/5,2/6/4),"只关怀共同利益"(2/3/2,另 2/4/7);否则,就将丧失它天然的公正性,就不可能正当(2/4/5、7;LM/Ⅲ/808)。它永远正确(深层的原因,后详)(2/3/1),"是且应是社会体的真正动力"(MG/Ⅲ/295)。

"假定每个人都服从普遍意志,该意志如何在一切场合都表明自己呢?它总是明白的吗?"(MG/Ⅲ/309)卢梭答曰:"因为单是每个人都服从普遍意志是不够的,为遵循它,得认识它,于是产生了立法的必要性"(MG/Ⅲ/310)。另外,在社会契约赋予政治体以生命之后,还得通过立法来赋予其运动和意志(2/6/1),法"是'以共同利益之客体为基础的'普遍意志的公共且神圣的宣告"(LM/Ⅲ/807),"是普遍意志的健康的器官"(MG/Ⅲ/310)。"主权体的行为,只能是普遍意志的行为,只能是法"(É/Ⅲ/842;另 2/6/7,LM/Ⅲ/808)。普遍意志的一切特征都存在于法之中:"当全体人民(公民)对全体人民(臣民)作出规定时,它就只考虑自己……这时,规定针对的内容就是普遍的,就如同做规定的意志。正是该行为,我称之为法。"(2/6/5;另 2/6/10)至此,可以说,人民主权、普遍意志的最高指导和法的至上性,是完全同一的。

若以社会契约为基础的普遍意志,能实现人民主权与人权(自由)的统一(后详),以普遍意志为内容的法的统治,就成为政治体的根本原则。卢梭把"法治"视作一切政制中最高贵的原理,是教导人民在此世模拟神的不变命令的神圣灵感,是向每个公民讲授公共理智之规诫的圣音。正是通过法和法治,服从但自由的难题被化解,正义和自由被落实(MG/Ⅲ/310,另 ÉP/Ⅲ/247—248,LM/Ⅲ/811)。因此,"凡受法统治的国,不论其行政形式可能如何,我都称之为共和国;因为唯独在此,才是公益在统治,'公共'才算数。"(2/6/9)"某人,一旦独立于法,主张把别人置于他的私己意志之下,他便立刻离开政治状态,把自己和别人置于纯粹的自然状态,其中,服从完全只是基于必要性"(ÉP/Ⅲ/249)。

"主权,(因为)只是普遍意志的行使,(所以)不能被转让;(因为)主权体,只是集体性存在,(所以)只能自我展现(即不能由其他主体代表);权力(治权—行政权)可以安然地转移,但意志(主权—立法权)却不可以如此","它要么是同一的,要么是其他;这里无调和空间"(2/1/2,3/15/5)。因此,"在真正

---

[5] 加总意志及其与自由主义民主的关系,见翟小波:"自由主义民主之反思",载《中外法学》2009 年第 1 期。

的自由国,公民躬亲一切。"(3/15/2)"人民的议员不是、也不能是它的代表,只是它的职员,不能作出任何终局性决定;若不经人民亲自批准,一切法都是无效的,不是法。"(3/15/5)卢梭说的人民直接立法,并不是说人民从头至尾负责立法的全过程,但至少,从原则上说,人民必须保留表达权和亲自批准权,还可能得保留(尽管未必是垄断)提议权(详见 OFI 之献辞;4/1/7,2/1/3,2/7/7;LM/III/L7—8)。因此,卢梭说:"代表的观念是现代的,来自封建政体,来自此邪恶且荒谬的政体:其中,人类堕落,人之名丧失尊严。"(3/15/5—6)因为作为普遍意志的主权不能被转让,所以,在普遍性立法过程中,人民主权原则上要求公民亲自直接参与。

"主权不能被转让,基于相同理由,它是不可分割的。因为意志要么是普遍的,要么不是;要么是人民实体的意志,要么只是一部分的意志。"(2/2/1)"最高权威是单一的,是一,分割它就是摧毁它"(3/13/5)。因为主权不可分割,卢梭坚决反对朋党、派阀、地区或阶级等作为政治行动单位,反对根据内容分割主权的俗论。行政权、征税权、司法权和战争权,不是主权的构成部分,而只是从主权生发的法权,只是适用法的个别行为,只是意志的执行,都从属于主权,总以最高意志为前提。"(2/2/2—4)

主权是绝对的。第一,主权是不受限制的,"公共决定不可以给主权体设定对自己的义务……可给人民实体设定义务的根本法不存在、也不可能存在,哪怕是社会契约本身。"(1/7/2)主权即普遍意志不受任何外在的限制[也许除社会契约本身之外(1/7/3,3/18/9,4/8/33;É/III/840)],永远都是当下的、绝对的(MG/III/296;2/1/3,2/12/2,Fragments/III/485)。这里,存在人民主权的绝对性和法的相对安定性之间的张力,卢梭曾努力化解之(后详)。第二,作为普遍意志的主权不可能错误(2/3),人民主权虽不受限制、完全绝对、完全神圣、完全不可侵犯,但却不是无界的(2/4)。这涉及人民主权与自由的关系,涉及人民主权与社会契约目的的关系(后详)。

(二)人民主权和政府形式

卢梭的政府论的革命性特征之一是,严格区别主权和治权、立法权和执行权(É/III/836;LM/III/838)。他请求读者"用心区别"政府和主权:"后者拥有立法权……前者只拥有执行权,只能约束个别对象。"(ÉP/III/244)政府的存在根据是依据普遍意志,聚拢和运用公共力量,以执行普遍意志,把它转化为针对个别对象的个别行为(É/III/842,LM/III/808,3/1/4,3/1/7)。在立法权即主权上,人民是不能被代表的;但在行政权上,人民是可以并且应该被代表的,因为后者只是把力量运用在法上(3/15/8)。政府(le gouvernement)是臣民和主权体间确立的中间体,旨在沟通国和主权体,负责执法、维护公民和政治自由(3/1/5)。

政府只是根据主权体而存在的(3/1/19)。政府的确立纯粹是一项委任，一项雇用(3/1/6,3/17/1,3/16)；政府的主导性意志，只应是普遍意志，应是法(3/1/19)。"但为使政府实体能存在……为使其全部成员能协同行动，以适应它被创建的目的，就应该给它一项'个别的我'……。"(3/1/20)于是，政府自然就是国内的一个新实体(3/1/18)。政府体制应确保"政府在巩固自己的结构时不改变普遍性结构……使它总是准备为人民而牺牲政府，而不是为政府而牺牲人民"(3/1/20)。为此，一方面"应在考虑一切相关因素后，使政府自身（的力量）的乘积或幂，等于作为主权体之成员的公民（的力量）与作为臣民的公民（的力量）的乘积或幂"(3/1/8)；另一方面，使主权体可限制、修正和收回政府的权力(3/1/6)，任命和撤换政府官员(3/18/1)。一旦政府要自己作出某种绝对且独立的行为，拥有比主权意志更活跃的个别意志，社会的结合就立即消灭，政治体也就立即解散(3/1/19)。

以此为据，卢梭提出政府形式论。"一切正当的政府都是共和的"(2/6/9)，即立法权或主权只能属于人民。政府形式的分类是以"主权属于人民"为前提的，它本身不涉及主权结构，只涉及政府结构。若主权体把政府委托给整个人民或人民的多数，以至于作为行政官的公民多于作为单纯个人的公民，这便是"直接民治"(Démocratie，区别于民主)。若把政府局限于少数人之手，从而使单纯的公民多于行政官，这便是贵族治。最后，若把政府集中于单一的行政官之手，就叫做王治(3/3/2—4)。依照行政官的数目应与公民的数目成反比的原理，大致说来，直接民治适合于小国，贵族治适合于中等国，王治适合于大国(3/3/8)。

常被学界忽视的是：卢梭明确反对"直接民治"(Démocratie)。第一，直接民治没区别本该区别的主权体和政府，它只能形成无政府的政府。第二，立法者执法，不是好事，这使人民实体把自己的普遍视角的注意力转移到个别对象上，从而使私利影响公共事务，将导致立法者的腐败，其危害远大于政府枉法。第三，这也必然会引起行政形式的改变：作为原则，只要政府的职能被分配于多个单位，少数迟早会大权在握。第四，严格地说，真正的直接民治(Démocratie)从来就不曾有过，也永远不会有，多数人治而少数人被治是违反自然秩序的，人民不停地集会以处理公共事务，这是不可想象的；这种政府要以很多难以结合的条件为前提：(1) 国极小，人民易集会、易认识；(2) 风俗简朴，事少、分歧少；(3) 地位和财物上的充分平等，这是法权平等的基础；(4) 很少或全无奢侈。第五，任何政府，都不曾像直接民治或人民政府那般，如此易于遭遇内战和内乱。总之，"若存在天使般的人民，它倒是能以直接民治的方式被治理。如此完美的政府不适合于人"(3/4/8)。卢梭明确反对直接民治(Démocratie)。另外，Démocratie，除了 Lettre à d'Alembert sur les spectacles(V)中仅一处是指"臣民和主权体只是在不同关系下被考察的同一批人"的情境外,在其他地方,它指的都是人民直接治理的政府体制,准确的译法应是"直接民治",该用法,尽管现代人很陌生,但古代人却很熟悉。与之对应,"人民主权"更适合译作"民主"。民主未必意味着直接民治,"民主"涉及主权或政治结构,它可以同时容纳直接民治、贵族治和王治这三种政府或行政结构。卢梭反对民主与直接民治的结合,但更偏爱民主与(选举)贵族治的结合。

作为政府体制的选举贵族治,是最好的,是严格的贵族治。它既可以区别主权和执行权,还可择优录人,使正直、才识、经验及其他受人喜爱、受公共尊重的素质成为明智治理的新保障。最好且最自然的秩序是少数明智的人治理大众,只要能确保此治理是为大众而不是为自己。但团体的利益在此就较少依照普遍意志的规则来指导公共力量,另一种不可避免的倾向[政府越把力量消耗在自己成员身上,它能用在全体人民身上的力量就越小(3/2/3)]又会从法那里夺走一部分执行力量(3/5/5—7)。与直接民治相比,(选举)贵族治[6]虽不需要某些品德,但却需要另一些严格适合它自己的品德,如富而知节和贫而知足;严格的平等在此是不适当的;但财富的适度不平等,只是为保证把公共事务的行政,委托给最能为之献出全部时间的人,而不是为偏爱富人(3/5/9—10)。"在比较三个政府形式之利弊后,我偏爱两极之中即(选举)贵族治,但应该牢记,国的结构(即主权结构)和政府结构是很不相同的,我不曾把二者混淆。最好的政府结构是(选举)贵族治,最坏的主权结构也是贵族治。"(LM/III/808—809)

个别意志不停地反对普遍意志,政府也就持续地反对主权。在主权体与政府间,又无其他的团体意志可与之抗衡,政府迟早将压倒主权体并毁坏社会契约。此乃政治体不可避免的弊病(3/10/1)。政府变质的一般方式有二:一是作为政府自然倾向的收缩:它从多数过渡到少数,由直接民治到贵族治再到王治(3/10/2、3)。二是国的解体,方式也有二:一是政府不依法治国,僭夺主权,这时,政府作为小国形成,国内有国,政府成了人民的主人(3/10/6);二是政府官员分别僭夺本应以团体资格而行使的权力,这时,可以说,有多少官员,便有多少政府,国也在同等甚至更大的程度上分裂(3/10/7)。国解体时的政府滥权,就是无政治状态,直接民治退化为群氓治,贵族治退化为寡头治,王治退化为暴治。(3/10/8)

由此可见依法治国之可贵,治国而不依法,国即不国,依法治国就是人民主权[此乃政治生命的源泉和心脏(3/11/3)]的展开,就是普遍意志的最高指导的落实,就是保障人权(假定人民主权与人权是统一的,详见后文)。要确保依

---

[6] 类似今日所谓的议会民主制。

法治国,主权体必须行动,行动的方式就是人民集会(3/12/1)。立法权的主要角色"应是立法并护法,即监督执行权,否则,法徒空言而已"(LM/III/826;另Derathé/III/1492)为此,应确立两种集会制度:一是不曾遇见的情势要求的特别集会,二是固定的、按期的、不可废除、不可延期的集会。集会必须依法规定并依法召开。政府越强,主权体就应越频繁地表达自己(3/13/2、3)。

(三)人民主权、地方分权和双轨民主

罗马的政治先例表明,道德行动的可能边界,并不像今人设想的那么狭隘;人民集会以立法护法,绝不像某些卑劣的心灵和下贱的奴才认为的那般,只是妄想(3/12/2—5)。尽管如此,对大国的诸多不便,卢梭完全了然于心,明确主张:大国应通过地方分权以落实人民主权(详见后文);对行政的复杂性和多变性,卢梭也是极明白的:"在普遍意志尚未被(人民集会)辨明时,如何识别它呢?是否一旦遭遇任何未曾预见之事,便应全民集会?这不是绝对必要的,因为不能完全确保它的决议就是普遍意志的表达;此方式在广土众民之国也是不实际的;当政府是善意时,它也很少是必要的。"(ÉP/III/251)但该怎么确保政府就是善意呢?在此,卢梭诉诸非制度化的公共空间的意志形成过程:应把那绝不会无因而发的"公共的呼吁"(la clameur publique)视为普遍意志(ÉP/III/251)。这里已孕育了双轨民主的胚胎,人民集会之外的"公共呼吁",与边沁的公共观念法庭、哈贝马斯的非正式公共空间的意志形成过程,遥相呼应。

(四)理想主义+现实主义/待决难题

以上所述,只是从原理层面展示卢梭的人民主权学说,这里的主调是理想主义,但这绝不等于简单的乌托邦主义。[7] 前文的勾勒已表明、后文的具体分析将继续表明,此理想是以"人之所是"为基础的现实可能的理想;他是否为理想之实现提供了可实际操作的政法机制,属于政治工程学的内容,须另当别论(详见后文)。在卢梭阐明人民主权原理时,热情的理想主义和冷酷的现实主义是交相辉映的。例如,卢梭曾说:"在法的保护下寻求自由,这是徒劳。法?在哪里呢?它在哪里受尊重呢?放眼望去,无处不是私益和私欲挟法之名以行"(É/IV/857)。"要使情欲不枉法,这是不可能的;……在政治上把法置于人之上,正如在几何学上化圆为方,是极大的难题"[Considérations sur le Gouvernment de Pologne(GP)/III/955]。但残酷而腐化的政治现实,不应、也不能使人绝望:因为自由是人的本质,因为人是可完善的,因为"自然和秩序的永恒法则是存在的",因为人不可能丧尽天良(É/IV/857)。关于政治工程学或实践技艺,卢梭并不是教条的,而是务实的,他无时不竭力强调人民主权的现实可能条

---

[7] Renato Galliani, Rousseau, utopiste ou réaliste?, *Études Jean-Jacques Rousseau*, 8, 1996, pp. 67—72.

件,无时不在强调"制度应该适合于其针对的人民"(GP/III/953;另2/8/1),"一切善良制度的普遍目标,在每个国,都应根据其形成的关系、地方情势、居民性格而被修正","除了那些人所共同的法则外,每个人民自身都内含某些原因,要求它以特殊的方式来规划秩序,并使它的立法只适合自己"(2/11/3);他要求在充分尊重并理解现实的基础上,逐步趋进理想,这尤其体现在《社会契约论》的"论人民"一章及关于罗马宪制的议论、《科西嘉宪草》和《波兰政制论》中。不考虑现实制约,教条式地照搬或强施卢梭的人民主权原理,完全违背他自己的学说;同理,无休止地诉诸真实的或妄称的现实制约,为政治腐败开脱,更是卢梭极力遣责的。

在上文的勾勒中,笔者留下了四个问题:(1)人民主权和普遍意志是否可能?(2)人民主权和人权的统一是否可能?(3)普遍意志如何达成?(4)人民主权和法的安定性的统一是否可能?(后文会附带地论述该问题)正是围绕这些问题的争论,构成了卢梭研究的主旋律。

二、人民主权的可能性及其限制

卢梭遭受的质疑之一是人民主权的可能性。人民主权的可能性,取决于普遍意志的可能性,后者又取决于共同利益的可能性。这里涉及三个问题:一、共同利益的可能性及条件;二、人民直接立法的可能性及条件;三、立法过程如何具体地表达普遍意志?关于问题三,详见后文。

(一)普遍意志、利益共同性和差异性

普遍意志的基础是利益的共同性,凡构成某政治体或社会体的人,在利益上都必定存在共同性:"若个别利益间的反对使社会的建立成为必要,这些利益间的一致则使之成为可能。正是不同利益之间的共同性,构成了社会的纽带,若一切利益间无一致点,任何社会都将不存在。"(2/1/1)但这并不足以确保普遍意志常规地胜出;后者要胜出,成员间利益的共同性在广度和浓度上还必须压倒利益的对立性。若某政治体内的成员,只在"保障领土完整"上存在利益的共同性,它大概也只在领土遭受威胁的例外时刻才能实践人民主权。若某政治体内存在贫富、信仰、族群或地区等极端对立,相互斗争就可能撕裂政治体,任何一方的获胜都可能导致个别群体的意志取代普遍意志,导致前者的自由取代全体公民的自由。于是,就很易理解,为何在贫富极化的社会,卢梭原理的实践只能导致阶级专政。普遍意志和人民主权的常规主导,是以"联合起来的人自认为是单一的实体"(4/1/1)为前提的。若利益共同性消亡,人民主权也就立刻在相应领域失效。

卢梭特别强调那些促进利益共同性和共同感之培育的价值。(1)财产的大致平等,是普遍意志的经济前提,"当国内存在须要保护的穷人和须要约束

的富人时,最大的灾难就降临了。法(即普遍意志)的一切力量就只能施于中人之上;对富人的财力和穷人的悲惨,它都无能为力。前者规避它,后者逃躲它;前者跨越它,后者冲决它。"(ÉP/III/258)类似的逻辑适用于其他纬度:文化、信仰和种族等。(2)适合立法的人民必须首先是"已因为起源、利益或约定的结合而捆绑起来的人民"(2/10/5)。(3)共同感之培育也构成"普遍意志和人民主权只能在小国才可持续行使其法权"(3/15/12)的理由之一:"社会的纽带越是扩展,它便越松弛"(2/9/1);不同的地区、风尚和气候,都不可能产生并适用同一的普遍意志和法,而不同的法又只能在人民中造成混乱(2/9/3)。(4)为培育共同感,还须要公民宗教,以确立共同且基本的社会精神(4/8/32)。

对利益的共同性的追求,并不否定差异性。正是利益的差异甚至对立,才导致了共同的政治艺术的必要性(2/3/2注)。成员间的很多差异只是"关己"的,并不会导致利益的斗争;在纯粹"关己"的领域,"各美其美、美人之美、美美与共"是可能的,本就不必求同;另外,一些差异是人固有的,不可能正当地消除:要消除它,就不能不强制人、奴役人。还有,共同性和差异性并不是简单的此消彼长,而可能是共生共长。利益的共同性也不应理解为个体偏好的表面同一性(政治在此将不再必要),而是偏好背后的利益的客观共同性。

(二) 普遍意志的三种含义

卢梭在三种不同但相关的意义上使用普遍意志的概念。第一,纯粹形式化的普遍意志,它是政治体成员间可普遍化的意志。普遍意志的实践是"自我立法以实现自由"的过程(1/8/3),后者之所以可能,是因为,社会契约确立了"对一切人皆平等的条件"(1/6/6,另 2/4/8),因此,"主权体(公民)永远无权(也不愿,引注)使此臣民承担比另一臣民更多的负担"(2/4/9),因为这也将是他自己的负担;"条件的平等"使"每个人都必然服从于他加诸其他人的条件","把法官的规则和当事人的规则结合并同一起来"(2/4/7);于是,

> 把我们和社会体联结起来的约定(也即主权行为和普遍意志,2/4/8)便是相互的,便构成义务,它的性质是:在履行约定时,个人不可能为他人效劳而不同时也为自己效劳。若非因为,没人不把'每个人'这个词适用于自己,且在为一切人投票时只考虑自己,普遍意志又如何能总是正确的呢?一切人又如何总意欲每个人的幸福呢?这就证明了,法权平等和由它而生的正义观念,导源于每个人对自己的偏爱,从而是导源于人性;普遍意志要真是普遍的,就应当在对象和内容上都是普遍的;为适用于一切人,就应出自一切人。(2/4/5)

这充分表明,普遍意志,如其名称所示,是可普遍化的意志。[8] 现在,观念已完全具备,"使你的意志所遵循的准则永远同时能成为普遍的立法原理","如此行为,无论对己还是对人,也无论何时何地,都把人当成目的而非手段",这些纯粹实践理智和绝对命令的公式,只是康德对卢梭的概念化而已。[9] 就此而言,谁又能否认普遍意志的可能性呢? 否认它,就等于否认主体间道德。

第二,个人心中的普遍意志。如上所述,普遍意志实际上源于每个人对自己的偏爱,但个人的私己意志和普遍意志处于永恒的斗争之中;前者的胜出,会导致社会纽带的断裂和国的毁灭,

> 能否由此认为,普遍意志被消灭或被腐化了呢? 不,它永远都是恒在的,不变且纯粹的;但它屈从了战胜了它的其他意志。每个使自己的利益脱离共同利益的人都很明白,他不能把二者完全分开,但与他要追逐的独占性好处相比,他分担的公共灾难在他眼中就不足挂齿。除了这种个别的好处外,为他自己的利益,他还是会和其他任何人同样强烈地追求普遍的好处的。即使为金钱而出卖他的选举权时,他并不曾消灭自己心中的普遍意志,而只是规避了它。(4/1/6)

这时,"普遍意志只是沉默了"(4/1/5),正如"良心沉默了,当其声音被情欲和偏见压制后"(E/III)。普遍意志,作为指导政治体力量的实体规定,是可能在实践中被压制的,但作为"良心、道德性和正直性的最精华的个人心核(le noyau individual)"[10],普遍意志是不可摧毁的。

第三,作为立法的规范基础的实体性普遍意志。它的存在与否及广狭浓薄,取决于成员间利益的共同性。只要政治体存在,它便存在,但根据利益共同性的程度和范围的不同,它可能在不同程度和范围内存在。至于说立法如何才能表达它,则是另外的问题(详见后文)。

(三)人民直接立法的可能性与地方分权

人民主权之可能性的第二个问题涉及人民直接立法的可能性及其条件。让公民直接集会并立法,这可能吗? 尤其是在大国? 卢梭认为,这是可能的,但只是在小政治体内。这里主要涉及三个方面:公民的政治热情、政治洞见力和行动便宜性。

(1)"国愈扩大,自由就愈缩减",因为公民数愈多,每个公民分享的主权

---

[8] 见 Alan Bloom, "Jean-Jacques Rousseau", in Strauss and Cropsey ed., *History of Political Philosophy*, The University of Chicago Press, 1987, p. 569。

[9] 见卡西尔:《卢梭·康德·歌德》,刘东译,生活·读书·新知三联书店 2002 年版,第37—40页。

[10] M. Reale, Volonté(particulière, de tous, générale), in *Dictionnaire de Jean-Jacques Rousseau*, supra note [3], p. 927.

就愈少,他的投票权就愈贬值(3/1/11),普遍意志的形成过程将会由少数团体操纵;公民服从的,将不再是自己的立法。政治体扩大导致自由的减缩,还与它导致行政权强化、从而可能篡夺主权有关。(2) 在大国内,"人民对他永远见不到的首领、对在他眼中犹如莽渺世界的祖国、对众多陌生的同胞,就少有感情"(2/9/3),这也会导致政治冷漠。(3) 小国人民相互熟识,政务简单,成员也易拥有相关信息,公民的才德易发挥和表现,此才德也使他足以胜任行使主权的工作(2/9/3)。"统治大政治体是超越人力的"(GP/III/970—971)。(4)"唯独人民集会,主权体才能行动"(3/12/1),卢梭虽不低估道德行动可能性的界限(3/12/1),但他承认,在大国内,全民集会的确面临不少困难(3/13)。

因此,"在考察一切之后,我认为,除非政治体很小,主权体就永远不可能在我们中保持其法权的行使"(3/15/12)。这是否表明,卢梭否定人民主权在大国的正当性呢?不。他明确建议:为结合大国和小国之美,大国的出路就是确立地方分权体制(GP/III/971;另 3/13/6,3/15/12)。大国在较深广的程度上践行人民主权,很难,那就把在全国范围内"无共同性"的事务,交给可能"有共同性"的小政治体。根据卢梭自己的"现实的理想主义",大国民主化可能还要求进一步缓和人民直接立法的要求:大国的全国范围内的共同事务,一律要求人民直接行动,可能依然不太现实,这可能还要求根据相关性的轻重程度来区分共同事务,一些相对次要的共同事务可能不得不委托代表来立法,不过,人民(主权体)对代表机关(政府)须保留严格的监控权。

三、人民主权与人权(自由)的统一

(一)卢梭与极权主义

正是为摆脱邪恶的枷锁及奴役,确立人权,卢梭从自由的前提出发,通过社会契约,确立了人民主权的政治法原理,以求迈进"服从但自由"的境界。但奇怪的是,卢梭竟被不少学者[11]视为极权主义的始作俑者。这些学者认为他的政治哲学提供了极权主义的思维模式:城国(city-state)要求个人完全转让自然权,乃压迫性的极权社会之模型;普遍意志是极易被滥用的概念,它诉诸美德和公益,掩藏了个人的屈从和国的全能,宰制了公共生活和私领域;公民宗教只是政治统一性的神话,是由恐惧、对良心的灌输和操控而强加的非人道的意识形态;大立法者的形象更是对极权大哥的呼吁,兼奇里斯玛权力与操控性话语于

---

[11] 主要代表 J. L. Talmon, *The Origins of Totalitarian Democracy*, Secker & Warburg, 1952;及其后继者 L. G. Crocker, *Rousseau's Social Contract*, Case Western Reserve University Press, 1968。R. Trousson 曾梳理谴责和辩护的大致线索,见前注[3]引 *Dictionnaire de Jean-Jacques Rousseau*, pp. 888—889。中国学界以朱学勤(《道德理想国的覆灭》,生活·读书·新知三联书店 2003 年版)为代表。其实,卢梭最伟大的辩护者当属康德。

一身。甚至连明智的罗素也说他是

> 与传统的绝对君主制相对立的假民主—真独裁(pseudo-democratic dictatorship)的政治哲学的发明者。自他开始,那些自命为改革者的人,便分成两派。一派追随他,另一派追随洛克。有时,这些人相互合作,很多人并不认为二者是不可调和的。但渐渐地,这种不可调和性变得越来越明显。目前,希特勒是卢梭的结果;罗斯福和丘吉尔是洛克的结果。[12]

这些论调,已遭强烈反击。卢梭的政法哲学与20世纪的极权主义是完全不相容的。[13] 这些论调,是冷战时意识形态战争的一部分,把现代的极权观念和技术塞进卢梭的著作之内,不曾对卢梭提出令人信服的解释,也不曾推进对极权主义的理解。凡细读《社会契约论》的人,遇到这类说辞,如莱尔(Ralph A. Leigh)说,荒唐地"只觉自己是在梦游"。[14] 前文的勾勒已表明了这些论调的荒诞不经。在此,我通过卢梭本人的论述,正面展示人民主权和人权相统一的逻辑,顺便在相关环节,回应上述论调。

(二) 政治体的目的、自然法和社会契约

卢梭声明,自己政治法学说的目的是从"人之所是"和"法之能是"出发,以追求法权和利益、正义和功效、自由和服从(秩序)的统一,寻求正当且确定的政治法则或"枷锁",确立人权(1/序)。"自由"是他最珍视的价值,是前提也是目的,是始点也是终点,但自由只能通过秩序或枷锁而获得,因此,卢梭把社会秩序视为构成其他一切价值之基础的神圣法权。他绝对不像批评者所说,是秩序和自由的敌人。

卢梭要从"人之所是"和"法之能是"出发,何为"人之所是"?自由人相互约定、结成政治体,为何?"为己之自爱"是人的本能;人之所以走到一起,是为了集群力以克服自然状态中妨碍自由和生存的阻力,捍卫和保护每个结合者的人身和财物,同时又使每个结合者只服从自己、自由如故:"实际上,诸人为何要服从'在上者'呢?若非为了捍卫自己以反对压迫,若非为了保护那构成其存在的财产、自由和生命","因此,不容置疑的是,人民之所以要确立政府,是为了捍卫其自由,而不是为了受奴役,此乃一切政治法的根本法则"(OFI/III/180—181)。李尔(M. Reale)说:"卢梭行走在洛克的个人法权论和霍布斯的政

---

[12] Bertrand Russell, *The History of Western Philosophy*, Simon & Schuster, 1972, pp. 684—685.

[13] B. Baczko, "Totalitarisme de Rousseau?" In *Dictionnaire de Jean-Jacques Rousseau*, supra note [4], p. 887.

[14] R. A. Leigh, "Liberty and Authority in On Social Contract", in A. Ritter and J. C. Bondanella (ed.), *Rousseau's Political Writings*, W. W. Norton & Company, Inc, 1988.

治统一性教诲间的传统契约论道路上。"[15]卢梭本人也说,"洛克根据与我完全相同的原则论述了政治法原理。"(LM/III/812)"正当的社会契约应适合于人,不得违反自然法,正如个别契约不得违反实在法。自然法(此乃基于理智重建的自然法,而非基于自发本性的自然法,见 OFI/III/Starobinski/1299)是自由的存在根据,自由赋予约定以效力。"(LM/III/807)对自由的强烈召唤和对僭政暴政的拒斥,是卢梭全部政法著作的基础和动力源。牢记这一点,极为关键,因为正是它决定了阅读和理解卢梭的立场和方式。

（三）全部转让

"全部转让"是卢梭最受诟病的概念之一;很多学者正是以此为据,认定卢梭是极权主义者,罗素认为,"这等于是完全废除了自由,完全抛弃了人权学说"。[16]每个人转让自己的一切,接受普遍意志也即人民主权的最高指导——为何如此约定呢?因为,普遍意志能实现社会契约的目的,而全部转让又是普遍意志得以形成的前提。

卢梭曾专门批判格劳秀斯的转让说。关于"aliéner",他说:"在此,一些意义模棱两可的词,须要解释"(1/4/2)。"认真的读者,我请求你,请别急忙指责我在此自相矛盾,由于语言的贫困,我不能避免用语上的矛盾"(2/4/2 注)对模棱两可的用语,"在使用时,知道精确区别(其意义),就够了"(1/6/10)。遵循卢梭的请求及告诫,应先明了他使用 aliénation 的含义。

第一,"全部转让"的"转让"不可在流俗意义上(也即转让给异己的外在主体——"他者")理解。这违反卢梭为政治体设定的目的,将导致他自相矛盾。卢梭特别请求读者别这么做,还专门批评了这种转让:转让要么是"白送",要么是"出卖";即使做奴仆,也不是"白送",而是"出卖",即以自由换生存。人民不可能"出卖"自己,国王和僭主不能提供相应对价,因为国王或僭主远不能养活臣民,反而要由人民来养活。……因此,对国王和独裁主的转让,只能是"白送"(1/4/2—3):"说一个人白送自己,这是荒谬且不可思议的;这种行为是不正当的,无效的,因为如此做的人已丧失理智。说整个人民如此做,就等于说人民是一帮疯子傻子,疯傻是不能确立法权的。"(1/4/4、6,另 OFI/III/181)卢梭的"转让",绝不是这种以国王或僭主为受让方的出卖,更非白送(1/2/2、3,OFI/III/183—184)。

第二,若转让不是"白送"给"他者",它是什么呢?其实,不必揪住"转让"这个词,关键在于受让方是谁。(1)受让方是"整个共同体",是"人民",转让是"共同把他的人格及整个力量置于普遍意志的最高指导之下"。(2)卢梭一

---

[15] *Dictionnaire de Jean-Jacques Rousseau*, supra note [3].
[16] Bertrand Russell, *The History of Western Philosophy*, supra note [12], p.696.

再强调社会契约的独特性,正是这种独特性,构成并开动整个政治机器,使"全部转让"正当、合理并安全,否则,这种转让就是荒谬和暴虐的,将被肆意滥用。(É/IV/841)这种独特性是什么呢？"结合的行为是公共和个人之间的相互约定:每个人,可以说,是与自己约定,置自己于双重关系之下:作为主权体的成员,向个人约定;作为国的成员,向主权体约定"。(1/7/1；É/IV/840—841)

由此可知,卢梭的转让,其实是成员自己的私益意志和公益意志、私我和公我、臣民资格和公民资格之间的相互承诺;受让人不是外在的实体,而是每个人内在的公我,是普遍意志;转让只是抽象的,不是对公民的法权和义务的具体确定的安排,只是把自己的法权和义务交由普遍意志,等待后者做下一步的安排,因此,卢梭的转让也是现在与未来的相互承诺。"这里的转让对我们当下的社会情境不曾做任何实在的改变,此改变只是名义上的——在道德上使未来的具体实在的转让神圣化的名义的改变。"[17]它实乃"内心中的一场深刻革命"(A. Prontera)[18],是个体的道德转化过程,只不过,卢梭把它戏剧化了,把它刻画成瞬间完成的转化,不曾在此详释其艰难复杂的社会生成过程。[19] 唯独如此,卢梭说的由自然状态进入社会状态的"极显著的变化"(1/8/1)才可以理解。

于是,全部转让就不仅可理解、也是必要的了。(1)若不"全部"转让,就不可能形成"条件的平等","普遍意志"的形成及持久主导也就不可能。(1/6/6,2/4/5、7)通过"全部转让",卢梭实际上构造了罗尔斯的作为正义规则的形成条件的无知之幕。(2)若不全部转让,战争状态就不可能结束:"若个人还保留某些法权,个人之间及个人和公共之间,就缺乏共同的上级以裁决争端……结合必将变成暴政或废话"(1/6/7)。[20]

"全部转让""并不是向任何人白送自己"(1/6/8),"个人只服从主权体,最高权威只是普遍意志,于是,每个服从主权体的人便只服从自己,在社会契约中要比在自然状态中更自由"(É/IV/841,另 LM/III/807)。卢梭还特别以财产权为例,具体说明全部转让及其效果(详见1/9)。用康德的话来说,就是:"根据原初契约,一切人放弃其外在自由,只是为了立刻作为共和国(人民)的成员再次收回它;因此,不能说一个人为了特定目的而在国之内牺牲了天生的外在自由;只能说:他完全放弃了野蛮的、无法的自由,为了在法治的依附状态、也即在社会的法治状态中再次毫发无损地发现他的全部自由,因为前述的依附

---

[17] R. A. Leigh, "Liberty and Authority in On Social Contract", supra note [14], p.233.

[18] *Dictionnaire de Jean-Jacques Rousseau*, supra note [3], p.767.

[19] 陈端洪:《宪治与主权》,法律出版社2007年版,第77页。

[20] 洛克和卢梭是在不同意义上使用"转让";二者的说法不同,但意义相同:洛克说,作为法权(rights)的生命、自由和财产是不可转让的,但每个人的自然权力(Power)是必须转让给政治体的,洛克说的自然权力(确定法权的正当边界并裁判法权纠纷的权力)的转让,实质上就是卢梭说的全部转让。

来自他自己的立法意志。"唯独如此,"每个人为一切人做相同规定,一切人为每个人做相同规定——这种人民的普遍的联合意志才能立法"[21]。

（四）普遍意志、主权体行动的界线和人权

（抽象的第一次的）全部转让,使政治体可形成和运用普遍意志,以赋予原始自然权以具体的法定形态及牢固保障。普遍意志对原始法权可限定到何种程度？它要求的"具体而实在的转让（第二次）"的限度为何？正是该转让,决定了公民真实的法权状况。正是在此,卢梭的人民主权和人权相统一的规范逻辑,最终展开并完成。

卢梭认为,在全部转让确立的平等前提下,普遍意志的形成逻辑就可以展开,此即:(1)每个人出于本性的偏私,只关心自己(2/4/5);(2)平等的前提与普遍意志在来源和对象上的普遍性,决定了"每个人都必然服从于他加诸其他人的条件"(2/4/7),这促使"具体的个人都把'每个人'这个词适用于自己,且在为一切人投票时只考虑自己"(2/4/5),"法官的规则和当事人的规则结合并同一起来"(2/4/7)。本性的自私、境况的平等性和意志的普遍性结合起来,理智的自然结果就是:其一,公民将自然地规定,政治体只能要求臣民作出最低限度的牺牲,它不能给臣民强加任何对共同体无用的约束(2/4/4);"认为公共意志同意国的一个成员(不论其是谁)伤害或摧毁另一人,与认为一个人的手指运用自己的理智来挖掉自己的眼珠,同样不可置信"(ÉP/III/256)。其二,"它对此臣民的要求永远不能超过对另一臣民的要求"(2/5/9)。每个人实在转让出的权力、财物和自由,只是全部之中其用途对共同体极重要的那部分(2/4/3)。生活在主权体（政治社会）内的公民的公私面向,也就确定而分明了:除去那些"与共同体极其相关"的面向外,其他的一切都依然属于私领域,完全取决于公民个人的意志:"除了公共人格之外,我们还得考虑那构成它的私人格,其生命和自由是自然独立于前者的。因此,应很好地区别公民和主权体各自的法权;区别其作为臣民应尽的义务和其作为人应享的自然权"(2/4/2)。人民主权和臣民法权,经由普遍意志,完全统一起来。于是,也就明白了,普遍意志为何永远正确(2/3/1),"一切人为何总希望其中的每个人幸福"(2/4/5),法为何不会不公正,因为"任何人都不会对自己不公正"(2/6/7),"不会自我伤害"(É/III/841),所以普遍意志也就不可能犯错,"主权体,仅只因为其所是,便总是其所应是"(1/7/5,另LM/III/807)。

回到前述的全部转让,卢梭说:"认为在社会契约中个人做了任何真正的放弃,便大错特错;经由社会契约,其处境真的比从前更可取;个人做的,与其说

---

[21] Kant, *The Metaphysical Elements of Justice*, tr. John Ladd, Indianapolis: Bobbs-Merrill, § 47, § 46.

是转让,不如说是只是净赢的交易,也即以更美好、更确定的存在方式替换了不确定、不安宁的方式,以自由替换了自然的独立,以其安全替换了伤害他人的权力,以因社会结合而变成不可战胜的法权替换了其他人能压倒的力量"(2/5/10,另 1/6/8)。

回到前述的主权绝对,卢梭说:"主权,尽管完全绝对、完全神圣、完全不可侵犯,但却不能超出普遍约定(即公共福祉)的边界;人人都可以完全自由地处分由约定留给自己的财物和自由"(2/5/9)。人民主权不受任何外在限制,但普遍意志的内在逻辑却给它设定了最严格的内在限制。

回到前述的公共人格,卢梭说:虽然公共人格是独立的,区别于个别人格,但"其生命在于成员的联合"(2/4/1),它"也就没有、也不能有与后者的福祉相反的任何福祉"(1/7/5)。"若幸福的感觉不属于每个人,公共幸福就是零"(Le bonheur public/III/510—511)卢梭从缔约时的个人主义出发,经过人民主权的公共人格,又回到了公共福祉的个人主义。

(五)强迫自由?

除指责"全部转让"和"普遍意志"外,批评者认为,卢梭的另一臭名昭著的概念是"强迫自由"。被强迫实乃自由之剥夺,"投人入狱"是"还人自由",世上还有比这更荒唐的吗?

前文已表明,卢梭的政治体的出发点和归宿点都是个人的自由。在此,合理的做法是先假设卢梭要传达某种超出流俗语义的语义,再做文本分析,看是否真的如此。如普拉莫纳兹(Plamenatz)所说:"卢梭在此故意诉诸悖论。诉诸悖论者通常未必是真要否定那悖论要挑战的公认的命题。毋宁说,他的目的是要刺激读者或听众认识某些他不如此便会忽视的意义。"[22]

在政治方面,卢梭从不认为,单纯的强力会作出积极贡献,尤其是在维护自由方面。他更认同缓慢的劝说过程。要成为道德上自由的人,孩童得先接受老师的教导,公民得先接受大立法者的劝说。波兰农奴要先被教育成为道德上的自由人后,才可以解放之(唯独在解放其心灵后才可解放其身体,GP/III/974)。当然,卢梭也不至于如此乌托邦,以至于要从人间消除强力。劝说和教育不能总是所向披靡,这时,强迫就是必要(也是次要)的。

因为主权体基于其所是便总是其所应是,故主权体无须向臣民提供任何担保(1/7/5)。"但实际上,个人作为人,可能具有与其作为公民的普遍意志相反或不同的个别意志……他的绝对且自然独立的存在,可能使他认为:他对共同事业的义务是无回报的付出,'不付出'给别人造成的损害要小于'付出'给自

---

[22] John Plamenatz, Ce Qui ne Signfie Autre Chose Sinon Qu'on Le Forcera D'être Libre, in J. T. Scott(ed.), *J. J. Rousseau: Critical Assessments*, Vol. III, Routledge, 2006, p. 107.

己造成的负担；再加上，把国构造成理智存在的道德人格也不是自然人，于是，他将只愿享受公民法权而不履行臣民义务。"(1/7/7)若对此缺少制裁，"当正直者向一切人守法但却无人向他守法时，正义的法只能造成邪恶者的幸福和正直者的苦难"(2/6/2)。"这种'不正义'的日积月累将毁灭政治体。"(1/7/7)"为免使社会契约形同具文"(1/7/8)，"就得用约定和法把法权和义务结合起来，把正义给予其对象"(2/6/2)于是，"社会契约就默示地包括下述约定，唯该约定才能赋予其他约定以力量，即凡拒绝服从普遍意志者，整个政治体将约束其服从，这只是表明，我们强迫他自由。"(1/7/8)在此，强迫自由，实乃强迫守法。这是一切政治体公认的基本法则，其中无任何极权的味道。貌似惊异的措辞，只是风格使然：如"全部转让"，卢梭再次以炫奇始，以平实终。

　　这是最通俗的理解，只表明"强迫守法、强迫履行义务"是政治体的必要前提，但问题是：卢梭为何多此一举，说："这只是表明我们强迫他自由"呢？这表明他的"强迫自由"要传达的意蕴，绝不仅限于上述意义。否则，他只需说"强迫违法者守法"即可。那么，他究竟是什么意思？一种解释是，因为卢梭认为，守法即自由，故强迫违法者守法等于强迫违法者自由：法治，"通过他自己的认可来约束他的意志；用他的同意来克服他的拒绝；当他做了他不曾意欲的行为时，强迫他惩罚自己"，从而"强迫人以使之自由"(ÉP/III/248)。该解释是以"法是普遍意志、违法者曾同意相关立法"为前提的，因为唯独在此，强迫违法者守法才是强迫它服从自己的意志。但这不能解释下述疑问：(1)若违法者当初不曾同意相关立法呢？(2)即使违法者当初曾同意相关立法，但卢梭曾说过，现在的意志不受过去意志的约束，这是意志的本性，因此，强迫违法者受其过去意志的约束，也不便说成是强迫其自由。在解释"投票的大多数为何总约束其他一切人"时，卢梭曾反问自己："为何一人可能是自由的，又被强迫服从那些不是他的意志的意志呢？反对者为何既是自由的，又服从其不曾同意的国法呢？"(4/2/7)

　　对于这些质疑，从卢梭的著作中，可以寻绎出三个解释：

　　第一，每个结合者都同意了社会契约(4/2/5—6及注，另1/6/5)；"投票的大多数总约束其他一切人"(4/2/7)，"普遍意志的一切特征确实仍存于多数之内(否则，自由就不复存在)(4/2/9)"，这是社会契约本身的结果(4/2/7)；"凡拒绝服从普遍意志者，整个政治体将约束其服从，"这也是社会契约的默示规定(1/7/8)。由此可知，每个结合者是已同意了"若自己的行为违反多数确定的立法，政治体可以约束自己服从"这项规则的。故，强迫守法就是强迫他服从自己在定约时的意志；若社会契约不曾被废止，若它依然被默示服从，该意志便依然是他现在的意志。更具体地说，它虽不是违法者在特定立法时的意志，但他在参与该立法时无疑是预见到此种强迫的，他以他对立法的参与行为本身表明他接受这种强迫的可能性,或者说,可从他的参与行为本身推定他是同意此种强迫的。

第二,若把《社会契约论》内关于强迫自由的说法,置于卢梭著述的整体背景下,可得出另一个合理解释。自由不同于放纵,不同于作情欲的奴隶,自由与克己、守规则相容,这是很普遍的观念。"我愿意行的善,我没有去行;我不愿意作的恶,我倒去作了"(罗马书7:19),想必是每个人都曾经历过的心态。"顺从单纯欲望的冲动,是奴隶的处境;只服从自己设定的法,是自由"(1/8/3)。"真正自由的人只求其所能、行其所乐,这就是我的根本原则。"(É/IV/309)所谓求其所能,实乃"己所不欲勿施于人和立人达人。"(GM/III/286)但因为现实的不平等和情欲的强迫,一些人便不愿实施其曾同意的立法或反对为多数同意的法案。实际上,他并不是反对上述立法,他只是在该立法限制自己时反对之,当相同立法适用于他人时,他其实乐见法被遵守。爱弥尔曾热情恳求他的老师:"重新行使您打算放弃的权威吧……您应拥有它,只因我的软弱……保护我抵抗……那在我体内骚动的、将背叛我的敌人。我愿遵守您的法,我愿永远如此,这是我恒常的意志。若我曾欲违抗您,这将违反我的意志:保护我免受对我施暴的情欲的攻击,使我自由;阻止我成为情欲的奴隶,强迫我成为我自己的主人:不是服从我的感官,而是服从我的理智。"(É/IV/651—652)以此为背景,便不难理解:"公民同意了一切国法,即使那违反他的意志而通过的法,即使那他胆敢违反其中某条便将惩罚他的国法。一切成员的恒常意志便是普遍意志。……假如我的个别意见居然占上风,我就做了我本不愿做的事,于是我也就不是自由的了"(4/2/8)强迫自由,实乃强迫违法者服从其恒常意志,克制其情欲。

第三,以上述解释为前提,便易理解卢梭的强迫自由的直接语境:"这只是表明,我们强迫其自由;因为这是把每个公民交给祖国、保障他免于一切人际依附的条件;是构成政治机器之设施和运作的条件;唯独它使公民约定成为正当;无它,公民约定就是荒谬的、暴虐的,易遭受最严重的滥用"(1/7/8)。卢梭区别两种依附,一是源于自然的对物的依附,另一是人为的对人的依附(É/III/311);通过把每个公民置于普遍意志之下,保障每个公民免于一切人际依附,自由如故。强迫服从普遍意志,是为了把公民交给普遍意志而不是交给其他人的专断意志(OFI/III/181),是为了避免社会契约成为空文,是为了避免日积月累的不正义毁灭共同体,是为了维护"保障自由赖以存在和持久的共享的制度环境"的存续和运作,因此便"只是表明,我们强迫他自由"。

四、普遍意志之达成的实践技艺与立法者的思路

上文展示了人民主权及其通过普遍意志与人权和法治相统一的规范逻辑。

全部转让在观念上创设的平等,为保持成员利益共同性的制度结构,表明了普遍意志的可能性及其条件,但这种可能性及其条件如何真正现实化,则须要能适应现实状况和要求的具体途径,这实乃卢梭人民主权学说的另一迷津。"正是在这里,卢梭把我们留在了暗夜之中"。[23]

(一)充分知情、不相互交流

"普遍意志总是正当的,总是趋向于公共福祉:但不能由此推断说,人民的决定(les délibérations)也同等正确。人民总渴望幸福,但并不总能看见幸福;人民永不被腐蚀,但却时常受骗,唯独在此时,人民才看似意欲邪恶。"(2/3/1)要发现普遍意志,立法和决策过程就先应保证人民"能看见幸福"并"不受骗"。"若人民在充分知情的前提下做决定(délibère),且公民相互不交流时,普遍意志就总能从大量小歧见中得出,决定(la délibération)也总是好的"。(2/3/3)在当代慎议民主[24](la démocratie délibérative)论者那里,délibération是指决策前的意志形成过程,指"若干人一起来商议",但卢梭的含义则完全相反,他用它来指决策(décision)本身。[25] 卢梭在此提出两个要求:一是充分知情;二是相互不交流:"每个公民只表达自己的观点"(2/3/4,另2/4),这是为保证人民不受骗;以此为基础,他反对派阀:"为更好表达普遍意志,重要的是,国内不得存在派阀……"(2/3/4),因为派阀的意志对人民只是个别的局部的意志。充分知情,不相互交流,只表达自己的观点,"以投票的方式说出自己对某法案是否符合普遍意志的意见,从票数的计算中,普遍意志就被宣告出来了"(4/2/8)。计算的方式就是多数决(4/2/7,4/2/9,另1/5/3)。

第一,不相互交流,固然可避免受别人欺骗,但却不可避免被自己(无知、短视或盲从等)欺骗;不相互交流,又怎能充分知情?

第二,卢梭说过,在平等的前提下,每个人自私心会自觉启动"人己等视、推己及人"的絜矩之道,落实"己所不欲勿施于人、立人达人"的忠恕之道,个人意志会以普遍的形式自动展开。但这只是一种现实可能性,此可能性要确定地实现,还须要另一前提,即排除相互的不信任(OFI/III/166)。卢梭提及的鹿兔困境(OFI/III/166—167)(类似囚徒困境),便是生动写照。在已堕落的、不平等的政治现实中,情境将更不堪。内心的普遍意志,尽管是不变且纯粹的、恒在的;但它会屈从于个别意志,其声音很可能被私欲压制,沉默下去(4/1/5)。这才是真正的"人之所是"。"社会的进步压制了内心的人道,情欲先在的发展已使原始自然法的规诫全都无力。"(MG/III/284)因此,"在独立状态内,理智,通

---

[23] Bertrand Russell, *The History of Western Philosophy*, supra note [12], p.698.
[24] 见谈火生:《民主审议与政治合法性》,法律出版社2006年版。
[25] Bernard Manin, "Volonté générale ou délibération. Esquisse d'une théorie générale de la délibération politique", *Le Débat*, n°33, janvier 1985.

过我们自己的利益,引领我们共同追求共同福祉。这是错误的。"(MG/III/284)私益(趋向于偏袒)和公益(趋向于平等),私己意志和普遍意志,依照自然秩序和本性,经常是相互排斥的(MG/III/284,295;2/1/3,1/7/7;É/IV/843)。"我向其他人谨慎遵守社会的法则,那是因为我确信他人都将向我遵守它。但在这里,你能给我什么担保呢?……要么给我这些对抗一切不正义的保障,否则就别指望我克己归仁。"(MG/III/284)"实际上,没人会否认,对每个人来说,普遍意志是理智的纯粹行为——它在情欲沉默时,就己所不欲勿施于人和立人达人之道,展开推理,但去哪里找寻那能摆脱自我的人呢?"(MG/III/286)"即便私己意志和普遍意志间的一致将是可能的,若其不是必然的和不可摧毁的,这就足以使主权法权不能从中产生"(É/IV/843)。

一方面,缺乏交流将使人难以充分知情。另一方面,在现实的不平等境况下,以自私心为基础的理智计算,导致相互的不信任。对普遍意志的达成来说,理智计算是必要的,也是不可消除的,但它又是巨大的分离性力量。

(二)"比单纯的理智更坚固的基础"

怎么办?"不得不为人间政府另寻比单纯的理智更坚固的基础。"(OFI/111/186)若社会及政治规则还要支持合作、保护每个人自由理智的集体选择,它的起源,就不应只是计算,还应包括心和情感:"就社会纽带的基础来说,心比理智更强大。本真的共同体只能存在于粘聚性情感之上。"[26]在此,卢梭提供了三大存于理智之后(infra-rationalité)的角色,以弥补理智的不足,缓解"充分知情"难题和"不信任"难题,促进社会黏合,推动个别意志服从普遍意志。这三大角色分别是立法者、公民宗教、教育和风尚监察。

1. 立法者

第一,"每个人,只偏爱那符合其特别利益的政府方案,很难认识到他该从良法要求的持续节制中收获的好处。为使初生的人民能喜爱正当的政治准则,遵循政治理智的根本规则,就应该倒果为因;使本应成为制度的果实的社会精神,主导制度本身;使人在法之前便成为其本应通过法而变成的模样"(2/7/9)。卢梭从规范逻辑上提出了人民主权原理。如何在现实政治中落实该原理,是政治工程学的内容。若"普遍意志"是前者的核心概念,"社会精神"或"社会性情感"(4/8/32)便是后者的核心概念:"凡破坏社会统一性的,皆不值一文。"(4/8/17)

第二,"盲目的群众,通常不知道自己要什么,因为关于什么对它好,它知之甚少,它自己又如何能开展立法体制这桩伟大又艰难的事业呢?人民本身总是想要幸福,但它本身并不总能看见幸福;普遍意志总是正当的,但指导它的判

---

[26] Jean-Hugues Déchaux, Jean-Jacques Rousseau, *SES-ENS*, Mars 2008.

断并不总是开明的。应使他看见对象的实然,有时甚至是对象的应然,向他指出他寻找的善道,保障他免受个别意志的诱惑,使他看清地点和时间,平衡遥远隐藏的弊害的危险和当前可见的好处的诱惑。……应该通过公共启蒙,以使理解力和意志在社会体中结合起来,以实现各部分的准确协作和最终产生整体的最大力量。"(2/6/10)

立法者的必要性便由此而生(2/7/9,2/6/10)。立法者的任务决定了他是雄才大德兼备的神灵(2/7/1);他还熟知特定人民的具体性格(2/8—10)。立法者的公开任务是为一国人民创制立法。为此,他应自觉能改变人性,即把他从孤立的物理的存在变成作为整体之部分的道德性存在(2/7/3)。这也就要求立法者努力保障成员间的平等,塑造成员间的共同性,激发那化育年轻人风尚的爱国主义、归属感和牺牲精神(GP/Ⅲ),化民成俗,这构成立法者的隐秘任务。

但卢梭对人性和权力结合后的不义深怀戒惧,一刻都不放松对僭政[27]的警惕。卢梭早已预见了后来那貌似立法者的革命导师与自由的冲突,他提前发出警告:"命令人者不应命令法,命令法者不应命令人;否则,若法受到情欲的支配,便只能践行不正义,个人意见戕害立法工作之神圣性的局面就永远不可避免"(2/7/4),立法权威便将和主权权力合二为一,僭政便产生,国便濒临灭亡(2/7/5)。因此,立法者的角色"决不是行政,也不是主权(立法权);祂缔造共和国,但却不进入共和国的结构。这是与人世间完全不同的独特而超越的角色"(2/7/4)。立法权或主权永远属于人民,立法者在立法方面的工作只是国法的起草或建议,其建议不经人民的自由投票和同意就绝不能成为普遍意志的宣告,不能成为国法(2/7/6—7)。立法者的工作,"既是超越人力的事业,在执行时,它又是虚无的权威"(2/7/8)。

立法者不能使用强力。又因为,"智者向俗人讲话,若运用自己的语言而不是对象的语言,就不能被后者理解;但无数观念是不可能翻译成人民的语言的。太概括的观点和太遥远的目标同等地超出其理解力之外",立法者也不能使用说理,于是,就不得不诉诸"不用暴力而能约束人、不用论证而能悦服人"的权威(2/7/9),"这超越俗人理解力的崇高道理,就是立法者把其决定托诸神口(即神道设教)的道理:为了用神圣权威来约束那不为人的智慧所感动的人"。还是为了防止愚民独裁,卢梭强调,并不是每个人都可请神讲话,也不是你自称是神的使者,别人就会信。卑鄙小人那装神弄鬼的把戏,只会落得自欺欺人的下场。"唯独立法者的伟大心灵,才是表明其使命的真正奇迹"(2/7/

---

[27] 《社会契约论》3/10/9—10 明确区别 tyran 的通俗意义和精确意义,通俗意义的 tyran 是罔顾正义与法的暴力统治者。精确意义的 tyran(暴君)区别于 despot(僭主),是对治权无正当法权但却僭越之、违法攫取治权但却依法治理的个体,despot(僭主)是主权的僭越者。这里说的,实乃僭政(despotisme)。暴政不都是僭政,但僭政永远都是暴政。

11)。立法者及其神道设教,共同地服务于智慧之赋予和社会性情感之培育的两大目标。

2. 公民宗教

宗教对社会是绝对必要的(4/8/14;MG/III/336)。除上述神道设教的必要性外,还因为:"痛苦的纷争和无穷的混乱,更表明,人的政府是何其须要比单纯的理智更为坚固的基础,公共的安宁何其须要神意的干预,以便给予主权权威以神圣且不可侵犯的品质……"(OPI/III/186)但宗教并无独立的价值,它旨在培育社会性情感,"只是服务于政治的工具"(2/7/12)。"每个公民都应有一种宗教,以使之热爱自己的义务。"但因为社会契约和普遍意志赋予主权体统治臣民的法权,不可超过公共福祉的界限。除却与共同体关系极大的领域外,在其他领域,"每个人都可抱持任何自己喜爱的意见,主权体对此根本不得过问。"所以,这种宗教的义理"唯独在关系(公共)道德、关系信奉者亦须向他人践行的义务时,才对族国和其成员有意义"(4/8/31)。以此为基础,卢梭说:"因此便存在一种纯政治性的信义的宣告,由主权体定其条款,但不是作为通常的宗教的义理,而是作为社会性情感,舍之则不可能有好公民,也不可能有忠诚的臣民"(4/8/32)。据此,公民宗教与通常意义上的宗教及灌输性的、治心的极权便区别开来。公民宗教的义理简省明确:强大、睿智、仁慈、远见、深虑的上帝的存在,来世的存在,正直者幸福,恶者受罚,社会契约和法神圣,这些是正面的义理。反面的义理只一条:不宽容(4/8/32)。"对公民宗教,族国虽不能强人信奉之,但却可把不信者驱逐出境,这不是因为其不敬神,而是因为他反社会,因为他不可真诚地爱法、爱正义,不可能在必要时为尽义务而牺牲。若某人已公开承认这些义理,但他的行为却表明他好像不信仰这些义理,他就应受死,这是因为他罪大恶极:在法面前撒谎"(4/8/32)。任何人都不可彻底超越自己的时空,卢梭对义理的提炼也只能从特定时空的信仰状况出发,未必能放诸四海。公民宗教的实质,不在于卢梭列举的具体义理,而在于它的存在根据即功能——就此说来公民宗教实乃《社会契约论》表达的政治法原理的精炼概括。

在后期论著如《科西嘉宪草》中,卢梭更关心公民仪式在推动社会粘合和强化公民义务感上的功能,强调通过"使人更关注公民义务"而使人摆脱迷信,强调应使人更关注民族节日,把更多时间投入到政治性仪式中,借此催生政治上必要的信仰(先于理智)。仪式因此具备了很重要的政治和社会功能。《新爱洛伊斯》热情讴歌集体性节日。节日和仪式创造了某种"良知交互"的环境,某种"于透明中共通"[28]的象征性秩序,它可在很大程度上补偿真实的社会不

---

[28] Jean Starobinski, *La Transparence et l'Obstacle*, Gallimard, 1971.

平等,缓解差异和对立,塑造某种对共同秩序的认同。

3. 教育和风尚监察

作为普遍意志之表达的法,是后于或内在于风尚而生的。在区别了政治法、民法和刑法之后,卢梭说:"还须加入第四种法,也即一切法中最重要的法,它不是镌刻于大理石上,亦非镌刻于青铜器皿上,而是镌刻于公民心灵之内;它构成一国真正的宪法,每天都在获得新的力量;当其他法衰老或死亡后,它复苏并补充之,它把人民维持于其制度精神之内,无形中以习惯的力量替代权威的力量,我称之为风尚、习惯,尤其是公论。今日的政治学者并不熟知这个主题,但其他一切的成功全都依赖于此,这也是伟大的立法者秘密地专心致力的主题:虽然袖表面上只是在制定个别的规则,但这些规则只是穹庐的拱梁,缓慢诞生的风尚才构成不可撼动的拱顶石。"(2/12/5)在此,斯巴达颇为卢梭称道:"在斯巴达,法主要关注孩童的教育,莱喀古在那里确立了风尚,它甚至无须法的辅助"(OFI/III/187)。

风尚得以纯正的凭借有二。其一,敦世厉俗要靠孩童的教育。在《论政治经济》和《论波兰政制》中,卢梭强调公共教育在矫正风尚、塑造民族个性、培育爱国心、巩固社会统一性和确保普遍意志之于个别意志的至上性方面的必要性。"要培育公民,如此,你便拥有一切,无此,举国上下便只剩下卑劣的奴隶。但培育公民绝非一日之功,为此,就应教育孩童。……孩童的教育对国的意义远大于其对父母的意义。……在政府制定的规则之下,在主权体确定的官制之下,公共教育便是人民的或正当的统治的基本法则之一。……这种教育无疑是全国最重要的事务"(ÉP/III/259—261)。《爱弥尔》深入论述了某种旨在保存和强化孩童的本真性的教育原则和方法。社会现实在此是缺场的,孩童是在"社会性失重的已消毒空间内"[29]成长的。之所以如此,是因为真实社会将导致本真性的腐化。如卡西尔所说:"为奠立人道的全新且真正的普遍性,卢梭放弃了人的集体。"[30]"已消毒空间内"的教育,旨在为"公共教育"提供模范。《社会契约论》和《爱弥尔——论教育》,这两部同时撰写的著作,是相互补充的:前者旨在改造制度,后者旨在改造个人意志,共同服务于人民主权的政治。

对尚未完全进入社会的孩童,应按《爱弥尔》的原则开展教育;但对(由成人构成的)社会,则须要监察官,以维持教育成果于不坠。它的工作是通过对荣誉的厘定或评判,来矫正或引导公共的意见或判断。监察只能针对个别情况而行动,它应通过防范意见的腐化而维持风尚(它无力重建风尚,此乃立法者的工作),但它也只能从已形成的或将形成的公共意见或判断中得出其法则。

---

[29] Dechaux, Jean-Jacques Rousseau, supra note [26].
[30] Cassirer, *Le problème Jean-Jacques Rousseau*, Paris: Hachette, 1987, p. 117.

公共意见本质上是不服从任何强制力的,意见自由是极珍贵的法权,因此,监察者不能使用任何强力(4/7)。

4. 三大角色的乌托邦味道

以上述三大角色的功业为基础,再运用理智,在立法过程中,人际等视和推己及人的絜矩之道便可能展开,每个人就很可能"把每个人都当成他自己",普遍意志就可望达成。然而,一方面,的确应了解人改善共同生活境况的迫切需求,但同等重要、甚至更重要的是,应了解人在追求美好境况的过程中可能遇到的灾难性阻碍。卢梭关于普遍意志之达成的思路,的确体现了他对"人和政治"的天才洞见,尤其当政治是可按预定规划展开的长远而持久的工程时。不幸的是,政治并不完全如此:它的某些面向是可以被人理解和控制的,但它的另一些面向,则充满了狡诈的悖理性和悖智性,不可理解也不可控制;尤其是,政治通常是当下的,要在特定的不太长的时间内满足当下人对立法的要求。卢梭的三大角色,奠基于他对"智慧和道德之于普遍意志之达成的必要性"的深刻体认,的确揭示了某些可为实践的政治改良借鉴的具体措置,但他关于普遍意志之达成的思路,总体上,不是实际可行的。这三大角色,若果能按卢梭设定的轨道运转,自然再好不过,也不应排斥追求这三大角色(在符合卢梭的标准的前提下)的诸多现实努力,但却不能把普遍意志之达成完全寄托于此。

第一,神灵般的立法者,固然与极权大哥无任何共同之处,卢梭也绝不应为后世极权主义承担任何责任,但不可否认,卢梭的立法者完全是可遇而不可求的;道德和智慧都绝对完美的立法者,一旦真的诞生,袘追求权力或民众要求赋予袘权力的吁求,又将是无法抗拒的。卢梭所说的"立法权威和主权权力的结合以及由此导致的僭政",除非撞大运而避免之,否则就将是不可避免的常态;于是也就不难理解,符合卢梭标准的立法者只能是千年一遇的莱克古、索伦和加尔文(或许还包括孔子)等区区几人;屡见不鲜的,倒是以导师自居的极权魔头。道德和智慧上的公共启蒙的确是必要的,也是可能的,但公共启蒙的安全可靠的道路似乎只应是自我启蒙,如梁启超所说"在吾民之各自新"。自我启蒙如何实现呢?似乎只能是通过某种非人格化的程序。

第二,普遍意志之达成,须要立法者,但为使立法者的话语,被人民理解,这些话语本身又应提前成为公民信仰,这就要求立法者不得不借神口以设教。因此,公民宗教,一方面,其实是把皮球又踢给了立法者;另外,在世俗化和科学化的现代社会,若还把某些信义托诸神口,非但不可增加这些信义的权威,反而徒取羞辱,因为理智的多数人已不相信神的存在。除去上述对信仰内容的规定(及在今世已不再灵验的托诸神口的做法)外,"纯政治性的义理"之所以被称作宗教,还是因为,卢梭希望运用宗教的另一要素即"透明的公共仪式"来强化上述义理及塑造政治体的象征性共同性(此想象的共同性尽管区别于物质的共同性,但也是一种真实的共同性。此乃卢梭的公民宗教论说中最可贵(但却被很多现代学者忽视)的见识。

第三,卢梭深刻地体认到风尚之于普遍意志的重要性,但不论培育风尚的孩童教育,还是保持风尚的监察官,也都预设了立法者的存在。一方面,卢梭明确说:风尚是"伟大的立法者秘密地专心致力的主题";另一方面,卢梭拟造的"社会性失重的已消毒空间"只是世外桃源,爱弥尔的导师更是十足的立法者;在《社会契约论》中,改造人性的教育本就是立法者的工作之一。不能使用强力的监察官要履行其职责,就不得不运用"绝妙高超之艺术"(4/7/6、8),此乃唯独立法者的超凡智慧才可胜任的工作,卢梭自己也承认,"现代人无疑是完全丧失了"这种艺术。

总之,卢梭为人民主权和普遍意志的达成提供的三大"存于理智之后"的角色,总体上,不是实际可行的,甚至还潜伏某种危险。在实体性——主体性的人民之外,卢梭的政治哲学又构造了实体性——主体性的立法者。智慧和道德皆不堪的现实的人民,雄才大德兼备但却可遇不可求的立法者——这二者的对立构成普遍意志现实化的最大难题,由此难题便变异出各式的群民恶政、阶级专政、极权或独裁的灾难。虽然总体上我不接受罗素对卢梭的评价,但我完全同意他这句话:"在民主理论家中,它(《社会契约论》)引入了形而上学抽象的习惯,借助普遍意志学说,领袖和人民的神秘同一成为可能,而且,这种同一,还无须如投票箱之类的凡俗手段的确认。"[31] 普遍意志之达成所要求的品德和智慧是否必须要靠外在的立法者呢?未必如此。

五、结束语:从"立法者"到"公议程序"

(一)化多为一 vs 正当歧见/哲学 vs 政治

除去表面上说的提升实体性——主体性人民的智慧和品德的必要性外,外在于人民的实体性——主体性的立法者的深层必要性究竟是什么呢?对缺乏立法者指导的人民,卢梭究竟担心什么?立法者之必要性的深层基础即在于此。

尽管卢梭承认,在另一极端,"全体一致"等于公民全都坠入既无自由也无意志、只剩下恐惧和谄媚的奴役状态(4/2/3);"意志要成为普遍的,并无须全体一致"(2/2/note1),但在卢梭心中,意见和利益严格对应,歧见表明私益得势,公民只应拥有独一的意见,即普遍意志,如卢梭一再强调:"只要若干联合起来的人,自认为是单一的整体,这些人就只有单一的意志……"(4/1/1)"各公民既然只有一个利益,人民便只有一个意志。"(4/2/2)"第一个提议法案的

---

[31] Bertrand Russell, *The History of Western Philosophy*, supra note [12], p.700.

人,只是说出了一切人的感知。"(4/1/2)"当个别利益开始被感觉……共同利益就开始改变,并出现了对立面,全体一致不再支配着投票……矛盾和论辩就出现了,最好的建议也不会无争议地通过。"(4/1/4)"一致性越支配大会,这就是说,意见越是趋于一致,普遍意志也就越占主导。但冗长的争论、意见的分歧和混乱的喧闹表明个别利益之得势和国的衰微。"(4/2/1)

利益差异显然会导致意见分歧,但意见的一切分歧都是(邪恶)利益差异促成的吗?显然不是,即使利益相同者,也很可能在很多议题上合理且正当地秉持完全不同或相反的意见。[32] 利益也许是共同的,意见则永远属于个人。然而,在卢梭眼中,普遍意志只存在唯一正解,与之相反的意见是错的,由邪恶利益促成的。尽管卢梭为普遍意志的达成设定了诸多条件(见前文),但即便如此,普遍意志形成的思路也是以极简单的假定为基础的,他把众人达成普遍意志的过程等同于做算术题的过程。至此,就易理解,为何卢梭说:"若和我的意见相反的意见胜出,这不过只是证明我错了,我原先估计是普遍意志的,不是普遍意志……"(4/2/8)正是基于此潜在预设,卢梭才引入了立法者:他知道何者对人民是唯一最好的,也要把人培养或改造成能共同地认识和拥护此"唯一最好"的公民。"服从但自由",得通过立法者化多为一来实现。

于是,卢梭实际上把尊贵的主权体——人民矮化为应受立法者指导和驯化的无知邪恶的群氓;人民从前门被请进,却又从后门被赶出。在卢梭那里,不论"人民"表面上何其尊贵,也不论他如何一再强调人民——主权体——普遍意志的同一,"现实的人民"已和普遍意志分离:卢梭倡导的,实质上不是现实人民的主权,而是普遍意志的主权;若把人联结于自由状态的,是以"唯一公益"为基础的唯一的普遍意志,某个智德双全的人(立法者)单独就能洞彻普遍意志,无须任何现实的公共议论。当立法者洞彻普遍意志且把人改造成理想公民后,人民的批准,便只是纯粹的仪式而已,会场的公民便只是立法者的克隆:千万人共享一个脑袋,一张嘴巴。真实的"政治"——作为公共行动和议论——消失了,被哲学掳掠了。

至此,我们发现了两个卢梭:一个是天才地建构了人民主权——人权——法治相统一的政治法结构的卢梭,另一个是试图以立法者(公民宗教—真空教育—风尚监察)消灭差异性、取代政治的乌托邦式的卢梭。实践政制的构建,应在坚持卢梭的政治法结构的前提下,同情地理解但决然地放弃乌托邦式立法者的思路,从其失败处出发,探求普遍意志的达成之道。从卢梭失败处出发,也即从现实人的差异性及其蕴含的人性出发。

(二)意见——公议程序——普遍意志:公议民主

普遍意志的基础是关于公益的意见的共同性;公益之可能性及相关意见的

---

[32] Jeremy Waldron, *Law and Disagreement*, Oxford University Press, 1998.

共同性,要求努力营造可自发地(而非强制地)促进人群共同性的环境(如经济上的相对平等、政治体的小规模及与此相关的地方分权、排除派阀)。人间的利益冲突虽应该且也可能尽力缓和(利益冲突的扩大和极化将把社会撕裂,在敌对的两大群体间,任何普遍意志和人民主权都不可能实现),但不论如何努力,除非诉诸外在超越性主体对众人在意识或身体上的"洗澡"或强迫(这将打开极权之门),人与人不可能彻底同一化,利益差异及相关的意见分歧,不可能彻底消除;即便利益是共同的,意见的分歧也依然会合理而正当地存在。[33] 任何个别理智人(包括哲学家)的反思,都不能最终确定其他人都同意的规则:他最多是提出了一项建议,这只是决策过程的开始,不能替代实在的政治行为。

如阿伦特所说,"是我们共栖此世,而非我独栖此世"。[34] 尽管极端对立的敌我式差异应被缓和与节制,但差异性是人的基本境况。除去纯私人世界外,我们还因"共栖此世界"而构造了公共空间。在此,我之存在的现实性,是从他人的视听中获得的;这种存于他人视听之中的存在,也即交往中的存在。与交往无关的存在,实际上不存在。[35] 这种视听和交往,本身又是以语言为媒介、以理解为导向的,其中贯穿着以道德批评为中心的证成性活动。普遍的交往实践,为揭示生活世界的规范性基础,提供了实在的入口;它的背后,是交往实践的参与者都明确或隐含地接受的某种普遍性预设——它构成交往实践的规范性基础。作为语言行为的交往必定预设了理智原则和理智交往的可能性;当藉理智来说服他人时,就必定预设了(可普遍化的)无偏私原则和无偏私交往可能性。[36] 否则,独夫式的暴力就足以伸张他的意志了。理智是人皆有之的官能,无偏私地理智交往,是普遍交往实践充分展示了的人的潜在可能性。

这些可能性,也都存在于卢梭的哲学中。在卢梭那里,理智是先天潜在的官能,但后天的境况使它和社会及语言同步发展起来(É/IV/304、317)。除理智之外,人还先天地被赋予良心,"立人达人和己所不欲勿施予人的仁意,存于良心之内"(É/IV/523)。普遍意志的展现要求良心和理智的结合:良心是不学而备的"人心之所同然",是个人内心的普遍意志,是根基,但"唯独理智才能教导我们认识善恶","良心虽独立于理智,却不能离开理智而发展"(É/IV/288);理智本身虽不足以成为普遍意志的基础,但良心如要避免误入歧途,须由理智来节制和启明(É/IV/522—523、730)。不同的是,卢梭的良心和理智是内在的,他担心不公正的现实社会内的交往会昧没良心,滥用理智,因此,他反对用

---

[33] 除 Jeremy Waldron 外,Larmore、Berlin 和后期的 Rawls 都持类似观点。

[34] Hannah Arendt, *The Human Condition*, University of Chicago Press, 1958, p.7.

[35] 见 Habermas, *Moral Consciousness and Communicative Action*, Lenhardt, C. & Nicholsen, S. W. trans, The MIT Press, 1990, pp.43—115。

[36] 见 Nino, *The Constitution of Deliberative Democracy*, Yale University Press, 1996, Chapter 5。

特定的交往程序来彰显和发挥良心与理智,而是主张用立法者及相关措施来净化良心,驯授理智。

卢梭的人民主权——人权——法治的统一,关键在于立法要表达普遍意志。该政治法结构的正当性,并不因立法者思路的乌托邦味道而受任何影响。舍弃实体性——主体性的外在(于实体性人民的)立法者思路之后,在立法过程中,如何才能确保意见的普遍化?人的交往性及其普遍预设,表明无偏私的理智交往是人性深处的潜能。意见的普遍化也即普遍意志的展现,要求把此良知和潜能充分激活,把它释放和发挥出来,把它充分地、常规地现实化。

主体性的外在立法者思路,不得不放弃。于是,也就可以尝试求诸程序性和主体间性的客观的形式化思路。这要求在坚持卢梭的政治法结构和他关于共同性塑造的基本见识的前提下,充分体认和发挥人的存在的交往性及普遍交往实践预设的人的理智性和无偏私性的潜能,确立可以屏蔽偏私意见或促成偏私意见的普遍性转化的程序,此即公议民主程序:公议是一切相关人(作为平等自由的人)或其代表无私且公开地说理。

经由公议程序,公共决策过程本身转化为意见或偏好的普遍化过程,公民自身转化为立法者(真正的自我立法),"现实人民的主权"也就同时成为"普遍意志的主权";它提供了为普遍意志之达成所必要的智慧和品德,可以实现公民的自我启蒙和自我教育;"法＝普遍意志"本身也因此成为如卢梭所说的公共理智的表达。公议本身也构成公仪(公共仪式),可在参与者之间塑造象征性共同性和对公议空间的认同。[37]

(初审编辑:成协中)

---

[37] 关于公议民主的基本命题结构和它取代立法者的具体思路,详见瞿小波:"从大立法者到人民公议——公议民主的结构和价值",载《中国法学》2010年即刊。

论利息的法律管制

——兼议私法中的社会化考量

许德风[*]

Social Justice and the Rationale of Usury Law

Xu Defeng

内容摘要： 从发展历史与政治经济背景来看，利息管制是一项体现私法中社会化考量的制度。本文的分析表明，其具有扶助贫弱的效果，并且未必造成经济效率的降低。在具体内容上，宜对消费信贷进行较严格的管制，对商业信贷则应采取相对宽松的态度。我国现行法的利息管制规则对保护消费者而言上限过高；对企业而言又成了无谓的负担，应及时修正。在管制方式上，各国通常都将显失公平制度作为兜底性的规范。我国虽有同样的规定，但对该制度的理解与认识仍有欠缺，以至于实践中极少应用。利息管制制度具体运行的效果，取决于信贷的弹性或管制的有效性。在传统社会，资本的流动性较弱，投资选择有限，因此利息管制可以在很大程度上发生财富转移的效果，随着社会经济的发展，尤其是公司制度的建立，投资手段日益多样，利息管制在社会保障方

---

[*] 北京大学法学院副教授。本文的写作，得益于曾燕斐、茅少伟、金印、王光华、刘远萍、殷秋实、朴文一、钱思雯的讨论、批评和协助，得益于初审编辑与匿名审稿人的指正，特致感谢。本文是教育部人文社会科学研究项目"法教义学的基本要素研究——以民法概念与规范为重点"的阶段性研究成果。

面的效果日益降低。这在一定程度上促成了其他替代如个人破产等制度的建立和发展。

关键词：高利贷　利息管制　显失公平　公序良俗　个人破产　合同自由　利息　私法社会化

一、引言

长期以来,我国民间的利息水平就普遍较高。[1] 当前这种情况仍存在。[2] 关于交易中的利息,现行法上,最高人民法院《关于人民法院审理借贷案件的若干意见》(民发〔1991〕21号)第6条规定:"民间借贷的利率可以适当高于银行的利率,各地人民法院可根据本地区的实际情况具体掌握,但最高不得超过银行同类贷款利率的四倍(包含利率本数)。超出此限度的,超出部分的利息不予保护";第7条规定:"出借人不得将利息计入本金谋取高利。审理中发现债权人将利息计入本金计算复利的,其利率超出第六条规定的限度时,超出部分的利息不予保护"。这些规定是本文的研究起点:法律应否管制借款合同的利息？如果应该管制的话,具体应如何进行？在已有《民法通则》(第58条第3款、第59条)、《合同法》(第54条)规定乘人之危[3]、显失公平的法律行为可被撤销的情况下,是否还应该对借款合同的利息做特殊规定？

从笔者浅薄的研究体会来看,虽然自由是私法的核心精神,但私法制度设计、解释与适用的关键却在自由与强制的交汇点上。[4] 对利息管制这样一个

---

〔1〕 在20世纪20到30年代,近代太行山地区的24个县中,借款年利率在30%以上的有19个县。在甘肃、宁夏、青海、陕西等落后省份,借贷年利率30%以上者占十之八九。当铺利率一般为月利3分、5分,其不满月按散日算息的方法,更是提高了利率水平。见李金铮:"近代太行山区的高利贷——20世纪二三十年代为中心",载《华北乡村史学术研讨会论文集》,2001年,第96页。另见徐畅:《二十世纪二三十年代华中地区农村金融研究》,齐鲁书社2005年版,第76页;张忠民:"前近代中国社会的高利贷与社会再生产",载《中国经济史研究》1992年第3期。
〔2〕 如在2007年对山西部分地区的分析中,借款年利率在24%—30%的占样本企业总数的27.5%,超过30%的占12.5%,年利率在80%—85%的占5%,高利贷在小型企业借贷和政策限制行业中尤其高发。杨海斌:"我国现阶段的高利贷研究——以山西商为例分析",载《生产力研究》2007年第14期。2007年前后,湖北省的一些地区民间借贷的月息在3分到5分之间。郭静等:"论农村高利贷现象的发展——汀祖镇个案研究",载《法制与社会》2007年第4期。
〔3〕 在民法通则下,乘人之危的民事行为无效。
〔4〕 许德风:"租赁合同的社会控制",载《中国社会科学》2009年第3期(无论是基于经济还是社会考量,都应对住房租赁合同进行必要的管制);"论法教义学与价值判断",载《中外法学》2008年第2期(法教义学具有独立的价值,在价值判断层面,自由、福利等多元化的考量有助于法律更好地适应社会的发展);"隐私权与新闻自由",载王利明等(主编):《中美法学前沿对话》,中国法制出版社2006年版,第396—498页(新闻自由是维系社会共通之基本价值的重要手段,是民主政治的重要支柱,但受限于个人——包括公众人物——的隐私);"对第三人具有保护效力的合同与信赖责任",载《私法》第8卷,北京大学出版社2004年版(在交易中,无合同义务未必即可自由行为,信赖亦可产生义务)。

有代表性问题的讨论,将不仅有助于恰当评价现行法制度,厘清借款合同中意思自治的边界,也有助于提炼限制合同自由的一般理论,为民法上诸如显失公平、违约金调整(《合同法》第 114 条)、约定解除的限制(《合同法》第 93 条第 2 句)等制度提供具体的参考。此外,本文也将对与利息管制密切相关的个人破产制度进行分析,并以此为中心讨论管制效果与成本的相当性问题,以进一步呈现私法中的自由与强制的界限。

想充分论证利息管制的合理性并不容易。边沁早在 1816 年的"为高利贷辩护"(Defense of Usury)一书中就逐项批评了管制高利贷的理由。[5] 第一,"既然双方都出于自愿,为什么法律要管制借贷双方自愿设定的利率?"为什么"非金钱借贷的交易中法律不管制利润的水平——比如低价买入房屋再高价卖出——而管制借贷的利息?为什么法律不禁止收取过低——比如低于 5%——的利息?"[6] 第二,"利息管制可以防止过度浪费么?如果一个人愿意以牺牲未来的幸福为代价生活,为什么法律要横加干涉?须知现实中大多数的挥霍是在现有财产的基础上而并不是通过借贷完成的,管制利率防止浪费的效果微乎其微。"[7] 第三,"怎样的利率为合理?如何确定适当的利率?"[8] 边沁的分析,可以说为此后几个世纪对利息管制的论证奠定了基本框架:首先是利息管制的正当性问题,主要体现为其与合同自由的关系;其次是管制效果与管制成本的相当性,即管制成本的问题;再次是如何(以及是否可能)制定合理的管制规则。以下的分析亦将大体依这一框架展开。考虑到对现行制度的梳理能够为正当性判断提供基本材料,下文首先讨论利息管制的具体制度,然后再分析管制正当性。

---

[5] 边沁在关于高利贷的讨论中,区分了两种高利贷的定义:其一为法律上的定义,"凡是超过法定利率的都是高利贷",其二为道德上的定义,"超过人们通常接受或付出的利率水平的是高利贷"。Bentham, *Defense of Usury*, 3rd. Edition, London, 1816, p. 8.

[6] 在西文词汇,英语中的"usury"从词源(usura)来看,原本就是指有偿借贷,后来获取利息不再受到谴责,该词才被专用于指代高于法定利率的放款行为。虽然高利贷在西方社会长期受到一致谴责,但也不无争议。正如 12 世纪英国神学家 Thomas de Chobham 所指出的,"在所有别的合同里,我可以期望并接受利润。就像我给你某件礼物,就可以期待某种回赠一样。同理,如果我借给你我的衣服或是家具,我可以收取一定的钱。为什么当我借钱给你的时候,这个逻辑就行不通了呢"?转引自雅克·勒高夫:《钱袋与永生——中世纪的经济与宗教》,周嫄译,上海世纪出版集团 2007 年版,第 12 页。

[7] Bentham, *Defense of Usury*, Supra note [5], p. 10.

[8] "罗马法尤士丁尼时代的法定利率(上限)是 12%,英国亨利八世时是 10%,后来又调整到 8%,后来到 6%,在 Hindostan 没有法律上的利率管制,习惯上的最高利率是 10%—12%,在君士坦丁堡,为 30%。到底哪一个更妥当?如何评价其是否妥当?" Bentham, *Defense of Usury*, supra note [5], pp. 11—12.

二、利息管制制度

利息管制制度的触发或高利贷的构成,可以从主观要件和客观要件两个层面讨论。当然,在我国和美国大多数州,并不要求有主观要件,只要在借款合同中约定的利息率超出法定最高利率即可。

(一)法定最高利率

有些国家以统一具体规定的方式调整法定利率。如美国各州高利贷管制法大多设定一个基本利率(通常在6%至16%之间),然后再根据借款的数额、用途、是否设有担保等要素分别作出相关规定。[9]我国也曾采取类似的管制方式,如最高人民法院在1952年《关于城市借贷超过几分为高利贷的解答》中指出,私人借贷利率一般不应超过3分。1964年由中共中央批转的邓子恢同志《关于城乡高利贷活动情况和取缔办法的报告》明确规定:"高利贷和正常借贷的界限,主要按利息的高低来确定:一切借贷活动,月息超过1分5厘的,视为高利贷"。与此相比,现行法更为灵活,采取的是一种与"市场利率"[10]挂钩的方式,利率上限是"银行同期贷款利率四倍"。当然,何为"银行同期贷款利率"并不明确。从民发〔1991〕21号解释的文义来看,这里的"银行"可能指商业银行。目前商业银行的贷款利率是以人民银行的基准利率为基础经适当浮动加以确定的。[11] 以人民银行2008年12月23日的基准利率为例,一年期贷款利率是5.31%,其四倍为21%,商业银行最高可上浮至35.7%。若以利率较高的年份为参照计算(如1996年5月1日的基准利率为13.1%),最高的法定允许利率可以是89.08%(13.1%×1.7×4)。当然,这里的"银行"也可能限于人民银行,若以人民银行2008年12月23日的基准利率为基准,一年期贷款利率是5.31%,其四倍为21%。究竟以何者为准,尽管早有学者呼吁澄清[12],但至今未有正式的回应。因人民银行并不对外"贷款",单从字面含义看,将"银行"理解为商业银行更为合适。不过如此一来,我国的利息管制可谓相当之宽松(允许最高达104.8%的年息)。

须说明的是,上述最高人民法院的司法解释并非唯一的法源,部门规章关于法定利息的规定也颇值重视。如根据商务部、公安部2005年发布的《典当管

---

〔9〕 Cal. Civ. Code § 1916; Cal. Civ. Code Appx. 1; N.C. Gen. Stat. § 24-1 (2009); A. R. S. § 44-1201; Utah Code Ann. §15-1-1 (2008); N. J. Stat. § 31:1-1 (2009); R. S. Mo. § 408.030 (2009); S. D. Codified Laws § 54-3-4; N. M. Stat. Ann. § 56-8-3 (2008).

〔10〕 目前我国商业银行的存贷款利率一定程度上仍受中央银行的管制,因此在此加上引号。

〔11〕 根据《中国人民银行关于扩大金融机构贷款利率浮动区间有关问题的通知》(银发〔2003〕250号),自2004年1月1日起,商业银行、城市信用社贷款利率浮动区间为基准利率的[0.9, 1.7];农村信用社贷款利率浮动区间为[0.9, 2]。

〔12〕 郑孟状等:"论放高利贷行为",载《中外法学》1993年第3期。

理办法》第 37 条,典当金利率"按中国人民银行公布的银行机构 6 个月期法定贷款利率及典当期限折算后执行"。表述非常清楚,数额也不为高。不过,典当行可以通过其他形式——典当综合费用(包括各种服务及管理费用)——获取相当于高额贷款利息的收入。在该办法中,动产质押典当的月综合费率不得超过当金的 42‰;房地产抵押典当的月综合费率不得超过当金的 27‰。财产权利质押典当的月综合费率不得超过当金的 24‰。将这一费率折合为年利率,则分别是 50.4%、32.4% 和 28.8%。如果加上当金利率和从绝卖(第 43 条)中获取的收益,典当行的实际利率水平也是很高的。[13]

相比我国法与美国法,在客观要件的认定上,德国法上没有具体、刚性的利息管制规则,只有一般条款。该法第 138 条第 1 款规定:"违背善良风俗的法律行为无效。"第 2 款规定,"尤为无效的法律行为是,被利用处于困窘情境、缺乏经验、欠缺判断力或显著意志薄弱而向另一方当事人或第三人承诺或履行与对待履行不相当的财产利益。"这两款的适用,需要从主观要件和客观要件两个角度判断。就客观要件而言[14],德国法区分消费者信贷和企业信贷而进行不同程度的利息管制。[15] 对消费者信贷,利息管制相当严格,年利率值超过 30%(在利率较低的年代,超过 18.6%)通常即可被认为满足了暴利的客观要件。[16] 而对企业借贷,法院在认定暴利的问题上通常采取较为宽松的态度。如在年利率为 94% 甚至 180% 时,也不认为当然构成违反善良风俗或暴利。[17] 除过高的利息会构成暴利外,第 138 条第 2 款还调整"价格暴利"(Preiswucher) 的情形。对此,德国法上有丰富的案例资源。在买卖合同中,一宗价值 80000 马克的土地被卖为 45000 马克,价值 64000 马克的土地被卖为 13800 马克,被认为构成暴利。[18] 在服务合同中,作为 40 年墓地看守报酬的 11600 马克被认

---

[13] 实践中也有典当行超过该管理办法收取利息的情形,见"北京海洋港国际大饭店有限公司与北京都市典当有限责任公司典当纠纷上诉案"(北京市第二中级人民法院民事判决书,(2009)二中民终字第 14968 号)。

[14] 从目前对《德国民法典》第 138 条第 2 款的解释看,通常在超过市场利率一倍(Grenze des Doppelten)时,会被认为满足了暴利(Wucher)的客观要件。Münchener Kommentar-Mayer/Armbrüster, 2001, § 138 Rn. 114 BGB.

[15] 当然,也有经济学者怀疑区别消费信贷和企业借贷的可能性。如 Gleaser 指出,若法律对企业借贷的利率管制较松,而对消费借贷的利率管制较多,则多数意图获取高利贷的人可能会选择迂回规避的办法,最终结果是以"消费者借贷"获取借款的人的数量降低。Glaeser et al., "Neither a Borrower Nor a Lender Be: An Economic Analysis of Interest Restrictions and Usury Laws", 41 *Journal of Law and Economics* 1, 4 (Fn. 11)(1998).

[16] BGH NJW-RR 89, 1068; BGH NJW-RR 90, 1199; BGH 104, 105, 110, 338.

[17] BGH NJW 1982, 2767; Helmut Koziol, Sonderprivatrecht für Konsmentenkredite?, AcP 1988, 183, 186; BGHZ 80, 161.

[18] BGH WM 80, 597; BGH NJW-RR 90, 950; BGH WM 75, 327.

为构成了暴利。[19] 在婚介合同中,以4500马克提供4次婚姻介绍为暴利。[20]

德国法放弃利息管制的具体、固定标准,是经历了一番周折的。在《德国民法典》制定时,的确曾讨论过是否将非常损失规则(laesio enormis)[21]纳入到民法典中的问题。后来立法者放弃了这一选择,按照立法理由书,当时的主要考虑是认为非常损失规则采纯客观主义,容易危及交易安全,而且一律以"两倍"或"一半"作为判断依据,难免会削足适履。[22] 作为替代,立法者最终选择了以第138条对违反善良风俗的行为和暴利行为做抽象性规定的方式。二者都要求主观要件,尤其是要构成第138条第2款的暴利,需要一方"被利用处于困窘情境、缺乏经验、欠缺判断力或显著意志薄弱"。

(二)主观要件

在《德国民法典》制定后的司法实务中,第138条第2款严格的主观要件要求导致法官被迫转而适用主观要件较为宽松的第138条第1款(违反公序良俗的行为)。[23] 例如,帝国法院(RG)(1936年)在裁判中认为获利的一方主观上有"应受谴责的态度"(die verwerfliche Gesinnung),有对"健康的国民感受"(das gesunde Volksempfinden)的背离,即可构成违背善良风俗,进而宣告合同无效。[24] 第二次世界大战后,联邦德国最高法院(BGH)基本上顺承了RG的做法。不过,因证明获利人的主观状态颇为困难,自20世纪70年代末期开始,BGH开始发展更有利于受损人的证据规则。[25] 如在有的案例[26]中依交易价格为市场价格的3倍,在有的案例[27]中依贷款利率为市场利率近2倍的事实,

---

[19] LG München NJW-RR 89, 197.

[20] AG Eltville FamRZ 89, 1299. 相比而言,以3075马克提供25次婚姻介绍则不成立。LG Nürnb. BB 73, 777.

[21] 罗马帝政时期,Diocletianus皇帝和Maximianus皇帝决定,在不动产的价金低于其价值的一半时,遭受"非常损失"的出卖人有权请求撤销买卖。优帝一世将这项限制扩大适用于所有的买卖,推定在价金不足标的物价值(市价)的1/2时,出卖人表面上是自愿的,实际上是受了压迫,并非出于真心,故该买卖可以被撤销。周枏:《罗马法原论》(下册),商务印书馆1994年版,第694页;徐涤宇前引注。

[22] 实际上,当时日耳曼法上也有类似非常损失规则的内容,只是当事人可以通过约定排除其适用,与罗马法上的原本意义上的非常损失规则仍有所区别。Motive zum BGB-Entwurf II 321.

[23] Palandt-Heinrichs, § 138 BGB Rn. 68 ff.

[24] RGZ 150, 1. 此时,纳粹已经掌握政权,并且表现出了强烈地反对高利贷的态度,不过帝国法院还是坚持了其对主观要件的要求而没有仅依客观要件断案。

[25] BGH WM 1969, 1255; Staudinger-Sack, § 138 Rn. 182 BGB.

[26] BGH NJW 2002, 3165.

[27] BGHZ 104, 102. 在该案例中,原告从作为银行的被告处获得共30000马克的借款。该款项将在71个月内还清,月息为1.2%,中介费为1500马克,手续费为945马克,到期总共应归还59661马克。整体计算下来,年息为29.79%。原告为三口之家,作为男主人的原告每月的退休金为1400马克,女主人没有收入,他们的女儿每月收入为1400马克(女儿随时可能独立生活,带走全部收入)。按照法院的计算,当时的市场利率为16.22%,因此本案中的利率高出市场利率达83.72%。

推定满足了第138条第1款下所要求的主观要件。BGH 的这一做法遭到了著名学者 Flume 教授的批评,认为这样做是回复了原本被放弃了的非常损失规则。[28] 不过 BGH 并未因此放弃其选择,其在后续的判决中,进一步明确了有关的论证思路:第一,此种推定更多是一种认定当事人主观状态的规则,与"表面证据"(der prima-facie-Beweis)规则类似,不过是在一定程度上增加了获利人的证明责任(获利人可以通过证明自己没有"应受谴责的态度"或至少没有重大过失来推翻有关推定,具体如证明在进行交易时双方曾共同指定第三人出具中立评估意见),并未完全放弃主观标准。[29] 第二,为防止滥用该推定性规则,BGH 对其适用也作了限制,即只适用于消费者合同(企业与消费者之间和消费者相互之间的合同),而不涉及商人、自由职业者或其他主体。[30] 在后一类合同中,受损一方当事人原则上仍须证明超额受益一方当事人在主观上具有可谴责的态度[31],或至少应证明受益一方对于价格的明显偏高有所了解。[32] 在商事主体之间,合同签订后一方因他方获得了巨额利润而反悔的情形,通常不能获得法院的支持,除非存在其他特殊情形。[33]

总体而言,德国法这种主客观相结合的规则与通常认为的纯客观化的非常损失规则相比,虽然在可预见性与确定性层面有所不足,但更灵活,更适合个案考量。另一个非常值得注意的方面是,德国法上将具有显失公平制度内涵的禁止暴利规则(利息管制)与公序良俗原则合并在一起,规定在同一条文之下(第138条),在构成要件与法律后果上均有相似之处。这也在很大程度上说明,实际上利息管制规则与公序良俗原则背后的价值考量完全可以为解释(我国法上的)显失公平制度提供参照。

---

[28] Flume, Zur Anwendung der Saldotheorie im Fall der Nichtigkeit eines Grundstücks-Kaufvertrags nach § 138 Abs. 1 BGB wegen verwerflicher Gesinnung des Käufers, ZIP 2001, 1621 f.

[29] Bork, Anmerkung zu BGH 19.1.2001, JZ 2001, 1138, 1139.

[30] Winner, Wert und Preis im Zivilrecht, Springer, 2008, S.215.

[31] 在一个案例中(BGHZ 128, 255),某建筑师高价融资租赁了一台传真机,出租人购买该传真机的价格为1750马克,但租给该建筑师的每月租金为145马克,租期为60个月。经过核算,本合同中的租金高于市场利率近90%(该租赁合同项下的年利率为27.76%,而同期市场利率为15.49%)。对此,法院认为鉴于承租人为建筑师,为自由职业者,经济上并未处于弱势地位,经验上也不欠缺,因此,应由其证明出租人有"可谴责的态度"。后来的类似案例,参见 BGH NJW 2003, 2230。

[32] BGH NJW 2002, 55; Koziol, AcP 188, 183, 201.

[33] 在 Daktari 案中,某电视节目制作商拥有制作某系列剧的许可使用权。根据约定,在被许可人将使用权转让时,许可人有权获得50%的转让所得。许可使用合同签订若干年后,被许可人与许可人约定,向许可人支付1万马克以买断其获得未来转让所得50%的权利。在该约定签订不久后,被许可人将该许可使用权以830万马克的价格转让给第三人。许可人请求撤销以一万马克放弃未来转让所得的约定。BGH 支持了其请求,不过法院并没有以许可人遭受特别损失作为理由,而是将二者长期以来因合作共事而形成的特别信任关系作为其判决的依据。BGH MDR 1979, 730.

与《德国民法典》的路径选择不同,《奥地利民法典》继受了罗马法的非常损失规则,规定于第934条中的买卖、互易等合同中:若在合同订立之时,一方的付出少于另一方给付的一半,在合同订立之日起的三年内,若另一方未补足全部价差,则该方可以向法院申请撤销合同。在标的物存在瑕疵时,该条亦发生适用。[34] 就适用范围而言,虽然历史上曾有所摇摆,但根据通说和目前的实在法规定,该规则只适用于民事主体,商事主体不受其约束,除非商事主体以约定选择适用之。[35]

在具体适用上,第934条受两方面的限制。其一,要在一定程度上考察当事人的主观状态:若受损一方当事人在缔约时明知价格明显不公平,则不得请求撤销合同(第935条)。也就是说,在这里,价格的明显不对等被用来推定受损人在主观上处于价值认识错误(Wertirrtum)的状态:若受益一方当事人能证明受损人明知交易不对等,则受损人便不得再主张撤销合同。[36] 第二,在价格确定上,《奥地利民法典》上另有具体规定。该法首先在第304条关于"法院估值的标准"(Maßstab der gerichtlichen Schätzung)中原则性地规定物品之价值即为其价格,然后在第305条分别规定了正常价格和特殊价格(ordentlicher und außerordentlicher Preis):若物品按照其使用价值进行估值,且在估值时考虑了有关交易的时间、地点、习惯与通常之履行,则所得估值为正常价格;若估值时考虑交易中的主观因素,则所得估值为特殊价格。第306条在第305条定义的基础上,规定除非有法律规定或合同约定,物品价值的确定应以其正常价格为准。第935条后半句规定,若在订立买卖合同时,一方当事人明确表示了自己特殊偏爱(die besondere Vorliebe),则在确定价值时应考虑该主观因素,适用特殊价格。[37] 如在一个案例中,集邮者购买了一批邮票,后经鉴定,其交易价格远高于邮票的实际价值。但买方根据第934条请求撤销合同的主张遭到法院拒绝,理由是买方在购买时表现出了"特殊偏爱"。[38] 实际上,在几乎整个20世纪,奥地利最高法院(OGH)都认为,原则上所有购买艺术品的合同都包含了

---

[34] Martin Winner, aaO., S. 46—48.

[35] 实际上,1863年的《德意志普通商法典》(ADHGB)中也早有类似规定(第283条),排除非常损失规则在商事交易中的应用。Martin Winner, aaO., S. 187.

[36] Koziol et al., Allgemeines Bürgerliches Gesetzbuch (Kommentar), Springer, 2005, § 934 Rn. 2.

[37] 《奥地利民法典》上关于价格的确定有明确的条文。该法在第304条关于"法院估值的标准"(Maßstab der gerichtlichen Schätzung)中规定,物品之价值即为其价格。第305条分别规定了正常和特殊价格(Ordentlicher und außerordentlicher Preis),若物品按照其使用价值进行估值,且在估值时考虑有关交易的时间、地点等情形下的习惯和通常所履行的价格,则所得估值为正常价格,若估值时考虑交易中的主观因素,则所得之估值为特殊价格。第306条在第305条定义的基础上,规定除非有法律规定或合同约定,物品价值的确定应以其正常价格为准。

[38] OGH JBl 1988, 449.

"特殊偏爱"的因素。[39] 由是观之,奥地利民法上所规定的非常损失规则与罗马法上相关制度[40]还是有相当之差别——通过价格确定的条款(第935、305条)将主观因素纳入进来。

此外,与德国法类似,奥地利民法上也规定了关于暴利(Wucher)的规则(§ 879 II AGBG)。与第934条不同,这里的"暴利"在构成上并不要求有一半以上的价差,但主观要件的要求较为严格。[41] 相比德国法在主观要件上的要求,我国现行法上的利息管制制度并未规定主观要件。按照民发〔1991〕21号解释的规定,凡是超过利息上限的约定,一律构成法律所禁止的高利贷。美国法上的利息管制与我国类似,也未对主观要件作出规定。[42]

(三) 利息管制与显失公平

需注意的是,在我国法上,民发〔1991〕21号解释未必是利息管制的唯一法源。如前所述,就利息管制而言,我国现行法上其他可用于处理高利贷的规则还有《合同法》第54条第1款第2项,第2款(第59条第1款第2项、《民法通则》第58条第3项)所规定的显失公平制度与乘人之危制度以及《合同法》第6—7条(《民法通则》第4条、第7条)所规定的诚实信用原则与公序良俗原则。但对此我国目前仍未形成确定的案例类型,具体标准仍不明晰。学理上对显失公平与乘人之危也仍有不同的认识。不过若以这类一般条款作为调整规范,便不能再认为我国法上对于高利贷管制一律以客观要件为准,毕竟这些一般条款都很大程度地考虑了主观要件的问题。

须注意的是,有学者认为,关于显失公平的构成要件,国外立法上有不同的规定,学理上也存在不同的认识。具体而言,认为显失公平的构成可以分为单一要件与双重要件两种不同的立法选择。后者如《最高人民法院关于贯彻执行〈中华人民共和国民法通则〉若干问题的意见》(下称《民通意见》)第72条规定,认为需同时具有主观要件与客观要件;前者则认为仅包含客观要件,即只要客观上双方当事人的权利义务明显不对等,使一方遭受重大不利,就足以构成显失公平。[43]

---

[39] 后来,OGH也发展了一些例外规则,例如对某些因长期的交易而有市场价格的艺术品。Martin Winner, aaO., S.57.

[40] 详细论述,见徐涤宇:"非常损失规则的比较研究",载《法律科学》2001年第3期。

[41] Winner, aaO., S.182 ff.

[42] 见前注〔9〕所引注的相关法律规定。

[43] 崔建远:《合同法》,法律出版社2007年版,第109页。崔建远老师认为,这样的解释有利于显失公平制度与乘人之危制度相协调,最终使"两个可撤销原因的界限清晰,法律适用明确"。认为《民通意见》第72条可以被"视为对显失公平类型的列举,而非定义。"见崔建远:"合同效力探微",载《政治与法律》2007年第2期。韩世远老师则考察了我国显示公平的立法史,认为现行民法通则与合同法上对显失公平的主客观要件未做任何规定。合同法在制定过程中曾采纳过二重要件说的见解,但后来又被抛弃,这清晰地表明了立法者的(仅要求客观要件的)立场。韩世远:《合同法总论》,法律出版社2008年版,第173—174页。

笔者认为,依单一要件说完全排除显失公平中的主观因素是不妥当的。在判断权利义务是否明显不对等、一方是否遭受"重大不利"时,估值是需要解决的前提性任务。而估值的过程,必不可少地要揉入主观判断的因素。[44] 前述奥地利第935条后半句的规定就是例证。[45] 若仅规定客观要件,在当事人自己认为物有所值而以高出"市价"很多的价格购买时(如果可以将当事人此时的交易价格排除在"市价"之外的话),事后还可以因某种原因而反悔,引用显失公平制度寻求救济,容易导致随意破坏合同的约束力,损害交易安全,破坏市场正常运作。

当然,利息管制有其特殊性。毕竟利息是一种金钱债权,而对金钱债权以及其他高同质性物品而言,确定一个相对客观的价值是可行的,也正是出于这个原因,法律实践中高利贷的主观要件多以推定的形式出现。而对于艺术品等类似的高异质性物品,客观上的显失公平由于"特殊偏爱"等因素就很难认定,此时须更加注重主观要件。

若显失公平可用于限制过高的借款利息,并且在构成上加入主观要件的要求,则现行法关于利息管制的规则在很大程度上可以更为周全,现行法上的一些漏洞也能得到弥补。例如,对于超过市场利率但尚未达到法律规定的四倍于银行贷款利率上限的借贷,若允许借款人通过证明存在显失公平的情形而主张撤销,便可以弥补救济上的漏洞。若能在解释上更进一步,承认一般条款"价值桥梁"的功能——将新的价值考量引入裁判过程,与法条原有价值基础进行比较权衡,并在新的价值考量更契合社会现实需要并且没有重大体系冲突时,在通过立法终局性改变现有规则之前,适当修正原有规则的规定——更可以考虑通过显失公平的一般条款,对于超过法定利息上限的借款,若放款人证明自己主观上并无损害借款人利益的要素,赋予其对抗债务人提出的要求确认有关条款无效的请求。如此调整,则有关司法解释关于利息管制的规则便可被现行法上的显失公平制度所替代,或至少退化为一种在确定是否构成显失公平时的(客观)参考标准。

相比而言,在美国法上,鉴于借款人不断通过规避规则逃避高利贷管制,其显失公平规则(unconscionability)[46]在调整利息过高乃至价格不对等情形中的

---

〔44〕 许德风:"论私法上财产的定价——以交易中的估值机制为中心",同前注〔4〕。

〔45〕 实际上,即便是罗马法上的非常损失规则,也并未完全放弃对主观要件的考量。见颜炜:"显失公平立法探讨",载《华东政法大学学报》2002年第4期。

〔46〕 "Historically, a contract was considered unconscionable if it was 'such as no man in his senses and not under delusion would make on the one hand, and as no honest and fair man would accept on the other.'" *Hume v. United States*, 132 U. S. 406, 411 (1889); 38 Eng. Rep. 82, 100 (Ch. 1750). 该规则源于普通法,后被规定在《统一商法典》第2-302条,《美国合同法重述》(第二版)第208条。Dawson教授认为该条与《德国民法典》第138条最为接近。John P. Dawson, "Unconscionable Coercion: The German Version", 89 *Harvard Law Review* 1041, 1046 (1976). 从内容上看,我国法上与其最接近的制度当为《民通意见》第72条所定义的"显失公平"。

作用也日益提升。在 Wollums v. Horsley[47]一案中,法院认为被上诉人作为一名多年在某地区从事购买土地与矿产开采经营的商人,以 40 美分/公顷的价格向上诉人——年近 60 岁、健康状况很差的文盲,购买市价 15 美元/公顷的土地,是显失公平的。[48] 在另外一个被广泛引用,但不无争议的案件(Williams v. Walker-Thomas Furniture Co.[49])中,法院认为上诉人与被上诉人之间扩张的所有权保留条款(cross-collateralization)无效,因为交易发生时作为买受人的上诉人已经处于经济困境(每月向政府领取微薄的救济金),而出卖人对此明知,因此出卖人从事的是过度的、不负责任的经营。[50] 在此后的一个案件(Waters v. Min Ltd.[51])中,原告(出卖人)将其账面总价值 69.4 万美元的年金债权在被告处办理贴现,被告为此支付了 5 万美元的现金。该年金是原告 18 岁时用因幼年受他人侵权而获得的损害赔偿金所购买。原告 21 岁时与一位刑满释放人员相识,后者引诱原告吸毒,并花去原告大部分现金。案中的年金出卖合同就是在被告的劝诱下签订的。基于这些事实,法院也认为合同在内容上构成了"显失公平"。[52]

(四)利息管制的特殊规则:复利禁止与迟延利息之计算

其他类型的利息管制,值得注意的还有禁止利滚利与预扣利息的规则。我国法规定,公民之间的借贷,出借人将利息计入本金计算复利的,不予保护;在借款时将利息扣除的,应当按实际出借款数计息。[53] 类似地,《德国民法典》第 248 条原则上也禁止对利息计算利息:"对到期利息计算利息的事先约定无效",言下之意是,对已到期但未支付的利息,当事人可以约定展期支付,同时以该利息为本金,规定适当的利息。对此,我国未有类似的规定,德国法上的规则可供参考。除此以外,《德国民法典》第 248 条第 2 款允许银行等金融机构与存款人事先约定,在利息到期后,若存款人不从银行取出利息,对到期利息继续计算。

另外值得一提的是迟延利息管制的问题。对此,我国基本持自由放任的态度。对于当事人约定的过高的迟延利息,通常只适用《合同法》第 114 条进行调整。相比而言,德国在其《民法典》第 288 条规定了迟延利息,其计算以第 247 条规定的基本利率为基础(该利率每半年根据德国中央银行的调整而调

---

[47] 93 Ky. 582, 20 S.W. 781.
[48] Dawson et al., supra note, p.686.
[49] 121 U.S. App. D.C. 815, 350 F.2d 445; Burton, *Principles of Contract Law*, 3rd. Edition, West Publishing Co., 2006, pp.244 ff.
[50] Dawson et al., Contracts, Foundation Press, 2008, p.695.
[51] 412 Mass. 64, 587 N.E.2d 231.
[52] Dawson et al., supra note, p.691.
[53] 见《民通意见》第 125 条。

整),涉及消费者的交易年利率为基本利率加5%,若不涉及消费者,年利率为基本利率加8%(以2007年下半年的基本利率(3.19%)为例,涉及消费者的迟延利率为8.19%,不涉及消费者的迟延利率为11.19%)。[54] 第288条第3款允许当事人(在出借人有法律上的正当理由时)约定超过法定迟延利率的利息,但要受到以下两方面的限制:其一,该约定不得违反第138条关于善良风俗与暴利的规定;其二,在以格式合同约定此类条款时,如果简单地将合同利息或超过合同利息的数额约定为迟延利息,是为法律所禁止的。对此,BGH的理由是,通常在债务人陷入(部分)迟延时,债权人可以(提前声明合同到期)解除合同(Kündigung),也就是说,债权人已可随时摆脱合同之约束或(在宣布解除合同的情况下)事实上已经不受合同约束,此时债务人的借款使用权早已不是完整意义上的借款人的权利,而要面临债权人随时收回借款或进行强制执行。[55] 在这样的情形下,若仍允许债权人根据自己不需受约束的合同(中的格式条款)获取迟延利息,有失公允。[56] 当然,限制债权人此时收取合同项下利息的权利,并不意味着债权人要遭受借款不能收回与利息不能获得双重损失。1988年,BGH在关于不动产抵押贷款的一个判例中也指出,出借人有权在借款合同中以格式条款的形式与当事人约定,在当事人违反借款合同提前还款时,一次性赔偿出借人在合理期间(注意不是合同的剩余期间)内的可得利润。[57] 这里的可得利润并不是出借人在剩余的借款期间所可能获得的全部收益,而更多只是一种出借人的机会损失:出借人将借款收回并再寻找新客户期间所损失的利润加上此过程所支出的成本。[58]

上述制度颇值得我国借鉴。实践中,当事人常常会在借款合同中以违约金的形式约定高额的逾期利息,在发生诉讼或结案时,债务人应偿还的逾期违约金常常数额巨大,甚至超过本金(这在信用卡借款中尤为常见)。考虑到逾期利息的主要作用在于以惩罚的形式督促债务人还款,在债务人确已丧失偿付能

---

[54] Palandt-Heinrich, 2009, § 288 Rn. 7, 10 BGB.

[55] BGHZ 104, 340 "Der Kreditgeber kann aber in Allgemeinen Geschäftsbedingungen nicht festlegen, dass ihm ohne Rücksicht auf die für die Bemessung der gesetzlichen Ansprüche maßgebenden Umstäde in jedem Fall weiterhin die Vertragszinsen zustehen sollen, obwohl er selbst sich an den Vertrag nicht mehr gebunden fühlt."

[56] 按照德国民法典关于格式条款管制(Inhaltskontrolle)的规定,当事人所制定的关于在对方拒绝和迟延接受履行,迟延履行等情形支付违约金的格式条款无效(第309条第1款第6项)。

[57] 也正是在这一基础上,成就了《德国民法典》第309条第1款第5项的规定:不得在格式条款中规定超过事物正常发展范围的损害赔偿或价值减少补偿;另外,在规定了损害赔偿后,还应明确提示对方当事人有权提出证据证明实际损害根本未发生或实际损害远远小于约定的数额。当然,根据《德国民法典》第310条第1款,该规定主要适用于涉及消费者的合同。在商事交易中,该条款并不适用。

[58] 最早确定该原则的案例见:BGHZ 62, 103;梅迪库斯对该案的论理持肯定的态度:Staudinger-Medicus, 12. Aufl., § 252 Rn. 22 BGB。

力时仍继续计算,难谓仍符合其本意。此时,要求债务人赔偿债权人以类似条件向第三人放款的利息所得即已足够。因此,无论是传统法上的"利不过本"制度还是德国法上关于逾期利息的限制规则,都在很大程度上限制了逾期利息的过分增长,较好地兼顾了债权人与债务人的利益。

(五)利息管制与意思瑕疵

在利率过高时,德国法中可以"动用"的制度,除了第138条的两款规定外,还有第119条所规定的"错误"(Irrtum)制度。该条第1款规定了表示错误,与高利贷的处置并不直接相关(除非构成计算错误),第2款规定了"品质错误"(Eigenschaftirrtum),可以被用于处理高利贷的问题,即将价格也作为标的物的"品质"。不过,从实际应用上看,德国司法界对将价格解释为标的物"品质"持相当谨慎的态度。实务上的案例主要集中在买卖合同中,如当事人对影响标的物价值的本质属性有认识错误。而在借款合同中则基本无适用的余地。[59]

(六)违反利息管制的法律后果

在法律后果上,我国民发〔1991〕21号规定,对于超过的法定利率的利息约定不予保护。从法院的案件操作来看,一般是对于本身合法的借贷合同,如果利息约定超过法定利率,仅使超过部分无效。[60] 然而"不予保护"这种模糊说法可能造成的操作困难在于即使法院确定不支持债权人的强制执行要求,如果债务人自愿履行了,可否要求返还?

与我国不同,当前的德国法认为构成暴利的高利贷合同自始无效,即不仅利息条款无效,合同整体也无效。[61] 对此,以德国学者 Lindacher 的见解为代表的主流学说认为,为了防止或减少违反善良风俗行为的发生,赋予《民法典》第138条一般预防或"威慑"功能(Präventivwirkung)是必要的,否则违反善良风俗的一方很大程度上可以不受限制地从事暴利行为,因为即使在高额利息被事后裁定为不得请求的情况下,其仍可获得市场的平均利息。[62] 同时,虽然合同无效,出借人却无权要求将货币使用期间的利息作为不当得利返还,因为根据《德国民法典》第817条第2款,若有关给付违反法律或违背善良风俗,且给

---

[59] MünchKomm- Kramer, § 119 Rn 115 BGB.

[60] 相关案例如"舒红军诉陈雄和无效民间借贷纠纷案",江西省靖安县人民法院民事判决书(2008)靖民一初字第22号(赌债使得借贷合同本身全部无效);"刘长龙诉万国生等民间借贷纠纷案",江西省高安市人民法院民事判决书(2007)高民一初字第1279号(超过法定部分无效)。

[61] BGH NJW 1958, 1772; NJW 1962, 1148; BGHZ 44, 158, 162; BGHZ 68, 204, 207; NJW 1983, 1420, 1421; NJW 1983, 2692; NJW 1994, 1275; BGHZ 44, 158, 162; BGHZ 68, 204, 207; NJW 1958, 1772; OLG Oldenburg NJW-RR 1986, 857, 858; LG Aachen NJW-RR 1987, 741, 742; vgl. auch BGH NJW 1990, 384; Canaris, WM 1981, 978, 979; Honsell, ZHR 148, 298, 299, 301.

[62] Lindacher, Grundsätzliches zu § 138 BGB, AcP 173, 124, 128 f.

付人对此种违反行为同样也应负责任时,不得要求返还。当然,此条不意味着排除高利贷出借人的本金返还请求权。对这一安排,目前德国学界仍有不同意见。批评的观点认为如果适用自始且全部无效的规则会导致不公平,使得债务人实际上相当于获得了一个零利息的贷款,从而得到比正常贷款人更好的待遇。[63]

无独有偶。在美国的北卡罗来纳州,从1741年开始的第一部反高利贷法到至少1875年,都规定出借人不得依设有高利贷的借款合同提起任何诉讼索还其所放的贷款(本金和利息)。若出借人获得了返还,则任何人均可提出诉讼,要求出借人向自己支付两倍于其所收取金额的"惩罚"。[64] 在1981年,北卡罗来纳州对其法律做了修改,将原来12%的利率上限提高到16%。[65] 不过在法律后果上仍然相当严格:对尚未支付的利息,债务人可拒绝履行,对已经支付的利息,债务人可请求双倍返还。[66] 对于构成"显失公平"的行为,现行规范在法律后果方面规定得颇为宽泛,法院可以自由选择。如根据美国合同法重述(第二版)第208条的规定,法院可以确认合同无效,也可以完全或部分排除有关不当条款的效力而部分地执行合同。[67]

综上,相比合同价格而言,对于利息的管制,各国法都非常倚重特定的客观标准,即使仍然要考察当事人主观因素(德国法),也往往通过证据(推定)规则减轻受损一方的证明责任。同时,对于某些可能导致实际利息过高的约定(复利、迟延利息限制等),法律也会进行进一步调整以使利息管制法不致落空。

三、利息管制与私法中的社会化考量

(一) 中国传统社会中的义利之辩

放贷收息,古已有之。春秋时晋国大夫栾桓子"假贷居贿"(国语·晋语八),战国时齐国孟尝君田文"得息钱十万"(史记·孟尝君列传)即为例证。对

---

[63] Bunte, NJW 1983, 2674, 2676; Canaris, WM 1981, 978, 985 f.; Dauner, JZ 1980, 495, 503; Flume, AT § 18, 10; Hager, JuS 1985 264 ff; Koppensteiner/Kramer, Ungerechtfertigte Bereicherung, 1988, S. 65 f.; Larenz, Schuldrecht II, § 69 III b, S 562 (Fn 3); Medicus, in: Gedschr Dietz, 1973, S. 61, 71, 74; MünchKomm-Lieb, § 817 BGB Rn 17, 17 a; Reich, JZ 1980, 334; Staudinger-Lorenz, 1999, 2007, § 817 Rn 12 BGB.

[64] Note: Judicially Imposed Usury Penalties in the Absence of Statutory Penalties: Can Freedom of Contract Co-Exist with Public Policy After Meritt v. Knox?, 68 N. C. L. Rev. 1021, 1025 (Fn. 47) (1989—1990).

[65] N.C. Gen. Stat. § 24-1.1 (1986).

[66] Id., pp. 1025—1026.

[67] "If a contract or term thereof is unconscionable at the time the contract is made a court may refuse to enforce the contract, or may enforce the remainder of the contract without the unconscionable term, or may so limit the application of any unconscionable term as to avoid any unconscionable result."

借款利息额进行(上限)管制,与借款一样,有久远的历史[68],我国最早见于西汉,如旁光侯刘殷因"取息过律"、陵乡侯刘訢因"取谷息过律"被免去侯爵(管制的具体内容已无从查考)。[69]至北魏宣武帝时,开始有禁止利息超过本金的提法,即"若收利过本,及翻改初券,依律免之,勿复征责"。[70]从"依律免之"的说法看,似乎说明原来已有收利不得过本的法令,但该法令始于何时,也已无从查考。及至唐朝,关于利息管制开始有更详细的规定和公开的理由。如武则天长安元年曾规定:"负债出举,不得回利作本,并法外生利。"[71]又如唐玄宗开元十六年曾下诏:"比来公私举放,取利颇深,有损贫下,事须厘革,自今以后,天下负举,只宜四分收利,官本五分收利。"[72]即其限制利息的主要缘由是爱惜民生,保护经济上的弱者。以唐朝利率政策为范本,后朝基本都有"息不过本"的规定,如北宋[73]、南宋[74]、金朝[75]、元朝[76]、明朝[77]、清朝[78]等[79]。近代中

---

[68] 关于中国古代的高利贷研究,可参阅方行:"清代前期农村的高利贷资本问题",载《经济研究》1984年第4期;"清代前期农村市场的发展",载《历史研究》1987年第2期;"清代前期农村的高利贷资本",载《清史研究》1994年第3期。陈支平:"清代福建乡村借贷关系举证分析",载傅衣凌、杨国桢主编:《明清福建乡村社会与乡村经济》,厦门大学出版社1987年版。张忠民:"前近代中国社会的高利贷与社会再生产",载《中国经济史研究》1992年第3期。刘秋根:《明清高利贷资本》,社会科学文献出版社2000年版,第227—264页。

[69] 《汉书·王子侯表(上、下)》。

[70] 《魏书·释老志》。

[71] 《唐会要(卷八八)·杂录》。

[72] 同上注。另外对典当业有"诸公私以财物出举者,任依私契,官不为理。每月收利,不得过六分;积日虽多,不得过一倍"的说法,见《唐令拾遗》。

[73] 《宋刑统·第二十六杂律引杂令》规定:"诸公私以财物出举起者任依私契,官不为理,每月取利不得过六分;积日虽多,不得过一倍;家资尽者,役身折酬役,通取户内男口又不得迴利为本。""诸以粟麦者,任依私契,官不为理,仍以一年为断,不得因旧更令生利,又不得迴利为本"。"诸出举两情和同私契取利过正条者,任人纠告,本及利物并入纠人。"

[74] 《庆元条法事类·出举债负·关市令》记载:"月息不得超过四分,积日虽多,不得超过一倍。"

[75] 《金史·食货志五·和籴》记载:"举财物者月利不过三分,积久至倍则止。"

[76] 《元史》记载,元世祖至元六年(1269年)曾行敕令:"民间贷款取息,虽逾期止偿一本一息。"

[77] 《大明律卷九户律钱债》规定:"凡私放钱债及典当财物,每月取利并不得过三分,年月虽多,不过一本一利。违者笞四十,以余利计赃。重者坐赃论罪,止杖一百。"

[78] 《大清律例》规定:"凡私放钱债,每月取利不得过三分,年月虽多,不过一本一利,违者,笞四十。"

[79] "消费借贷而取利,古来不予否定;即寺院本于'利他',亦放款而收利息(寺院设无尽藏);汉代,汉书谷永传:'不为人起责分利受谢',颜师古注说'言富贾有钱假托其名,代之为主放于他人以取利息而共分之。'惟对暴利行为则予以禁止。"潘维和:《中国民事法史》,台湾汉林出版社1982年版,第321页。关于私法社会化思潮与近代中国民法学发展的精当研究,见俞江:《近代中国民法学中的私权理论》,北京大学出版社2003年版,第248—264页。不过彼时作者认为在"培本固原"(尊重私权)与"持续发展"(社会化考量)两个任务中,前者更为重要。不知时过境迁,作者的观点是否有所改变,在笔者看来(也是本文一以贯之的主线),社会化考量是权利的必要组成部分,私权之提倡与社会利益之平衡同等重要。

国虽然社会动荡,放款风险较高,但仍有很多地区实行对利率上限的管制(月利率不得超过3%),总利息不得过本金。一些地区甚至有关于利息的乡例(如徽州为2分)。"超过管理的利率将被认为是不近人情的,甚至在诉讼时受到谴责"。[80] 总结来看,我国长期以来的利息管制,其背后的原理,更多是儒家"仁"的思想,所谓"富与贵是人之所欲也"[81],只是要"以义取利","不以其道取之","不处也"——不应占有(论语·里仁)。类似地,日本古代的利息管制要比中国更严,实际利息水平也要比我国更低,很大程度上也是出于恤民的道德要求。[82] 古代东方这种与道德相联系的义利区分本质上可看作一种集体主义与社会化思想的体现。

(二) 功能视角下对利息的解构分析

在价格理论的视角下,利息的功能可被分解为以下几部分:抵销通货膨胀、冲销风险、支付交易费用和获取资本利得。前三项是成本,包括可控部分和不可控部分,其中交易本身的费用属于可控部分,如在典当综合费中有相当一部分(甚至很大一部分)不是资本利得,而只是评估、保管担保物,办理典当业务,债权实现等费用。客观而言,出借人并未从借款人的这些支付中获得任何利益。不可控部分包括自然风险、政治风险、经济波动风险等。[83] 冲销风险与除去交易成本之后的资本利得是解释利息的主要着眼点。对于后者存在的原因,张五常教授曾引述 Irving Fisher 的观点做过恰当的分析:其一是人们"不耐烦",有急于消费和享受(impatience to consume),即"寅吃卯粮"的天性,而提前享受的价格就是利息;其二是资本的机会成本,即若不将资本做此用途而做他用可能产生的回报。[84]

风险、交易费用与资本利得的存在,说明了利息存在的必然性。而在这一分解性概念之下,利息管制制度可被设计得更精确。德国民法学者如 Canaris 便采取此项进路,他不承认借款交易本身的费用(如借款手续费等)为利息,认为法律上的利息指"以金钱或其他可替代物为支付媒介的,与利润、销售额无

---

[80] 彭凯翔等:"近代中国农村借贷市场的机制——基于民间文书的研究",载《经济研究》2008年第5期。

[81] 荀子也有类似见解:"义与利者,人之所两有也。虽尧、舜不能去民之欲利。"(荀子·大略篇)

[82] 如德川时代商人放贷的年息通常为15%左右。Charles D. Sheldon, "'Pre-Modern' Merchants and Modernization in Japan", 5 *Modern Asian Studies* 193, 197 (1971).

[83] 张五常:《经济解释(卷二):供应的行为》,花千树出版社2002年版,第22页。值得注意的是,将其归结为交易成本,在归类上虽简洁,但并不能解决风险的控制与测量问题,因此仍有将其单独加以分析的必要。实际上,张五常自己也承认:"如果风险可以提前被量度,就没有风险可言了"。

[84] 同上注,第26—28页。

关,与使用时间直接相关的资金的使用费。"[85]在进行这样的分解之后,判断是否构成高利贷时,应诸项对照比较,即同类支付总有一个大体上的"市场价格"区间,如果过分远离这个区间,便可以构成不当。即对于交易费用(如手续费)等是否过高,检验的办法不再是将其换算为利息,而是与市场上类似交易中所收取的各项同类费用相比较。[86]

(三) 合同衡平与社会化考量的宗教世俗演进

因此在围绕利息管制的争议中,合理价格的确定成为关键,同时也是最难解决的一个症结。[87] 对此,很多学者像 Zimmermann 教授一样,认为"合理价格"充其量只是个概念游戏,在市场经济的条件下,人们(可能)永远无法真正意义上解决这个问题。[88] 当然,不能完全精确,未必不能大致准确。罗马法时期的 Accursius 曾指出,在判断是否构成合理价格时应以充分的样本为依据。[89] 此后的 Thomas Aquinas 也曾指出,合理价格的确定,不能抽样性地判断,而是要确定一个价格幅度(latitudo),在这个价格幅度之内,皆为合理,只有明显超越这一幅度的,才有讨论其是否为合理价格的余地。[90] 然而,究竟以何种幅度为准更为妥当?如果说以市场价格为变动幅度,什么是市场价格?如果争议案件所达成的价格也是在市场环境下完成的,是否能成为市场价格的组成部分?现实的市场中,同样的商品,总是有人会出高于他人的价格:或者是出于时间节约的考虑而怠于询价;或者是较为富裕,对价格缺乏敏感度;或者纯粹是市场本身的波动,如股票或期货,在一个或几个交易日内,其成交价可以有巨大的振幅。市场价格幅度本身如此不确定,而在计算合理价格时,若将这些价格全部(包括争议案件中所涉及的价格)累加起来求均值显然与市场的逻辑相背。极端者,如17—18世纪的 Christian Thomasius 甚至认为,合同的公正价格就是当事人达成一致的价格,在此之外,并不存在其他公平价格。[91]《德国一般商法典》(ADHG)很大程度上就是接受了这样的观点,而放弃了非常损失规

---

[85] Danach lässt sich der Zins definieren als "Gewinn-und Umsatzunabhängige, laufzeitabhängie, in Geld oder anderen vertretbaren Sachen zu entrichtende Vergütung für die Möglichkeit des Gebrauchs eines Kapitals". Canaris, Der Zinsbegriff und seine rechtliche Bedeutung, NJW 1978, 1891, 1892.

[86] Canaris, aaO., NJW 1978, 1891, 1893.

[87] Christoph Becker, Die Lehre von der laesio enormis in der Sicht der heutigen Wucherproblematik, Carl Heymanns Verlag KG, 1993, S. 27 ff.

[88] Zimmermann, *The Law of Obligations: Roman Foundations of The Civilian Tradition*, Juta & Co, 1990, p. 264.

[89] Accursius, Glosse zu C. 4. 44. 2 (1235).

[90] Thomas Aquinas, *Summa theological* (1270), 2.2.77.1.

[91] Thomasius, De aequitate cerebrina legis II. Cod. de rescind. vendit. et eius usu prac-tico cap. II, § 14.

则,并影响了后来的《德国民法典》。[92] 在英国普通法上,法律并不过问对价是否充分(adequacy of consideration),也应是基于同样的考虑。[93] 作为总结,Gordley将其概括如下:"'价值'可以是当事人之间的价值,市场或者商业上的价值或者绝对的、内在的价值。第三种价值并不存在,因为价值因时因地而异,'取决于成千上万的具体因素',[94]第二种价值没有相关性,因为其所反映的是第三人愿意置于物品之上的价值,因此所剩的是物品对于当事人自身的价值。但这项价值是'相对的','主观的',[95]是非进行'心理分析'无法探求的。"[96]

在这样的背景之下,是否法律对公平价值的追求就成了一个"知其不可而为之"的行动?答案是否定的。(法律)对"合同衡平"(Äquivalenz, Vertragsgerechtigkeit)的追求,有深刻而久远的历史与思想根源。早在亚里士多德关于正义的分类中,就已经提出了分配正义(distributive justice)与交换正义(或矫正正义)(commutative justice)这一对重要概念。前者强调"分配的公正在于成比例",[97]后者指"出于意愿(合同)或违反意愿(侵权)[98]的交易中的公正",尤其是"在违反意愿的交易中得与失之间的适度",强调一方不得以他方受损为代价而获取不公的利益。[99] 对于干涉合同的行为,我们可以提出各种各样的批评。比如,如同上文对公平价值理论的怀疑,得与失原本就是主观事项,外界难以察知,而且,究竟在怎样的合同价格下才能达到真正的交换正义,也很难判断;又如,与亚里士多德的正义观相关联,他的政治观念认为国家应当起到充分监督交易公平的作用,而这一点早被后世的政治理论与政治国家的实际发展轨迹所超越。不过,理解亚里士多德的正义观,还应将其置于他的伦理学的整体

---

[92] Endemann, Handbuch des Deutschen Handels-, See-und Wechselrecht, 2. Aufl., 1882, § 261 III, S. 555 f.

[93] James Gordley, "Equality in Exchange", 69 *California Law Review* 1587, 1594 (1981).

[94] Joseph Story, *Commentaries on Equity Jurisprudence as Administered in England and America*, 14th Ed., Little, Brown and Company, 1918, p. 339.

[95] J. Chitty, *A Practical Treatise on the Law of Contracts Not Under Seal and upon the Usual Defenses To Actions Thereon*, London, 1826, p. 7.

[96] "Value" may mean value to the parties, value on the market or from a "commercial point of view", or some "absolute" or intrinsic value. The third does not exist since value varies with time and place and "will depend upon ten thousand different circumstances". The second is irrelevant since it reflects the value which third parties put on a commodity. And so one is left with value to the parties themselves. But that is "relative", "subjective", and not discoverable without a "psychological investigation" into their motives. Gordley, 69 *California Law Review* 1587, 1599 (1981).

[97] 亚里士多德:《尼各马可伦理学》,廖申白译注,商务印书馆2003年版,第136页。德国学者Coing认为盖尤斯(Gaius)侵权与合同的分类取自亚里士多德。Coing, Zum Einfluss der Philosophie des Aristoteles auf die Entwicklung des rimischen Rechts, 69 Zeitschrift der Savigny-Stiftung für Rechtsgeschichte—Romanistische Abteilung, 1952, 24, 39—42.

[98] 同上注,第137—138页。

[99] James Gordley, "Equality in Exchange", 69 *California Law Review* 1587, 1590 (1981).

构架之下进行。在他的伦理学中,友爱占有极其重要的地位,是"生活最必需的东西之一"。因为,"即使享有所有其他的善,也没有人愿意过没有朋友的生活。实际上,富人、治理者和有能力的人看起来最需要朋友。因为,有好东西给朋友是最多见也是最受称赞的善举,倘若没有朋友可以给予,纵有财产又有何益处?而且,若没有朋友,财产又如何享有和保持?因为,财产越多,危险就越大。而陷入贫困和不幸时,只有朋友才会出手相援。"[100] 可以说,就本质而言,亚里士多德的"友爱"是一种社会大同的思想,至少是一种社会化的理想,在这种思想下,交换正义便多了一层理论上的可期待性。实际上,正如有些学者所指出的,亚里士多德的"友爱"与后世基督教的"仁爱"思想——上帝面前人人平等,人人皆兄弟——颇有共通之处。[101] 在这种观念下,援助贫弱,不追求暴利,不仅仅是一项重要的美德,也是人的基本义务。这一点在教会对高利贷态度的历史变迁中有明显的体现。

按照韦伯的研究,在《旧约》中,耶稣对待财富与利益的态度体现在诸如"我们日用的饮食,今日赐给我们"这类祷词(马太福音6:11)或"我民中有贫穷人与你同住,你若借钱给他,不可如放债向他取利"(和合本出埃及记22:25)这样的陈述中,他认为每个人都要谨守自己的"生业",只有不信神的人才会去追求利得。[102] 在《新约》中,这一点也未有改变,尤其是保罗对追求利益、对世俗职业生活的态度,一直采取"要不是漠不关心,就是根本抱着传统主义的心态"。[103]

12世纪以前教会对高利贷持严格禁止的态度,与当代各国管制消费者信贷的利息在背景上很有相似之处:当时的借贷主要是消费借贷,而且是邻里与朋友之间的借贷。这种情形下收取利息,道德层面上就相当于将营利建立在友情(或他人的破产)之上。[104] 因此备受谴责。

后世教会对高利贷与逐利的态度转变,在很大程度上源于社会经济发展的推动。实际上,到12世纪,《圣经》中的教谕便已面临日益普及的货币经济的

---

[100] 亚里士多德:《尼各马可伦理学》,同前注[97],第228页。
[101] 同上注,序第11页。
[102] 韦伯:《新教伦理与资本主义精神》,康乐等译,广西师范大学出版社2007年版,第59页。
[103] 同上注,第60页。《新约》和《旧约》中的其他篇章也有教导人们兄弟般互助,谴责高利贷的观念的语句。旧约中如《利未记25:35》、《申命记23:19》、《诗篇15》、《以西结书18:13》,新约中如《路迦福音6:34》等。在《威尼斯商人》中,安东尼奥向夏洛克借钱时,说过这样的话:"我恨不得再这样骂你、唾你、踢你。要是你愿意把这钱借给我,不要把它当作借给你的朋友——哪有朋友之间通融几个钱也要斤斤较量地计算利息的道理?——你就把它当作借给你的仇人吧;倘使我失了信用,你尽管拉下脸来照约处罚就是了。"见《莎士比亚全集》第二卷,朱生豪译,人民文学出版社1994年版,第20页。但丁也对高利贷者以及他们的钱袋做过生动描述。见但丁:《神曲·地狱篇》,人民文学出版社2004年版,第106—107页。
[104] John Noonan, Jr., *The Scholastic Analysis of Usury*, Havard University Press, 1957, p.114.

挑战。在这一时期,教会接受了大量捐款,因而也承受着为他们的资金寻找适当投资机会的持续压力。最终的妥协方案是,一方面认为"任何超过本金之外金钱的借贷"都是高利贷;另一方面认为"如果贷款人是敌人、诸侯或不正当占有人,便可对其收取利息"。此外,如果利息是作为对债权人损失的赔偿,也可以收取。如果借款合同约定"若借款人未能按协议规定时间还款,便要付出违约金",则属于有效条款。[105] 虽然教会依然在"教皇谕旨"中宣示"希望收到财物本身之外的别的财物,就是罪"[106],但同时也指出,"教会从未控诉过一切形式的利息",只是在教会条例中"采用市场作为合理价格的基础"[107]。即只要不背离正常的商业惯例,就不是在追逐"无耻的利润"。[108] 总体而言,随着欧洲12世纪开始的贸易发展,人们对商业信贷的需求日益增加,开始在严格禁止利息的教义之外寻找例外性的解释规则。[109]

到13世纪下半期,教会开始认为赊销买卖在一定情形下可以要求"较之现款买卖更好的价格",赊销遂成为交易当事人规避高利贷管制的主要工具。此后,教会法学家也开始使用"利息"(interest)一词来表示出借人可以索要的合法收益。[110] 当然,形式上的禁止高利贷规则在这一时期(13—15世纪)仍是普遍存在的。正如伯尔曼所指出的,在很大程度上,不正当价格、高利贷管制、非要式契约与预先存在的约因(causa)这四大制度与罗马法上的相关规则,一起构成了中世纪教会法中的合同制度。[111] 13世纪期间的教皇Innocent四世(1243—1254)认为高利贷从长远的角度看,将导致贫穷,而贫穷将容易导致灵魂的腐蚀。[112] 14世纪期间的教皇Clement五世(1305—1314)授权各地的宗教审判所(Courts of Inquisition)对高利贷行为进行裁判和惩罚。[113] 这也是中世纪时大量的当铺主和放款人是犹太人的原因。[114] 这种情形到15世纪中后期逐渐有本质性的改变,正如韦伯所指出的,此时路德、卡尔文等教派的改革努力,

---

[105]　Id., p.506.
[106]　雅克·勒高夫:《钱袋与永生——中世纪的经济与宗教》,同前注[6],第23页。
[107]　同上注,第80页。
[108]　伯尔曼:《法律与革命》,贺卫方等译,中国大百科全书出版社1993年版,第307页。
[109]　孙诗锦等:"试论中世纪天主教会高利贷观念的嬗变",载《学术研究》2007年第6期。
[110]　伯尔曼:《法律与革命》,同前注[108],第309页。
[111]　同上注,第417页。
[112]　John M. Houkes, *An Annotated Bibliography on The History of Usury and Interest from The Earliest Times through the Eighteenth Century*, The Edwin Mellen Press, 2004, p.99.
[113]　Id., p.100.
[114]　12世纪开始,大量的犹太当铺开始被课以重税,被驱逐或强制征缴。当然,高利贷者仍然存在,只不是被称作伦巴底人(Lombards)所代替。他们通常在放款时收取50%至300%的利息。借款的对象有包括教会和国王。Id., pp.117—155.

慢慢使人们"忘却了人本"[115],让人们相信职业劳动也可以"增加神的荣耀"[116],形成"把利润作为经济机构的枢纽,作为企业的目的,作为人生的意义"[117]的观念,从而为西方资本主义的大发展奠定基础。[118] 路德在1524年的著作《论贸易和高利贷》中,在用十分激烈的字眼谴责过分的价格和利率的同时,又精心设计了一个在道德上可被视为正当的、通过出售物品或信用拓展而获益的条件。他声称"一个商人在其货品上所取得的利益应能弥补它们的成本,并补偿他的劳动、他的心血和他的风险,这应当是公平而正当的"。路德在谴责高利贷的同时,也为合理的借贷利率做了辩护,认为正常的利率应为5%,特殊场合可以提高到6%或7%。[119]

从16世纪开始,在"教退俗进"的背景下,在世俗层面,经济自由主义已日益彰显。[120] 放款收息开始逐渐被接受,如英国于1545年通过的一项法案允许收取10%的利息。[121] 当然,总体来说,18世纪以前的欧洲,利息管制制度仍是繁复多样的。以当时的德国为例,相关的管制规则包括:(1)非常损失规则,即若交易价格不足市场价格的一半或超过市场价格的一倍,卖方或买方可请求确

---

[115] 费孝通等:《云南三村》,社会科学文献出版社2006年版,第109页。费先生寥寥几句即概括了韦伯这部名著的核心思想,让人至为钦佩。

[116] 韦伯:《新教伦理与资本主义精神》,康乐等译,广西师范大学出版社2007年版,第101页。

[117] 费孝通:《乡土中国 生育制度》,北京大学出版社2002年版,第109页。

[118] 此后的学者甚至更进一步,认为甚至不是新教伦理,而是从12世纪到19世纪"围绕着高利贷的那场声势浩大的论战,在某种意义上,催生了资本主义"。雅克·勒高夫:《钱袋与永生——中世纪的经济与宗教》,同前注[6],第1页。当然,也有学者与韦伯的"殊途"但"同归"的思考路径,认为中世纪的教会即便采取禁止高利贷的政策,也还是不乏开明的。如伯尔曼甚至怀疑资本主义与新教教义之间的必然联系,认为在11—12世纪,资本主义和封建主义在本质上可能是相容和互相依赖的:"11世纪晚期和12世纪的天主教会不仅不谴责金钱或财富本身,而且确确实实地还鼓励追求金钱或财富,只要从事这种追求是为了一定的目的并按照一定的原则。"伯尔曼:《法律与革命》,同前注[110],第418页。对韦伯的批评,在其著作发表后从未停止过。新近的一项统计研究试图证明,德国新教地区的经济发展,在很大程度上受益于宗教改革过程中的文化普及——路德将圣经翻译为德语,并提倡人们自己阅读圣经(当时天主教的做法是由教士朗读圣经),这在很大程度上提高了人们的知识水平,提升了人力资本的价值,最终促进了经济的发展。具体数据与回归分析方法,见Sascha O. Becker et al., "Was Weber Wrong? A Human Capital Theory of Protestant Economic History", 124 *Quarterly Journal of Economic* 531—596 (2009)。

[119] 伯尔曼:《法律与革命——新教改革对西方法律传统的影响》,袁瑜琤等译,法律出版社2008年版,第172—173页。

[120] 格劳秀斯(Grotius)、普芬道夫(Pufendorf)和托马修斯(Christian Thomasius)都对利息持自由的态度。Klaus Luig, Bemerkungen zum Problem des gerechten Preises bei Christian Thomasius, in: Tradition und Entwicklung, in: Gedenkschrift fur Johann Riederer, Pollock, 1981, S. 167—179. 同时期英国哲学家霍布斯也认为"一切立约议价的东西,其价值是由立约者的欲求来测量的,因之其公正的价值便是其愿意付与的价值。"因此,"贱买贵卖"并非不义。霍布斯:《利维坦》,黎思复等译,商务印书馆1986年版,第114页。

[121] John M. Houkes, supra note [112], p.185. 该利率在1624年被降为8%,1652年再被降为6%,1717年(被Statue of Anne)降为5%。

认合同无效;(2) 贷款利息不得超过5%或6%;(3) 违约金不得超过可得利益的一倍;(4) Lex Anastasiana 制度,即债权受让人只能向债务人请求其向原债权人所支付的金额;(5) 禁止用高价购回条款规避利息管制;(6) 禁止流质条款;(7) 禁止对利息收取利息(利滚利);(8) 若利息总额已超过本金,禁止继续取息。[122]

至18世纪后半期,自由主义开始在英国、法国和其他欧洲大陆国家蓬勃发展。到19世纪上半期,自由主义达到全盛,几乎所有法律领域都掀起了"自由化"的浪潮。[123] 从1853到1868年,除法国外,大部分欧洲国家都取消了利息管制法。如奥地利1866年12月14日的法律(仅规定乘人之危收取高息的合同无效,见该法第3条),德国1868年6月14日的法律,英国1854年的法律。该项改革一方面反映了教会法在世俗国家兴起过程中的衰落,另一方面也体现了立法者对自由主义者改革呼声的回应。不过,彻底废除利息管制的制度安排并未持续多久,这一次,反对的声音并非来自教会,而是社会中的贫弱民众。

在英国,1854年的改革可以说是工业界和自由主义思想家多年努力的结果。从边沁1790年出版的专著"Defense of Usury"开始,几乎所有古典经济学家都支持他的主张。[124] 1818年,国会专门成立了一个委员会,其职责表面上是研究高利贷法的取舍,实质上则是向公众做废除高利贷法的宣传。1837年,议会通过关于汇票(bill of exchange)的法律,允许一年期以下的汇票不受利息管制。经过长期的工作,到1854年,在最终通过彻底废止高利贷的法律时,几乎再没有遇到实质性的阻力。然而,随后二十年的时间里,整个英国到处都是(高息)放贷的广告,小债务人受到高利贷者的盘剥,产生了巨大的社会问题。[125]

1870年后,在英国,消费者逐渐成为法律上重要的主体。在这一时期,两种借款的法律工具日益流行。其一是本票(promissory note)。当时常见的具体做法是在放款(50英镑)时便计算出应收取的利息(50英镑),作为本票的票面值(100英镑),同时规定高额的迟延还款利息。实践中,在借款到期时,若债务

---

[122] Luig, Vertragfreiheit und Äquivalenzprinzip im gemeinen Recht und im BGB: Bermerkungen zur Vorgeschichte des § 138 II BGB, in: FS Coing, Vittorio Klostermann, 1982, S. 173; John M. Houkes, supra note [112], p.383.

[123] 例如,在1870年,德国股份公司法中废除了特许制而代之以准则主义,导致股份公司大量注册,小股东与债权人的利益受损。为此,德国不得不于1884年重新修订其股份公司法,确立其至今仍坚持的资本维持等原则。

[124] Atiyah, *The Rise and Fall of Freedom of Contract*, Clarendon Press, 1979, p.550.

[125] "... within twenty years the problem of the small needy borrower was beginning to raise acute social problems. Rapacious moneylenders, backed to the hilt by the law, began to appear un and down the country, advertising freely in the journals and newspapers. New legislative controls became imperative." Id., Atiyah, 1979, p.551.

人不能还款,放款人会以收取高额迟延利息为"要挟",要求将全部债权转换为新的本票,从而实现"利滚利"的安排。以本票形式放款的另外一个好处是,根据当时的强制执行规则,本票债权可以在很短的时间便完成执行的过程,债务人几乎没有异议或抗辩的余地。其二是动产抵押据(bill of sale),即债权人在放款时与债务人签订的以债务人个人动产为标的的抵押合同,赋予债权人在债务人无力还款时对这些动产的优先受偿权。更有甚者,1878 年动产抵押据法赋予登记的抵押据持有人以对抗第三人的效力,导致这种法律工具的普遍适用,尤其在小额借贷中。1881 年的一项调查发现,在 1875 年,登记的低于 10 英镑的动产抵押据总额为 279 英镑,而 1880 年则达到 64000 英镑。[126] 按照当时的实践,债权人往往在动产抵押据中规定非常宽松的对担保物进行强制执行的条件,如债务人迟延(一旦陷入迟延,即可立即执行,无需宽限)、危害或损坏抵押物、离开英国等。随着高利贷行为日益猖獗,立法者被迫作出反应。1882年又重新修订了动产抵押据法,加了一些限制性规定,如债权人在强制扣押后,应当给债务人 5 日的宽限期再将抵押物变现,又如禁止将抵押据延伸到抵押合同签订后债务人取得的物品上,再如完全禁止 30 英镑以下的动产抵押。然而,该法并没有走到足够远,并未对利息本身作出额外的限制。直到 19 世纪末,由于法官们对社会中高利贷的担心日益增长,他们在一系列的判决中直接调整了相关利息,而地方法院尤为激进,在有些案件中甚至将月息直接调整为 1 芬尼。[127] 这种"超越法律"的现象一直持续到 1900 年——议会正式制定了"放款人法"(Moneylender Act),允许普通法院的法官对过度的(excessive)、不道德(unconscionable)的交易进行干涉。[128]

在德国,伴随着 1873 年欧洲各地严重经济危机的爆发,法律学者、经济学者和政治家、立法者发现,社会中大多数弱势群体不但并未从自由的利息制度中受益,而且还受到了损害:要么因为利息过高无法取得借款,要么饱受高利贷的欺压剥削。这一时期,在社会中下层民众的呼声下,要求重新制定高利贷管制规则的主张日益高涨。当然,自由派也没有完全放弃其对利息自由化的坚持,例如他们以 1879 年前后德国帝国参议院(Reichsrat)委托帝国银行(Reichsbank)所做的调查为依据,主张市场上的银行贷款的利息水平并未因放宽高利贷管制而升高,发生过度暴利的情形也不多。[129] 不过,主张重新制定反暴利法的一派立刻指出,鉴于获取银行借款的主体主要是企业,该调查并没有涉及对中下层民众的分析,而中下层民众受高利贷压迫的状态是凭经验可查的。此

---

[126] H. C. Parliamentary Papers, 1881, viii. I, pp. 13—14; Id., Atiyah, 1979, p. 709.
[127] Id., Atiyah, 1979, p. 711.
[128] Id., Atiyah, 1979, p. 712.
[129] Luig, aaO., S. 187.

后,随着社会化思潮的加剧,社会民主党的影响日盛,最终于 1880 年 6 月 14 日重新制定了《反暴利法》。在制定该法的过程中,针对是否应当规定具体的利息上限问题,有过激烈的讨论。最后两派达成妥协,没有规定具体的界限,而以"明显不对等"(das auffällige Mißverhältnis)作为判断是否构成暴利的依据。该法制定后,帝国法院对高利贷持非常严厉的管制态度。如认为根据担保物的品质与债务人的具体情形,3.5%—6% 的年息是允许的,超过这个范围则可能被认为构成暴利,在此后帝国法院审理的案件中,9% 以上的年息通常被认为构成暴利。[130]

在德国的反暴利法制定后,禁止暴利规则是否应被写入《民法典》又成为争论的焦点。这一争论的历史对于理解现行《德国民法典》第 138 条第 2 款是非常有帮助的。在 Kübel 就其本人所起草的《德国民法典》买卖法建议稿及其说明中,他解释了为何未将非常损失规则纳入到法典中的原因。第一,买卖法、合同法乃至整个民法典的基本原则是意思自治原则,非常损失规则与此原则明显相悖。第二,传统的非常损失规则要求有具体的比例,这一比例在一些情形下明显不符合社会经济的需要,但若试图制定其他的比例,又有很大的难度,尤其难免会损及交易安全。第三,当事人还可以通过错误等制度寻求在交易价格明显不对等的情形下的救济,而且第 138 条第 1 款已经规定了违反善良风俗的法律效果,因此不如不再对暴利做具体规定。第四,(当时)已有特别法对暴利问题做了规定,因此更无须将其纳入到民法典中来。[131] 显然,在这四项理由中,最重要的第一项本质上仍贯彻自由主义的观念,认为明确规定利息限制与民法典在理念上有冲突。与此相对,持社会化思想的学者如基尔克(Gierke)主张应当将暴利明确规定在民法典中,作为对合同自由的必要限制。1893 年,帝国议会又重新将这一问题提上讨论日程。在当时 397 名议员中,德国保守党(Deutsche Konservative Partei)和自由党(die Freisinnigen)持反对态度,他们认为合同自由是不可动摇的原则,法律不应对合同对价事实上是否对等进行干涉,而应由每个人对自己的交易行为负责。社会民主党人、中间派议员(Zentrumsabgeordnete)、国家自由党(Nationalliberale)的重要学者(Enncccerus)则支持制定专门的反暴利规则,认为应当在规定合同自由原则的同时,就对其进行明确的限制,这些限制并不是合同自由原则的例外,而是合同原则的应有之意。最后,在 397 名帝国议会议员中,212 名投了赞成票,通过了将禁止暴利制度写入民法典的决议。从立法背景上看,这项规定更多是强调社会化与民生保护的社会民主党等政治团体担心当时自由派倾向明显的法官们在仅有第 138 条第

---

[130] Luig, aaO., S.190—191.
[131] Kübel, Begründung, S.9.

1款关于公序良俗的规定的情况下,会滥用手中的法律解释权,将暴利行为排除在违反善良风俗之外而作出的预防之举。[132] 不过,从后来的法院判决和法律执行情况来看,这种担心是不必要的。实际上,恰恰相反,法院往往因为第138条第2款的构成要件过于严格,而在裁判暴利的案件时直接援用第138条第1款的规定,并日益倾向于采取较为严格的利息标准认定暴利。[133]

欧洲社会发展至此,在利息管制的数度起落中,源自基督教的仁爱、互助思想逐渐完成了与政治哲学的结合,成为至今仍影响巨大的社会化思想的一部分,最终成功限制了自由主义的过分扩张。

(四)合同衡平与民主政治

对利息乃至合同自由的限制,很大程度上是民主政治发展的结果。黑格尔积极自由与消极自由的思想在欧洲大陆的广泛影响毋庸多论,他的观点对以传统自由主义为主导政治思想的英国也有很大影响。如19世纪末英国的哲学家格林(T. H. Green)就在他1881年的著名演讲[134]中就正面回应了黑格尔的观点,认为过去片面强调消极自由,强调自由是保障人们行为不受他人干涉的性质是不充分的。在文明社会,应强调积极的自由,即国家对弱者进行必要的保护,消极自由至多只能起到维持贫穷与饥饿现状的作用。[135] 尤其在人们认识到民主是社会发展的必由之路时,限制合同自由也便成了伴随而言的当然结果:民主政体给弱者以投票权,同时许诺尊重民主决策的结果,自然就要接受弱者要求给自己更多保护的现实。诚如Atiyah所言,"几乎没有什么疑问,是民主的到来最终宣告了基于自由放任(laissez-faire)或合同自由的论证的终结。一般来说,对合同自由而言,其预设的前提是承认财产分配之现状,坚信个人努力与竞争的价值,而这些都被新授予权利的多数在根本上所拒绝。"[136]

(五)效率视角下的合同衡平理念

即使从经济学的观点看,对合同自由进行适当限制也是必要的。

福利经济学认为合同法乃至私法应主要着眼于促进交易,着眼于财富最大

---

[132] 以在第138条第2款中的明示规定确保对该条第1款的正确解释(die gewollte richtige Auslegung des Absatzes 1 (des § 138) in Beziehung auf wucherliche Verträge gegen jeden Zweifel sicherzustellen)。Luig, aaO., S. 202 m. w. N.

[133] RG 150, 1; Heinrich Stoll, Die Bedeutung der Entscheidung des Großen Senats für Zivilsachen über Wucher und berteuerung (RG 150, 1), AcP 1936, 333, 334; Reinhard Zimmermann, "Civil Code and Civil Law, The 'Europeanization' of Private Law Within the European Community and the Reemergence of a European Legal Science", 1 *Columbia Journal of European Law* 63, 102 (1994/95).

[134] Thomas Hill Green, *Liberal Legislation and Freedom of Contract: A Lecture*, Slatter and Rose, 1881; Maria Dimova-Cookson, "A New Scheme of Positive and Negative Freedom: Reconstructing T. H. Green on Freedom", 31 *Political Theory* 508, 510 (2003).

[135] Atiyah, *The Rise and Fall of Freedom of Contract*, supra note [124], p. 586.

[136] Id., p. 589.

化,而财富在交易双方之间如何分配不宜由私法调整。例如在物品的买卖中,买方愿意出价 6000—8000 元购买,而买方自己生产的成本为 1 万元,这意味着购买将给买方带来 2000—4000 元的增值;同样,如果卖方的生产成本只有 6000 元,交易的达成也将为卖方带来 0—2000 元的增值。对这样的交易,当然应当促进其达成,而买卖的价格到底如何确定(如究竟是 7500 元还是 6500 元),应交由当事人自己协商。在很多(法)经济学者看来,合同法的主要功能就是促进交易的达成与财富的最大化,其他的社会功能,如促进平等、保护贫弱,则应当通过其他制度,如税收、社会福利等制度来完成。[137] 毕竟,通过合同法进行限制,常常会增加交易的不确定性,影响人们的经济预期,另外也容易鼓励人们在交易达成之后因觉得对自己不公而拒绝守约。

然而,限制合同自由是否必然导致损害效率的结果?当然不是。可以从极端的例子说起。在不会游泳者落水呼救而周围空无一人时,某行人出现,在施救之前,要求落水者承诺获救后支付百万现金作为酬劳。[138] 在公路上,打劫者将汽车拦住,将枪口指向驾驶员,高喊"要钱还是要命",驾驶员于是"自愿"地将汽车、钱包让出。[139] 法律在这两种情形下都会限制合同自由,前者就本质而言是一种垄断状态,垄断者(行人)可以将价格提高至合同另一方可以接受的最高限度;后者是一种胁迫,外力的存在导致行为人所为的意思表示并非其真实的意思表示。显见,这样缔结的合同很难符合效率的要求。限制合同自由(或者保护合同衡平)的情形还有很多,除了会造成损害第三人利益[140]或产生负外部性的合同外,还包括如禁止人身性的合同[141](卖身为奴或以性为交易标的)、限制遗嘱自由[142]、住房租赁合同中的管制[143]等诸多其他情形。就限制的效果而言,都很难说会损害效率。

限制合同自由的功用,一个很重要的方面,在于维持社会的基本结构,从而使"社会"、"市场"的存在成为可能。正如康德所论,虽然人们有按照其个人意志行动的自由,但此人的自由与彼人的自由难免会有所冲突,因此总会产生各自的边界,在这样的背景下,作为一项义务,"小店主不应以过高的价格向无经

---

[137] Shavell, "A Note on Efficiency vs. Distributional Equity in Legal Rulemaking", 71 *The American Economic Review* 414 (1981); Kaplow et al., "Why the Legal System Is Less Efficient than the Income Tax in Redistributing Income", 23 *The Journal of Legal Studies* 667 (1994).

[138] 例如近日所谓"捞尸谈价"事件。

[139] Michael J. Trebilcock, *The Limits of Freedom of Contract*, Harvard University Press, 1997, p. 84.

[140] Max Weber, Wirtschaft und Gesellschaft, 5. Aufl., 1972, J. C. B. Mohr, S. 409 (Kapitel VII, § 2).

[141] Max Weber, a. a. O., S. 412—413.

[142] Max Weber, a. a. O., S. 414.

[143] 许德风:"住房租赁合同的社会控制",同前注[4]。

验的顾客出售商品。在交易频仍的环境下，商人也不应为此种行为，而应对所有人收取同样的价格，以便孩童与其他人可以一样地从他这里购买商品"。[144] 这种道德环境，就像斯密在《道德情操论》[145]中所描述的，经济人虽然也自私自利，但同样也有同情心，有自我之爱，珍惜名誉和身份，追求幸福；或者像 Eric Posner 在探讨高利贷与违反公序良俗的合同时所总结的，"夏洛克是资本主义的威胁。资本主义需要适度，而不是过分；远见，而不是小聪明；自利，而不是贪婪。"[146] 其实，出于对公序良俗的尊重而对合同自由的限制，包括本文所论及的对利息的管制，在很大程度上是为了保证公众对商人的信任以及道德上的支持。而这种信任与支持可以说是一种公共物品。个别商人不择对象地放贷并收取高息，如果利息水平远高于市场的正常水平，很容易导致借款人过度投机，损害社会与邻里，直观的形象如香港电影中的"大耳窿"，其放贷的典型场景是在赌场门前——出借人明知债务人无法通过正常的盈利手段获取可用于还款的收入，仍向其放款，使其在输光后只能通过损害亲朋甚至铤而走险筹款以躲避可能的追杀。这种过度的做法，是对社会中互助互济的道德观念以及人们相互信任的滥用，会激化人们的厌商情绪，最终降低经济的效率。时下"仇富"、"宝马车撞人案"等诸多讨论中的种种极端观点，都是体现。

也正是出于上述原因，私法社会化思想并不仅体现于交易双方地位不对等的交易（如消费品买卖）中，还体现于交易双方地位接近（如双方都是商人）的交易中。例如，《德国商法典》第 348 条虽然规定在商人从事商行为过程中所承诺的（过高的）违约金不得根据民法典第 343 条向下调整，但该条规定的违约金仍然要受到诚实信用原则（第 242 条）、公序良俗原则（第 138 条）、情事变更规则（第 313 条）的乃至违约的严重程度（Schwere der Vertragsverletzung）的制约。[147] 类似地，在格式条款中有关于价格调整的规定时，BGH 的意见是，如果

---

[144] Kant, Immanuel Kants Werke (Schrift von 1783—1788), Band IV (Grundlegung zur Metaphysik der Sitten, Kritik der praktischen Vernunft), herausgegeben von Artur Buchenau und Ernst Cassirer, Berlin, 1922, S. 253.

[145] 斯密：《道德情操论》，蒋自强等译，商务印书馆 2003 年版。

[146] Eric A. Posner, "The Jurisprudence of Greed", 151 *University of Pennsylvania Law Review* 1097 (2003).

[147] Münchener Kommentar-Karsten Schmidt, § 348 Rn. 2, 14 HGB. 当然，德国法院在具体适用这些原则时持非常谨慎的态度。例如，在一项服务合同中，被告担任原告的商事代理人，负责推销被告（出版社）的广告。双方约定若被告解约，应提前通知原告。后来，因所带的团队集体辞职，原告失去了继续履约信心，于是未依合同约定的期限（提前若干月）而申请立即辞职。原告依合同约定要求被告支付约 2.5 万马克的违约金。法院经审理认为，既然双方在合同中明确约定若不按约定的期限而提前申请辞职即应支付违约金，足见该期限对原告的重要意义（如防止被告离职造成经营上的混乱），因此，原告违反此项约定已不是轻微的违约。另外，从市场的发展来看，从签约至今，市场本身并未发生太大的改变，实际上，在被告解约的前一年，被告还从原告处获得了近 10 万马克的收入。因此也不构成情事变更。OLG Karlsruhe BB 1967, 1180.

价格调整条款属于成本指数性的条款(Kostenelementeklauseln),则是可以的,如果是单纯的价格保留条款(Preisvorbehaltsklauseln),则是被内容控制规则所禁止的。[148] 这种管制,不仅适用于企业和消费者,也同样适用于企业之间的交易。

总结说来,从上文对利息的解构分析出发(利息可被分解为可控交易费用、不可控风险与资本利得这三项内容),在法律为利率设定一定的上限后(假设为年息20%),意味着无论是因不可控风险而发生的损失,还是资本利得最高都不得超过20%。从资本利得的角度看,意味着禁止剥削——出借人不得获得过高(超过20%,如果风险与可控成本为零的话)的利益;从不可控风险的角度看,意味着限制出借人的放款选择空间——不得向风险过高的借款人或项目放款。在笔者看来,利息管制固然有限制资本利得的作用,但其风险管制的功能——禁止出借人和借款人过分冒险地借款——同样重要。实际上,法律中的很多制度都是着眼于此。如行为能力制度中限制未成年人进行交易或否定无行为能力人所从事的交易的效力,很多时候即是担心这类主体可能会无视风险的大小(甚至不理解风险的含义)而行为;又如彩票管理条例上禁止以赊销或者信用方式销售彩票(第38条),本质上也是担心购买人在非现货交易中更容易陷入失控的精神状态。现有的研究中,有学者忽视利息管制制度对风险的干涉作用,认为近代中国的农贷利率"在扣除交易成本后将低于通常界定的'高利贷'水平",同时也忽视风险干涉的必要,认为"可以肯定,近代农村私人借贷的效率要高于传统的评价",是不尽妥当的。[149]

四、利息管制、个人破产与社会保障制度

利息管制与个人破产制度也有密切的关联。前者着眼于让债务人以较低的利息取得信贷,后者则着眼于在债务人无力偿还债务时为债权人提供强制执行的制度,同时免除诚实守信之债务人的债务,使其获得重新开始的机会。二者之间存在着明显的制度替换关系:个人破产制度越倾向于保护债务人,着眼于消费者保护的利息管制制度将越边缘化,因为相比利息管制制度而言,个人破产制度可以从根本上免除债务人的还款义务。在某种程度上,个人破产法制度可以说是所有消费者保护或弱者保护制度的"兜底"性制度,是私法社会化观念的重要体现,并在很大程度上接替承担了利息管制制度的社会功能。

(一)作为社会保障的利息管制制度

总结前文的论述,可以看出,利息管制是一项主要着眼于消费者保护的制

---

[148] Stefan Thomas, Preisfreiheit im Recht der Allgemeinen Geschäftsbedingungen, AcP 2009, 84, 88.

[149] 彭凯翔等:"近代中国农村借贷市场的机制——基于民间文书的研究",载《经济研究》2008年第5期。

度。第一,商事交易中,尽管某些干涉能够促进个案的公正,但时刻存在的受干涉的威胁同时也会严重影响交易的安全,使全体商事交易的参与者都被迫付出法律确定性受损害的成本,尤其商事交易中的价格确定往往是在瞬息万变的社会环境中进行的,获利与亏损,常系于一念之差,若法律强加干涉,必将极大地延缓交易的进行;第二,债务人作为商事主体,逐利目的明确,更具专业性,擅长成本收益的计算,通常会"量力"、"量险"而行,无法律给以额外关注的必要;第三,商事主体通常是以公司形式存在的经营者,其(自然人)股东已拥有有限责任等制度的保护(也正因此,债权人在放贷时亦会非常小心),在此背景下,再管制交易的利息以保护相关自然人的必要性不大;第四,在企业经营中,限制人们从事冒险的经营与社会要求鼓励企业家精神的取向有所冲突;第五,鉴于法律并不限制红利的收取[150],即使进行管制,人们也可以通过其他办法加以规避,强行管制的效果并不理想。[151]

通过利息管制保护弱者,尤其是消费者的利益,主要有两方面的理由。其一,在行为心理学的视角下,消费者有诸多容易被经营者利用的弱点。人们常常有先入为主的倾向,即将对某一事物的判断与某一既有观念联系起来(anchor)而受其影响。[152] 那些缺乏背景知识的人在判断风险时常处于无所适从的尴尬境地;营销者可以很大程度上利用消费者的心理误判而获利。[153] 例如,信息的存在或传递形式,即信息的"包装"(framing)将影响人们的选择。在接受手术前,若医生通知病人手术的成功率而不是死亡率,病人将更容易接受;类似地,在放款时若仅告知月利率(设为15%)甚至是日利率(0.5%),其安抚效果要远优于"骇人"的年利率(180%)。[154] 在此类信息包装下,利息管制的规

---

[150] 利息和红利是有区别的。现行法管制利息的高低,但从未对红利做任何限制。这种做法的根源实际上来源于二者的不同定义——和利息不同,红利的取得与企业(或个人)能否获得利润直接相关。在这个意义上,红利的权利人要承担远比债权人更多的风险,或者,确切地说,是在和债权人共担投资不能收回与不能获得预期利润的风险。Canaris, aaO., NJW 1978, 1891, 1891.

[151] 或许——作为一项有一些异想天开的猜测——正是因为西方国家长期以来实行严格的(以宗教为主要媒介的)利息管制促成了现代企业制度的发展:投资者不得不通过设立合伙、公司等商事组织经营牟利。

[152] Mathew Rabin et al., "First Impressions Matter: A Model of Confirmatory Bias", 114 *Q. J. Econ.* 37, 68—72 (1999).

[153] 对消费者心理的研究,在工商管理领域,早就成了一门独立的学科。霍依尔:《消费者行为学》,刘伟译,中国市场出版社2008年版;丹奇格:《人们为什么要买不需要的东西》,冯铁为等译,中国社会科学出版社2006年版。我国关于滥发信用卡导致消费者或年轻人(如年龄上已成年但尚未自立的大学生)过度消费,从而使亲友乃至父母蒙受重大损失的例子比比皆是。最近的报道如,舒眉等:"信用卡,你的钱包谁做主",载《南方周末》,http://www.infzm.com/content/32479,最后访问日期2009年8月18日。

[154] Amos Tversky et al., "The Framing of Decisions and the Psychology of Choice", 211 *Science* 453 (1981).

定可以避免消费者在利息问题上受到欺骗，使借款利率维持在一个合理的空间内。

其二，利息管制是一种控制个人乃至社会风险的方式。从（期望）借款人的角度来说，是一种"如果找不到无息或低息借贷，就要靠自己"的安排。限制利息额客观上禁止了人们过度冒险，至少是禁止人们通过借贷进行过度的冒险。[155] 例如，在利息上限为5%时，出借人不会对风险超过5%的借款人放贷，否则他将面临无收益的风险。此时，这类借款人只能靠自己的积累进行风险较小的投资。这样既能引导人们诚实劳动，又从制度上避免了部分人利用借贷进行投机，牟取暴利。

与上述意见不同，常见的反对利息管制的论述是以片面抽取的高利贷的社会效果为根据，认为利息管制将导致供给不足，如消费者借贷的利息管制将导致那些急需信贷的人无法获得及时接济。如这些学者试图通过对典当行业和非法借贷发展史的研究证明高利贷存在的积极性。如有学者指出，在19世纪末、20世纪初，美国一些大城市如纽约的典当行的存在（利率往往非常高，从300%到1000%都不少见，远高于当时6%的法定最高利率），让大量的工薪阶层能够在遭遇周转危机时渡过难关，至少得以维持必要的生计。[156] 有人甚至基于此将典当业者称为"穷人的银行家"（poor man's banker）。[157] 另外，认为作为维持必要生计而获取的借款往往数额很小，使单位借款的成本过高，是导致利息水平过高的主要原因。[158] 因此认为不应将这类非法典当或高利贷看做是损害（剥削）穷人利益的交易形式。[159] 类似地，也有学者认为传统中国的高利贷在一定程度上支撑了农村金融和农村经济的运转，资助了农民生活和农业生产，在一定程度上也推动了手工业和其他副业的发展。[160] 还有学者以苏浙皖三省农村曾发生下述事件为例，认为在社会保障不健全的体制下，高利贷的存在可以让资金缺乏者借此获得充足的资金支持：江苏省江北地区县党部曾命令各县典当月息限为二分，典商因不能获利关门，农民向县党部请愿，要求任凭典

---

[155] "By allowing debtors to escape from high-interest credit contracts, they (usury laws) force creditors to withdraw such contracts from the market, denying the debtors the opportunity to obtain high-risk credit in the first place." Eric A. Posner, "Contract Law in the Welfare State: A Defense of the Unconscionability Doctrine, Usury Laws, and Related Limitations on the Freedom to Contract", 24 *The Journal of Legal Studies* 283, 287 (1995).

[156] "In spite of public scorn, illegal lenders played a major role in helping working-class families make ends meet." Lendol Calder, *Financing the American Dreams: A Cultural History of Consumer Credit*, Princeton University Press, 1999, p.51.

[157] Id., pp.46—47.

[158] 即认为也许债务人陷入破产的危险并不大，但若为数额不大的债权专门派员催债和执行，执行的费用很容易便超过借款的数额。这也是小额贷款以及典当借款利息较高的原因。

[159] 在这一段时间，大多数典当借贷的数额通常很低（5美元或更少）。Id., p.48.

[160] 徐畅：《二十世纪二三十年代华中地区农村金融研究》，同前注[1]，第95—120页。

商定息。[161] 另有学者认为,在过去严格管制高利贷的大部分时间里,包括在我国20世纪20、30年代前的传统社会中,通过高利贷获得的借款并非主要用于生产,而是主要用于消费,尤其是日常生活(粮食借贷占相当大的比重,还有很大部分的借贷用于满足本来就需要支付生活中的大笔支出,如建房、疾病、婚丧等),因此,高利贷起到了相当程度的"救急"作用。[162]

对社会福利不发达状态下高利贷的"救急"作用,笔者并不否认。本文想指出的是,总体来看,让私人以高利贷的形式获取借款应急,成本是非常高的:为应对风险或避免(在困境时)支付高额利息,人们不得不事先以储蓄等方式预防风险,从而影响资本的流动与使用效率。相比而言,通过社会保障的形式(如保险)在人们失业、重大疾病等情况下提供救助,有时候甚至以慈善银行[163]的名义提供救助,可能更有助于平等,经济上也是更有效率的安排。实际上,从利息管制降低了人们(在困境中)获取资本之成本的角度看,即使在纯经济的考量中,它也未必无效率。正如 Glaeser 等学者所指出的,传统社会中的高利贷管制在很大程度上就是发挥着一种社会保险的作用。"富不过三代"或"三十年河东,三十年河西"等现象的长期存在,让人们认识到人人都有可能陷入周转困境,借款人和出借人的身份常可互换;同时,作为经济学上的基本判断,同样数额的款项,其边际效用对陷入困境的人要远远大于生活富足的人,即与在富足的时候多赚取一些利息相比,人们更希望能够在穷困时比较容易地获得借款。在这种情况下,可以推断,若人们可自由协商,也会达成这样的协议:此次我向你放款时限制利率水平,下次我从你处借款时也同样限制利率。从这个角度看,利息管制相当于设置了一种保险:将富足状态时的一部分财富转移给穷困状态,确保在陷入困境时也能获得必要的资源。[164] 在这个意义上,借贷中的利息管制,可以说是法律将人们本可以达成的协议固定下来,是暗合交易习惯的法律规范。[165]

需要强调的是,从利息管制的效果来看,区分传统社会与现代社会是有必

---

[161] 严中平等编:《中国近代经济史统计资料选辑》,科学出版社1955年版,第309页。

[162] 徐畅:《二十世纪二三十年代华中地区农村金融研究》,同前注[1],第103页;费孝通对此也早有论述,见费孝通:《江村经济——中国农民的生活》,江苏人民出版社1986年版,第201页。

[163] 如1859年成立的 Pawner's Bank of Boston 和此后不久成立的 Provident Loan Society of New York。Calder, *Financing the American Dreams: A Cultural History of Consumer Credit*, supra note [156], p.49.

[164] "If a direct transfer or complete insurance is infeasible (perhaps because of informational or incentive problems), artificially low interest rates can help individuals redistribute income from states of nature when they are rich to states of nature when they are poor." Glaeser et al., "Neither a Borrower Nor a Lender Be: An Economic Analysis of Interest Restrictions and Usury Laws", supra note [15].

[165] 由此可推断,贫富差距大,贫富转换频繁,借款在用途上限于主要用于消费借贷等因素,都将在一定程度上导致相对严格的高利贷管制。Id.

要的。在资本市场充分发展之前,受利息管制的借款合同主要存在于自然人之间。即在农业社会的大部分时间,人们多余的收入,除消费外,在投资方式上,无非是用于购置田宅和对外借贷几种。因为投资方式相对有限,在相当长时间内,可以说资本的供应是没有弹性的:不会因为利率高而增加供给或利率的低而降低供给。在这样的环境下,利息管制的转分配功能——强制性地将富有者的财产分配给穷困者——是非常明显的。随着社会的发展,包括工业化的进程的启动与加速,现代企业制度、现代资本市场的兴起,资本的弹性日益增大,利息管制所能约束的资金量日益下降。在这种情况下,通过利息管制以外的其他制度保护社会中弱者的利益便日益重要起来,个人破产法的制定与发展就是非常重要的一个领域。

(二)资本市场的发展与个人破产制度对利息管制制度的影响

如前所述,在美国,各州普遍规定有高利贷管制法。不过这类管制法大多是针对私人之间的借贷,而对银行对外放贷的利息,则采取相对宽松的态度。1863年制定的联邦银行法(National Banking Act of 1863)以及此后的一系列判决规定,在注册为联邦银行后,其对外放款所收取的利率,不受放款地的州法调整,而是受其注册地的法律调整。[166] 这就导致大量的银行到利息管制较少的州注册,从而规避了利息管制制度对银行的适用。如果考虑到这一背景,就不难理解为什么在整个19世纪,美国都在推进个人破产制度的建立,尽管几经反复,但最终于1898年固定下一个债务人主义的破产法。

个人破产制度之所以能够被逐步确立下来,源于人们逐渐达成的对其合理性的下述共识。从社会化考量的角度看,无穷尽地追索将引发巨大的社会问题——债务人会为逃债隐姓埋名,潜入社会的灰色地带,甚至为筹款还债铤而走险。个人破产制度能够防止个人偿债不能所带来的一些社会不安定因素,从而促进社会和谐。在此方面,个人破产制度发挥了准社会保障制度的功能。[167] 从经济效率的角度看,没有个人破产制度而让债务人背负过重的债务,不但可能使债权人永远无法获偿,也会导致债务人"破罐子破摔"不努力工作,这对他个人而言是一种惩罚,对社会而言则是福利的损失——勤奋工作所创造的价值减去不勤奋工作所创造的价值。通过个人破产程序,能够使人们在保留一定自由财产的基础上重新开始新的工作与生活,促进人力资本之最大化。

当然,个人破产制度也并非没有负面作用:允许人们将来通过破产来免除

---

[166] 12 U.S.C. § 85 (2004); 12 U.S.C. § 24 (Seventh); *Marquette National Bank of Minneapolis v. First Omaha Service Corporation* 439 U.S. 299 (1978); *Spellman v. Meridian Bank* 1995 WL 764548; *Smiley v. Citibank* (South Dakota), N.A. 517 U.S. 735 (1996).

[167] Teresa A. Sullivan, Elizabeth Warren, Jay Lawrence Westbrook, Limiting Access to Bankruptcy Discharge: "Limiting access to bankruptcy discharge: An analysis of the creditors' data", 1983 *Wisconsin Law Review*, pp. 1091—1146.

债务,可能会导致行为人举借更多的债务和更不节俭。同时,那些最愿意付出高额利息借贷的人,也往往是那些最可能破产的人,从而产生所谓的逆向选择(adverse selection)问题:破产危险越高的人越愿意借债(道德风险),最后债权人只能以惜贷来减少风险。[168] 不过,正如保险制度没有因存在道德风险与逆向选择而被抛弃一样——人们买了火险后,可能会变得粗心,但不会变得麻木:刑法上规定有放火罪;另外,保险合同还可以通过免赔额等安排降低道德风险的影响。个人破产制度也可以设计相应的规则限制道德风险,防止该项制度被滥用。[169]

五、结论

以上对现行法上的利息管制制度和与其相关的个人破产制度的分析,可以得出以下几方面的结论。

第一,比较法上,受利息管制较严的通常是消费信贷。而商业信贷的利息管制通常较少。相比而言,我国现行法的利息管制规则对保护消费者而言,其上限过高;而对企业而言又成了无谓的负担。

第二,我国显失公平、公序良俗作为一般条款,在实践中鲜有应用,与德国和美国将其作为一切法律行为的兜底性检验方式有显著差异。这一方面反映了我国学者在法律适用上对一般条款的不信任,也反映了司法实践中过度的自由主义倾向,说明对私法社会化考量重要性的认识仍有待提高。

第三,基督教上长期的利息管制历史在很大程度上和其教义中的社会化思想密切相关,其本质绝非虚空的道德说教,而更多是包含了扶贫济弱的社会关怀。

第四,社会化是民主的必要前提,也是民主的必然结果。利息管制制度、合同衡平制度和个人破产制度的发展验证了这一点。民主政体给弱者以选举权,同时许诺尊重民主决策的结果,这必然意味着弱者会要求给自己更多的保护,意味着法律要日益尊重合同衡平的思想。

第五,即使从纯经济效率与社会福利增加的角度看,利息管制制度还有助于维护基本的商业道德,维护商人的形象和商业经营的声誉,降低人们源于贫富差距过大而产生的抵触心理,在很大程度上有助于提高经济效率。

---

[168] 一些研究表明,个人破产制度的宽严也会影响企业,尤其是中小企业获得贷款的难易,个人破产的免责程度越高,债务人的违约率就可能越高,银行等金融机构就越有可能惜贷。一个重要的原因在于中小企业的治理结构简单,企业的所有者有充分的便利将企业的财产转移给自己。Jeremy Berkowitz, Michelle J. White, "Bankruptcy and Small Firms' Access to Credit", 35 *The RAND Journal of Economic* 69 (2004).

[169] Douglas G. Baird, *The Elements of Bankruptcy*, 2. Edition, The Foundation Press 1993, pp. 32—34.

第六,利息管制制度具体运行的效果,在很大程度上取决于信贷的弹性或管制的有效性。在资本市场欠缺或者欠发达的传统社会,资本的流动性较弱,投资选择有限,因此利息管制可以在很大程度上发生财富转移的效果,随着社会经济的发展,尤其是公司制度的建立,投资手段日益多样,利息管制在社会保障方面的效果日益降低。这在一定程度上促成了其他替代如个人破产等制度的建立和发展。

(初审编辑:贺剑)

讼师秘本的世界[*]

夫马进[**]

李 力[***] 译

The World of the Secret Handbook of Litigation Masters

Fuma Susumu

Translated by Li Li

内容摘要：在前近代中国的地方官与幕友们所留下的文字记载中，讼师往往被描绘成是一群地痞流氓：他们教唆词讼，颠倒黑白，罔顾法律与道理，一心只以诉讼委托者和自己胜诉、获得利益为目标，甚至还可能背叛诉讼委托者。这种讼师形象的模式化刻画，也同样存在于当今的法制史研究者笔下。但对数十种讼师秘本的深入研究却发现，此类书籍中被连续不断地记录下的对于承办

---

[*] 日文原作题为"訟師秘本の世界"，收入小野和子编：《明末清初の社会と文化》，京都大学人文科学研究所 1996 年版，第 189—238 页。此次翻译成中文，承夫马进教授授权、拨冗审阅，尤蒙其弟子伍跃教授指出译文原稿中的错误之处，对原译文进行润色，令译者获益匪浅，谨此致谢！另据译者所知，夫马进教授就此问题发表了最新的研究成果："讼师秘本《珥笔肯綮》所见的讼师实象"，收入邱澎生、陈熙远编：《明清法律运作中的权力与文化》（"中央研究院"丛书），台湾联经出版事业股份有限公司 2009 年版。此文与本译文研究有密切关系，敬请参看。

[**] 日本京都大学大学院文学研究科教授。

[***] 中国青年政治学院法律系教授，电子邮箱：lili6646@ hotmail. com。

诉讼者与作成诉讼文书者的教诲、告诫与"伦理",例如重视情、理、法,不要帮助诬告,切勿贪图一时之利而失德积恶等,甚至与官箴书有着相通之处,其所展示的是另一个不同的讼师形象。尽管这并不意味着讼师中的大多数是正人君子,但表明先前刻画的讼师形象失之片面。此外,本文还指出,与实际存在的法律相比,讼师秘本中所记载的法律十分贫乏,此类书籍始终是以传授诉讼文书的写作技巧为重点,而并不旨在教授法律;在讼师秘本中登场的讼师,无论是作为实际存在的讼师,还是作为虚构的讼师,都以有血有肉的不同形式表现了讼师秘本之教诲的某些内容。

关键词:讼师　讼师秘本　诉讼文书　伦理

一、序言

在前近代的中国社会,有过为数众多的被称为"讼师"的人们。所谓"讼师",按照文字解释就是教授、帮助诉讼的先生,但在另一方面他们又被称作"讼棍",即被看做是流氓恶棍的一种。在地方官为政心得书(即官箴书)或者地方官自己所写的政治记录中登场的讼师,几乎都是作为流氓恶棍的讼师。例如,某官箴书中说:讼师以假作真,把微不足道的问题说成是大问题,捏造粉饰,花言巧语,巧言强辩。忽而好像受了重伤表示要起诉,却又作出可怜的样子;忽而好像要拉拢证人隐匿事实,但却让毫不相干的妇孺在公堂上出面。为了反抗对方的攻击,就揭露其陈年旧事,或者痛斥对方过错,以钳制其活动。借口契约文书或诉讼文书的一两个字不清楚,连篇累牍地固执己见,或者捏造作为证据的文字和文书的状态,改新如旧;或者与书吏勾结,以妨碍审判的进行;或者拉拢负责案件的差役,让他在报告中任意胡言。其诈骗的手法层出不穷,数不胜数,不一而足。[1]

这里所说的讼师,的确是把诉讼作为谋生手段的地痞流氓,等于讼棍。所描绘的讼师形象是:根本不顾法律与道理,只以诉讼委托者和自己胜讼、获得利益为目标。进而来自当时的地方官与幕友的非难是:他们这些讼师也把委托者作为欺诈的对象,只求自己钻过法网。这种讼师的形象,不仅从前的地方官与幕友,而且即使在当今法制史研究者之间,都可见其大体上被固定下来的模式。

我对这样的片面的讼师形象持有疑问。我曾论述过,在当时的诉讼制度下,如果是作为职业代写诉讼文书并代理诉讼,就只能呈现出一种被地方官非难的讼师形象,讼师对当时的人们来说有其存在的必要。我曾经指出,虽说是

---

[1] (清)白如珍:"论批呈词",载《牧令书》卷一八。

例外,然而有一位幕友就肯定过讼师对人们来说是必要的。[2] 而且,我介绍过被称为"讼师秘本"一类的书籍曾被大量出版,并在民间被广泛应用。我认为,通过这些书,可以发现与迄今默默保留在人们心里的讼师形象迥异的讼师形象。[3]

关于讼师是如何存在的相关研究,近年终于有了一些进展。[4] 而对讼师秘本的研究,到目前为止,却几乎没有什么进展。如果就中国法制史而言,与此形成鲜明对比的,就是长期积累起来的对《明律》与《清律》的研究。恐怕这是因为确实形迹可疑的讼师秘本等被判断为不适合作为中国法制史的研究资料。但是,如果我们不是仅仅关注明代的法律和清代的法律究竟是怎样的、发生了什么变化的问题,而是转而研究广大的人们与明代的法律和清代的法律之间有过何种关系、人们对法律究竟有多大程度的了解以及人们如何运用法律的问题时,作为对象的资料就不得不有所改变。我们已经不能局限于《明律》和《清律》的世界。

可是,就我所知,迄今对讼师秘本略加言及的仅有郑秦一人。他介绍了讼师秘本《新镌透胆寒》的一部分,即几个原告的告诉状(告状)的文例和与此相对的被告的答辩书(诉状)的文例,并以该书关于同样事件所写成的告状—诉状,得出了如下的结论:"一告一诉,任意黑白,各取所需,讼师如果按此蓝本包揽词讼,确实可以玩弄两造于股掌之中。这类讼师秘本与前已讲过的幕学秘本还是有区别的,幕学多少还有可取之处,而讼师只能教人架词构讼"。[5]

在此,讼师秘本所描绘的讼师形象又被认为是颠倒黑白。这与官箴书所描绘的讼师形象没有多少差别。但是,我们果真可以同意这样的看法吗?第一,这种看法不过是生搬硬套"讼师秘本"的词语吗?拙见以为,讼师秘本之所以成为禁书,是因为它不仅是只在讼师行业的世界中所使用的秘本,而且广泛普

---

[2] 夫马进:"明清时代の讼师と诉讼制度",载梅原郁编:《中国近世の法制と社会》,京都大学人文科学研究所1993年版。(译者注:本文的中译本为"明清时代的讼师与诉讼制度",范愉、王亚新译,收入滋贺秀三等著、王亚新等编:《明清时期的民事审判与民事契约》,法律出版社1998年版;英译本为:"Litigation Masters and the Litigation System of Ming and Qing China",*International Journal of Asian Studies* 4,1(2007))。

[3] 夫马进:"讼师秘本《萧曹遗笔》の出现",载《史林》第77卷第2号,1994年。(译者注:其中译本为"讼师秘本《萧曹遗笔》的出现",郑民钦译,收入寺田浩明主编:《中国法制史考证·丙编·第四卷·日本学者考证中国法制史重要成果选译·明清卷》,中国社会科学出版社2003年版,第460—490页。)

[4] 关于讼师,作为近年的研究,除了前揭拙文之外,还有:Melissa A. Macauley, "Civil and Uncivil Disputes in South-east Coastal China, 1723—1820", in Kathryn Bernhardt and Philip C. C. Huang, eds., *Civil Law in Qing and Republican China*. Stanford: Standford University Press, 1994。

[5] 郑秦:《清代司法审判制度研究》,湖南教育出版社1988年版,第239页。

及,即使一般人也有可能简单地写出与讼师所写的相似的诉讼文书。[6] 也就是说,有可能导致冒牌讼师的大量出现。他们这些普通人,无论作为原告提起诉讼,或者反之作为被告被卷入诉讼,有记载着近似于自己所处情况的文例的书籍放在手边,将会是多么得方便。对于告状而言是诉状,对于诉状而言则载有告状,可以从其中自由地选择,对当事人来说是多么得方便呀。现在,我们对于当时的地方官所苦恼的民间诉讼的增加,完全没有予以同情的必要。

第二,关于郑秦在这里所用的《新镌透胆寒》的版本问题。因其所用的湘间补相(湘)子原本注明是大观堂印行的,故该书无疑是东京大学东洋文化研究所的藏书*。但是,在笔者此前所见的讼师秘本之中,该书应该是一种例外。笔者以前将讼师秘本之所以成其为讼师秘本的重要部分,换言之,即作为"引起诉讼"的禁书来处理的部分,称之为讼师秘本的三要素,即第一,对于承办诉讼者与作成诉讼文书者的注意事项;第二,诉讼文书等,民间的人们提交给官府文书的文例集;第三,作为在诉讼文书之中使用的用语集。《新镌透胆寒》所记载的只是其中第二个要素的文例集。即使在文例集中,这也只是仅彻头彻尾地登载诉讼文书之告状(原告的告诉状)与诉状(被告的答辩书),而请愿书、保证书则一概没有,即使在这点上也是极其例外的。尤其是该书缺少第一部分,即对于承办诉讼者与作成诉讼文书者的教诲和注意事项,因而从该书所能够了解的讼师形象略显不足。根据我们广为涉猎的讼师秘本,完全可以描绘出一个与此前不同的讼师形象。

因此,本文想要搞清楚的问题是,讼师秘本之中所说的是何种教诲?由此可以发现怎样的讼师形象?与此相关的,还有助于了解这些教诲的时代性与讼师秘本之中的法律问题。

本文这里所用的讼师秘本,因为已经在《訟師秘本〈蕭曹遺筆〉の出現》一文的一览表中列出,所以在此不再重复。在此所用略称,有时也以号码表示,因此请务必参见前文。**但是,另一方面,在此想报告一下前文执笔后所发现的重要讼师秘本。那就是美国国会图书馆所藏的《新锲法林金鉴录》三卷,万历二十二年(1594)金陵书室刊本。该书是迄今所见明确记载刊年或者序文标明写作年代最早的讼师秘本。此前,明确记载刊年或者序文标明写作年代的最早

---

〔6〕 夫马进:"訟師秘本《蕭曹遺筆》の出現",同前注〔3〕,第186页。(译者注:中译本见第487页)

* 补相子:《新镌法家透胆寒》十六卷,现藏东京大学东洋文化研究所。

** 为了使读者直接明晰地了解文中所用各讼师秘本的版本、现藏等情况,在译为中文时,根据《訟師秘本〈蕭曹遺筆〉の出現》一文中的一览表,本文在夫马进教授于日文原文中标记对应号码之处,以"*"附注添加了相关信息。

版本是竹林浪叟辑《新锲萧曹遗笔》,万历二十三年(1595)序刊本*。《法林金鉴录》较之早一年,是最古老的讼师秘本。但是,比这个事实更为重要的一点是,在前文中推定比《新锲萧曹遗笔》至少在内容上更早的上海图书馆本《萧曹遗笔》**,与该《法林金鉴录》在内容上极为相似。前文虽然推定有先行于《新锲萧曹遗笔》的讼师秘本,该书是以之为蓝本重写的,但是此次发现《法林金鉴录》后,这个推测就成为确定的事实了。比较《法林金鉴录》与上海图书馆本《萧曹遗笔》之后可以看出,虽然两个版本内容酷似,但也存在某些出入,所以进而推定应该有较该两者更早的版本。本文想将该《法林金鉴录》添加于前文所揭的37种讼师秘本之中,也作为资料来使用。

二、讼师秘本之教诲

讼师秘本的世界确实是一个丰富多彩的世界。不,也许应该说是形形色色、多姿多彩的世界。在那里,除了诉讼文书的文例之外,也有地方社会的代表交给地方官的请愿书的文例,以及保证书和要求发行证明书的申请书样本。不仅有上奏文和告示文的文例,甚至还有审讯记录的样本。这些事实,可以让人推测讼师还代写除诉讼文书之外的各种文书。此外,也告诉我们这样的事实,即这一类实用书绝不是只在讼师与想成为讼师者的手上流传。首先,除讼师之外,最重要的持有者恐怕就是一般的庶民和下层的知识分子。对于以写字谋生的他们来说,提交给官府的诉讼文书之外的各种文书的文例也是十分便利的东西。也就是说,可以认为这类书即使作为与诉讼没有直接关系的文例集,也曾被广泛地使用过。每当看到审讯记录的文例等,就可以想象到,也许胥吏、幕友进而连地方官中也有一部分人曾使用过该书。

但是,这些持有人是怎样的呢?这类书曾被称为"讼师秘本",即使现在我们也可以这样来称呼,这是因为这些都是以教人打官司为要点的书籍。从书中的序文可知,这类书都声称是用于教人讼诉的。例如,在最古老的序文即《新锲萧曹遗笔》的序文中,引用韩愈的名言"凡物不得其平则鸣",还说"孰谓状词可少哉",对靠写状为生的自己进行自我肯定,并且列举了春秋之祁奚、西汉淳于意之女、东汉班超之女,或者巧妙进言,或者通过文书拯救了熟人或父亲的例证。这种主张出现于各种秘本的序文之中,其中最明显地主张自己作为诉讼援助者的大概就是《珥笔全书》***的序文吧。在序文中,先提出为了惩罚恶人、使弱者安心生活,正确地运用法律是不可或缺的,然后有如下一段论述:

---

* 《新锲萧曹遗笔》四卷,竹林浪叟辑,万历二十三年序刊本,现藏(a)蓬左文库;(b)东京大学东洋文化研究所;(c)北京图书馆(有两本)。

** 《萧曹遗笔》二卷,明刊本,现藏上海图书馆。

*** 《袖珍珥笔全书》十卷,现藏国会图书馆。

人言教唆者,贪利害众,抑不知作状乃仁中之直。以善宅心,能攻人之恶,以理律己,治奸究之徒。代哑言,扶瞎步,砌缺路,渡深河,济弱扶倾,褒善贬恶,均利除害,笔削亦平。岂有利己害人之意哉。故予敢摭录万一有关于世教者成册,以赠敬交之朋,便知予思之无邪云。[7]

这里所谓"教唆者",如《明律》"教唆词讼"条款所说的,就是教唆诉讼者,很清楚就是指讼师。人们读到这样的序文,也许会说那只是作为拼命推销此书者的涂鸦或者某人的胡说八道。当然,这样的看法也许可能成立。不过,我们在此可以了解到如下事实,首先,拿钱而帮人书写诉讼文书被称为"教唆词讼",此举为国法所不容;但与此同时,这一点却又是可以被简单地赋予正当的意义,并且可以自我主张。

进而,我们想看一看对于包揽诉讼者的教诲。例如,在明末刊行后、清朝曾经多次翻刻的《词家便览萧曹遗笔》(万历四十二年[1614]序刊*)之"法家体要"中有如下的说明:

> 韩子云:凡物不得其平则鸣。词讼者人心不平之鸣也。凡举笔必须情真理真,然后顺理陈情,不可颠倒是非,变乱曲直,以陷人于非罪也。天鉴在兹,不可不慎。大凡治世,有情理法三者。……是故初投本县状词,须字字缜密停当,则长技在我,任他人机巧变诈,无隙可乘。谚云"百丈高台从地起"是也。如或县状疏略,次投府道加密,到台院又加密,恐吊卷审勘,事虽真实,词语参差,官府能不犹豫也耶。达此奥义,方为作手。[8]

要注意的是,这里认为在诉讼中"情"、"理"都必须是真实的,不得颠倒是非而将人陷于不实之罪。此处所说的"理"就是道理本身。而在审判用语上,所谓"情"有两个意思。"情"除了人情的意思之外,还有关于某个案件原、被告各自作为事实所陈述的内容或者根据调查结果所判明的事实的意思。这里说的"情真",大概是指原告或被告的主张内容是真实的。

"法家体要"接着说:

> 大凡治世,有情理法三者。在我兴讼告人,须防彼人装情敌我。如小事可已则已,不宜起衅,必不得已,迫切身家,然后举笔。先原情何如,次据理按法何如,孰思审料,如与人对弈然。酌量彼我之势,攻守阖辟之方,一着深于一着,末掉如何结局,智炳机先,谋出万全,则制人而不受制于人。此百战而百胜也。

---

[7] 《珥笔全书》之序。
　* 《新刻校正音释词家便览萧曹遗笔》四卷,闲闲子订注,明万历四十二年序刊,现藏台湾"中央研究院"历史语言研究所。
[8] 《词家便览萧曹遗笔》卷一,"法家体要"。

这里被作为教诲对象的,不是原告或者被告这样的诉讼当事人。由"百战而百胜"一语可知,多次涉及诉讼的胜负者,就是这里所说的"法家"。这种以诉讼为业者,就是地方官、幕友所称的"讼师"、"讼棍"。应该注意的是,如在官箴书中所说,他们也不是无视情、理、法之人,毋宁说,要求他们尊重情、理、法三者,并仔细考虑这三者在实际案件中的具体情况。还有,在官箴书等书中,讼师被描绘成唆使他人无端兴讼之人,在此却对随便兴讼提出告诫,主张"可已则已",写状兴讼被作为最终的选择。

该书主张尽可能不要兴讼,打官司要在出现万不得已的情况之后才进行。这样的教诲不只出现于《词家便览萧曹遗笔》,在很多秘本中也有类似的记载。在《折狱奇编》*的卷头,也可见到与《词家便览萧曹遗笔》之"法家体要"同样的文字,即"大凡治世,有情理法三者"以下的一段,告诫不要轻易兴讼。《刑台秦镜》(康熙一十二年[1673]序刊**)卷下的"法家须知"云:"讼之一道,身家所系,非抱不白之冤,不共戴天之仇,切戒轻举,以贻后患。若睚眦之隙,雀角之非,切宜暂退一步,少忍片时,自然风恬浪静,海阔天高,不至裸体受刑,倾家荡产矣。慎之慎之。"[9]同书"格言"则教诲说:"讼之一字,从言从公。谓言非至公,切不可以致讼也。"[10]《刑台秦镜》卷上之"十法须知",就什么是词讼、诉状、讦告、金告、投词、诬告、越诉、公呈、脱罪、和息、私处,有时就其字义的解释加以说明,披沥作者的想法,最后的"私处说"即解释不通过审判的和解,有如下一段陈述:

> 历阅古今智士,岂能万举万全。如有鼠雀之争,悉凭亲邻劝谕。即有些需委曲,务宜容忍为能。不至临崖转辔,补楫江心,历险履危,以身试法,如或彼要鸣公,此必密浼腹心之友,曲为婉转,夤夜留回,听其作处。斯为上策,不可不知。[11]

在这里,毋宁说是将和解、调停作为上策来教诲的。与此稍有不同的是《新锲萧曹遗笔》卷一之"法家管见"中的一条说明,即假如发生了纷争,并且已经兴讼,也要防止在最后单纯依靠审判取胜。即"凡豪杰之士,岂能万无一失,告则必胜哉。但须审己有理,则力举而行之,彼若输服,准其处和,审己无理之

---

* 乐天子编:《鼎锲金陵原板按律便民折狱奇编》四卷,明刊本,现藏美国国会图书馆。

** 竹影轩主人汇编:《新刻法家管见汇语刑台秦镜》八卷,康熙十二年序刊本,现藏北京图书馆。

[9] 《刑台秦镜》卷下,"法家须知"。

[10] 《刑台秦镜》卷下,"格言":"讼之一字,从言从公。谓言非至公,切不可以致讼也。故致讼之道有三要,情理法而已。度情我必真,度理我不亏,度法我无犯。三者缺一,不能全其必胜矣。如我若兴告仇人,须防彼人捏情敌我。孰思审料,若与敌手对弈,一着观一着之局,一步观一步之变。谋出万全,方能应敌。斯可制人,而不受制于人,百战而百胜也。"

[11] 《刑台秦镜》卷上,"十法须知","私处说"(十法)。

事,则密下而息之,彼若倔强,方行斗敌。如此则盛名可保,而出人头地矣。"[12] 该"法家管见"的大半被刊载在诸如《法林金鉴录》、上海图书馆本《萧曹遗笔》、《折狱明珠》*、《折狱奇编》、《刑台秦镜》等明末清初编辑出版的讼师秘本之中。其中都是严厉劝诫不问有理无理的轻易兴讼。

这样,在告诫不要轻易兴讼的同时,还屡屡强调在决定究竟是将官司打到底,还是悄悄和解时,重要的是此一方是否有理。如上所述,《词家便览萧曹遗笔》之"法家体要"教诲说,"治平之世有情、理、法三者",这三者如何,要予以深思熟虑。在《刑台秦镜》的"格言"中,同样的内容则换成如下的一段文字:

> 讼之一字,从言从公。谓言非至公,切不可以致讼也。故致讼之道有三要,情理法而已。度情我必真,度理我不亏,度法我无犯。三者缺一,不能全其必胜矣。[13]

这里所显示的是在诉讼中自己的言词的公正。主张如果言词不至公的话就不要进行诉讼,要尊重情、理、法三者,即使缺少其中的一个也难以期待必胜。在前近代的中国,关于审判中所谓的某种普遍性的判断标准是什么呢?滋贺秀三曾经将此作为问题进行考察,他认为这种具有普遍性的判断标准就是情＝人情、理＝道理、法＝国法。[14] 他指出,虽然主要作为审判方面的判断标准,情、理、法三者受到了重视,但是实际上即使从讼师这一援助诉讼一方来看,这三者也是难以否定的。在此意义上,所谓情、理、法是审判方面与诉讼当事人方面都不得不遵从的,可以说这正是滋贺所说的"普遍性的判断标准"吧。

对这样的诉讼观进行最好的表达的,大概就是前面已经介绍了一部分的《刑台秦镜》之"十法须知"吧。在其第十法"私处说"中教诲说,因为即使智能之士也难以期望万全,所以在诉讼的危险局面来临之前应该进行和解,这是上策,是已经看得很透彻的问题;关于虽然出于同样的诉讼观但是无论怎样都必须进行诉讼的情况,该书对"词讼"即诉讼这两个字进行解释,并具体阐述如下:

> 谓人有罔法为非,关名犯义之事,必先投明尊长及里者保约,公议彼此曲直。若不首肯输诚,尤然悖乱者,方可鸣公理论。故词字从言从司〔有司即牧民官也〕。讼字从言从公。谓有司之言至公,方能绳人以法,弗致横逆之徒而变乱是非也。[15]

---

[12] 夫马进:"讼师秘本《萧曹遗筆》の出現",第172页。(译者注:中译本见第471页)

* 清波逸叟编:《新刻摘选增补注释法家要览折狱明珠》四卷,万历三十年序刊本,现藏内阁文库。

[13] 《刑台秦镜》卷下,"格言"。

[14] 滋贺秀三:《清代中國の法と裁判》,创文社1984年版,第四章"民事的法源的概括的检讨——情、理、法"。(该文原载《东洋史研究》第40卷第1号,1981年)

[15] 《刑台秦镜》卷上,"十法须知","词讼二字释义说(一法)"。

在此主张,纷争尽可能应该在一族或者乡里之内解决,可是如果对方不服从,于是就应该开始诉讼,受理的地方官应该公正地进行审判。接着,在第二法"诉状二字释义说"中,最末尾解释被告发时的答辩书的字义,其主张如下:

> 谓彼既以我之非,讼于有司〔即府县官是也〕。必秉公面质。岂宜虚捏情词,妄造事理。因指其言,斥彼之非,而辩晰之。故诉字从言从斥。状字从片从一大者,谓状诉之中,有一片大理在也。第作诉状之法,攻彼珥笔之短,写此节目之长,言言入理,字字昭详,使人望之俨然,可期豁释。[16]

严厉告诫答辩书也必须以理来写,不要捏造。在第四法"投词说"中,也阐述道:"不论原被各人,有不白之事,情真理确,前词未晰者,不妨再具投明,而深详细绎说之,故谓之投词"[17],仍然强调重视情与理。

作为可以见到的与诉讼观同时并存的讼师观,第五法"诬告说"可以说是意味深长的。其中解释"诬告"如下:

> 谓与人有小隙,即张大其事而诳之者。因愚不谙律法,听讼师之珥笔,满纸虹桥,不顾公庭辩理,三尺奚逃。律云诬告加三等是也。[18]

排斥品质恶劣的讼师并严厉告诫不要诬告,这可以让我们感觉到有这样的错觉,即我们不是在读讼师秘本而是在读官箴书,不是吗?以上所见对帮助诉讼者的教诲,具体包括:第一,因为诉讼是万不得已鸣人心之不平,所以合乎万物自然的天意;第二,然而诉讼能避免则避免,不要试图通过诉讼取胜,通过调停和解才是上策;第三,在尽管如此也未能避免兴讼的情况下,必要的是情、理、法三者,不得通过诬告陷对方于罪,自己的言词必须是至公的。如果只限于以上三点之中的后两点而论的话,那么与官箴书所说几乎毫无二致。两者确实有共通的部分。

可是,讼师秘本与官箴书的不同之处在于,这些教诲的出发点是教人怎样打官司。在官箴书中往往会说,诉讼文书如果正直地写出事实就可以,而讼师秘本却是为了写出打动读者之心的文章,亦即传授有说服力的文章的写作技巧。在大部分的讼师秘本中,都载有"十段锦用法"、"做状十段锦"等这种标题的文章,而这些都是传授文章写作技巧的东西。这里所谓十段,一般被称为:第一段＝砾书,第二段＝缘由,第三段＝期由,第四段＝计由,第五段＝成败,第六段＝得失,第七段＝证由,第八段＝截语,第九段＝结尾,第十段＝事释。所谓砾书,是指例如"绝夺世业"、"生离"等,是诉讼文书的主题。如前文所述,在此

---

[16] 《刑台秦镜》卷上,"十法须知","诉状二字释义说(二法)"。
[17] 《刑台秦镜》卷上,"十法须知","投词说(四法)"。
[18] 《刑台秦镜》卷上,"十法须知","诬告说(五法)"。

将所用的词语称为硃书,讼师秘本最重要的部分之一,就是该硃语的语汇集。[19] 所谓缘由,是指事件最初的由来,期由则是事件发生的具体时间月日,计由是其事件的直接的引子。所谓成败,是事件的结果如何;而得失则是文章中所称的"总断"或者"总门",汇总以上的叙述,附带结论的部分。所谓结尾,则是以"遵奉官府"、"阐明律法"等语请求处罚对方的部分。最后,所谓事释,是"剪害安民"、"激切感恩"等结束文章的定型文句。

在此,作为一个例子,介绍一下以上"十段"之中的第八段"截语"的解说:

> 第八段名曰截语。此款乃一状中之总断也。务要句句合律,字字精奇,言语壮丽。如状之中,有此一款,名曰关门状。则府县易为决断。无此一款,名曰开门状。则人犯易为辩变。乡里之状,不可关门,恐上司难辩。上司之状,不可开门,恐人犯秉隙瞰入有变。大抵词状,不可太关门,亦不可太开门。学者宜要谅情半开半闭妙哉。[20]

若根据官箴书的教诲,则人民提出诉讼文书是不需要文章写作技巧的,但是讼师秘本正是教授这种技巧的书籍。而且如该截语所见,若能写出这样的文章,"则府县易为决断",可以操纵负责审判的地方官的心理,并左右审判。讼师秘本原则上是写作诉讼文书一方使用的书籍,与读诉讼文书一方使用的官箴书是全然不同的。

《法家管见》一书的作者,就是站在书写诉讼文书者具体来说就是代理诉讼者的立场来写该书的。如上所述,该书其中的一条这样说,如果此方有理则全力应战,若已知此方无理则应尽早私下和解。此外还有如下一条:

> 一、凡官府不问贤否,俱不肯问人布孝。谓于官自有碍也。不肯离人婚姻,谓于阴德有亏也。如遇此事,切不可代人主张。若里排大众呈举,不在此例。[21]

以上的注意事项,总而言之,就是告诫不要涉及危险的诉讼。在《萧曹致君术》*的"兴讼入门要诀"中,有如下的一段话:

> 凡作状词之人,甚不可苟图一时润笔之资,飘空架砌,坑陷生灵,致两家荡产倾家,大小惊惶不宁。眼前虽得钱渡活,而自己方寸有亏,阴陟损坏。[22]

---

[19] 夫马进:"讼师秘本《萧曹遗笔》の出现",第171页。(译者注:中译本见第474页)
[20] 上海图书馆本《萧曹遗笔》卷一,"十段锦用法"。
[21] 上海图书馆本《萧曹遗笔》卷一,"法家管见"。
* 卧龙子汇编:《新刻平治馆评释萧曹致君术》七卷,现藏东京大学东洋文化研究所。
[22] 《萧曹致君术》首卷,"兴讼入门要诀"。

在此也仍然是告诫不要帮助诬告,不要煽动无意义的诉讼而使当事人倾家荡产;并教诲说,不要为了一时赚钱而失德积恶。

以上以若干种讼师秘本为基础,我们从其中所揭示的告诫与教诲中,可以看出与迄今为止一般所熟识的讼师形象所不同的讼师形象。过去,讼师被认为是颠倒黑白、玩弄法律之辈,为了自己的利益甚至背叛委托者。至少官箴书等是这样写的。讼师们有无"伦理"那样的东西等,根本就不成其为问题。可是,正如这里所看到的,他们也确实有"教诲"、"告诫",也有"伦理"。其中一部分是关于诬告的告诫与对和解的劝导等,或者尊重情、理、法等,甚至有与官箴书相通的地方。而与官箴书不同的是,这些书认为帮助诉讼是正当的,其理想是通过在诉讼中的百战百胜来维护自身的名声。由此可知,这些书里所揭示的态度与官僚、幕友完全不同,并且充满了很强的战斗性。

通过如上所见讼师秘本的教诲,我们不是有充分的根据对讼师一流的欺骗术再次作出判断吗?或许相反,也许是我们的"常识"方面出了问题。假使我们承认这些教诲是连绵不断的、并且被多次翻刻出版,那么我们恐怕必须将所谓讼师即恶讼师、亦即"讼棍"的一般概念暂时搁置在一旁。至少我们有充分理由认为讼师们在很大程度上拥有教诲和"伦理",也有必要重新考虑他们在诉讼频发时所发挥的作用。

三、讼师秘本之教诲的时代性

那么,以上这些讼师秘本的教诲内容具体是哪个时代的东西呢?这是相当难以回答的问题。这是因为,每个讼师秘本一定以某种形式继承此前的本子,一方面有所增删,另一方面将其中的一部分原封不动地保留下来。例如,如前文所述,讼师秘本的三要素之一即为了诉讼文书的用语集,就是源自于宋代文献所见作为教书匠为了教授诉讼而让学童阅读的《四言杂字》。[23] 若然,则讼师秘本的教诲也应该追溯到宋代,这恐怕是很有可能的。

但是,这一类书籍所见的教诲是哪个时代的呢?在此我们可以再略作限定。第一,因为以上所使用的每个书籍出版于何时,我们是很清楚的。序文所写有或者明确刊刻记录的讼师秘本中,最古老的是万历二十二年(1594)的《法林金鉴录》,反之,最晚的是康熙十二年(1673)的《刑台秦镜》。不过,在我们所使用的以上所见讼师秘本的教诲内容之中,现存《萧曹致君术》好像是在清代较晚时期出版的。但是,在该书之中,因为明太祖的大诰被刻在抬头,故无疑是根据明本重刻的。而且,由于十段锦所使用的缘由、期由、计由、证由等都被改写为缘繇、期繇、计繇、证繇,所以该原本应该出版于明代天启和崇祯年间,这一

---

[23] 夫馬進:"訟師秘本《蕭曹遺筆》の出現",第181页。(译者注:中译本见第484页)

点应该毫无疑问。如果这些推论不错,我们就可以认为,从出版年代来看,以上所见讼师秘本的教诲内容,至少是在明代万历二〇年代至清代康熙一〇年代期间出现的。

但是,讼师秘本的教诲内容见于万历二〇年代出版的书籍,这并不完全意味着此前没有过类似的东西。如果认为讼师秘本的教诲内容不曾受到时代变化的影响,则是完全不正确的。关于这一点,我拟通过在中国法制史上带有着明代特征的制度、亦即里老审判制度在各种秘本之中的表达方式,进行探寻并尝试解读。

如前所述,在各种讼师秘本中都提到以十段锦之名书写诉讼文书的顺序,和书写时要注意的事项。在其中很多的书籍中收录的与十段锦密切相关的文章,或者作为序言,或者作为后记,或者作为完全独立的文章。例如,在《法林金鉴录》与上海图书馆本《萧曹遗笔》中,十段锦以十段锦用法之名被收录,其序言则是"法家管见",即成为讼师应该遵守的注意事项的最后一条。具体抄录如下:

一、凡做状必须要按十段锦之法,照依讲语而行。如愚夫不知其法妄为,虽然有理,而官府以致不准,而反受虚诈之罪,皆因此误矣。又云凡大小事经投乡里之状,必要做得如法,奥妙不可关门。然收事终府县之中,亦按旧原条款。再经传由上司,亦为照旧故事,毫无挂碍。如其乡里之状一样,府县异之,上司异之,事虽真实而有理,官府观其词状不一,亦有见疑之意。故曰乡里之状,不同上司之状者,名曰死藤缠木。乡里之状,比如为藤之根,初长盘根于木。府县如藤中节,上司如藤中之苗。若其根实,其藤必秀,盘环无穷,或根而枯,或中而折,其藤必死,久而必为朽烂矣。[24]

这里所强调的是"乡里之状",也就是说在强调提交给乡里文书的重要性。在此,可以推定诉讼的阶段与文书的流传是如下的三个阶段:乡里(乡里之状)→府县(府县之状)→上司(上司之状)。如前所见,十段锦用法的第八段也说道:"乡里之状,不可关门,恐上司难辩。上司之状,不可开门,恐人犯秉隙瞰人有变。"

那么,这里所说的在提交给府县之前所提交的"乡里之状"大概是什么样的呢?虽然那是提交给府县以下的"乡里"的,但与提交给府县的是同样的内容,是为了对那里的审判施加决定性影响而必须按照十段锦用法来写的重要的诉讼文书。另外,在此也可以推测,那不是一个地方官恣意决定的东西,而是作为国家的制度所确立起来的。如果是这样的话,那这就是作为制度在乡里进行

---

[24] 上海图书馆本《萧曹遗笔》卷一,"法家管见"。

审判,恐怕除了被委托的里老审判制度之外没有其他的可能性。但是在迄今的研究中,学者认为里老审判制度是将轻微的事件委托给乡里审判。但是,具体采用怎样的过程来审判的,则是此前还不清楚的。因为被认为是在乡里进行简易的审判,所以原告、被告也都没有写作类似告状与诉状的文书,而是直接以口头在里老面前提出自己的主张。这不是此前人们的一般印象吗?

可是,随着近年徽州文书档案的公开或者出版,关于里老审判制度的实态也就可以了解到很详细的情况。[25] 原告、被告在向州县提起诉讼之前,先诉之于"乡里"被称为里老的人那里,此时所携带使用的文书,可以从下面所举一例了解。明代成化五年(1469),住在徽州府祁门县十西都的谢玉清提交的告状说,同都的程付云买了附近的山林,并把谢玉清的杉木也砍光了。根据该告状,谢玉清首先直接"状投里老",但因为程付云据理不服"里老"的判决,所以最后诉于知县。[26] 因为所谓"状投"就是提交文书,所以通过该档案清楚可知,明代成化年间,即使在里老面前也要以文书提起诉讼,起码曾经有以文书控告的事实。讼师秘本的注意事项是,从向该里老提交文书开始,就应该按照十段锦的写法,因为这成为其后的基础,所以应该好好地照着做。要注意的就是,其内容似乎与提交给知州、知县以上之文书的内容差不了多少。

关于提交给里老的文书,也仍然可以在《法林金鉴录》与上海图书馆本《萧曹遗笔》中的诉讼文书的文例集、题为禀帖类的"截打帖"的例文中见到。这是土豪某某曾经痛打当事者亲属的案件,该事件已经被告诉到县,对方被判为徒罪,就结审完了。可是,土豪某某对败诉之事怀恨在心,其后多次拦截下当事人进行殴打。如果不告发的话,则难以忍受死一样的折磨,而告发就会给官府添麻烦。"只得投都,状词山叠,里老畏豪势焰,投词视若虚文"[27],但没人理睬,结果才将官司打到官府。这里说的"都",即是在州县之下的统治区划中处于乡之下、里之上的地方区划。

归纳以上所述,《法林金鉴录》、上海图书馆本《萧曹遗笔》所收"法家管见"与"十段锦用法",和被称为截打帖的文例,均出现于里老审判制度存在的时期。倘若这一推断可以成立,即可以断定出现于明代。更具体来说,这些文

---

[25] 中岛乐章:"明代前半期、裏甲制下の紛争處理——徽州文書を史料として",载《东洋学报》第76卷第3、4号,1995年。

[26] 中国社会科学院历史研究所收藏整理:《徽州千年契约文书》(宋·元·明编),第一卷,花山文艺出版社1991年版,第186页,"成化五年祁门谢玉清控告程付云砍木状纸"。

[27] 上海图书馆本《萧曹遗笔》卷二,"禀帖类","截打帖":"截打伤命事。土豪厶等,上年砍我官建闸门,拆我亲侄右臂,告县问徒,案卷存证。……厶年以来,节次截打厶厶等。不告则局死难甘,告则烦官不便。只得投都,状词山叠,里老畏豪势焰,投词视若虚文。"
另,该文例也被采用于《新刻三台明律招判正宗》卷一二上栏。该书所列举的文例,与上海图书馆本《萧曹遗笔》的有相近的关系,参见夫马进:"讼师秘本《萧曹遗笔》の出现",第176页。(译者注:中译本见第478页)

书出现于里老审判制度在现实中发挥功能的时代。

然而,该截打帖的文例,只见于两种讼师秘本之中。就是说,仅仅见于《法林金鉴录》与上海图书馆本《萧曹遗笔》,《新锲萧曹遗笔》以下的各种讼师秘本根本没有收录。在这里提出的问题是,《新锲萧曹遗笔》以下的秘本,为什么除了收录禀帖的一部分原件之外,没有收入截打帖呢?这是因为,这些秘本的编纂者认为已经不需要截打帖,它不适应新时代的发展需要。进而,《新锲萧曹遗笔》以下的讼师秘本中,在《法林金鉴录》与上海图书馆本《萧曹遗笔》中可见微妙地改写十段锦用法的情况;另外,删去十段锦第八段截语所见"乡里之状"一语。《新锲萧曹遗笔》中的做状十段锦玄意以序文为基础,将"乡里之状"改写作"经投都中之状"或"都状",简略藤木的比喻并将"死藤缠木"改为"枯藤缠树";此外,从十段锦第八段的截语中删去"乡里之状"一语。《折狱明珠》的出版较《新锲萧曹遗笔》晚了不到十年,但完全是以《新锲萧曹遗笔》中的做状十段锦玄意作为蓝本的。可是,其中虽然照搬"枯藤缠树"一语,但是因为"乡里之状"与"上司之状"没有作为一个词语出现,结果根本无法了解"枯藤缠树"实际上是什么意思。在万历四十二年(1614)序刊的《词家便览萧曹遗笔》之"法家提要"中则说:"初投本县词状,须字字缜密停当"。该书指出,诉讼文书的提交是始于县一级,其后,依照顺序向府道、巡抚·巡按提交;要求文书中不要相互矛盾。[28] 在此已经看不到"乡里之状"的影子。即使在崇祯六年(1633)序刊的《法家须知》中,"枯藤缠树"的比喻也完全找不到。

如前所述,因为各种讼师秘本一定是以先行的秘本为蓝本来编纂的,所以上述"乡里之状"的教诲,无论根据《法林金鉴录》与上海图书馆本《萧曹遗笔》的记载,还是根据《新锲萧曹遗笔》的记载,可以得知其后依然长期存在。但是,以"截打帖"这一给州县之前首先提交诉讼文书给乡里作为前提的例文被削去了,还有关于"乡里之状"如此等等的教诲被改写,就说明这些是在诉讼制度发生重大变化的时代连续不断地产生出来的。虽然《法林金鉴录》与上海图书馆本《萧曹遗笔》所收的致乡里的文书一直持续到什么时候是一个很难回答的问题,但是我们似乎可以认为大体上一直持续到明代嘉靖末年,起码在部分地区持续不断。这是因为,根据海瑞的"老人参评",批评现在担任审判的"老人"只考虑赚钱,无论是原告还是被告招待酒食都予以接受,甚至私下收取贿赂,但是一到"两词具备",就是说,一到原告、被告文书齐全的这个时候,他自

---

[28] 《词家便览萧曹遗笔》卷一,"法家体要"。

己却不能判决,也不能出一语纠正。[29] 这被认为是他在浙江省淳安县任知县时所写的,因为海瑞担任该职务的时间是明代嘉靖四十年(1561)前后,所以至少浙江省在此时期是将诉讼文书首先提交给乡里的老人的。

如果这一分析成立,我们就可以认为讼师秘本所收录的教诲的时代性是如下这样的。即首先,它所表明的是里老审判存在的时代,即不是向县而是首先向乡里提交诉讼文书的时代。如果直至嘉靖末年提交文书给里老的作法一直持续着的话,就可以认为讼师秘本的教诲是从明初到明代该时期形成的。但是在这些教诲之中,例如宋代讼师的教训与"伦理"是如何汇入的,我们在现存文献中尚未找到答案。至少可以说,万历三十年(1602)序刊的《折狱明珠》与万历四十二年(1614)序刊的《词家便览萧曹遗笔》的编纂者们,明显地受到了里老审判制度衰败或者消灭之时代的影响,一方面进行人为的改写,另一方面保留教训与"伦理"并继续增订。虽然我们可以认为康熙十二年(1673)序刊的《刑台秦镜》处于明末清初陆续产生的讼师秘本的一个顶点,但是如前所述,其中在继承以往的教诲和"伦理"的同时,不断地增加着新的教诲和"伦理"。在该书中,"乡里之状"的影子已经全然不见。

我们从乍一看就显得可疑的讼师秘本中,可以看出上述教诲的时代性和编纂者们的所作所为。

四、讼师秘本之中的法律

接下来的问题是,讼师秘本的利用者通过该类书可以在多大程度了解法律?另外,其中法律是以怎样的形式被表现出来的?在迄今为止的中国法制史研究中,研究者主要关心审判中的法律运用问题,即地方官在判决之际是怎样考虑法律的?在与人情、调解保持兼顾平衡中,在何种程度上实际运用了法律?但是几乎无人关注过被审判一方的人知道多少法律、在诉讼中如何利用法律的问题。[30] 在考虑这些问题时,讼师秘本也为我们提供了有力的素材。

在考虑这些问题的时候,我们试着从两个方面来入手。其一,在讼师秘本

---

[29] 海瑞:《海忠介公全集》卷二,参评,老人参评,海忠介公全集辑印委员会1973年排印本,第107页:"乃今老人,以钱神为使鬼,希图差勘,瞒官作弊,以肥私囊。间有投诉,此行酒食曰:吾饱吾腹矣。彼私贿赂曰:吾丰吾袖矣。至两词具备,狐疑莫决,彷徨四顾,不能出一语以相正焉。"

[30] 例如,前注[14]所揭滋贺秀三的讨论,以及前注[4]Kathryn Bernhardt(白凯)和Philip C. C. Huang(黄宗智)所编书所收 Philip C. C. Huang, "Codified Law and Magisterial Adjudication in the Qing."另外,佐立治人:《清明集》的'法意'与'人情'——诉讼当事者による法律解释的痕迹",载梅原郁编:《中国近世の法制と社会》。该文以《清明集》为根据就宋代进行研究,其中也讨论了这个问题。(译者注:中译本见《清明集》的'法意'与'人情'——由诉讼当事人进行法律解释的痕迹",载川村康主编:《中国法制史考证·丙编·第三卷·日本学者考证中国法制史重要成果选译·宋辽西夏元卷》,姚荣涛译,中国社会科学出版社2003年版。)

所列举的告诉状与答辩书等文例之中,是以怎样的形式提及"法"、"律"？实际的明律与清律等是在何种程度上被引用的？其二,讼师秘本在多大程度上收录了实际中存在的法律（即明律与清律）？

在讼师秘本的诉讼文书文例集之中,因为无论原告还是被告都认为自己的主张是正当的,所以屡屡会出现这样的记载,即法律是这样规定的或是那样规定的。于是,其中有很多的确是对应于明律与明令、或者《大清律例》的条文。例如,主张"关津留难,律有正法"（上海图书馆本《萧曹遗笔》卷一,"衙门类"；《珥笔全书》卷一,"关津"）时,即指《明律》"兵律""关津"中的"关津留难"之条。"舅姑姐妹,律禁成婚"（上海图书馆本《萧曹遗笔》卷一,"婚姻类"；《照天烛》卷三,"婚姻类","首亲属为婚"）则源于《明律》"户律""婚姻""尊卑为婚"。所谓"义男不许紊宗,明条有制"（上海图书馆本《萧曹遗笔》卷一,"继立项","争继"；《词家便览萧曹遗笔》卷二,"家业类","辩养混继"）,则与《明律》"户律""户役""立嫡子违法"对应。"世有割襟指腹,律条有禁"（上海图书馆本《萧曹遗笔》卷一,"禀帖类","辨婚帖"）、"指腹且割襟,非正律"（《刑台秦镜》卷二,"婚姻类","告生员夺妻"之诉）,在《明令》"户令""凡男女婚姻"可以看到相应条文。反驳被控告强奸之男"告奸,必获奸所"（《刑台秦镜》卷二,"奸情类","因奸致死"之诉）则来自《明律》"刑律""犯奸"中的规定。"巫蛊杀男,十恶不赦"（《刑台秦镜》卷三,"人命类"之"告巫蛊杀男"）,确实是根据《大清律例》"名例律""十恶"与"刑律""人命""造畜蛊毒杀人"。"至亲容隐,律不加罪"（《词家便览萧曹遗笔》卷一,"盗贼类"之"諛诱脱罪"）,可见于《明律》"名例律""亲属相为容隐"的规定。想帮助犯罪已决充军的孩子,其母主张"据扶亲皇帝之律例,凡犯充军之罪,其母一人年老,许使存留养亲"（《刑台秦镜》卷六,"拟成翻招"）,这的确是《大清律例》"名例律""犯罪存留养亲"的规定。又,在"先聘为妻,律有明条"（《刑台秦镜》卷二,"婚姻类"之"势夺妻"之诉）的场合,虽然这里并没有引用正确的律文,但是《大清律例》"户律""婚姻""男女婚姻"无疑有相应的规定。

还可以见到这样的文例,即根据律的规定认为某种罪情该当何罪,故原有判决有所不当。若A主张自己出远门期间,使女害怕因盗米被斥责,故投井自杀。可是B等告发说,A的妻子殴杀使女并将其投入井中。审断后,A之妻被判绞刑。但A不服该判决,并陈述如下："思律故杀使婢止徒,投井反偿,出何律例。"[31]

---

[31]《词家便览萧曹遗笔》卷一,"人命","翻招脱罪"："执拗天平事。人命大辟,法难恣情。灭律民冤,必投宪雪。使女某,盗米惧责,投井身死,里长某验证。某等欺身出艺他乡,捏首寡妻打死抛井,蠢忤县官,妄坐绞刑。思律故杀使婢止徒,投井反偿,出何律例。一妇含冤不惜,天下主分堪伤。恳天检骸,若无生沙,情甘加斩。上告。"

这时,假定该妻子与使女之间不存在主人与奴婢等的身份关系,并且如果原本就没有杀意,大概按照《明律》"刑律""人命""斗殴及故杀人"的规定,可以推定判决的结果为绞刑。相对于此,该妻之夫提出的大概同样是出于《明律》"刑律""斗殴""奴婢殴家长"的规定。其中规定,即使奴婢有罪,其家长与其最近的亲属(期亲)等不向官府报告而殴杀的,仅杖一百;奴婢无罪被杀时,则杖六十后徒一年。该事件的情况是,文书中所称使女是否果真为奴婢?她是自杀还是他杀?她是否有盗米之罪?在这些问题上,判决是大不一样的。就是说,如夫所主张的,如果使女是畏罪自杀,那无疑该判妻子无罪。假设即使强调使女害怕被追究盗米之罪而自杀了这一点,若依《明律》"刑律""人命""威逼人致死"条则不过仅杖一百。假如使女真是奴婢,且确有盗米之罪,那么即使其家长与其最近的亲属殴杀之,也不应该以徒罪而应以杖罪了结。夫在此所主张的"依律,即使故意杀佣人也只科以徒刑",很明显是有矛盾的。对判决提出异议的该文例,考虑夫为了尽量让妻之罪变轻,在短短的文章中将种种主张层层编织。在最后的地方,主张使女一定是自杀的,甚至说,正如验尸结果那样,假如是被杀害后扔进井里的,她的鼻子之中就应该没有沙子进入。因此,如果按照该夫的逻辑,大概就是这样的结局:即便使女无罪,并且被妻殴杀,依律也不过是徒罪。总之,从正面挥舞律来威吓人并主张量刑不当,这对于了解法律的当事者来说是有利的,尽管这只是文例而并非是非实际的文书,但是在当事者就量刑根据的律发表议论这一点上是重要的。滋贺秀三曾指出,人民是不能在法庭上争议法的解释适用问题的。[32] 的确,也很难想象当事者在法庭的现场披沥法律解释的情形。但是,在这样的书面文字中,他们不就是在某种程度上在进行法律解释吗?

还有如下的文例。因为夫逃亡且在七年间未归,所以其妻就与别的男子再婚了。可是,原夫突然回来,控告该男子夺妻。对此,新夫则反驳说:"不思律有夫出三年不归,许令改嫁之条"(《释注萧曹遗笔》*卷三,"婚姻类","告取原妇"之诉)。的确,这一条是《明律》"户律""婚姻""出妻",《明令》也有相应的规定。发生这种情况时,只要向官府报告并提供证明书即可确定无罪。又,根据后面所介绍的《照天烛》**之"断律问答"和以此为底本的《法家衷集》的"律颐断法"中,都将夫逃亡超过三年,妻如果不报告官府而再婚时应该如何判决作为问题提出,认为这时应认定妻为"不应"之罪,就是说,犯了理不可为的轻罪,并且在问罪后许其再婚。因此,在该判决事例中,严格说来,妻再婚之际是

---

[32] 滋贺秀三:《清代中國の法と裁判》,第一章"清朝時代の刑事裁判——その行政的性格,若干の沿革的考察を含めて——",创文社1984年版,第77页。

* 《新镌订补释注萧曹遗笔》四卷,徐昌祚辑,明癸未序刊本,现藏尊经阁文库。

** 《刻法林照天烛》五卷,醉中浪叟辑,明刊本,现藏尊经阁文库。

否得到了官府的证明,应该成为问题关键之所在,但是原夫三年以上逃亡不归时,那么即使妻再嫁也是被许可的,这一点是根本不变的。就是说,在该事例中,引用了律应该视为是对于胜诉极为有利的行动。实际上,这个文书亦载有判决的例文,因此将"夫出三年不归,律许妻改嫁"作为判决的重要根据,进而再婚之际是否得到官府的许可根本就不成其为问题。

以上所介绍的几个事例,是诉讼文书之文例中比较明确地引用法律条文的场合。这些即使不是严格引用的,也无疑是将判决作为对自己有利的东西。即使是告发他人的场合,或者反之即使是主张自己无罪的场合,一定是从对自己有利的立场来明确阐述国法是如何规定的。如果我们将讼师秘本所载的这些文例视为当时诉讼之际的一种"标准答案",无疑表明己方对法律有所了解,这不会对任何担任审判的地方官之心证有所不利。笔者手头只有为数不多的档案,其中一件是日本国会图书馆藏《太湖厅档案》中某寡妇在同治十二年(1873)所告之状,状中说"为人后者,不得于所后之亲,例准告官别立",实际上有引用清律的条文。[33] 的确,虽然该引文并不是逐字正确地引用,但是根据《大清律例》"户律""户役""立嫡子违法"可知大致是原条文。就是说,即使在现实的诉讼中,其提交的文书只引用对自己有利的律文,这是没有任何问题的。至少,是否明示或者暗示知道律文,可以在整体的情况之中斟酌得失并作出决断。尽管即使在不是明确引用律文之一部分的场合,例如妻控告夫娶了妾时,丈夫的答辩书也写到:"今四十无子"(《释注萧曹遗笔》卷三,"婚姻类","告娶妾逐妻"之诉)。这大概对于主张自己无罪有很大的作用吧。这是因为,《明律》"户律""婚姻""妻妾失序"明确规定:"其民,年四十以上无子者,方听娶妾"。相反,岳父告发女婿,认为女婿娶妾"裂常毁法"(《照天烛》卷三,"婚姻类","告婿欲娶妾"),则确实没有明确引用律文,但是未满四十岁娶妾是国法所禁止的,该岳父是以知道这点为前提的。果然判决例文说"婿不违背律例吗?",支持该岳父的主张。就是说,他们懂得法律是很有必要的,适当引用律文则是为了攻击、防御的需要。但是,这并不是说在任何场合都是必要的。想请大家注意的是,以上所引用的事例很多是有关婚姻关系、继承关系的。这绝不只是为了恣意地从婚姻关系与继承关系寻求事例。例如,如"舅姑姐妹,律禁成婚"所说,不得不引用国法的规定,这是以当时与叔父、叔母的女儿(表姐妹)结婚在民间社会屡见不鲜为前提的。根据以往的研究,与父母任何一方的堂表亲属结婚,在当时曾经是普遍存在的习俗,而且国法也不曾禁止。[34] 这样的习惯一方面

---

[33] 国会图书馆藏:《太湖理民府文件》第 22 册,"张蔡氏呈控嗣子时华不得于所后之亲,呈请易立等情一案",同治十二年九月。

[34] 史凤仪:《中国古代婚姻与家庭》,湖北人民出版社 1987 年版,第 100 页。另,荻生徂徕:《明律国字解》,内田智雄、日原利国校订,创文社 1966 年版,第 203 页。

在社会上持续存在着,另一方面,如果想要告发中表婚的话,那么举出法律的规定毋宁说当然一定是为了胜诉。在当时的人们看来,这种结婚为什么不可以?什么范围内的亲属可以结婚?大概又是一个含含糊糊的问题了吧。如果说与表姐妹结婚是犯罪的话,也完全没有像被认为杀人或者借钱不还是坏事所具有的那样的普遍性。同样,他们必须特意写"不许义男紊宗,明有条制",这是因为当时此前在民间社会常有这样的事情。没有亲生的男孩,即使在穷极之末以宗族之外的人为后嗣,这究竟有什么不好?这也是一个不甚清楚的问题。在这样的情况下,只好主张国法是如何规定的。"世割襟指腹为婚,律条有禁"也是同样的。"若夫出三年不归,则许之再嫁"亦如此。夫确实常年不归时,是否允许再婚;在许可的场合,几年以上可以?若只靠当事者的伦理,则最终也得不出结论,因此一定有必要说明国法是如何规定的。"年四十以上无子者,方听娶妾",也与此完全相同。总之,婚姻问题、继承问题不是类似杀人事件与诈骗事件等那样的无论任何人看来都构成犯罪的情况,将伦理的重要性置于何处或者说哪一方是正确的,往往显得模棱两可。没有男孩而夫已死时,围绕怎样选定其后嗣的问题,是重视寡妇的权利还是重视宗族的伦理,这样的诉讼屡屡不绝,《明令》与《明律问刑条例》中规定的伦理重点之所在互异,进而《大清律例》不得不将相矛盾的两个条文并列载入。这充分显示出婚姻、继承问题包括了多大的麻烦。[35]

这样,在我们看来,第二个问题就变得更为重要。如前所述,这个问题是,讼师秘本收录了怎样的法律?当时的人们可以懂得多少法律?

除了《新镌透胆寒》是个例外,讼师秘本大体上都载有若干的法律。从其所刊载法律条文的内容看,这一类的书籍大致可以分为三类。第一类是《法林金鉴录》、上海图书馆本《萧曹遗笔》、《新锲萧曹遗笔》、《折狱明珠》、《萧曹明镜》*等,其中载有称为"明律摘要"的部分。在《法林金鉴录》、《新锲萧曹遗笔》中,卷头记有凡例,其中阐述说:"法家以协律为主,然律学浩繁,非旦暮所能总括。今摘要领,纂为七款,俾便记诵,诚初学之指南也。"就是说,为初学者列举明律的要点。这七个项目是五服丧制、吏律、户律、礼律、兵律、刑律、工律。确实可见所转载的明律。但是,将其中所见的条文与明律的条文比较,就知道已进行了明显的删改。例如,《明律》"户律"之"户役"由总计十五条构成,在"明律摘要"中就删去了三条。而三条之中的两条是"私役部民夫匠"、"收养孤老",两条都规定地方官的义务或者规定他们的违反行为。大概是因为编纂者考虑到庶民不需要这两条而删去的。另外一条是"卑幼私擅用财",即禁止家族中的"卑幼"未经家长许可而擅自使用钱财的规定。可见,又不能说只选择了与庶民密切相关的条款。"户役"

---

[35] 参见夫马进:"中国明清时代寡妇の地位と强制再婚の风习",载前川和也编:《家族·世带·家门》,ミネルヴァ书房1993年版,第261页。

* 江湖逸人编:《新镌音释四民要览萧曹明镜》五卷,明刊本,现藏北京图书馆。

部分十五条中的第一条是"脱漏户口",在《明律》中共有392个字,而"明律摘要"仅存20个字,还不到其十分之一。例如,《明律》有:"脱漏户口。凡一户全不附籍,有赋役者,家长杖一百;无赋役者,杖八十,附籍当差",节略后则为:"脱漏户口,家长一百,无赋役者八十,附籍"。又例如,《明律》"刑律"之"诉讼"共计十二条,而"明律摘要"只收录了其中相关的两个条文。

近似于"明律摘要"而有若干不同者,有《珥笔全书》卷十所载"汇集明律总括金科赋"。其由名例、吏律、户律、礼律、兵律、刑律、工律构成,且与《明律摘要》近似。但是,在前面作为例子所举出的《明律》"户律""户役"之条的开始就变成:"人户以籍为定。赋役、差遣须均。现役在官,即使脱户,亦止据漏口"。这不过是缀合《明律》"户律""户役"的条文名即"脱漏户口"、"人户以籍为定"、"赋役不均"、"丁夫差遣不平"而成的。因此其省略的程度较之"明律摘要"更甚。

由此我们可以大体知道"明律摘要"和"汇集明律总括金科赋"究竟为何物?因为这些条文本身有很多缺略或者被极度简略化的,某种行为在成文法的范围内是否违法也难以弄清。这样一来,无法用于确认某种犯罪行为应处以何种刑罚。由于所有的"明律摘要"都没有收录以补充明律的形式编纂的、并有同样效力的《问刑条例》,故这种倾向显得更为极端。

《刑台秦镜》所收录的法律是《大清律例》,且较之于"明律摘要"更是有意地选择条文。清末石印《法笔惊天雷》八卷本*,其内容也几乎是与《刑台秦镜》同样的。在该书中,吏律、户律、礼律、兵律、刑律、工律之中,全部删去了吏律、礼律、兵律、工律。进而在户律之中又删去课程和仓库的各条。就是说,只列出户律与刑律,而且删去户律之中课程、仓库这样的主要与国家管理有关的条款。这说明该书所转载的法律都只是与一般民众有密切关系的。该书的编纂者无疑进行有意的取舍。而且正如以标题"大清律法"、"大清律例"所说的那样,其中所列的法律不是《明律》而是《大清律例》。就是说,如前所见在"明律摘要"中根本没有转载《问刑条例》,反而在"大清律法"、"大清律例"中几乎原样转载《大清律例》的一部分。因为《刑台秦镜》是康熙十二年(1673)序刊的,所以该书所依据的《大清律例》不可能是雍正律以后的。实际上,如果试着将之与乾隆律、康熙律对照,就很清楚它近于康熙律。[36]

无论是被极度删削而与原形迥异者,还是仅重视户律与刑律者,列举明律或者清律条文的只是以上两类。第三类是称为"断律问答"者。这在讼师秘本

---

* 《新刻法笔惊天雷》八卷,清宣统元年石印本,现藏上海图书馆;《新刻法笔惊天雷》八卷,清石印本,现藏哈佛燕京图书馆。

[36] 关于清律,参见谷井俊仁:"清律",载滋贺秀三编:《中國法制史——基本资料の研究》,东京大学出版会1993年版。

中是最多的,载于《词家便览萧曹遗笔》、《照天烛》、《法林灼见》*、《释注萧曹遗笔》、《霹雳手笔》**、《珥笔全书》、《萧曹致君术》、《法家新书》***、《法笔惊天雷》四卷本****等。

在此举出"断律问答"的一例,其具体如下:

一,如人妻生一子,妾生一子,通房生一子,奸生一子,四子何以分家业乎。

答曰:子无嫡庶。惟有官职从嫡庶而袭。奸生者不得预,亦不许承祀也。若分家业,则以三股半均之。嫡庶通房之子,各得其一分,奸生者半分。[37]

可见,"断律问答"不是律文本身,上例就是根据《明令》"户令""凡嫡庶子男云云"之条,更通俗易懂地解说之。就是说,仅仅表示具体的事例如果适用律文就会发生何种情况。"断律问答"并不是只见于讼师秘本,《法家衷集》这本明刊之书载有"律颐断法",它由共计103条构成。上示之例也载于《法家衷集》。该书原本被认为大概是"断"方面即在地方官与胥吏们之手上的实用书。这大概后来也被讼师秘本所转载。这种列举具体例子的律文解说,对民众来说容易理解,而被收录于讼师秘本一事,也说明作为普及法律的一个途径无疑具有很重要的意义。

可是,问题是其中所载的项目极少。《法家衷集》是由总共103条问答组成的,在此作为例子所举出的《词家便览萧曹遗笔》则仅有44条。《释注萧曹遗笔》是34条,至于《照天烛》与《法家须知》则只有26条。

近似于"明律摘要"与"明律总括"的,有"律例总歌"。其中排列着60多首歌诀。以下介绍其中有关婚姻者:

(一)先嫁由父母,后嫁由自己。

(二)逐婿再嫁女,后夫该断离。

(三)民人若娶妾,四十方可为。

(四)无子娶偏房,到官不拟罪。

(五)有儿并有女,不许再娶妾。

---

* 《合刻名公案断法林灼见》四卷卷首一卷,湖海山人清虚子编辑,明天启元年序刊本,现藏蓬左文库。

** 《新镌订补释注霹雳手笔》四卷,明刊本,现藏美国国会图书馆。

*** 吴天民、达可奇汇编:《新刻法家新书》五卷,清(封面同治元年)刊本,现藏东京大学东洋文化研究所。

**** 《新刻法笔惊天雷》四卷,清刊本,现藏东京大学东洋文化研究所;《新刻法笔惊天雷》四卷,清抄本,现藏东京大学东洋文化研究所。

[37] 《词家便览萧曹遗笔》卷三,"新增断律问答"。

(六)妻妾做妹嫁,告减八十拟。

(七)逼嫁寡妇者,七十杖依律。[38]

其中,各自分别以某种形式对应于《明律》"婚姻"的相关部分,具体说,(二)是"逐婿嫁女",(三)、(四)、(五)则是"妻妾失序",(六)是"典雇妻女",(七)是"居丧嫁娶"。但是,严格说来,若将(三)、(四)、(五)的一段文章独立举出,则与明律的规定是不同的。就是说,(三)变为四十岁开始可以娶妾,在明律中则是在四十岁且没有儿子的条件下才被允许。(四)不被作为年龄限制的问题。至于(五),若有女儿则不许娶妾等,明律则没有记载。进而,说到(一),所谓初婚之时根据父母的命令、再婚之时自己决定,《明律》、《明令》、《问刑条例》均无相应规定。大概只是属于当时人们的所谓常识、道理吧。

如果这样看来,就可以说讼师秘本所载的法律与实际存在的法律比较起来,是十分贫乏的。现在试着问一下,能否以讼师秘本所载的法律为基础来写作此前所见引用了法律的诉讼文书呢? 回答是否定的。如果能的话,那恐怕只有《刑台秦镜》。因为那本书,尽管限于婚姻类与继立类(继承类),却几乎忠实地转载《大清律例》。但是,如果仅使用《刑台秦镜》,反而会因为该书没有转载吏律、礼律、兵律、工律,故无法引用与此相关的法律。

此外,《珥笔全书》一书是讼师秘本之中内容最为充实的一本。如同该书的全名《袖珍珥笔全书》所示,该书是袖珍版的普及本,而且只要根据目次,就可知是由前集十卷和后集十一卷组成的。其中,前集卷二刊载了"断律问答",卷十载有"明律总括",如前所述,只依靠这本书是不能知道完整的明律。日本国会图书馆藏《珥笔全书》只是前集十卷,但根据目次可知后集十一卷为:卷一,"解意明律名例"、"问刑条例附";卷二,"解意明律吏条";以下接着各卷是,"户条"、"礼条"、"兵条"、"刑条"、"工条"之"解意明律";卷十、十一是"大诰"上、"大诰"下。这一定是《明律》、《问刑条例》、《大诰》的原文,或者增加了对它们的解释。如果后集在实际上也被出版刊行,那么将其作为国法在出版之后置于一般庶民手边的证据,或者将全书十一卷的卷数视为国法全文被送至一般庶民手边的证据,这是十分值得惊奇的。遗憾的是,我们现在不能找到该书后集十一卷已经出版的痕迹,因为目前在张伟仁编的《中国法制史书目》、中国政法大学图书馆编的《中国法律图书总目》或者各图书馆的图书目录中都没有相应的记载。[39]

《珥笔全书》的后集,实际上是否被出版过则是另外一个问题,只要根据以

---

[38]《照天烛》卷五,"律例总歌"。

[39] 张伟仁主编:《中国法制史书目》,台湾"中央研究院"历史语言研究所专刊之六七,1976年版;中国政法大学图书馆编:《中国法律图书总目》,中国政法大学出版社1991年版。

各图书馆的图书目录为基础所进行的初步调查就可知,正确的法律被完完全全地送到一般庶民手边的可能性很小。至少在明末清初这个时代,与在各图书馆的图书目录中发现讼师秘本相比,寻找庶民比较容易得到的明律与清律普及版,亦即没有注释而只刊载律文的廉价本则是更加困难的。确如《法林金鉴录》与《新锲萧曹遗笔》的凡例中所说的,"律学浩繁,非旦暮所能总括",所以如同讼师秘本那样,以廉价形式编纂或许是困难的吧?也许民间对讼师秘本中准确地引用法律并无多少苛求?至少对一般庶民来说,接近完整的法律的手段是极其有限的。与讼师秘本就在身边相比,完整的法律似乎是在非常遥远的地方。

讼师秘本始终是以传授诉讼文书的写作技巧为重点的,决不是教授法律的书。它是非常接近实战的书籍,如果用我们的话来说,那就是典型的介绍基本知识的指南书。如前所述,在明末就有人带着这样的手册流浪各地,按照人们的要求来书写诉讼文书。对他们而言,以及对于那些粗识文字、能够自己写状的人来说,只要利用以上所介绍的明律摘要版与明律应用例那种程度的法律知识,就足以应付眼前的诉讼。

另一方面,当时还有被称为"状元"、"会元"等最高等级的讼师,这也已做过阐述。必须掌握正确的法律知识,实际上是对这一等级的讼师而言。如上所示,懂得正确的法律并在诉讼文书之中适当地加以引用,作为诉讼的专家无论如何都是必要的。如果他们想百战百胜,停留在讼师秘本的世界反而是不可能的。虽然是反论式的,但是讼师秘本的世界本身就雄辩地诉说着这一事实。

五、讼师秘本之中的讼师

最后,想看看在讼师秘本中登场的是怎样的讼师?在讼师秘本之中,登场的讼师有两种:作为实际存在的讼师与作为虚构的讼师。

实际存在的讼师出现于《新锲萧曹遗笔》卷三"告示例"一文题为"安辑地方"之中。[40] 该文首先记载在福建省的漳州府城由民众发起的大暴动。并记载说,在这场暴动中,平日一直鱼肉民众的乡绅,害怕传闻所说的民众为了报仇要把他们都一起杀掉,就大举逃出了漳州城。"安辑地方"这一告示就是专门针对参加该暴动的"良民"所发布的。其中说道:被非难的百姓＝庶民都是良

---

[40]《新锲萧曹遗笔》卷三,"告示例","安辑地方":"尔等百姓,皆是良民。朝廷设官,皆是为尔。**势豪侵占**,为尔处分,盗贼劫掠,为尔擒辑,被人殴打,为尔捕究,遇有灾患,为尔赈恤。朝廷有何亏。尔只因地方要务,侵渔百姓,有司受嘱,不能断决,致尔等含忿。此皆势豪之家,有司之罪,非朝廷亏尔也。乃有等奸徒,革退学伯,刁恶状师,自负小智,乘藉众怨。尔等赤子,被他哄诱,遂敬信之。如近日拿获邵懋魁,素称得仙,他果有仙,何不飞升。叶日新自夸英雄,他果有谋,何被囚禁。又如昨年吴双引包藏祸心,拷打身死。……再照,势豪之家,侵欺良民以致奸徒鼓众。"又,该告示文也被收录于《折狱明珠》卷四、《萧曹明镜》卷三。

民,朝廷为了百姓而处置官僚,处罚侵夺百姓的财产与生命的权门势家、逮捕盗贼,都是对百姓有益的。可是,该地的权门势家欺凌尔等庶民,而原本应该监督这些权门势家的官僚却接受其贿赂而不加处罚,故尔等庶民愤怒反乱。然后接着说:

> 乃有等奸徒,革退学伯,刁恶状师,自负小智,乘藉众怨。尔等赤子,被他哄诱,遂敬信之。如近日拿获邵懋魁,素称得仙,他果有仙,何不飞升。叶日新自夸英雄,他果有谋,何被囚禁。又如昨年吴双引包藏祸心,拷打身死。

这里所说的"状师",就是讼师的别名。这是来自讼师的主要工作是书写诉讼文书的别名。据此可知,福建省漳州府城的暴动是由革退生员或讼师为主谋者而发起的。也许革退生员大概同时也是讼师?文中所见的三个人之中,因为邵懋魁好像是宗教反乱的主谋者,所以所谓讼师大概就是叶日新或吴双引。在该文章中接着说:

> 如叶日新等称说先杀士夫,去年吴双引亦要首屠大姓。漳城乡宦,尽行逃走。

其实,吴双引之反乱实际上发生于万历十一年(1583)的福建漳州府城,乡绅们实际上被民众火攻。[41] 吴双引在一个地方志中被记载为"奸民",由此可知,起码他是讼师的可能性极其大。

尽管如此,《新锲萧曹遗笔》的作者为何收录与讼师作主谋的大暴动有关的告示?在所发布的不知其数的告示中,为什么就选择了该文呢?如果认为该告示实际上已经被发布了,那么从其中所说的"昨年"可知,它一定是万历十二年所发布的。因为《新锲萧曹遗笔》有万历二十三年的序文,所以事件大概是十年前发生的。或者也有必要考虑《新锲萧曹遗笔》作为底稿来使用的先行的秘本中已有采用该告示的可能性。如果这样的话,那么该秘本为何非要采用该告示大概就成为同样的问题了吧。我们应该认为其中含有讼师秘本编纂者的意图。

如前所述,讼师曾成为民众反乱的主谋者。吴双引反乱发生的一年前,即万历十年(1582)在杭州所发生的民变,是以认为都市的徭役负担不公平的丁仕卿为领袖的,他作为革退生员,一面在民间从事教师工作,一面作为讼师之活动的可能性极大。[42] 这样,在杭州民变中,被认为违背道理且专横的乡绅受到了火攻。与吴双引的反乱极为相似。虽然告示不胜枚举,但是讼师秘本的编纂者特意选择该告示,不就是想以这样的形式来广泛传播在他们身边所感受到的

---

[41] 《崇祯漳州府志》卷十五,"兵防志","兵防考"。同书卷十三,"府名宦","沈锐传"。
[42] 夫马进:"明清時代の訟師と訴訟制度",第466页。(译者注:中译本见第413页;英译本见第102页)

讼师吗？不就是想将超出所谓讼棍这种类型的讼师,以自然而然的形式,或者说以考虑不周的形式来展示给人们吗？

以上所介绍的是出现在讼师秘本中的实际存在的讼师。而且根据告示可知,在这个以实际存在的讼师为主谋的反乱之中,理明显地属于反乱者一方。那么如下所述作为虚构的讼师,也是很清楚地作为有理者之拥护者登场的。这是在《法家须知》所附载的"奇状集"中登场的。所谓"奇状",就是稀奇古怪的诉讼文书;所谓"奇状集",就是稀奇古怪的诉讼文书在故事展开之中发挥了重要作用的一种公案小说＝审判小说。《法家须知》的奇状集由六个故事构成,其中被认为是讼师的人物登场的是"引子诈奸"与"作状被访"这两个故事。在此列举出"作状被访",介绍一下其中描写了怎样的讼师。[43]

明代宣德年间左右,湖广省荆州府京山县有一个名叫朱显的生员。他娶了妻,但因家境太贫穷无法生活,故一直专门代人书写诉讼文书。由他代写的一方常常胜诉,因此他成为精通此道的专家。

且说某天,管辖该地方的道员通知各县,表示要各县削减一百余名民壮。各县对此纷纷提出反对,表示不同意,结果大家都受到惩处。其时,京山县的知县姓周,是一个进士出身、才学优秀的人物。他看到京山县的民壮们哀求不被削减,深感悲哀,多次向道提交反对削减的申请,但是均未获得批准。于是,他问民壮们:县中有无文章圣手？如果有的话,就叫他来。民壮们无可奈何,回答说朱显这一生员的文章精彩绝妙。

因此朱显被招到县府,听取了知县有关民壮问题的一番说明。他进而想看看此前民壮们所提交的文书。可是,在读这些文书的时候,他笑着说:"以这几份文书,不可能使上级官府有所改变"。知县询问其理由,他说:"文书的言词只是恳切地请求希望民壮继续存在下去。可是,道员一方事先已经决定要削减。自己以一句话就可改变他的决定,大概就会得到批准吧。只要加两个字,道员大概就会取消这一削减计划。"知县听后大为吃惊,说想请教是加哪两个字。朱显答道:"此前的文书也可以。只是改换硃语即文书的标题之词,就改用'去兵'这二字。然后在文章中的什么地方让'去兵'二字出现。道员一看,

---

[43]《法家须知》附,"奇状集","作状被访":"宣德年间,湖广荆州府京山县,有一秀才姓朱名显。娶妻周氏,家甚贫,乃博古通经之士也。无可度日,专代人作词状。但人求之者,无有不胜,中间曲折婉转,妙不可言。……县主听罢,大悦送别,心中自想,其人财学深如此。我为一县之主,不知被他瞒了多少。便欲起心害朱秀才。……朱显曰:老爷只知作状获罪,不知亦有救人之功。潘公笑曰:状情架捏,乃是常套,有甚救人之功。……状云:状诉为扶危遭危事。显闻古云:怜危救苦,乃成丈夫。谁料安危自危,救苦自苦。显自志学,见危不忍袖手,年至而立,遇难无肯傍观。作状者为家贫,权为口计,只代哑人传言,并无半字架捏。代诉者为老母,且做奉资,只携瞎子过桥,敢有一句虚情。……万民常云:作状之人,不得善终,何也。其中架捏,致人受屈,故折其福。肯果代哑子传言,携瞎过桥,岂无福报。"

就必然会同意申请的。"

知县听完大喜,送走朱显之后,心中却思量:"其人奸深如此。我为一县之主,不知被他瞒了多少。"于是就想害死朱显。次日,按照朱显所说的改写好文章,并提交给道员,果然获得批准,各县民壮都一如既往,停止削减的通告也被发了出来。知县越发怀疑朱显。

知县就向巡按蔡正告发朱显之事,巡按命荆州府的推官潘选审问。对于被逮捕的朱显,推官问道,尽管此前你是读圣贤书者,但是为什么要操弄刀笔加害于人呢?在罪情已经确凿的今天,还有什么要说的吗?朱显就说:"老爷只知作状获罪,不知亦有救人之功。"推官笑着说:"状情架捏,乃是常套,有甚救人之功?"朱显说:"用一句说不清楚。请让我写诉状。"推官同意,朱显便在所提交的文书上如下写道:

> 状诉为扶危遭危事。显闻古云:怜危救苦,乃成丈夫。谁料安危自危,救苦自苦。显自志学,见危不忍袖手,年至而立,遇难无肯傍观。作状者为家贫,权为口计,只代哑人传言,并无半字架捏。代诉者为老母,且做奉资,只携瞎子过桥,敢有一句虚情。……

故事仍在继续,我们已经知道朱显是作为何种人物登场的,已经了解了故事的大意,故对其后的展开只做简单地阐述。推官审问朱显之后认为,初步考虑仅剥夺他参加考试的资格。但又可怜他如果不能参加科举考试,也就不能扶养老母,于是在提交给巡按的审讯文书中请求对其进行轻微的处理。结果,朱显不但被赦免罪,而且也可以参加科举考试。在次年的乡试中名列第三。进而在会试中,考中二甲第三十五名;后来官至少卿,到此故事结束。

在该故事中,一次也没有明说朱显为讼师。但是,他就是讼师。这从故事中所揭示的他的言行来看完全是毋庸置疑的。如前所述,生员一方面是以讼师谋生的,这是当时很一般的事情。明末清初的人们在读这个故事时,一定会认为朱显就是所谓的讼师。他一直"专门代人书写诉讼文书",于是其文书达到无往不胜的巧妙。在民壮问题上代作文书的时候,察觉到如果将标题(硃语)的用语换两字就可以。就从为知县代写了文书一事来看,尽管此事本身根本并非犯罪,但是他却被逮捕了。那是因为他在那以前的行为已被认为是"操弄刀笔"。这些都说明朱显是讼师。

朱显当然是个虚构的人物。在进士题名录上,即使看看宣德年间的记载,也未发现朱显的名字;即使在《荆州府志》的职官志、《京山县志》之职官志上,也找不到推官潘选、知县周某的名字。巡按蔡正这个人物,在进士题名录与人名辞典之类中也根本没有出现。这个故事当然是虚构的。正因为是虚构的,所以我们可以借此了解到地方官的心理,而这些在官箴书与地方官的政治记录上根本无法得到。京山县的知县在民壮问题上与朱显商量对策,得到锦囊妙计并大喜,但是另一方面却在心里私下认为"自己是一县之主,但不知被他瞒了多少"。实际上我们也是可以充分理解他的心情的。他们排挤讼师,如蛇蝎般厌恶他们,这是因为除了讼师在诉讼中捏造事实之外,身为一县之主但是在完全察觉不到的地方自己的判断受到讼师左右,或者说也许被其左右,愤怒与不安的根源不是就在于此吗?

事实上,朱显是作为一次也没有写过虚伪的诉讼文书的人物登场的。亦即如实体现了前面所见讼师秘本中的教诲与自我主张的人物。可是,他被知县怀疑,并遭逮捕、受到了讯问。他在讯问中,主张代作诉讼文书有救人之功绩,并抗辩说这不过是"代哑子传言,携瞎过桥"。这种抗辩与主张也可见于讼师秘本之中,已如前所述;但是,在该小说中,地方官对此的反驳是以虚构的形式来表现的。首先,对于代作诉讼文书有救人之功绩,地方官笑着反驳:"状情架捏,乃是常套,有甚救人之功?"但是,这一反驳缺乏充分的说服力。这是因为,朱显代人做状没有半字的虚假。因此,假如确实如此,他也不得不同意确有救人之功绩。地方官笑着反驳所说的话,可以算得上绝妙的描写。为什么呢?这是因为要注意这样的事实,即他一方面将朱显的主张作为谬论来嘲笑,另一方面明知自己的反驳并不充分。另外,对于"代哑子传言,携瞎过桥"的抗辩,他也只是说:"前面在答辩书中说'作文书是事实,但没有写虚假之事'。但是,代人做状本身就犯罪,应被剥夺考试资格。假如即使真的是代不能说话的人传言、拉着眼睛看不见者的手过桥,在礼上不属于应为之事吗?"因为这一"其礼该乎?"的说法有些生硬,故在载有同样文章的《惊天雷》中就变成"其理该乎?"[44] 但是,无论如何也是没有说服力的。因为根本没有说明救人为何有悖于礼或理。小说中将地方官赦免了朱显之罪描写为接受了朱显今后要孝顺父母的哀求。的确,如果没有这个理由,恐怕无法宽纵触犯了《明律》中的"教唆词讼"的行为吧;而且,如果没有这个充满人情的部分,该故事也无缘成立。但是,如果我们进而触及该地方官的内心世界的话,就可以发现在出现类似朱显那样的情况时,无论是法律上还是道理上都很难定罪。

在该故事的末尾,有如下一段评语:

> 万民常云:作状之人,不得善终,何也。其中架捏,致人受屈,故折其福。肯果代哑子传言,携瞎过桥,岂无福报。

这段话说的是朱显终于成为进士,并且在最终成为中央官僚。但是,对于一直在探索讼师实际形象问题的我们来说,这是一个例外,而且会联想到某官

---

[44] 四卷本《法笔惊天雷》卷四,上栏。

箴书之中对讼师的肯定。即使在该官箴书之中,虽然认为讼师一般不会得到好报,但是又说故乡苏州的老友之中有操刀弄笔却终得善报的讼师;并指出,这是因为,代作诉讼文书令受冤之人得以昭雪,坏人被问以诬告之罪,不仅不害人,实际上对社会是有利的。[45]

包括该"作状被访"的六个故事,作为"奇状集"被收录到《法家须知》之前是否已经存在,不熟悉中国小说史研究的笔者尚不知道。如果从《法家须知》的编纂者来看,那么将讼师秘本这一实用书与公案＝审判小说两者巧妙地组合在一起,恐怕是以获得新的购买层为目标的吧。但是,如果从现在的我们来看,这些被收录到讼师秘本之中实在是非常合适。其中尤以"作状被访"被收录于此书的意义最为重大。由于包括了这些故事,讼师秘本中收录的讼师的自己主张与对他们进行教诲的某些内容,最终以有血有肉的形式被表现出来了。由于故事是虚构的,相反却保存了事实,至少是某一方面的事实。

六、结语

对讼师秘本的世界进行淋漓尽致的描写,并不是本文的意图,大概那样写也没有什么太大意义。另外,我并不主张讼师的大多数是"正人君子"。本文以诉讼秘本这种到目前几乎未被人们顾及的资料为基础,想阐述的主要问题是,那些被连续不断地记录下教训、"伦理",以及其中出现的法律,和在其他的资料中几乎很少露面的实际存在的讼师及虚构的讼师。此外,在那些教诲和"伦理"被连续不断地记录下来的另一面,我们可以看到里老审判制度的退废和消失。

讼师秘本所见的教诲在多大程度上被现实中的讼师所遵守,并成为他们的规范呢?这又是一个很难回答的问题。其原因是,因为作为职业人的讼师是为国法所禁止的,所以出现于一般资料的讼师几乎都是恶讼师即讼棍。在这样的资料情况之中,体现讼师秘本中教诲的那种人物正如本文所揭示的朱显,就是说,作为虚构所描写的讼师是值得注意的。他作为一次也没有写过虚假的诉讼文书的人物,也是作为救人于苦难之中而自己却陷入苦难的人物登场的;作为因其才能而为知县所憎恨,并陷入了法网的讼师而登场。如这一虚构的形象所显示的,连负责讯问的地方官也不能充分说明其违法行为究竟恶在何处。总之,讼师的存在是超越道理之是非的违法现象,继续做讼师是极其危险的。可是,如一个幕友所述的那样,尽管为数不多,其中也有对社会有利的讼师,他们子孙代代繁荣,出入于高堂巨室,这就不能不让人推测其中很可能存在着为

---

[45] 夫马进:"明清时代の讼师と诉讼制度",第474页。(译者注:中译本见第420页;英译本见第108页)

他们所继承并传承的一些行业规范。

最后介绍一下,时代稍微晚些、载于《清稗类钞》的讼师之三不管,即三个不可以参与诉讼案件的一段话。光绪年间左右,某县有个叫宿守仁的讼师。他是"善刀笔"之人,却一生不曾有过挫折。他常常对人说:"刀笔可为。但须有三不管耳。"第一就是"无理不管"他认为:"理者讼之元气。理不胜而讼终吉者,未之前闻。"[46]

这里仍然主张要重视理。可以认为,重视情、理、法,其中尤尊重理,这类广泛见于讼师秘本的教诲,在此以某种形式存在的教诲不是存在于现实社会之中吗?

但是,我们又应该考虑如下的问题。即以上所介绍的教诲,对于作为"违法的"存在、任何时候都由可能被检举的讼师们来说,也许是为了护身的必要智慧。作为专家,作为试图"百战而百胜",并且"保全名声"的他们来说,这些教诲也许是为此而应该遵守的最低限度的职业上的智慧。如果直至最后在审判中达不到目的,中途说服委托者走向调停和解的方向,危险就相应地减少。的确,"临涯转辔,补楫江心"的话,危险就会无穷无尽。如果注意,就不会在审判中败诉,也可以保全名声。无论如何,即使在诉讼不得不进行到最后的时候,若尊重情、理、法,则因为与法官有着同样的判断标准,那么就不会败诉。也就是百战百胜。而且,对于高级讼师来说,为了打败众多的讼师与讼棍,也为了左右法官的判断,必须学习在讼师秘本内学不到的法律。

讼师秘本的教诲,是否是处于险象丛生之中、生活于"违法"环境之下的下层知识分子的职业智慧?还是尚未上升到智慧的水平,而是当时人所共有的价值标准,或者公认的行为准则?这些和现代日本的辩护士、现代的律师的"伦理"与技术有无共通之处?这些都是接下来要考察的问题。如果允许我本人稍做预想,那么拙见以为,讼师秘本的教诲中包括了上述三者的各自一部分,亦即其重合的部分为上述三者分别保有,这一点是很重要的。

(初审编辑:徐斌)

---

[46] 徐珂:《清稗类钞》二五,第304页,"狱讼类","讼师有三不管":"讼师之性质,与律师略同。然在专制时代大干例禁。故业是者十九失败。光绪时,某邑有宿守仁者,讼师也。善刀笔,一生无蹶躓。尝语人曰:刀笔可为。但须有三不管耳。一、无理不管。理者讼之元气。理不胜而讼终吉者,未之前闻。二、命案不管。……三、积年健讼者为讼油子。讼油子不管。"

"共谋共同正犯"
——一个多余的法范畴

陈毅坚[*]

"Collusive Co-Perpetrator":
Superfluous Law Concept

Chen Yijian

内容摘要：对于参与共谋者，最终没有着手犯罪实行行为的，应该如何承担刑事责任，存在很大争议。日本判例创设了"共谋共同正犯"的范畴来解决未着手实行的共谋者的共同正犯性。释义学也肯定这种做法，但一般性地承认共谋共同正犯存在诸多问题。共同正犯是一个类型概念，应该将以"共谋"的共同参与区分为支配型共谋、功能型共谋与协同型共谋，相应确定不同的参与人类型。

关键词：共谋共同正犯　支配型共谋　对等型共谋　间接正犯　犯行支配

对于以共谋共同参与犯罪，仅部分共同谋议者着手实行犯罪，对于并未着

---

[*] 中山大学法学院讲师，中国人民大学法学博士，德国德意志学术交流中心（DAAD）奖学金获得者。感谢《北大法律评论》审稿人对本文提出的宝贵意见，当然，文中可能的任何错误或遗漏，均应由笔者负责。本文为2009年广东高校优秀青年创新人才培育计划项目《共谋共同犯罪研究》的阶段性成果。

手犯罪实行的共谋者,应当如何承担刑事责任,无论是采取单一正犯体系的国家,或者正犯与共犯二元分离体系的国家,均未在总则中作出一般性的规定。因此,大陆法系国家的文献中只能在正犯与共犯以及行为阶段的规定中寻找解释论上的解决途径,其中最为典型的就是日本刑法所创设的"共谋共同正犯"法范畴。

一、释义学史:缘起与演进

(一) 共谋共同正犯的提出

日本现行《刑法》第 43 条规定:"已经着手实行犯罪而未遂的,可以减轻其刑,但基于自己意志而中止犯罪的,应当减轻或者免除刑罚。"第 60 条规定:"二人以上共同实行犯罪的,皆为正犯。"第 61 条第 1 款规定:"教唆他人实行犯罪的,处正犯的刑。"第 62 条第 1 款规定:"帮助正犯的是从犯。"[1]因而共同正犯是指二人以上共同实行犯罪。教唆犯以教唆他人实行犯罪为成立条件;从犯以帮助实行犯为成立条件。显然,如果从法条前后一贯的立场出发,第 43 条规定了"已经着手实行"的才能为未遂,那么共谋本身只能是实行之前的行为,阴谋、预备也只能是"着手实行构成要件"之前的犯罪形态。而依第 60 条、第 61 条的规定,无论是共同正犯还是狭义的共犯(包括教唆犯和从犯)都是围绕犯罪的着手"实行"来展开规定的。换言之,对于发生在预备阶段的行为贡献,是否可以有"实行"的概念存在,是否同时存在预备、阴谋、共谋的共同正犯问题,则引发了理论的问题与困惑。

对此,日本刑事立法甚至也希望通过规范的形式确定共谋共同正犯的类型,比如 1974 年改正《刑法》(草案)第 27 条第 2 项规定"两人以上谋议实行犯罪,谋议者中一人基于共同的意思实施谋议时,其他谋议者也是正犯。"但这个尝试没有成功,最终没有被现行刑法所采纳。[2]

因此,"二人以上的人共谋实施特定的犯罪,其共谋者之一根据其共谋而进行到该犯罪的实行行为阶段的场合下,尚未分担实行行为的其他共谋者是否也能够作为共同正犯而承担责任"[3]就成为一个问题。在日本,解决这一问题的任务转由判例承担。

日本判例从旧时代明治时期中叶(1896 年)起,就认为在共谋的情形下,包括尚未实施实行行为的其他共谋者在内,全部都作为共同正犯而肯定了共谋共

---

[1] 西田典之:"日本刑法中的共犯规定",金光旭、冯军、张凌译,载西原春夫主编:《日本刑事法的重要问题》(第二卷),中国法律出版社、日本成文堂联合出版 2000 年版,第 119 页。

[2] 与此类似,我国台湾地区 2005 年 1 月 7 日通过新修订"刑法"的草案也企图在总则中规定"共谋共同正犯",但这种做法最终未被采纳。

[3] 野村稔:《刑法总论》,全理其、何力译,法律出版社 2001 年版,第 406 页。

同正犯。1896年3月3日大审院的判例中认为:"数人既有共谋之事实,则共谋者中不论何人实行之,均为共谋者全体的行为。"这种情况一直延续到日本现行《刑法》施行后(1907年)仍未有多少改变,确定共谋共同正犯概念的判例至今已有百余年的历史。"判例首先是对于像恐吓罪那样的智能型犯罪承认了这点,尔后*将该适用扩大到纵火罪、杀人罪、盗窃罪、抢劫罪等实力犯,从而将其一般化。通过大审院刑事联合庭的判决,共谋共同正犯的理论得以确立。其后最高裁判所也沿袭了这点直到今天"[4]。

但在判决中,从法理根基上为共谋共同正犯概念提供合理解释,在20世纪30年代之前均没有多大的发展;此种情况自1936年后由草野豹一郎担任法官并在大审院的判决中运用"共同意思主体说"之后有了彻底的改观。该案中被告人作为当时某政党地下组织的资金部长,为了获得资金制定了袭击大森银行的计划,并且对手下发布指令,手下根据其指令,实行了袭击银行的行为。被告人虽然只是实施了制定计划及发布指令的行为,但是法院仍根据"共同意思主体说"认定为盗窃罪的共同正犯和强盗罪的共同正犯。判词指出:

> 共同正犯的本质在于,二人以上者有如一心同体,相倚相援。共同实现各自的犯意,以实行特定的犯罪。这就是共同者都对既成的事实负担全部责任的理由。其共同实现的手段未必一律,或者一起动手实现犯意,或者在共同谋议后由一部分人实现之,样态虽然不同,但都是协心协力的作用、价值无异。因而,不论属于哪种情形,原则上都应该认为是共同正犯的关系。[5]

(二) 判例说理的演进

自"共同意思主体说"提出后,基本上判例都用其说明共谋者的共同正犯性,一直延续到最高裁判所。但是,由于"共同意思主体说"说理上所采取的团体责任与现今的责任理论相悖,而且,在内容上不够明确,可能导致共谋共同正犯的认定范围不当蔓延,对于归责的具体标准和理由也没有阐释出明确的内容。因此,1958年最高裁判所以著名"练马案"为契机,法院采取了所谓的间接正犯类似说来说明共谋者的正犯性,并严格限定了共谋的内容,一定程度上限制共谋共同正犯的适用。该案的判词指出:

> 共谋共同正犯之成立必须是二人以上之人,为实行特定之犯罪,谋议在共同意思下形成一体、相互利用他人之行为,而转变为实行各自之意思,从而所实行犯罪之事实能加以确认。因此,于上述关系中,参加共谋之事

---

* 约大正末期即20世纪20年代中末。
[4] 野村稔:《刑法总论》,全理其、何力译,法律出版社2001年版,第407页。
[5] 大塚仁:《犯罪论的基本问题》,冯军译,中国人民公安大学出版社1992年版,第272页。

实既得以确认,则纵未直接参与实行行为之人,在其以他人之行为当作自己之手段而进行了犯罪之意义上,其间刑责之成立并无发生差异之道理。故认为于此关系中,是否直接参与实行行为、其分担或其任务如何,并非左右上述共犯之刑责本身成立之事项,乃属妥当也。"[6]

对于该判例是否采取了新的学说解释共谋共同正犯,学界的看法还不一致。有学者认为尚未采取新观点,认为只是沿袭了以往的判例的态度,此前判例使用同样语句说明的也大量存在。但从判词的行文来看,"此项判决除了仍有共同意思主体说的阴影外,事实上已经采用了间接正犯类似说的见解"[7],是学界的普遍看法。

"练马案"之后,判决在肯定共谋共同正犯的基础上,开始试图将共谋共同正犯限定在合理的范围之内,以正确地区分共同正犯与教唆犯及帮助犯。在理论基础上仍然是继续延用练马案的间接正犯类似说,但遭到学术界的普遍抨击,直到新的转折点出现,即1982年最高裁判所兼任法官团藤重光在走私大麻案判决所附上的意见中对共谋共同正犯采取的肯定解释。团藤法官在意见中指出:"考虑到社会生活的现实,司法部门执着于承认共谋共同正犯,至少在一定限度内,是有其理由的",因此,"我们的选择应当是在正当的限度内承认共谋共同正犯,并防止其过度的使用。"他认为:

> 共同正犯的情况,存在即使不实施实行行为,也可以认为是实现了构成要件该当事实之情况。即在按照自己的想法,让他人实施行为,本人自己可以被认为是实现犯罪的主体之场合,被利用的共同者无疑是作为实行者的正犯,让他人实施实行行为的本人,也是共同实现基本构成要件该当事实之人,亦为共同正犯。……我所说的"对基本的构成要件该当事实具有支配者——对亲自主导构成要件该当事实的实现人——是正犯"正是在这个意义上使用的。[8]

可见,共谋共同正犯概念的提出,是理论对判例的妥协,判例对社会生活需要的妥协。这基本上为后期理论界不再苛刻地批判实务界对共谋共同正犯的处理,转而在承认的前提下合理限制其适用范围于合理界限之内的基本立场奠定了方向。显然,团藤重光在此所指的支配只是作为共同正犯的支配,而不是作为单独正犯或者间接正犯的支配。然而为了说明这种共同正犯的支配,却曲折的利用间接正犯类似的说理,不免让人疑惑:利用了其他参与者而未着手犯

---

[6] 日本最高裁判所大法庭1958年5月28日《刑事判例集》第12卷第8号。

[7] 何赖杰、黄朝义、李茂生:"徐自强掳人勒赎杀人案评析",载《月旦法学杂志》第102期,第225页。

[8] 日本最高裁判所决定1982年7月16日《刑事判例集》第36卷第6号。

罪实行的共谋者,对于整体犯罪情事,到底仍是共同正犯的支配,还是已经具备间接正犯的支配?

综合上述,共谋共同正犯从判例中产生,在判例中发展,并仍然在判例中使用,但由于日本刑法对共同正犯的规定,共谋共同正犯的概念在判例自其确立之初就一直受到猛烈抨击,但是判例仍然坚定其立场,这可能是出于实用主义的立场,法院认为"在背后制定计划,指示实行者,对犯罪的完成所起作用不一定比亲自实行者小,有时还起了重要的作用,如果将之作为教唆、帮助,那么处以与实行正犯同样或者更重的刑罚是困难的。""而'正犯'这一名称,并非表示单纯的形式的行为的范围,而应包含着某一犯罪'主犯'的这种实质的评价"[9]的背景,才承认共谋共同正犯的概念。因此,可以看出判例在身份上更多担负解决实际问题的角色,甚至不顾立法和学理的圆满。

(三)学理释义的分野

"共谋共同正犯是日本刑法学界争议最大的一个问题"[10],日本理论界想方设法从解释论上支撑或消解判例提出的共谋共同正犯概念,从而形成了肯否两派观点。持否定说的学者有福田平、吉川经夫、中山研一、内田文昭、牧野英一、野村稔、浅田和茂、山中敬一等。其中有直接表示反对意见,有批判肯定论见解和说理,有从客观主义的立场出发,也有从主观主义的立场出发。[11]否定说现在已经处于少数派地位,但是其影响仍很大。

学界目前的通说是采肯定说,但具体说理却有重大区别,大致存在以下几种学说:

1. 共同意思主体说

该说由草野豹一郎首倡,后为齐藤金作、下村康正、西原春夫等教授所继承与展开。共同意思主体说仍是以犯罪共同说为前提的,它"既属于犯罪共同说,同时又阐明和强调共犯者应该负有责任这一事态的存在构造的学说"[12]。该说从经济学中作为分业或合作关系以及民商法中所规定的法人或合伙制度出发,以团体责任为据点,强调了"共同正犯的从属性"和处罚上的"共犯连带性"。[13]

共同意思主体理论在日本刑法学界至今仍得到相当多学者的认同和支持,

---

[9] 平野龙一:《刑法总论Ⅱ》,有斐阁1975年版,第400页。

[10] 李海东主编:《日本刑事法学者》(下),法律出版社、成文堂联合出版1997年版,第203页。

[11] 对于否定说的具体观点,请参见陈毅坚:"共谋共同犯罪引论",载陈兴良主编:《刑事法评论》(第15卷),中国政法大学出版社2005年版,第244—283页。

[12] 野村稔:《刑法总论》,同前注[3],第410页。

[13] 泷川幸辰:"犯罪论序说"(下),王泰译,载高铭暄、赵秉志主编:《刑法论丛》第4卷,法律出版社2000年9月版,第349页。

同时这些学者对其作出了相应的修正。齐藤金作承认共同意思主体说,但认为在处罚上仍应贯彻责任主义原则,实行区别对待,认为"共犯成立上具有一体性,处罚上具有个别性","因为刑法是对各个具有自由意思的个人作为主体进行规范的"。在共犯的处罚上仍然应个别地进行考察,特别是责任阻却事由是对具有该事由的人才能阻却责任,其他不具有该事由的,仍不能阻却责任。[14] 西原春夫同样支持共同意思主体说,但是基于实质的个人责任的法理,根据对实行行为概念的"规范化实质化"价值上的把握,肯定了共谋共同正犯。曾根威彦认为,从共犯本身虽未实施实行行为亦成为处罚之对象(教唆犯、帮助犯之情形),及虽仅实施犯罪之一部分亦须负全体责任(部分行为全部责任的法理=共同正犯的情形)的角度论之,赞同共同意思主体说的观点而承认共谋共同正犯的存在。[15]

2. 间接正犯类似说

该说认为:"共谋者与实行担当者之间,得认为有相互之利用、补充关系。从而,得将共犯之行为视为全体共同实行犯罪之行为。二人以上就犯罪之共同遂行为合意,其中某一人基于合意而为实行时,未加入实行之人,于此意义下,亦应作为共同实行者而负共同正犯之责任。"[16]

该说的代表人物藤木英雄认为亲手实行犯罪并非正犯的唯一标准,在物理的身体动静之外,还应当重视行为在价值上的意义,并以此来划定实质的正犯性。他以共同正犯部分实行全部责任的观点,认为:"合意,并非为实行犯罪的简单的谈话,而是参加者之间,就应当实行犯罪达成了确定的意思的一致。实行担当者,在这种一致意思之下,虽是以自己的意思实行犯罪,但其意思决定的内容是与其他合意者协商而成。""利用他人是实行行为的一种方式,是否使用间接正犯这个概念另当别论,但应与亲自下手的人同样作为正犯处罚则不言自明"。"共同正犯中共谋者的利用行为,与将间接正犯评价为单独正犯的趣旨一样,如果能与亲自实行作同一价值评价,那么共谋者与他人合意互相利用实现结果,就可以被认为是共同实行。"[17]

因此,共谋者之间,就实行犯罪达成了合意,从整体的角度考察,在相互利用实现犯罪结果的意义上,与间接正犯性质中的利用关系在实体上是类似的、相当的。

---

[14] 李邦友:"日本刑法共谋共同正犯的理论及其发展",载《法学评论》2001年第1期,第142页。

[15] 参见曾根威彦:"日本刑法解释论上的重要问题",李海东等译,载西原春夫主编:《日本刑事法的形成与特色——日本法学家论日本刑事法》,法律出版社、成文堂联合出版1997年3月版,第32页。

[16] 陈子平:"论共谋共同正犯",载《中央警察大法学论集》第2期,第378页。

[17] 藤木英雄:《可罚的违法性理论》,有信堂1967年版,第337页。

3. 行为支配说

主张该说的主要是平场安治,他认为:

> 共同正犯之所以就其他共同者之行为亦须负其责任,乃因各共同正犯对于实行行为具有共通包括的行为支配之故。且正犯原本以不亲自实施实行行为为必要,若对于构成要件行为有目的性支配则已足,因此无论自己亲自所为部分或其他共同者所为部分,只要具有包括性、一体性之共同目的支配,则最终即使自己并无任何动作,亦可因支配他人之行为以遂行自己之犯罪而成为共同正犯,从而所谓共同实行并不意味着构成要件之全部或一部均须亲自为之,实行行为系该当构成要件之行为支配,而非自然性、物理性之亲自实行之意,故一概否认共谋共同正犯之范畴并非正确。[18]

"如果谋议者并非单纯参加谋议、而是对直接实行者的意思具有现实的作用,并促使其实行犯罪的话,就是共同正犯。如果只是单纯的引起犯意或强化犯意,则不过是教唆犯或者从犯。"[19]同样的,团藤重光指出:"就本人使共同者为实行行为而言,若使其如本人之意行动而本人可谓已成为该犯罪实现之主体时,则使其为实行行为之本人亦应当作该当基本构成要件事实之共同实现者,而成为共同正犯。"[20]所以,共谋共同正犯即使自己不亲自实施,也能通过支配他人的行为而完成犯罪。

4. 优越支配共同正犯说

该说由大塚仁提出。他否定了单纯的共谋成立共同正犯的观念,而从规范的视角认为,只有在社会观念上,对实行者具有压倒的优越地位和强烈的心理约束的,实行行为人不得不实行犯罪,实行犯罪的人相当于谋议的人实现共同犯罪的工具时,其共谋行为具有共同正犯的性格,应被评价为共谋共同正犯,才能够成立共同正犯。

大塚仁认为,单纯的共谋者中也存在着与直接的实行担当者同样应当被评价为实行者的人。例如,暴力集团的首领命令手下的人进行犯罪,手下的人在心理上受到头子命令的强烈约束,但是,显然没有失去身体的自由,如果不愿服从命令的话,可以逃走,也可以向警察寻求保护,留给他的自由还是很多的。在这个限度内,他就不相当于间接正犯的工具。不过,只要他还想作为暴力集团成员留在其中,采取违反头子命令的行为就是极困难的。这是一种准间接正犯

---

[18] 参见陈子平:"论共谋共同正犯",同前注[16],第376页。

[19] 参见陈家林:"共谋共同正犯研究",载高铭暄、赵秉志主编:《刑法论丛》第9卷,法律出版社2005年版,第215页。

[20] 团藤重光:《刑法纲要总论》(第三版),创文社2000年版,第371页以下。

的情形,其特征在于,作出命令的人与接受命令的人相比,在一定的社会关系上处于压倒的优越地位,虽然尚未达到剥夺接受此命令者的自由,把其作为工具的程度,但是处在能够给予这种程度的心理性约束的状况。[21] "对实行担当者给予了强烈的心理约束,使其实行时,从规范的观点就可以说存在共同实行,可以肯定为共同正犯。"[22]这种形态的共同正犯可以称为优越支配共同正犯。

5. 价值行为说

该理论由庄子邦雄提出,又称为"意思支配说"。他认为,判断刑法中实行行为的标准应以行为对社会是否具有价值即是否对社会有实际的影响来决定。同样的道理,要判断共谋行为是否具有"正犯"的性质,应否作为"正犯"负刑事责任,就必须判断"共谋"行为是否具有符合构成要件的正犯的实行行为的相同价值。他针对否定共谋共同正犯论者的论点指出,通过谋议,全体共犯人都对实行行为具有强烈的意思支配力,大体上都应被确认为正犯。

> 实行行为之一部分担,系拟实行犯罪之共同意思之体现,是将一部分分担之客观要件与共同意思支配之主观要件双方加以综合而予以共同实行之评断也。对于犯罪之实现,只要具备足以可称为共同实行之强度与实力时,纵使未在现场,亦认为对犯罪之实现具有与于现场分担一部分实行行为之人相同程度之实力,而当作共同实行者处置亦无不当。[23]

该说认为,如果对于他人仅仅唤起实行强盗的决意,则是教唆犯,而不是谋议的共同正犯人,教唆犯人对意图的犯罪没有参与或分担实行行为的意图。如果教唆犯本人也达到支配和影响实行行为的作用时,利用、支配他人行为实现自己意欲协议的犯罪,则这种教唆犯就必须作为共同正犯来处罚。[24]

6. 重要作用说

前田雅英和西田典之都强调共谋者是否在犯罪行为中发挥重要的作用,因此,应当认为是一种重要作用说。前田雅英的理论又被称为"修正实行行为的形式性说",认为共谋是有充分与否、程度大小的区分的,只有发挥了重要作用,形成了强烈的心理因果性的,才能被作为共同正犯处罚。要认定共同实行性,唯一的要件是看其是否发挥了重要的作用,而是否发挥了重要的作用,要根

---

[21] 李邦友:"日本刑法共谋共同正犯的理论及其发展",同前注[14],第145页。
[22] 大塚仁:《犯罪论的基本问题》,同前注[5],第265页。
[23] 庄子邦雄:《刑法总论》,1974年版,第702—703页,转引自陈子平:"论共谋共同正犯",载《中央警察大法学论集》第2期,第379—380页。
[24] 李邦友:"日本刑法共谋共同正犯的理论及其发展",同前注[14],第144—145页。

据谋议时发言的内容及其后的行为等,从客观上加以判断。[25]

西田典之的理论又被称为"准实行共同正犯论",他认为"弄清'一部行为全部责任'这一共同正犯的法理根据即共同正犯的共犯性,乃是应否肯定共谋共同正犯的关键所在",通过分析共同正犯的刑事责任之构造而肯定共同正犯为与单独正犯不同的一种共犯形式,否认"共同正犯的成立赖于对实行行为的分担"等传统的"实行共同正犯论"、"行为支配说"而肯定共谋共同正犯的成立,只是此时并未将它视为正犯,而是属于共犯一种的共同正犯。[26]

西田典之认为共同正犯明显是与单独正犯不同的共犯,所以其处罚根据应当在与犯罪结果之间的物理性、心理性的因果关系中寻找。因此,从共犯处罚的具体妥当性的观点出发,通过共谋者(非实行者)与实行分担者之间的主从关系、共谋者在谋议中实际发挥的作用、共谋者在犯罪的准备或实行等阶段所发挥的作用的重要程度等下位概念来判断,如果在犯罪的共谋、准备、实行阶段,尽管没有分担实行行为,但共谋者的行为对于犯罪的实现发挥了可与实行的分担相匹敌,或者相当于实行的分担的作用,则应该肯定其具有共同正犯性。而如果仅仅是参加共谋而已,则不能直接作为共同正犯处理,否则就是把共谋的所谓共犯原理置换为正犯原理,是不妥当的。[27] 共谋共同正犯的基础是,实现了与实行相当的重要的作用。

二、学理检讨:批判与反思

共谋共同正犯的释义学史表明,判例及部分理论一致提出共谋共同正犯的范畴,其肇端的目的在于企图处罚甚至重罚犯罪集团、组织犯罪中的幕后指使者。日本刑法对共同犯罪人采取的是单一的分工分类法,将共犯人依其在共同犯罪中的分工分为共同实行的共同正犯、教唆他人实行的教唆犯以及帮助他人实行的从犯三大类。因为受传统古典刑法学派思想的影响,其对共犯的处罚重点在于着手实行犯罪行为的"共同正犯"上,狭义共犯无论在成立或处罚上均从属于正犯。而在集团犯罪、组织犯罪中领导、策划、指挥、组织犯罪进行的幕后头目往往并不亲自参与犯罪的实行,其社会危害性较之实行的正犯而言严重得多,但严格解释刑法规范规定的成立共同正犯的条件,则这些头目并不能成为"共同正犯",至多只能是教唆犯或从犯等狭义共犯。不对其以严厉的态度

---

[25] 前田雅英:《刑法总论讲义》(第3版),东京大学出版会1998年版,第394页,转引自陈家林:"共谋共同正犯研究",载高铭暄、赵秉志主编:《刑法论丛》第9卷,法律出版社2005年版,第220页。

[26] 参见西田典之:《日本刑法总论》,刘明祥、王昭武译,中国人民大学出版社2007年版,第284页。

[27] 西田典之:"论共谋共同正犯",载《平野龙一先生古稀祝贺论文集(上卷)》,有斐阁1990年版,第366—367页。

追究刑事责任,则明显放纵了在犯罪集团中起主导作用的一部分犯罪分子。因此"打击暴力团头子是日本刑事司法的重要任务,要达到之一目的,只能绕过第60条的规定,创立了一个'共谋共同正犯'这样的概念。"[28] 可见,共谋共同正犯是刑事立法、刑事司法和刑法理论无法调和的最终产物,它从诞生伊始便注定是先天不足的残疾儿,有必要更进一步地检讨其基本的学理。

(一) 分析进路的倒置

无论是阴谋罪的共同正犯抑或是共谋共同正犯的争议,均体现了学者对"实行"概念的理解或者说对"正犯"概念的理解。对于"正犯"的概念向来有限制正犯概念(刑罚扩张事由说)与扩张正犯概念(刑罚缩小事由说)之争,这里牵涉了两种不同的刑事政策。为了将共谋纳入共同正犯的范畴之内,学者们要么在限制正犯论前提下扩大对"实行"的理解,将共谋行为归入实行行为的领地之内加以评价;要么在维持实行概念的基础上,扩大正犯的理解,以赋予共谋行为的共同正犯性质。正如日本学者曾根威彦所言,对于是否承认共谋共同正犯问题,大略集中于两条思路,其一,共同正犯之成立,是否有各自分担实行行为之必要;其二,仅为共谋者,是否亦能视为实行行为者。[29] 但是不管哪种思路均无法摆脱理论与立法的冲突及进而的僭越。

承认共谋共同正犯的另一种思路,则是出于共同正犯"部分实行全部责任"原则运用的目的,反过来说明共谋共同正犯的存在。这在各种判例和各家学理中都是经常被使用的说理方法。比如,日本大审院1936年5月28日判决,"共同正犯的本质在于二人以上者同心一体,互相倚靠,互相支援,共同实现各自的犯意而实行特定的犯罪。共同者对所有既成事实都要承担全部责任的理由即在于此。'练马案'中只要有参与共谋的事实,即使不直接实行行为,在将他人的行为作为自己实施犯罪的手段这个意义上说,没有在刑事责任方面产生差异的理由。"学说上比如共同意思主体说的支持者植松正认为只作为共犯处理不符合社会实际的需要,使刑罚权的运用偏离了社会现实。平场安治认为,共同正犯规定的是即使只亲自实施一部分实行行为,也要对全部实行承担责任。探究这种规定的合理基础,就自然会肯定共谋共同正犯。平野龙一也认为法院之所以承认共谋共同正犯,其背景在于在背后制定计划、指示实行者,对犯罪的完成所起作用不一定比亲自实行者小,有时还起了重要的作用,如果将之作为教唆、帮助,那么处以与实行正犯同样或者更重的刑罚是困难的,不胜枚举。

可见,在日本,对于共谋者之所以要承认成立共同正犯,一个很重要的原因

---

[28] 李邦友:"日本刑法共谋共同正犯的理论及其发展",同前注[14]。
[29] 参见曾根威彦:"日本刑法解释论上的重要问题",同前注[15],第33页。

是,为了适用刑法中对共同正犯的部分实行全部责任的原则来处罚没有着手实行行为的人,以便重罚这些幕后共谋者。但是这在思路上是不正确的,因为不能根据法律效果来反推行为人的性质,虽然对共谋者到底作为共同正犯还是从犯处罚,确实涉及量刑问题,但"共同正犯与从犯之间的区别不是简单的量刑情节,而是犯罪事实"[30],因此,正犯和共犯的区别更多的是定罪原则,而不是量刑原则。部分实行全部责任是共同正犯的法律效果、责任承担原则,但是共同正犯的成立必须依靠其自身的性质所决定的标识或维度来对行为人的行为贡献进行客观的类型性判断(比如共同的犯罪决意,共同的犯罪行为,而且这种判断是可以通过类型的概念和规范的视角来评价的),而不能因为要使行为人承担全部责任而将其纳入共同正犯的范围。否则,必然破坏了共同正犯的定型功能,刑法也必然完全受制于刑事政策。

(二) 具体观点的贻误

1. 共同意思主体说

共同意思主体说由于与当代的个人责任原则存在根本出发点上的差异,因此很难为学理所接受,这是正常的事情。此外,共同意思主体说过分地倾向于对共同犯罪者的主观意思的探究,尤其是将共谋理解为单纯的意思联络的情况下,必然"导致将所有的共犯均作为共同正犯这一'主观性统一的正犯理论'。"[31]可以说,"共同意思主体说和当时就盛行于德国实务界的'主观说'相互辉映,共同意思主体说其实就是'主观说'影响下所衍生的产物。"[32]

共同意思主体说的支持者西原春夫在论述共谋共同正犯存在必要性时曾经举过一个例子:在有组织的抢劫银行的场合,制定全部计划并在现场指挥的指导者、在银行的门口欺骗顾客,不让其进入等,比起用枪威胁银行员者与取钱离去者对抢劫罪的实行起了更为重要的作用。他还认为,按照通说要求成立共同正犯必须实现一部分构成要件,那么只有后两者才是共同正犯,前两者只是教唆犯或者从犯,这明显与处罚价值相抵触。纠正这种偏差只有共谋共同正犯的理论。但实际上,这已经是对共同正犯成立理论的一种误解。根据犯行支配理论,共同正犯者并不需要亲自实施构成要件的行为,成立共同正犯关键的是提供行为贡献的时点,也就是在行为的实行阶段提供了行为贡献才是必要的,即使其所实施的不是构成要件的行为,甚至没有在犯罪现场实施该行为,只要其所提供的行为贡献具有"功能性支配",则已经可以成立共同正犯。[33] 在此

---

[30] 西田典之:《日本刑法总论》,同前注[26],第 292 页。
[31] 同上注,第 286 页。
[32] 陈志辉:"共谋共同正犯与共同正犯之参与行为",载《月旦法学杂志》2004 年第 114 期,第 38 页。
[33] 有关共同正犯成立的问题,还可以参见林钰雄:《新刑法总论》,2006 年自版,第 426 页。

例中,制定全部计划并在现场指挥的指导者、在银行的门口欺骗顾客,不让其进入的,实际上,就已经是支配犯罪情事的核心人物,当然的具有正犯性,也当然属于共同正犯,根本不可能只是狭义共犯,所以,和其结论恰好相反,"共谋共同正犯"的概念完全没有必要。

2. 间接正犯类似说

间接正犯类似说事实上只能够解决所谓的支配型共谋的参与类型,而没有能力解释对等型共谋。正如有学者所正确指出,"不过共谋者彼此间相互利用关系,不像间接正犯之利用关系般强烈,共谋者之间的'心理受拘束、支配'现象并不必然出现。"[34]

(1) 方法论的混乱

为了说明共同正犯,却用间接正犯的范畴来解释,是值得怀疑的。实际上,该说所指称的类似间接正犯的共同正犯,一方面,事实上,如果间接正犯类似说所要解决的是支配型的共谋参与,则从犯行支配的理论出发,就是属于"组织支配"的间接正犯(正犯后正犯),并没有必要通过共谋共同正犯的概念来说明,而此概念也并无法完全说明;相反,如果间接正犯类似说所要解决的不仅仅是支配型的共谋,而也为了说明共谋者在不具有间接正犯程度的支配时可以成立共同正犯,比如所谓的修正的间接正犯类似说的观点,那为了说明基于"功能支配"的共同正犯性,反而从与共同正犯性完全不同的基于"优越意思支配"的间接正犯性加以说明,是缺乏说服力的,也是逻辑混乱不堪的。在结论上,也是无法为此种对等型共谋提供理论依据的。

另一方面,团藤重光明确说明"对基本的构成要件该当事实具有支配者是正犯"正是在共同正犯意义上使用。所以,他所说的支配,实际上是作为共同正犯的支配,而不是单独正犯的支配。从而,共谋共同正犯成为一种"正犯背后的共同正犯"。但是,实际上处于一个"正犯"背后的未着手犯罪实行者,只能要么在具备优越的意思支配时,成立德国理论上说的"间接正犯"或者"正犯背后的间接正犯";要么只能成立没有任何支配的狭义共犯。

(2) 功能支配与组织支配的混淆

藤木英雄在阐述其间接正犯类似说时,指出:"(对利用者来说)被利用者的行为是按照自己意思所规定的方向行动,按照目的行为论者的观点,这就具有目的的行为支配"。然而,一方面,此种说理已经具有"目的行为支配说"的痕迹,但是,值得玩味的是,在藤木英雄看来此种目的的行为支配是用以说明共谋者有间接正犯性,而恰恰又不是如同"目的行为支配说"那样用以说明共谋

---

[34] 陈子平:"论共谋共同正犯",同前注[16],第404页。陈子平教授进而提出所谓修正的间接正犯类似说,但不管怎样修正"类似",其实际上就意味着"就是"。

者有共同正犯性。但是,很快笔锋一转,这种间接正犯性在有合意的情况下,马上变成了一种共同正犯性,其间的逻辑着实无法明晰。而另一方面,由于存在合意,

> 受此合意的约束,实行行为者是否实行并不由自己的自由意思所决定,不允许自己单独地放弃实行的意思。即实行者事实上是其他共犯者的工具。详言之,基于自由意思参与合意并按己意支配实行的方向可承认有正犯性,同时,基于合意确定的虽是自己的犯罪意思,但考虑到与其他合意者的关系,已经不能用自己的独断来推翻这一意思,这意味着自己也受其他共犯者的约束与支配。另一方面,从不担当实行行为的共犯者一方来看,成为合意的一员,通过对实行担当者将来的行动予以支配,这可以认为是以实行担当者为中介来实行犯罪。[35]

而根据这种观点,难免产生疑义:第一,如果只是简单的单纯的共谋形成合意的行为,如何能够产生如此强大的支配力和约束力,导致共谋者完全不允许自己单独放弃行为实行的意思。第二,如果认为一旦存在基于单纯共谋的合意,放弃实行便不再可能,那么共犯的中止、共犯的脱离等理论的价值将完全丧失,而行为人也失去了任何悔过的机会,这完全难以想象。第三,如果合意确实产生了如此强大的约束力,共谋者已经无法放弃实行,那这种强大的支配力为什么不是间接正犯的支配力了?为什么不是已经形成了组织支配,成立了正犯后正犯?而还是共谋的共同正犯?这是藤木所无法解决的问题。

与藤木的这种说理相反,德国学界组织支配否定论者在批判 Roxin 和 Schünemann 的基于有组织的权力机构的正犯后正犯范畴时,甚至怀疑在有组织的权力机构中组织工具的"高度可替代性"和"他行为性",认为在具体案件中位于前面的人可以放弃权力机构所要求的犯罪行为,其可替代性并不能作为说明幕后者对具体犯罪事实具有现实支配的根据,因此,为了具备支配必须对所有的结果的条件存在完整无缺的控制。[36] 因此,即使是犯罪组织的工具,在实行行为阶段实际上仍能自己自由地决定犯罪行为的实行与否,仍能自由地放弃犯罪的实行。

应该说,藤木的观点过分地肯定了对等型共谋的一般合意所形成的支配力;而组织支配否定论者却过分地否定了支配型共谋的组织支配力。实际上,如果共谋者之间只是对等的单纯共谋,则不存在间接正犯的支配力,犯罪情事的发生与否以及如何发生,仍处于实行行为者的支配中,他可以通过对"消极的犯行支配"的占有与行使,来自由地令犯罪流程进行或停止;如果是支配性

---

[35] 藤木英雄:《可罚的违法性理论》,有信堂 1967 年版,第 337 页。
[36] Rotsch, *Tatherrschaftkraft Organisationsherrschaft?*, ZStW112(2000) 518, 528ff.

的共谋,则幕后者已经具备间接正犯的支配力,"认为前面的人可以放弃权力机构所要求的规则,则只是假设的可能性,实际上,在具体实际案件中并不可能、实际上也不存在,因为前面的人实际上恰恰清楚其可替代性,进而自己肯定了权力机构的支配。"[37]

正如西原春夫批评间接正犯类似说时所指出,

> 以共同正犯中止困难这一事实来论证相互支配的强度,但是中止困难的问题同样存在于教唆犯中,如果以此为理由来认定正犯,那么教唆犯、间接正犯、共同正犯的概念就必须进行彻底的重组。而且,如果认为共同正犯与间接正犯具有同样的行为支配,虽可以从个人责任的原理来说明共同正犯的可罚性,但却使共同正犯失去了与直接单独正犯、间接正犯法律上的差异性;反过来,如果认为共同正犯不过具有与间接正犯相类似的支配性,那仅以这种行为支配的事实,就无法从个人责任的原则来说明共同正犯的正犯性。[38]

中义胜也认为,既然是间接正犯类似说,可见主张者也认为与间接正犯在实体上并非同一构造。"把'其他的共同者'作为工具支配、制约是不可能的,如果真的能够进行支配与制约,那就已经不是共同正犯,而是单独的间接正犯。"[39]事实上,这就是支配型共谋、功能型共谋和协同型共谋的分类所要解决的问题,而不是简单地承认"共谋共同正犯"就能够完全处理的。

3. 行为支配说

所谓的行为支配说,存在明显的用语错误,该说所称的行为支配当然是从德国刑法理论中的犯行支配(Tatherrschaft)理论借鉴而来,但是,犯行支配是一个开放的概念,本身并没法明确的定义,只能通过其下位的三个类型概念即"行为支配"(Handlungsherrschaft)、"意思支配"(Willensherrschaft)和"功能性犯行支配"(funktionelleTatherrschaft)来补足,从而相应说明单独正犯、间接正犯和共同正犯三种支配犯的正犯类型的正犯性。[40] 因此,所谓的行为支配说,准确地说应该称为"犯行支配说",否则必然导致和犯行支配理论的下位概念"行为支配"的混淆。至于结论上则单纯讲犯行支配,还根本没法解决问题,仍需要其他的下位概念的补足,更无法直接说明共同正犯的成立。这也是为什么同样都使用了目的的犯行支配,但是间接正犯类似说得出的是共谋共同正犯的类

---

[37] Schünemann, *Leipziger Kommentarzum Strafgesetzbuch*, 12 Aufl., 2006, § 25, Rdn. 127.
[38] 西原春夫:《刑法总论》,成文堂1994年订改准备版,第395页。当然,西原春夫并没有从此认识中就承认了正犯后正犯,相反,从有关论述可以看出,他是反对正犯后正犯的间接正犯的。
[39] 中义胜:《刑法总论》,有斐阁1971年版,第254页以下。
[40] Roxin, *Stra frecht AT*, BandII, § 25, Rnd. 38.

似于间接正犯性,而行为支配说得出的却是共同实行支配的共同正犯性这样奇怪的结论。

4. 优越支配共同正犯说

优越支配共同正犯说的倡导者大塚仁认为只有存在强烈心理约束的准间接正犯才是共谋共同正犯,但同时又指出:

> 间接正犯中利用者与被利用者直接的关系,与共谋共同正犯中单纯的共谋者与实行行为者之间的关系是有明显差别的。前者的内容是对被利用者的工具性身体活动的支配与被支配关系,后者则是以本来在法律上即处于平等关系的同伙者的共谋关系为基础。[41]

但后者成立共谋共同正犯的实际上是对等型共谋,这种说理前后具有矛盾。而实际上所谓的准间接正犯,由于其放弃犯罪实行的"中止困难性",已经就是组织性支配,不是所谓的准间接正犯,而就是实实在在的"正犯后正犯"的间接正犯形态,这种学说存在与"间接正犯类似说"同样的软肋。正如大塚仁教授自己在批判庄子邦雄的价值行为说时指出,"本说所认定的共谋共同正犯与判例所认定的共谋共同正犯性质不同,实质上与优越支配共同正犯论没有什么不同。"[42] 既然价值行为说与优越支配共同正犯论没有区别,那可见优越支配共同正犯论也是和判例所认定的共谋共同正犯在性质是完全不同的,实际上并不是判例中"共谋共同正犯"所要解决的对等型共谋,则只适用于支配型共谋。而具备了优越支配,为何又只是共同正犯,而非间接正犯,非常费解。

5. 价值行为说

价值行为说在思路上,"实质上扩张实行之概念,欲从规范面及价值面将共谋等置于实行行为或部分分担行为。"[43] 在具体的结论上,该说认为,进行计划和发送命令的强盗犯罪的首要分子,即使不在犯罪现场,其计划与命令对于接受命令的在犯罪现场实行犯罪的正犯人实现其预谋的犯罪具有强烈的意思支配力。强盗犯罪的首要分子,尽管没有在现场分担实行行为,由于其命令、计划、指挥,也应作为全部预谋的责任者,与亲临犯罪现场分担实行行为的犯罪分子对实现其预谋的犯罪具有同样的作用,具有同样的价值。[44] 实际上,所谓的"进行计划和发送命令的强盗犯罪的首要分子"由于具备"功能性犯行支配",本身就是"功能性在场"的效果,根据犯行支配理论,本身就是成立共同正犯的,因此,完全没有必要再另外提出所谓的"同等价值"概念。而且,该说在用

---

[41] 大塚仁:《犯罪论的基本问题》,同前注[5],第338—339页。
[42] 大塚仁:"庄子教授的共谋共同正犯理论",载《庄子邦雄先生古稀祝贺论文集》,第一法规出版社1991年版,第165页。
[43] 陈志辉:"共谋共同正犯与共同正犯之参与行为",同前注[32],第39页。
[44] 李邦友:"日本刑法共谋共同正犯的理论及其发展",同前注[14],第144—145页。

语上也使用"强烈的意思支配力"等,这反而容易使人混淆到底该说所指称的这种支配类型是共同正犯的"功能性支配"还是间接正犯的"优越意思支配",如果是后者,则如何又能得出成立共同正犯的结论,自然是理论上本身存在太多的错漏。正如大塚仁所说"本说所认定的共谋共同正犯与判例所认定的共谋共同正犯性质不同"。

6. 其他学说

国内有学者将意思方向说、重要作用说、系统论说等观点归类为实质的正犯论,并认为:

> 这类学说,其核心在于给对等型的共谋共同正犯奠定理论的基础,从而能够对幕后的大人物以外的人也给予处罚。因此,从此类学说所举的具体事例来看,其最终从重处罚的,并非是幕后的支配者、指挥者等大人物,而是将本来不过只是构成从犯的人升格为正犯加以处罚,这一做法的合理性值得怀疑。[45]

实际上,该论者的这种说法的合理性反倒是值得怀疑的,暂且不论该说作为正犯处罚是否"本来不过只是构成从犯的人",实际上,随着共谋共同正犯的发展,学界对共谋共同正犯所最难以解决的问题恰恰就是这种对等型的共谋者,如何论述其共同正犯性的问题。该学说直面这个问题,至少在学术思路上是准确的并且是不回避问题的做法,值得肯认。

(三) 罪刑均衡的诉求

无论采何种学说,如果承认了共谋者可以成立共同正犯,作为教唆犯或从犯的狭义共犯的成立则会受到置疑,因为只要其能够成为意思主体或其行为对实行者具有足够的犯行支配力和影响力或具有相当、充分的社会价值则可视为正犯,从而使二者的界限更加模糊,进而无法提供共同正犯的标准,只能沦为共犯的处罚理由。而且这也与共同犯罪的其他理论不协调,比如通常情况下在盗窃中一般将通谋后加以放哨的行为视为使盗窃更容易进行的帮助行为而成立从犯[46];那么仅有共谋而根本未参与任何其他行为的人反而被视为正犯者的共同正犯,这无法实现罪刑在序上的均衡。

(四) 重要作用的强调

为了说明共谋者的共同正犯性,日本学界实际上已经走得离共犯与正犯的区分界限越来越远,而越来越多地强调共谋者的"作用"在成立共同正犯中的

---

[45] 陈家林:"共谋共同正犯研究",同前注[19],第222页。

[46] 我国学者亦认为放风行为应当定性为非实行行为,作为帮助犯处罚更为合理。参见何荣功:"共犯的分类研讨述评——以中日刑法的比较为中心",载马克昌、莫洪宪主编:《中日共同犯罪比较研究》,武汉大学出版社2003年版,第237页以下。

价值,判例也不少以对犯罪的实现所发挥的作用的重要程度作为标准,这已经与我国刑法中根据作用区分行为人的方法,有非常相似的地方,其所谓的正犯,从某种意义上讲,就是我们所讨论的主犯了。正如有学者提到:

> 从量刑角度考虑正犯与教唆犯、帮助犯的区别,即正犯成立的关键并不在于行为人在多大程度上直接通过自己的行为实现了该犯罪的全部构成要件,而在于他的行为对于犯罪构成要件的全部实现是否产生了决定性或重大的作用,这难免背离分工分类方法的本义,而陷入到作用分类法中去。[47]

这点在各家各派的说辞中可以明显地得到印证。对于前田雅英和西田典之的重要作用说等实质的正犯论都是以考察行为人的"作用"作为确定正犯的标准,已经明确地肯认发挥"重要作用"、作出"重要贡献"的就是正犯,当然没有疑虑。西原春夫认为在共同意思主体的构成成员内部,应该按照其作用的重要程度区分为共同正犯和狭义共犯;他在分析共谋共同正犯时举的例子也说明,在有组织的抢劫银行的场合,制定全部计划并在现场指挥的指导者、在银行的门口欺骗顾客,不让其进入的行为人对抢劫罪的实行起了更为重要的作用,所以应该成立共同正犯。团藤重光在其著名的承认共谋共同正犯的判词中明确指出:被告人具有多年的吸食大麻的历史,并且对其产生依赖性,在行为人甲要求其实行走私大麻行为时,被告人有获得大麻的意思,并且为此寻找了替身,以及支付了与约定获得的大麻相当价款的资金,这些都"表示被告人将本件犯罪作为自己的犯罪。这虽然尚不足够马上为正犯性奠定基础,但是却是表明本人是犯罪主体的重要的指标之一。"说明要成立共同正犯,必须具备正犯者的意思,这也是判例中普遍采取的主观倾向所要求的。但是同时,"进一步考察被告人在本案中的作用","乙参加了本案的犯罪计划并实行走私大麻行为,被告人则不仅是一名共谋者,而是与甲一起,让乙按照自己的思想实施行动。综合考虑以上本案的事实关系,被告人亲自成为走私大麻罪的实现主体"[48]。可见,在判断是否成立正犯的问题上,团藤也实际上考虑了行为人是否发挥了"重要作用"。

应当说,共谋共同正犯范畴的提出极大地影响了大陆法系国家共同犯罪的理论与实践,她成为共同犯罪领域中无法回避的问题,虽然,将其处理的论题作为共谋的"共同正犯"解决未必就是合理的,但是,将问题本身明确提出,并进而从解释论和立法论上加以努力,则是应当肯认的。可见,"如何处理未真正

---

[47] 方加亮:"论德、日刑法中的'组织犯'",载台湾《中州学刊》2002年第2期。
[48] 日本最高裁判所决定1982年7月16日《刑事判例集》第36卷第6号,第695页。

实施构成要件行为的共同正犯,的确是整个理论史的核心问题。"[49]

正如平野龙一所说,刑法学在体系思考之外,还需要有问题的思考,缺乏问题思考的学说不过是自我满足的学说而已。[50] 同时,对于问题的解决也应该在体系的框架之内,这样的理论才是有价值的。对于共谋共同正犯不管是肯定说,还是否定说,都必然面临到底应当如何处理肯定说所承认的所谓共谋共同正犯对应的犯罪形态的问题域。因此,如果可以在原有理论体系上或者稍做修缮即可完美的解决该问题,自然没有创建新的概念范畴的必要,这是理论体系的简洁性所必然决定的。可见,是否必须承认共谋共同正犯,还是可以在固有体系内处理其所要解决的问题,是值得深思的。通过上述的分析,我们发现实际上共谋共同正犯的概念提出存在太多的纰漏,而在原有的间接正犯、共同正犯和狭义共犯的犯行支配的层级序列里,所谓的问题点都是可以得到完好解释的。

三、基本立场:构造与类型

(一) 论域的中国路径

日本通行的共谋共同正犯理论,近几年在我国也得到了一些刑法学者的拥护[51],甚至有学者高度强调共谋行为的地位,认为应当将共谋行为独立为一种共同犯罪的客观行为,将组织行为中的组织、策划行为纳入共谋行为,指挥行为则纳入帮助行为,从而瓦解组织行为的形式。[52] 这些观点本身存在许多不足和矛盾之处[53],笔者不敢苟同。实际上,既然指挥行为可以视为帮助行为,为何组织和策划行为和一般的共同谋议行为不可纳入帮助行为呢?共谋行为可以根据其在共犯中的地位和作用、以及共谋者之间的关系解决刑事责任问题,没有必要将其作为一种独立的"着手实行的行为"。论者所罗列的立法例也并不必然只能视为共同正犯才能解决问题,其实其形态更加相似于我国刑法中的组织犯、帮助犯等共犯人形态,而大可不必论为共谋共同正犯。陈兴良教授中肯地指出,对于认定有犯罪集团这种共犯形态,我国刑法关于组织犯的立法与日本共谋共同正犯相比具有优越性。[54] 对此,笔者认为有必要框定"组织犯"的含义和范围,申言之:

---

[49] 许玉秀:"检视刑法共犯章修正草案",载《月旦法学杂志》(No.92),2003年第1期。
[50] 参见陈家林:"共谋共同正犯研究",同前注[19],第218页。
[51] 林亚刚:"共谋共同正犯问题研究",载《法学评论》2001年第4期,第40页。
[52] 赵立勋:"论共谋行为的法律性质",载《政法论丛》2003年第4期。
[53] 有关对我国学者提出的共谋共同正犯肯定说的评述,请参见陈毅坚:"共谋共同犯罪引论",同前注[11],第269—272页。
[54] 参见马克昌、莫洪宪主编:《中日共同犯罪比较研究》,武汉大学出版社2003年版,第248页。

第一,组织犯作为共同犯罪人的一种分类类型,在我国刑法中不属于立法分类,而只是理论上的分类;其分类方法与传统的正犯与狭义共犯的区分,在标准上存在交叉的模糊地带,组织者可以在规范上被评价为实行者,尤其是利用他人进行行为的间接实行者,或者就仅仅是帮助者或教唆者,组织行为的定型并不必然的就是正犯的类型,也不必然是共同正犯的类型。因此,与间接正犯、共同正犯、狭义共犯的二元行为人体系是不同的思路。

第二,对于我国理论上所称的组织犯,存在不同见解,有认为属于犯罪集团的组织、指挥者;有认为包括犯罪组织和聚众犯罪的组织、策划、指挥者;也有认为是犯罪集团和一般共同犯罪中组织指挥他人犯罪的人。对此,笔者认为,广义的组织犯在我国刑事立法中主要体现为以下几种类型:

(1) 分则意义上的组织犯

《刑法》分则专门规定的组织、领导、指挥犯罪,应该认为属于典型的"组织犯",是一种类似"截堵构成要件"的独立危险犯类型。这包括三种情形:第一,对"犯罪组织"的组织行为,比如《刑法》第120条规定的"组织、领导恐怖组织罪"、第294条规定的"组织、领导黑社会性质组织罪"等;第二,对"一般违法犯罪行为"的组织行为,比如第262条之一"组织残疾人、儿童乞讨罪"、第262条之二"组织未成年人进行违反治安管理活动罪"、第317条第1款"组织越狱罪"、第318条"组织他人偷越国(边)境罪"、第333条第1款"非法组织卖血罪"、第358条第1款"组织卖淫罪"、第364条第2款"组织播放淫秽音像制品罪"、第365条"组织淫秽表演罪"等,以及第242条第2款"聚众阻碍解救被收买的妇女、儿童罪"、第268条"聚众哄抢罪"、第290条第1款"聚众扰乱社会秩序罪"、第290条第2款"聚众冲击国家机关罪"、第291条"聚众扰乱公共场所秩序、交通秩序罪"、第292条"聚众斗殴罪"、第301条"聚众淫乱罪"、第303条"赌博罪"之聚众赌博行为、第317条第2款"聚众持械劫狱罪"等聚众犯罪中的首要分子;第三,上述两种类型的结合,比如第300条第1款"组织会道门、邪教组织、利用迷信破坏法律实施罪"、第300条第2款"组织会道门、邪教组织、利用迷信致人死亡罪"等。

这几种组织犯的类型,本来都是在预备阶段提供的行为贡献,以策划、领导、指挥等方式参与共谋,由于行为本身的严重社会危害性,具备特殊的危险性,因而刑法分则对其做了专门规定,独立成罪,它已经是一种独立的定型化了的共谋行为,是组织行为、共谋行为的实行行为化、正犯化。因此,只要实施这些组织性质的共谋行为即构成独立罪的既遂,也并不依赖于其他共谋者着手实行行为与否。

(2) 总则意义上的组织犯。

我国《刑法》第26条规定:"组织、领导犯罪集团进行犯罪活动的或者在共同犯罪中起主要作用的,是主犯。三人以上为共同实施犯罪而组成的较为固定的犯罪组织,是犯罪集团。对组织、领导犯罪集团的首要分子,按照集团所犯的全部罪行处罚。对于第3款规定以外的主犯,应当按照其所参与的或者组织、指挥的全部犯罪处罚。"由此可见,对于主犯的认定只有一个标准,即第26条第1款的规定:"组织、领导犯罪集团进行犯罪活动的或者在共同犯罪中起主要作用的,是主犯。"在共同犯罪中其主要作用的,才是主犯的认定标准;而第3款和第4款只是规定了如果成立主犯,应该如何处罚的问题,是成立主犯后的刑罚处罚标准,这个刑罚标准不应该被反过来作为主犯的认定标准。也就是说,不能认为只要是组织、指挥的行为就是主犯,尤其是在一般的共同犯罪中起组织、指挥作用的参与者,正如无法根据第4款的规定反推出实施参与行为的都是主犯一样。因此,犯罪集团之外的组织行为、指挥行为未必就是主犯的行为,只有在犯罪中起到主要作用的情况下,才成立主犯,才按照其组织、指挥的全部犯罪处罚。

根据刑法对主犯的规定,可以看出,主犯包括了以下几大类:

A. 犯罪集团中的首要分子,这是犯罪集团中的主犯的主要类型,亦即组织、领导犯罪集团进行犯罪活动的。这是典型的"组织犯",也是支配型共谋的典型表现形式,犯罪集团的首要分子对犯罪集团的其他成员具备优越的组织支配,因此,作为这种组织犯的犯罪集团组织者、领导者,实际上就是通过基于有组织的权力机构的间接正犯(正犯后正犯)。根据第26条第3款,他必须为其集团的全部罪行负责而受到处罚,这也说明,间接正犯所承担的刑事责任,比起共同正犯所谓的"部分实行全部责任",在程度上更为强烈。因此,首要分子并不需要承担部分的实行,即使是处于预备阶段的组织领导形式的行为贡献,同样应当为其组织、领导行为本身,以及组织、领导的全体犯罪,承担刑事责任。所以,这种组织犯是一种间接正犯。

B. 聚众犯罪中组织、策划、指挥的首要分子和一般共同犯罪中实施组织、指挥行为的主犯,应该按照其组织、指挥的全部犯罪处罚。对于这种主犯是否属于组织犯,笔者认为意义不大。如前所述,并非因为其是组织犯,实施了组织、指挥行为,便当然的必须为组织、指挥的全部犯罪负责。是否应该为全部犯罪负责实质上取决于这种组织行为、指挥行为是否起到主要作用,成立主犯。因此,笔者倾向于否定其属于组织犯,而将其归入对等型共谋。除非具备功能性的支配可以成立共同正犯,否则,只能成立狭义共犯,对于其中过剩的不法,应该根据前述分则中的组织犯加以补强。

C. 犯罪集团、聚众犯罪、一般共同犯罪中的其他主犯。这是在犯罪集团、聚众犯罪、一般共同犯罪中起组织领导行为作用之外的主要作用的参与者,对于这类主犯,第26条第4款规定必须按照其参与的全部行为处罚,不属于组织犯,同样属于对等型共谋。

因此,笔者认为,我国刑法中真正优越于日本共谋共同正犯的组织犯,只是指分则中的组织犯,以及总则中第一类组织犯,即犯罪集团的首要分子。

(二)共同正犯的构造

因为学说对于正犯的概念以及对共犯与正犯分界标准的理解差异,对共同正犯成立的要件及其具体内容并没法达成共识。然而对于共同正犯本身的构造没有正确认识,便无法处理共谋者是否及如何成立共同正犯的难题。因此,笔者认为,共同正犯应该从主观和客观两个层面加以建构。

1. 主观层面

成立共同正犯,在主观层面上,必须要求存在共同参与者的共同的犯行决意,此种犯行决意既包括明示的也包括默示的。在犯罪实行过程中,至少需要参与者在行为上的相互的协调和协力。

此所谓的共同犯罪决意必须和单独的犯罪决意相区分,通过共同的犯罪决意,可以确定共同的犯罪计划,并为每个单个行为人分配其承担的角色。基于共同的犯罪决意,要求参与者必须对犯罪的既遂具有消极的犯行支配。对于单个的行为人,一方面,必须要求具有为了导致共同结果的发生而与其他的参与者共同发挥作用的意志;另一方面,必须具有且表明独立导致其分摊的那部分犯行贡献的意志。

2. 客观层面

在客观层面上,共同正犯者的行为贡献是必不可少的。共同正犯必须以通过复数参与人对犯罪行为的对等的参与为基本特征。一方面,单独的行为人只有通过共同的参与,和其他的参与者对整个犯罪情事加以支配,才可能被视为共同正犯者。另一方面,只有通过参与者的共同参与行为,犯罪行为才有可能被实行,因为共同正犯者对于整个犯罪情事的既遂具有消极的犯行支配,当其没有提供其自己的行为贡献的时候,犯罪就不可避免的落空。但是共同正犯者提供其行为贡献的时点,以及提供的行为贡献的性质,确实是必须明确的问题。笔者认为,只有在实行阶段共同的有分工的参与才能成为共同正犯,但其实施的参与行为并不一定就是实现构成要件的行为,即使在实行阶段实施了非构成要件的行为,只要具备功能性支配就可以成立共同正犯。

3. 方法论

在此,有必要强调一种类型学的方法。正犯概念是一个"理想类型"的概念,共同正犯是在正犯概念下,和直接正犯、间接正犯等正犯类型具有"家族类似"的亚类型概念。对于间接正犯、共同正犯等概念,在方法论上,也就没有办法再寻求一个分类的概念,但也并不需要汇编与个案相关联的普通概念。因此,必须采取类型的概念。此种类型的概念由多个可分级的标识或者说维度组成,它不是在传统的意义上加以定义,而是通过与案例关联的类似规则而被具体化,其中不同的维度被不同的征表所代表,因此,其中一个标识的相对微弱的征表,可以通过其他的标识的特别强的征表来补强,从而,总体上,具体的案件仍然可以视为类型概念之下的一个表现形态。[55]

而共同正犯本身也应被理解为一种类型的概念,对于共同正犯成立的两个层面不能孤立的加以理解,也不应认为必然的等量齐观,相反,他们更多的是共同正犯这个类型概念之下的两个互为补强的标识。"共同正犯作为类型概念,建立在两个可被分级的标识基础上,即通过分工作为中介的相互的对情事的支配,以及共同的犯行决意。此两个标识均不同强度的被征表(ausprägen),同时因此而可以相互的补充。"[56]由于客观层面或者主观层面任何一个层面都可以为另一个层面所补强,因此,只要总体上仍可被视为共同正犯的类型,则仍然成立共同正犯。比如在主观层面上的共同犯罪决意的弱化,可以通过共同的在实行阶段参与的行为贡献得到补充。当然这两个层面都是不可或缺的,如果缺乏共同犯罪的决意,则不可能成立共同正犯,即使共同的行为贡献是完全的被提供,也无法补充阙如的共同犯罪决意,因此,在此种情况下,只能是所谓的同时正犯。其实,正是通过这种具有相互补充关系的标识,在程度上不同的变化,使在此基本类型之下,形成具有一定家族类似性的各种亚类型序列,成为可能。

(三)共谋的类型及其责任

综合上述,笔者认为不应当一般性地承认所谓的共谋共同正犯的概念,以共谋的行为贡献共同参与犯罪者,是否成立共同正犯不应一概而论,而必须正确区分共谋参与的类型,依据不同的参与类型,决定共谋者的刑事责任。

根据共谋者之间的关系,笔者认为,可将以"共谋"的共同参与区分为支配型共谋与对等型共谋。对等型的共谋根据其参与的形式,又可细分为功能型共谋与协同型共谋。所谓支配型共谋,是指共谋者对于其他的共谋参与者具有犯行以及意思上垂直主从、支配制约的一种共谋的犯罪参与类型。在这种支配型的共谋行为中,部分共谋者对其他共谋者具有垂直性的压倒性的支配力,这是一种组织性的支配,他通过暴力或者强制手段完全的控制了整个犯罪情事流程是否以及如何发展及其形态,决定性的操纵着其他共谋者在犯罪参与中的行为与意思。所谓对等型共谋,是指共谋者与其他共谋者之间处于对等地位和关系的相互利用、相互依存的一种共谋的犯罪参与类型。对等型共谋不像支配型共谋那样,存在垂直性的、压倒性的组织性支配力,相反,只存在平行性的功能性支配以及补充性的协力性支配两种可能关系,因此,可将其细分为功能型共谋

---

[55] Schünemann, *Die Rechtsfigurdes "Täterhinterdem Täter" unddas Prinzipder Tatherrschaftsstufen*, ZIS7/2006, S.306.

[56] a. a. O., S.306.

与协同型共谋。共谋者为了实施犯罪，就实行犯罪的具体方法、实施方式、犯罪计划、行为分工、任务分配等等达成合意，如果共谋者仅仅是在预备阶段中参与共谋行为，则只能对犯罪情事的最终发生提供补充性的协力性的行为贡献，是一种协同型共谋；如果共谋者在参与实施单纯的共同谋议行为之外，还在他人实施犯罪的过程中，居于犯罪的指挥领导地位，或者居间进行指挥协作，对于犯罪的最终实行发挥了功能性的作用，具备"功能性在场"的效用，则是功能型共谋。

笔者认为，对于支配型共谋共同犯罪成立间接正犯，功能型共谋共同犯罪成立共同正犯，协同型共谋共同犯罪只能成立狭义共犯。

1. 支配型共谋

对于犯罪集团、犯罪团伙的首领，应该包括两种情形：

其一，即为典型的组织支配，比如犯罪团伙的首领，基于组织的权力机构，将手下作为犯罪的工具加以利用，进行领导指挥调度等。这种通过使用有组织的权力机构的间接正犯，必须要求以幕后者的显著的分量和犯罪能量作为幕前者的高度可替代性的基础。因此，不仅仅像 Roxin 所要求的组织必须具有法的排除性（Rechtsgelöstheit）[57]，而且还必须要求其在行使暴力的体系中的嵌入（Einbettung），这比如在不法体制和黑手党组织中所存在的那样，这是所谓的权力机构其应有之义。符合组织支配的前提条件则可以成立"正犯后正犯"的间接正犯。

其二，虽然也是犯罪组织的情形，但是幕前者如果具备阻却罪责的紧急避险状态时，因其欠缺他行为可能，从而不具备罪责，不受处罚，而幕后的首领则当然应当以间接正犯加以处理。

2. 功能型共谋

此种类型包括两种情形：

其一，对于犯罪集团、犯罪团伙的首领，或者其他的幕后者，如果他不具有基于组织的权力机构那种层级的支配力，尚不足以成立间接正犯，但他指挥和保障了犯罪行为的实施，对手下发号施令，相互协调，比如通过电话或者无线电遥控着整个犯罪事实的发生，通过犯罪的分工参与了犯罪的实行，具有"功能性在场"的效果，具备功能性的犯行支配时，则可以成立共同正犯的刑事责任。

其二，当满足组织型共同正犯的前提时，也可以成立共同正犯。对于不为法律所排除的组织，即经济型企业，可以通过其在预备阶段为实施犯罪施加的积极的行为贡献，而承担老板的保证责任，成立共同正犯。在此种组织型的共

---

[57] Roxin, *Problemeder Täterschaftund Teilnahmebeiderorganisierten Kriminalität*, Festschrift Grünwald, 1999, S. 549, 556 ff.

同正犯(Organisations-Mittaeterschaft)中,持续的组织支配取代了在实行阶段的犯行支配。对于此种位居亲自完全实施犯罪的实行机关背后的经济型企业的领导机关,判例中将其视为间接正犯[58],但并不合理,应该认为成立共同正犯,因为一方面企业的老板占有保证人地位,另一方面,通过其额外的积极的行为贡献,进而在总体上达到对情事的强烈的控制,此两者单独的可以认定为教唆和不作为的参与,但是累积在一起则可以被更合理的以共同正犯加以处罚。[59]

对于普通的共谋共同参与,事前通谋事中帮助的情形,比如放哨把风的行为,只要放哨的行为与犯罪构成要件的实现具有紧密的必不可少的功能支配关系,出于共同犯罪的决意在他人实行犯罪行为时,加以把风放哨,根据犯行支配理论,这种在实行阶段提供的行为贡献本身就可以得出属于共同正犯的结论,而不需借助共谋共同正犯的概念。

3. 协同型共谋

在协同型共谋中,谋议者并不像前两种类型那样是策划或者主宰了整个犯罪流程的核心人物,相反,只是一个单纯提供意见的边缘性人物。共谋者只是与其他的参与者进行犯罪的单纯的共同谋议,对于犯罪的实行,并没有像犯罪团伙首领那样具有组织支配,也没有像幕后发号施令共同分工参与的功能型共谋共同犯罪那样,对其他犯罪人的实行行为有犯罪分工、掩护等行为贡献。因此,他缺乏成立共同正犯所必需的客观要件,即使行为人满足了有关案件的重要部分,而仍然只能认定为狭义共犯,即教唆犯或者帮助犯。比如一般的雇佣犯罪就是单纯的协同型共谋,雇佣者即使指定了被害人、提供被害人信息、相片、甚至提供犯罪工具等,都无法形成对犯罪情事的实际支配,犯罪的流程实际掌握在被雇佣者手中,因此,只能成立狭义共犯。因为对于教唆犯的处罚存在与共同正犯同样的刑罚威慑,所以以教唆犯处理也同样可以充分地满足需罚性;对于其作为犯罪的头目或者幕后者的特性所具备的过剩的无价值(überschießender Unwert),可以通过类似于《德国刑法》第129条"建立犯罪组织罪"第4款规定的"如果行为人是叛乱领导者或者幕后人物或者如果存在其他特别严重的情形",加以数罪并罚,比如我国《刑法》第120条规定的"组织、领导恐怖组织罪"、第294条规定的"组织、领导黑社会性质组织罪"等。但是,这不能对参与形态的界分有任何的影响。[60]

对于普通的共谋共同参与,事前通谋分工合作仅由他人实行犯罪的情况,显然,行为人没有在场实行实现构成要件的行为,也没有实行构成要件实现之

---

[58] BGH, wistra 1998, 148, S. 150.

[59] Schünemann, *Die Rechtsfigur des "Täter hinter dem Täter" und das Prinzip der Tatherrschaftsstufen*, ZIS7/2006, S. 307.

[60] Schünemann, *Leipziger Kommentar zum Strafgesetzbuch*, 12 Aufl., 2006, §30, Rnd. 185 ff.

外的行为,因此,如果是策划或者指挥他人实行犯罪,而且对犯罪情事的流程有决定性意义的共同行为贡献的,可以视为上述的功能型共谋,成立共同正犯;如果只是简单的单纯事前谋议,或者只是简单的指挥、策划,而没有达到功能支配的程度,就不是核心人物,属于帮助犯或者教唆犯。

(初审编辑:王炜)

哈贝马斯的基本权利观

——商谈论视角的基本权利体系重构

马剑银*

Habermas on Grundrechte:
Reconstructing the System of Fundamental Rights
under the Perspective of Discourse Theory

Ma Jianyin

内容摘要：基本权利体系是现代民主法治国的核心要素之一,也是宪政得以成立的前提。在法哲学史上,对于基本权利的发生学,有两种对立的观点,那就是"权利天赋论"与"权利国赋论",哈贝马斯以主体间性和商谈论为基础建构了其沟通行动理论,并以其作为支点重构了基本权利体系,他的基本权利观可称为"权利互赋论",这种理论实现了对经典法哲学权利发生学争论的超越,

---

* 法学博士,清华大学公共管理学院博士后研究人员,中南财经政法大学法律文化研究院兼任副研究员,电子邮箱:easilife@gmail.com。本文为笔者随业师高鸿钧教授研究"社会理论之法"的一个阶段性成果,也是笔者博士论文的副产品,本文写作一如既往地得到业师高鸿钧教授的关心、鼓励与支持,他通读了全文,并且提出了不少修改意见,笔者获益良多;本文也在"全国第三届公法学博士生论坛"(浙江大学,2008)和"宪法方法论全国研讨会"(中国政法大学,2008)上宣读,感谢武汉大学秦前红教授和中央财经大学高秦伟教授非常到位而富有建设性的评论;当然文责仍由笔者自负。

进而为其重建现代性未竟之事业奠定了法律政治领域的基础。

关键词：基本权利　权利互赋论　主体间性　"占位符"　沟通理性

一、引言

哈贝马斯的社会理论之法[1]研究是他的沟通行动理论(the theory of communicative action)具体应用在法律政治领域的一次典范尝试,这也是哈贝马斯晚年一次重要的理论尝试,他所面对的是晚期资本主义世界的全球性危机,经济系统与政治系统(或市场/货币与行政/权力)对生活世界的殖民/宰制：西方发达国家与社会"对市场导控之经济的系统逻辑毕恭毕敬；对国家科层官僚制之权力媒介的过分负荷面前至少是谨小慎微。但是,对于那种实际上已经受到威胁的资源——贮藏于法律结构之中,亟待持续更新的社会团结——它却置若罔闻,缺少哪怕只是有些相似的敏感性"。[2]哈贝马斯认为："在(现代)复杂社会中,最稀缺的资源既不是市场经济的生产效率,也不是公共行政的导控能力。需要精心维护的首先是已经枯竭的自然资源和正在解体的社会团结。在今天,社会团结的力量只能以沟通的自决实践的形式而得到再生"。[3]也正是意识到这一点,哈贝马斯以其深厚的社会理论积淀创建了"关于法律与民主法治国的商谈理论"[4],从而为我们"走向沟通理性的政治哲学与法学理论"[5]的研究讨论提供了研究范式与理论资源的支持。

基本权利体系是现代民主法治国的核心要素之一,也是宪政之得以成立的前提,现代基本权利的形成史,事实上是宪政国家理论的具体展开。[6]但是在20世纪,无论是何种传统,只要拥有终极性、确定性和普遍性的特征,都受到了各种后学思潮的猛烈冲击,这种建立在形而上学的现代性基础之上的基本权利体系也不例外。哈贝马斯的基本权利观在他整个法律与政治理论体系中占有

---

[1] "社会理论之法"(Law in Social Theory),也叫"法的社会理论"(Social Theory of Law),是从社会理论视域对法律现象进行观察与分析的研究范式,包括"社会理论视野中的法律现象"与"社会理论立场的法学理论"。参见 Roger Cotterrell, *Law in Social Theory*, Ashgate Publishing Ltd., 2006; David M. Trubek, "Toward a Social Theory of Law: An Essay on the Study of Law and Development", 82/1 *The Yale Law Journal*, vol. 82, no. 1: 1—50(1972)；高鸿钧、马剑银编：《社会理论之法：解读与评析》,清华大学出版社2006年版。

[2] Jürgen Habermas, *Between Facts and Norms: Contributions to a Discourse Theory of Law and Democracy*, trans. William Rehg, MIT Press, 1996, Preface, p. xlii.

[3] Id., p. 445.

[4] 即《在事实与规范之间》的副标题。

[5] 高鸿钧："走向交往理性的政治哲学与法学理论"(上、下),载《政法论坛》2008年第5、6期。

[6] 陈慈阳：《基本权核心理论之实证化及其难题》,台湾翰芦图书出版有限公司2007年版,第1—2页。

非常重要的地位,也为法学理论提供了非常新颖而有力的研究范式。对基本权利体系与法治原则的重构是哈贝马斯社会理论之法研究的起点,他的基本权利理论是沟通道德的普适主义与具体伦理—政治共同体的宪政实践之间的桥梁,同时,基本权利理论也是其商谈论民主理论的基础和切入点:"在沟通自由的迷阵中眩晕时,除了民主程序自身,不会再有其他支撑点;而这种民主程序的意义,早就蕴涵在权利体系之中了。"[7]他利用语言哲学的转向和后形而上学作为其基本权利体系重构的思想史资源,以主体间性(intersubjectivity)和沟通理性(communicative rationality/reason)为基础建构了其沟通行动理论,并以其作为支点重构了基本权利体系,实现了对经典法哲学基本权利理论之争的超越,从而也回应了各种后学对现代性的批判。

二、法哲学史上的两种权利发生学

"权利"这个法哲学上的核心概念,历来是法治、宪政与民主理论研究者不可回避的重要语词,也是哈贝马斯用以对现代法律秩序的自我理解进行理性重构的"出发点"。[8] 基本权利一词,首先出现于法语中,不过在德国思想史脉络中,基本权利的理论更为丰富,基本权(利)(Grundrechte)概念,首先为米特迈尔[9]所用,用英语来表达即"fundamental/basic rights",但英语语境中使用也可能会涉及其他几个相关概念:"human rights(人权)"、"natural rights(自然权利)"、"moral rights"(道德权利)、"fundamental human rights(基本人权)"[10]或"constitutional rights(宪法权利)"[11]。这些英文语词指称的意涵,可能因使用者的语境之不同而有所出入,但有些情况之下也混用。[12] 同时,这也要引出有关权利发生学的另外一个重要概念,即"缔约时刻"(contracting moment)。缔约时刻是社会契约论者所持的概念,在这个时刻之前是自然状态,这个时刻之后

---

[7] Jürgen Habermas, *Between Facts and Norms: Contributions to a Discourse Theory of Law and Democracy*, supra note [2], p. 168.

[8] Id., p. 82.

[9] 米特迈尔(J. A. Mittermaier),1848年德国制宪会议在法兰克福议会主席,参见陈慈阳:《基本权核心理论之实证化及其难题》,台湾翰芦图书出版有限公司2007年版,第36页。

[10] 《世界人权宣言》(*Universal Declaration of Human Rights*, 1948)、《公民与政治权利国际盟约》(*International Covenant on Civil and Political Rights*, 1966)、《经济、社会与文化国际公约》(*International Covenant on Economic, Social and Cultural Rights*, 1966)中采用了"基本人权"这个概念。参见"联合国文献中心"网站,http://daccessdds.un.org/doc/RESOLUTION/GEN/NR0/043/88/IMG/NR004388.pdf?OpenElement 与 http://daccessdds.un.org/doc/RESOLUTION/GEN/NR0/005/03/IMG/NR000503.pdf?OpenElement,最后访问日期2008年11月28日。

[11] 这里的"宪法权利"有两种解释,一种是宪法所保障的权利,一种是宪法所赋予的权利。这两种解释恰好也是两种权利发生学各自所持的观点。

[12] 参见许志雄等:《现代宪法论》,台湾元照出版公司1999年版,第69页。本文对这些概念不做严格区分。

是社会或国家,而类似的概念建国时刻(founding moment)和立宪时刻(constitutional moment)也成为隐喻意义上的时间点,前者类似于自然状态,后者是某个主权国家及其宪法所保障下的社会形态。有些社会契约论者认为,在缔约时刻,人们缔结契约,成立国家,颁布宪法,成为公民,自然状态变成社会,自然权利/道德权利演化为宪法权利,国家成为这种权利的保障者,并且不断赋予公民新的权利或者调整权利类型或者代替公民行使某些权力,但是有一些权利是国家不能剥夺/让渡(unalienable)或不可侵犯的(imprescriptible),这些权利就称为基本权利或者基本人权,这样就构成了最初的基本权利体系。[13]

但是,就在这个关键点上,关于权利的发生学,产生了两种互相争论且彼此抗衡的理论,即"权利天赋论"和"权利国赋论",从法哲学发展史上,自然法的传统(主要是自由主义的自然法学说,例如洛克)主要持前者的观点,而法律实证主义主要代表了后者的立场。"权利天赋论"即包括了上述的社会契约论者,这个"天"可能指"自然"(包括普遍性的道德),也可能指"上帝"——这也是自然法传统的两大支派(世俗自然法与神学自然法)之所在——甚至还可能包括"民族精神",因为这种"民族精神"指导下的法权观,也是权利优先于实定法律的。[14] 虽然历史法学派反对自然法,但是后世却认为其是"隐藏的自然法"[15],仍然是"抽象的理性法学派的道路"[16]。而"权利国赋论"则不承认有缔约时刻之前的自然状态,当然也不会承认所谓"自然权利",或者认为实在法和实在权利与理想的自然的法与权利无关。[17] 权利国赋论认为所有公民的权利,都是国家这个主权者通过制宪与立法衍生出来的,没有宪法的规定,就没有

---

[13] 例如美国《独立宣言》中有如下语句:"We hold these truths to be self-evident, that all men are created equal, that they are endowed by their creator with certain *unalienable* rights, that they are among these are life, liberty and the pursuit of happiness",参见 *The Declaration of Independence*,载"美国历史网"http://www.ushistory.org/declaration/document/index.htm,最后访问日期2008年11月28日;《法国人权宣言》第2条也载明:"The aim of all political association is the preservation of the natural and *imprescriptible* rights of man. These rights are liberty, property, security, and resistance to oppression",参见"中国选举与治理网档案资料"http://www.chinaelections.org/NewsInfo.asp?NewsID=81226,最后访问日期2008年11月28日;法文原文参见 http://www.fatianxia.com/blog/36497/,最后访问日期2008年11月28日。

[14] 哈贝马斯就认为,萨维尼在法权理论上接受的是康德的主观权利理论,Jürgen Habermas, *Between Facts and Norms: Contributions to a Discourse Theory of Law and Democracy*, supra note [2], pp. 85ff。

[15] 林文雄:"德国历史法学派与萨维尼",载《台湾大学法学论丛》1980年第1、2期(合刊)。

[16] 谢鸿飞:"萨维尼的历史主义与反历史主义——历史法学派形成的内在机理",载许章润主编:《萨维尼与历史法学派》,广西师范大学出版社2004年版,第130—169页。

[17] Samuel E. Stumpt, "Austin's Theory of the Separation of Law and Morals", *Vanderbilt Law Review*, vol. 14: 119(1960).

宪法的权利。[18] 这个"国"作为主权者的代名词,可以是"国家",也可以是"君主"或者大写的"人民"。当然,共和主义的自然法传统在这个问题上比较暧昧,例如卢梭,他虽然承认缔约时刻之前有自然权利存在,但是通过缔结社会契约,每个人毫无保留地将他的全部自然权利都让渡给社会,因为全体人民成为这个社会的主权者,所以并不是如霍布斯的理论那样出现某个人或某个群体压迫其他人的结果。[19] 因此在卢梭的视角中,权利国赋予权利天赋在结果上并没有太大的差异,因为作为主权者的人民是不会自己"剥夺"自己的权利的。

在德国的思想史上,这两种彼此抗衡的权利发生学关系更加密切一些,"Recht"一词本来就包含了主观权利与客观法的双重含义,但是正因为这个双重含义并不是重合的,导致权利发生学产生了一种历史性的变迁。萨维尼及其弟子普赫塔都赞同康德的普遍法权说,一直认为主观权利的正当性来自自身,因为"从人的不可侵犯性出发确保个人意志的自由活动有'一个独立支配'的领域"。[20] 因此,法律实质上也就是主观权利,"法律是对人们作为意志力之主体而平等拥有的自由的承认"。[21] 随着历史的变迁,德国的法律与权利关系思想也发生了转变,经历文特夏德、耶林,一直到凯尔森,主观权利被定义为"受客观法保护的利益和有客观法保障的选择自由",自然人和道德人也从法律系统中分离出去,法律人(法权人)成为客观法下原子化的人。[22] 1848年德国制宪国民大会上,多数人反对基本权优先于国家存在与法律的见解,而持权利的保障须经国家立法者具体化始有拘束力的观点。[23] 法律实证主义一直发展到卢曼,作为主体的人彻底消失在法律系统的环境中去了,至此为止,始于休谟的事实与价值/规范二分法达到极致。"权利天赋论"与"权利国赋论"争论的主要焦点在于权利、法律与国家权力之间的因果关系,前者认为权利优位,国家通过法律这个媒介保护作为人生而具有的权利,是作为社会契约结果的国家得以成立与存在的前提条件;而后者认为,国家是一个现实的存在,因为有了这样一个主权实体,才衍生出法律以及法律之下的权利。

哈贝马斯看出了这种权利发生学之争的焦点,同时也看到了法律与权利关

---

[18] 韩大元等:《宪法学专题研究》,中国人民大学出版社2004年版,第258页。
[19] Sir Ernest Barker, "Introduction", in Sir Ernest Barker (ed.), *Social Contract: Essays by Locke, Hume, and Rousseau*, Oxford University Press, 1948, p. xlvi.
[20] 此为萨维尼的观点,参见 Jürgen Habermas, *Between Facts and Norms: Contributions to a Discourse Theory of Law and Democracy*, supra note [2], p. 85。
[21] 此为普赫塔的观点, Id.
[22] Id., pp. 85—87.
[23] 陈慈阳:《基本权核心理论之实证化及其难题》,台湾翰芦图书出版有限公司2007年版,第36—37页。

系演变历史的吊诡：从个人中心主义出发却以国家中心主义告终。[24] 人们缔约成立国家的初衷是为了给个人留下更为广阔的自由空间，防止个人权利被侵犯，但是却落入国家客观法的"铁笼"与"桎梏"中无法自拔。这就需要跳出"权利天赋论"和"权利国赋论"之争的两难困境，寻找新的权利发生学理论。

三、哈氏重构基本权利体系的逻辑

（一）"权利互赋论"：权利与法律的同源性

如前文所述，关于权利发生学两种彼此对立的理论，主要代表着自由主义的自然法学与法律实证主义这两种经典法哲学之间的张力，实际上这也是关于法的规范性基础来源的不同回答。随着宗教、道德与习俗退居生活世界，"法治"代替"神治"、"人治"和"德治"成为现代社会的主要"治道"。[25] 但是"法治"并没有解决法律的事实性与有效性之间的张力。在韦伯的法律社会学视野中，主观权利的赋予、保护与救济，都采取客观法（实在法）的形式，但法律秩序却"是一套一定人群内心怀有的应然观念"。[26] 韦伯不承认自然法学派所主张的自然权利先验性，但是也不认为奥斯丁式的"法律是主权者或其他什么人的命令"。[27] 以"一定人群内心怀有的应然观念"作为法律，继而作为权利的来源，实际上回避了法律规范性问题的追问。

哈贝马斯身处语言学转向的后形而上学时代，建立在主体性哲学基础上的主观权利客观法体系，已然在现代社会转型过程中遇到了困境，形式理性法基础上的现代法治不仅遇到了规范性基础的缺失危机，而且因为系统对生活世界的殖民/宰制[28]，生态平衡、人类学上的平衡（anthropological balance）与国际平衡被打破，经济危机、政治系统的"理性危机"与"正当性危机"、生活世界的"动因（motivation）危机"[29] 弥漫于现代社会。哈贝马斯认识到，拯救现代社会，首先需要在社会理论中实现转型，而一种批判性的社会理论，不能局限于"从观察者的角度出发对规范与现实之间关系的描述"。[30] 于是他从沟通理性出发，

---

[24] 高鸿钧："权利源于主体间商谈——哈贝马斯的权利理论解析"，载《清华法学》2008年第2期。

[25] 高鸿钧：《现代法治的出路》，清华大学出版社2003年版，第247—248页。

[26] Max Rheinstein, "Introduction", in M. Weber, *Max Weber on Law in Economic and Society*, trans. E. Shils & M. Rheinstein, Harvard University Press, 1954, p. lxvii.

[27] Id.

[28] Jürgen Habermas, *The Theory of Communicative Action*, Vol. 2, *System and Lifeworld: A Crique of Functionalist Reason*, trans. T. McCarthy, Beacon Press, 1987, p. 325.

[29] Jürgen Habermas, *Legitimation Crisis*, trans. T. McCarthy, Heinemann Educational Book Ltd., 1976.

[30] Jürgen Habermas, *Between Facts and Norms: Contributions to a Discourse Theory of Law and Democracy*, supra note [2], p. 82.

以一个参与者的角度对权利的发生学与基本权利体系进行了重构,独辟蹊径来构建法律与政治的社会理论体系。

哈贝马斯认识到两种权利发生学理论因为都是建立在主体性哲学的基础之上,所以有其内在的缺陷,应当找出这两者产生张力的根源,从而寻找新的权利发生学理论。那么权利与法律,到底谁更优位?谁决定谁呢?首先,哈氏认为所谓权利天赋论,无论是"上帝"赋权或"自然"赋权,还是权利"与生俱来的"或"不证自明的",都缺乏历史与现实的根据:现代社会中,"上帝死了","自然状态"只存在于学者的假设之中,是海市蜃楼,同时,权利的自主化规范性基础——某种道德权威也不符合现代政治过程的现实:"既独立于民主的立法过程,又无法在法律理论内部加以论证。"[31]其次,哈氏也不认同权利国赋论,因为"国家→法律→权利"这样的逻辑否认了法律与权利的规范有效性,而只具备事实有效性,缺乏了"人"的参与,"不问法律承受者(即法权人)的态度与动机"[32],因而陷入了合法性(legitimacy)源于合法律性(legality)的悖论。[33]再次,哈氏认为权利天赋论和权利国赋论由于分别基于个人中心主义或者国家中心主义的立场,在考虑主观权利与客观法的关系时,不是认为主观权利的道德性基础优位于国家的政治立法,就是认为主观权利是国家制定客观法的副产品,因为国家权威是确定的,唯一的,而道德却是多元的,不确定的;但实际上主观权利与客观法本是同源同根,并无谁更优先的问题,它们共同产生于以商谈原则为基础的"民主的立法过程"[34]。在现代法治社会中,法权人需要借助法律来调节他们的生活,因为他们需要彼此交往(无论是商业交易、政治交锋还是生活交际),而他们之间交流、互动、合作、沟通与协商的彼此交往过程,又需要互相承认各自的主观权利;因此,通过民主立法过程,将主观权利以法律的形式确定下来,进而确认、保护主观权利并协调主观权利之间的冲突,在这个过程中,权利与法律同源而生。[35]

就此,当哈贝马斯将主观权利纳入沟通行动理论与商谈论的体系后,在他的视野中,"权利是基于彼此合作的法权人之间的相互承认"[36],权利是人与人之间在交流、互动、合作、沟通与协商过程中产生的。因此,权利也就是"一种

---

[31] Id., p.89.
[32] Id., p.33.
[33] Id., p.89.
[34] Id., pp.89,151 ff,177 ff.
[35] Id., p.122.
[36] Id., p.88.

关系与社会实践","一种社会合作的形式"。[37] 主观权利的产生过程与公民自我立法过程相互结合,作为主观权利拥有者的法权人,既是客观法的制定者,又是客观法的承受者,这样的法律才具有了正当性/合法性,这样的权利才不会落空。

(二)商谈原则、道德原则与民主原则

权利发生学理论虽然在哈贝马斯的商谈论中进行了重构,但是这还不足以直接推出基本权利体系,因为权利的道德性内容与法律之间的关系在自然法传统与法律实证主义之间仍具有内在的紧张关系,或者说对于法律与道德之间的关系问题,形而上学时代的法律实证主义与自然法学派并没有更多的理由说服对方。自然法学派的主流观点坚持法律与道德密切关联,道德是法律的基础;而法律实证主义则主张法律与道德相分离,法律并不以道德为基础。当然,也许他们的理论并不是两大阵营的对决,而是可以成为一个序列。哈特"最低限度的自然法"理论[38]已然比较接近自然法学派的内容;而霍布斯主张,人们为了避免狼与狼似的"自然状态",必须把"自然权利"毫无保留地让渡给国家,然后由国家制定法律,但法律内容如何人们无需过问,这实际已经进入了法律实证主义的"势力范围"。[39] 这个序列的两个端点,或许是奥斯丁与康德。在奥斯丁的理论中,法律完全是主权者的命令,"整个法律被剥夺了规范性质,仅仅被赋予工具性的特征",[40] 法律有效性的基础完全基于"它是法律"这一事实。另一端的康德则认为,道德是可普遍化的"绝对命令",法律只不过是道德"通过三个向度上的限定"而获得的,[41] "还保持着一种根本的道德性质","几乎被还原为道德的一种有缺陷模态。"[42]

哈贝马斯在重构其基本权利体系之前,重新论证了法律与道德的关系,他反对法律实证主义那种抛弃法律的规范有效性的理论,但对自然法学派那种带有柏拉图洞穴情结的形而上学模仿观也提出了批评。他认为只有在前现代的世界,道德与法才有位阶上的差别,而在现代社会,法律与道德"同时"从传统

---

[37] Franz I. Michelman, "Justification and the Justifiability of Law in a Contradictory World", in J. R. Pennock & J. W. Chapman (eds.), *NOMOS XXVIII: Justification*, New York University Press, 1986, p. 91.

[38] 哈特:《法律的概念》,张文显等译,中国大百科全书出版社1996年版,第189页以下。

[39] 霍布斯:《利维坦》,黎思复、黎廷弼译,商务印书馆1985年版,第133页以下。

[40] 哈贝马斯:"法律与道德:1986年泰纳演讲",载哈贝马斯:《在事实与规范之间》,童世骏译,生活·读书·新知三联书店2003年版,第600页。

[41] 这三个向度的限定(或抽象)即法律承受者的自由选择(free choice)、人与人之间的外在关系(external relations)以及受到干涉时实施强制力量(coercive power)的权利。Jürgen Habermas, *Between Facts and Norms: Contributions to a Discourse Theory of Law and Democracy*, supra note [2], pp. 105—106, 112.

[42] 哈贝马斯:"法律与道德:1986年泰纳演讲",同前注[40],第607页。

的伦理生活中分化出来,同源且互补。[43] 无论是客观法还是主观权利,仍然保留着与道德的关联:首先,某些主观权利与客观法的内容来自于道德;其次,法律获得正当性的一个前提就是"不与道德原则相矛盾"[44];再次,商谈论下道德的适用范围已经超越了历史上随意区分的、随社会结构的变化而变化的私人领域与公共领域的界限,政治立法者的意志形成过程中也会衍生到道德方面;最后,在复杂社会中,道德只有转译成法律代码,才会超越局部界限,获得具有强大行动力的强制力。[45]

当然,哈贝马斯的语境中,即后形而上学、后传统的时代,道德与法律之间也有区别:第一,道德仅仅是一种文化知识,符号系统;而法律不仅是符号系统,而且还是行动系统。第二,道德涉及人与人之间的横向关系,这种横向关系没有边界,没有国别;而法律涉及人与人之间的关系是有伦理—政治边界的,在现代社会中,最大的边界是民族国家。第三,道德既无法标出义务目录,也无法标出规范的等级排序;而法律系统内部是有规范位阶的,法律的建制化特性也具有比道德更为直接的对于行动的影响。第四,道德与法律相比,具有"认知不准"、"动机无常"、"低期望值"与"低义务责任"等弱势,因而道德的调整领域大为缩小,而法律的适用领域不断增加,这也是"法治"而不是"德治"作为现代社会主要治道的原因。[46]

法律与道德的同源互补关系,可以借助于一条更为简洁的商谈原则加以解释:"有效的只有所有可能的相关者作为理性商谈的参与者有可能同意的那些行动规范"。[47] 正是这个原则,衍生出同源互补的道德原则与民主原则,即道德与法律的一分为二。法律与道德都应该符合商谈原则,也就是说,在后形而上学时代,行动规范的形而上学式的终极性基础已经不复存在,人们只能通过理性的程序自我决定/自我立法,所有可能的相关者采取以理解和合作为旨向的沟通视角来寻求共识。只有建立在这种共识基础上的行动规范,才是具有正当性的行动规范,无论这种行动规范是道德还是法律。商谈原则衍生出来的道德原则与民主原则,两者处于不同的层面,对于道德原则来说,参照系在于人类或者"假定的世界公民共和国",道德商谈中决定性的理由应为每个人都接

---

[43] Jürgen Habermas, *Between Facts and Norms: Contributions to a Discourse Theory of Law and Democracy*, supra note [2], pp. 105—107.
[44] Id., p. 106.
[45] Id., pp. 109—110.
[46] Id., pp. 107—108,114—116.
[47] 商谈原则,又叫 D 原则,即 Discourse Principle,关于这个原则的具体论述,参见 Id., p. 107;以及 Jürgen Habermas, *The Inclusion of the Other, Studies in Political Theory*, ed. & trans. C. Cronin & P. De Greiff, The MIT Press, 1998, pp. 41ff. 但该书中的表达稍有不同。

受[48];而民主原则却可能借助于道德理由,也可能借助实用的或伦理—政治的理由,在实用商谈中,只是利益立场与价值态度的合理平衡,不必每个人都接受,而伦理—政治商谈中,决定性的理由必须能够为分享某个伦理—政治共同体的传统、习惯、生活方式和价值观的所有成员所接受。[49]

因此,哈贝马斯认为,"民主原则应当确定正当的立法过程的程序",也就是说,正当有效的只有在具有合法(legal)形式的商谈性立法过程中能够得到所有法律同伴挨个同意的那些实在法(客观法)。[50] 商谈性立法过程就是理性的政治意见形成和政治意志形成的过程,民主原则仅仅告诉我们这些过程如何有效的建制化——这种建制化起始于一个"基本权利体系",即通过这个体系,确保所有人平等地参与一个沟通前提业已得到保障的立法过程。[51]

四、哈氏基本权利理论的核心内容

基本权利的体系与类型,是现代宪法学的核心问题之一,国内外基本权利的类型学研究也是多种多样,例如"两分法"[52]、"地位理论四分法"[53]、"三类自由论"[54]、"三代人权论"[55]以及其他分类[56]。这些分类大都建立国家与私人、权利与法律的二元划分基础上的,国家(法)与私人(权利)之间存在着位阶之分,要么是法律决定权利,要么是权利优先于法律。但是哈贝马斯没有重复

---

[48] Jürgen Habermas, *Between Facts and Norms: Contributions to a Discourse Theory of Law and Democracy*, supra note [2], p. 108.
[49] Id., pp. 108, 159—162.
[50] Id., p. 110.
[51] Id., pp. 110—111.
[52] 两分法主要来源于英国的柏林对积极自由和消极自由的划分,于是在基本权利问题上也出现了积极权利与消极权利之分。参见以赛亚·伯林:《自由论》(《自由四论》扩充版),胡传胜译,译林出版社2003年版,第186—246页。
[53] 此为19世纪德国宪法学家耶林内克的分类,分为公民对国家的被动、消极、积极、能动四种地位,分别派生出公民义务、自由权、受益权与参政权四种权利形态。参见山下健次:《概说宪法》,有斐阁(日本)1984年版,第36—37页;转引自韩大元等:《宪法学专题研究》,中国人民大学出版社2004年版,第268—269页。
[54] 日本宪法学家芦部信喜将自由分为三类,由此来划分基本权利,即freedom from state/freedom to state/freedom by state,并依此将权利分为自由权、参政权与社会权。参见芦部信喜:《宪法判例解读》,岩波书店(日本)1987年版,第53—59页;转引自韩大元等:《宪法学专题研究》,中国人民大学出版社2004年版,第270—271页。
[55] 三代人权论为法国学者瓦萨克(Karel Vasak)于1977年提出,第一代人权为公民与政治权利(消极权利),第二代人权为社会、经济与文化权利(积极权利),第三代人权为发展权、有益健康的环境权、追求和平等团结权(Solidarity Rights,也叫集体权Collective Rights),参见K. Vasak, "A 30-Year Struggle", *The Unesco Courier*, Nov., 1977, p. 29; C. Wellman, "Solidarity, the Individual and Human Rights", *Human Rights Quarterly*, vol. 22: 639—657(2000)。
[56] 中国宪法学界对基本权利的划分,有十分法、八分法、五分法、四分法、二分法等,参见张翔:《基本权利的规范建构》,高等教育出版社2008年版,第38页;韩大元等:《宪法学专题研究》,中国人民大学出版社2004年版,第268页以下。

这个话语,认为权利与法律是同源而生,无所谓谁更优位。他从社会成员横向关系的角度为切入点来建构基本权利体系,从而为正当之法和正当权利的产生提供了逻辑起点。

如前文所述,根据商谈(D)原则,规范的有效性来源于相关者的同意,但在立法过程中,商谈原则要转化为民主原则,"只能借助于法律的建制化;而民主原则则进一步赋予立法过程以正当性(合法性)的力量",也就是说,"民主原则是商谈原则与法律形式相互贯通(interpenetration)的结果"。[57] 正是在这个意义上,民主原则、法律与权利三位一体组成的循环中,权利的确立与法律的制定(立法的完成)是同时进行并完成的,这个进行并完成的过程就是民主原则的运用。这个过程的逻辑是这样的:如果以法律为参照点,权利拥有者——法权人如果"要借助实定法对他们的交往互动与共同生活进行合法调节,那么就必须得互相赋予这些权利"[58],而实证法的产生过程又必须是相关权利拥有者共同同意的过程——即民主过程;如果以权利为参照点,权利的拥有者——法权人既是"法律之承受者而从属于法律的人",同时又是"法的创制者"[59],而权利拥有者的权利又是法律创制过程中通过民主过程互相赋予的。如果以民主过程为参照点:那么这个法权人之间彼此同意、相互承认的贯彻民主原则的过程,既是合法(正当)之法的形成机制,也是权利形成的过程。民主原则、权利与法律"同源的建构起来了"。[60]

这样,哈贝马斯基本权利体系的基本面向就出现了。哈贝马斯认为,一个法律共同体之所以成立,也就是说,人们要以法律——并且是合法之法——来管理社会、协调生活,必然需要相互赋予基本的权利,这就引发出五项基本权利范畴:(1)平等的个人自由权;(2)共同体成员资格权;(3)可诉诸法律以保护之权;(4)政治参与权;(5)生存条件权,主要是社会保障与生态环境权。[61] 这个基本权利体系,并不是"我们"以一个观察者的角度,以一个学者的身份来论证的,更不是以精英的角度为公民设计一个"理想的制度架构",而是公民们采取主体间性的结构,以相互理解为旨向,换位思考,将心比心,就公共话题与

---

[57] 本书英文版"interpenetration"(互相贯通、渗透),德文原版用的是"Verschränkung"(叠加、交叠),但笔者认为英文版这个词用得更为精到,"贯通"比"交叠"更为注重后果,引文参见Jürgen Habermas, *Between Facts and Norms*: *Contributions to a Discourse Theory of Law and Democracy*, supra note〔2〕, p. 121. 德文版参见Jürgen Habermas, *Faktizität und Geltung*: *Beiträge zur Diskurstheorie des Rechts und des demokratishen Rechtsstaas*, Frankfurt am Main: Suhrkamp Verlag, 1992, S. 154。

[58] Jürgen Habermas, *Between Facts and Norms*: *Contributions to a Discourse Theory of Law and Democracy*, supra note〔2〕, p. 122.

[59] Id., p. 120.

[60] Id., p. 122.

[61] Id., pp. 122—123.

彼此共同关心的事务进行理性的商谈,深度沟通,充分讨论与辩论,从而达成共识。[62] 哈贝马斯所做的只不过是一个方便理解的假设与描述,公民们的商谈过程,可以直接对这种假设与描述进行验证。

哈贝马斯的基本权利体系看上去似乎很简单,五项基本权利范畴组成了一个体系,但理解起来并不容易,笔者在此先来厘清一些概念与逻辑关系。

第一,这五项权利范畴中,前三项权利范畴大体上是经典法律与政治哲学中所讲的"前政治/国家的权利"或"自然权利",但是在哈贝马斯的体系中,他们既不是国家法律赋予的,也不是从道德中推演出来的,更不是天赋或与生俱来的权利[63],而是源于主体之间的相互承认与赋予。因为只要法权人之间需要沟通,就一定会承认相互之间的这些权利。而人与人之间的沟通是社会得以存在的标志,"人们总是处在向别人行动或反应的过程之中……社会互动构成了人类生存的主要部分"。[64] 这三项权利范畴中,第一项是主要权利范畴,后两项是补充权利范畴;而第四项权利范畴又是在前三项权利范畴基础上提出来的,是"后政治权利",但这项权利范畴却是民主原则得以与法律形式贯通,从而产生权利体系的重要保障;第五项权利范畴又是前四项权利范畴的保障。[65] 从人权代际上来区分,前四项相当于"公民与政治权利",第五项相当于"社会、经济与文化权利"。

第二,哈贝马斯基本权利体系之所以能够建构的逻辑前提是法律共同体,也就是说,只有在现代社会中,才可能建构起这种基本权利体系,传统社会的组织形式,更可能是习俗(传统型)共同体,宗教(信仰型)共同体,情感共同体或军事共同体[66],是不可能是建立在形式理性基础之上的法律共同体的,所以,虽然法律共同体在理论逻辑上先于现代宪政国家,但是在现实中,是经过了现代启蒙之后,形成了自由的政治文化之后,才出现了哈贝马斯意义上的法律共同体。这就使得这种法律共同体,即不同于前国家的"自然状态",也不能完全等同于国家控制下的社会状态。[67]

---

[62] 高鸿钧:"权利源于主体间商谈——哈贝马斯的权利理论解析",同前注[24],第15—16页。

[63] 哈贝马斯认为,这个权利体系并不是作为一种自然法而预先给予制宪者的。参见Jürgen Habermas, *Between Facts and Norms: Contributions to a Discourse Theory of Law and Democracy*, supra note [2], p.28。

[64] 戴维·波普诺:《社会学》(上),刘云德、王戈译,辽宁人民出版社1987年版,第193—194页。

[65] 类似的评述,请参见高鸿钧:"权利源于主体间商谈——哈贝马斯的权利理论解析",同前注[24],第16—18页。

[66] 关于共同体的类型,请参见罗杰·科特雷尔:"存在一种法律移植的逻辑吗?",马剑银译,载《中外法学》2006年第6期。

[67] 高鸿钧:"权利源于主体间商谈——哈贝马斯的权利理论解析",同前注[24],第15页。

第三,这五项权利范畴(尤其是前三项)是"占位符",是外壳,并不是"权利本身",具体内容需要具体历史情境中的共同体成员之间的商谈来"填值"。哈贝马斯认为,这更像是为"制宪者提供指导的法律原则"[68],这样我们就可以理解历史上各个宪法上的基本权利目录理解为"同一个权利体系"在不同社会情境中的解读了。[69] 因此,对于民主法治国来说,这五项权利范畴既是立宪的前提,一项制宪行动是对这些权利范畴的原初使用;同时,这些权利范畴又是在立宪过程中获得其具体的丰富内涵,成为具体社会情境下的基本权利体系。

第四,与自然法学传统或自由主义政治哲学传统不同,哈贝马斯基本权利体系中的这五项权利范畴并不是先验的,可以经由共同体成员进行验证。这里需要考虑哈贝马斯所谓的观察者与参与者的角度转换,对于这个基本权利体系的面向而言,哈氏只不过是利用观察者的视角进行描述,这种描述没有规范性,其规范性存在于作为参与者的法权人运用民主原则进行立法商谈的过程中。只要他们作为相关者参加了理性商谈,然后同意了法律规则及其附于法律规则上的具体权利,那这些法律规则和具体权利就具备了有效性,这也是民主原则的有效性;但也只有相关者才能为他们自己创制有效性的法律,为权利范畴填充具体的内容,权利不是观察者可以"送"的,观察者送来的"权利"有可能成为"霸权主义的强制"。经过民主过程制定出来的法律,法权人既是法律的承受者,又是法律的制定者,这是一种公民自我立法。也就是说,有效性体现在"当所有的相关者普遍遵守一项规则,出现对自己的利益和价值取向带来可预知的后果与负面效应时,他们能够毫无强迫感地共同接受(这些后果与负面效应)"。[70]

因此,哈贝马斯对基本权利体系的重构,成为他构建其"程序主义法范式理论"[71]的逻辑起点,民主是一种过程,是将商谈原则与法律形式勾连起来的一种程序,哈贝马斯不仅重构了基本权利体系,也重构了现代法治国的基本原则和民主本身,以这些建立在沟通理性和商谈论基础上的重构,来超越形式法范式和福利法范式,超越自然法与法律实证主义。

五、哈氏基本权利观对经典法哲学的超越

哈贝马斯所重构的基本权利体系,实际上需要一个"填充"的程序,即根据不同的社会情境,对占位符进行填充,从而得到不同社会情境通过宪法的"基

---

[68] Jürgen Habermas, *Between Facts and Norms: Contributions to a Discourse Theory of Law and Democracy*, supra note [2], p. 126.

[69] Id., p. 128.

[70] 这就是哈贝马斯视域中的"普遍化原则(U 原则)",参见 Id., p. 42。

[71] 关于法范式的论述,详见 Id., ch. 9。

本权利"。而"填充"的过程就是法权人在民主过程中进行立法商谈的过程。但是,这种重构实际并没有添加或者强加什么,而是对已经存在的理论加以重新阐释和描述,所以他的基本权利体系的五个范畴,都是既有的权利,而不是新的权利。只是在这种理论逻辑中产生的基本权利既不同于自由主义的自然法学派的权利优先论或"天赋论",也不同于法律实证主义的权利法创论或"国赋论",更不同于卢梭的权利"天赋"向"国赋"的转化论,从而超越了经典法哲学之间的争论,创立了一套崭新的法哲学理论体系。除了前文所述的法律与道德以及另外两对法律与政治哲学中的核心范畴关系——"私人自主与公共自主"、"人权与人民主权"[72]时的创造性论述之外,这种超越至少还体现在以下三方面。

（一）主体间性与活生生的法权人

如前文所述,哈贝马斯对基本权利体系的重构,是建立在沟通理性与主体间性基础之上的,主体间性的结构决定了主观权利只有在民主程序的互动中才能获得主体之间彼此的承认。在言语行动为平台的语用学语境中,说话者与听说者构成了语用学的基础,也就是商谈的基础。"语用学是说话者（包括听者）的哲学。"[73]所谓主体性,肇始于笛卡尔"我思故我在"的命题[74],是一种自我意识的活动。在主体性哲学的结构中,与"我"所对的是"我所感知的那个世界","我"和"世界"成为主客二元划分的依据,在这个语境中,主体之间的关系问题往往被哲学家弃之不理[75],在这一语境中,即使存在主体相互之间的理解过程,也必然会置于"算计"他人的范畴之下。[76]而在主体间性哲学的结构中,每一个"我"都被甩入"公共领域","我"与"你"、"他"一起共同面对这个世界,"我"、"你"和"他"还要相互面对。任何一个主体,在这个语境下,只能是主体间性的,一个人"绝无可能私自（独自）遵守一条规则"。[77]因为规则必然是公共的,必须有两个人以上产生某种人际关系之后才出现的。甚至阿佩尔还认为,即使是一个人的"独白",其实也是公共的,即这个时候自己即使说话者,又是听者,从"我"中分离出一个作为"听者"的"我"出去。[78]

---

[72] 关于哈贝马斯对这两对范畴的论证以及对经典法哲学与政治哲学的超越,本文由于篇幅关系没有涉及,另撰文再述。具体内容请详见 Jürgen Habermas, *Between Facts and Norms: Contributions to a Discourse Theory of Law and Democracy*, supra note [2], pp. 84ff.

[73] 盛晓明:《话语规则与知识基础——语用学维度》,学林出版社 2000 年版,第 11 页。

[74] Rene Descartes, *Meditations on First Philosophy*, trans. J. Cottingham, China Social Sciences Publishing House, 1999.

[75] T. 欧文斯:"现象学与主体间性",高地译,《世界哲学》1986 年第 2 期,第 57 页。

[76] 哈贝马斯:《现代性的哲学话语》,曹卫东等译,译林出版社 2004 年版,第 154—159 页。

[77] 维特根斯坦:《哲学研究》,陈嘉映译,世纪出版集团、上海人民出版社 2001 年版,第 123 页。

[78] 盛晓明:《话语规则与知识基础——语用学维度》,同前注[73],第 15 页。

主体间性的结构,使得基本权利体系的建构也超越了主客二元划分,无论是自然法学派,还是法律实证主义,主体要享受权利,要从外求,也就是说,不是"天赋"就是"国赋",抑或由"天赋"转"国赋",总之是客观世界中有一股力量赋予了主体以"权利"。康德以三种抽象使得法律主体原子化:首先,抽象掉主体作为法律的承受者的约束其自由意志的能力,而只考虑其"自由选择"的表象;其次,抽象掉主体在生活世界中各种行动、计划的复杂性以及内心活动,而只考虑其作为行动者之间互动的"外在关系";最后,抽象掉主体服从规则的动机,而只满足于行动者对规则服从与否的表象,不管这种服从是如何产生的。[79] 但是哈贝马斯的沟通理性与主体间性的结构,权利来自主体自身,来自主体间的"商谈"。在此语境中,人们不再去追求权利的终极性来源,也消解了对权利与法律正当性基础的终极性追问难题。哈贝马斯基本权利体系中的主体,既是法律的承受者,也是法律的制定者;既是权利的享有者,也是权利的赋予者;既是抽象的立法者,又是具体的立法者。在这个情境中,康德意义上的主体的三种抽象都被还原了。

此外,在沟通理性之下,主体的面貌也焕然一新,出现了新的形象。在主体性哲学里面,主体要么是单个主体,要么是类的主体。近代哲学的基础是主体的原子化,也就是推定主体是个性无差别主体,经济学假设的"理性经济人"是这样的,近代的形式理性法体系也是这么构建起来的,法律主体的身高体重相貌个人兴趣爱好性格品性都不那么重要,法律上对人的分类,也不是从人本身入手,例如以行为能力的有无进行分类,即是不看具体人的个性的。这一点无论自然法学派还是法律实证主义都没有差别。在卢曼的法律社会学中,甚至主体是缺位的,也就是说,在这个语境中,主体消失在系统的缝隙之中。而在沟通理性之下,主体的个性又复活了,主体间的商谈,是要各个主体进行自我表达的,这种表达是非常具体,具体到每一个相关参与者,个性栩栩如生。因为,主体间性之下的主体一反现代主义冷冰冰的理性面向,将"理性的他者"即"自然、人的肉体、幻想和感情——或更确切地说,是理性所无法占有的一切"[80]都包容进来,而不是简单排斥,通过人际商谈,去讨论理性与理性他者在具体的情境中的相互协调。

(二) 权利互赋论与基本权利的"虚"与"实"

虽然哈贝马斯的基本权利体系没有创造新的权利类型,但是在沟通理性与主体间性的结构之下,他对基本权利范畴进行了重新整合与分类,为思考权利发生学提供了新的思路。哈贝马斯认为,权利的合法性既不是来自于前政治/

---

[79] Jürgen Habermas, *Between Facts and Norms: Contributions to a Discourse Theory of Law and Democracy*, supra note [2], pp. 112,105—106.
[80] 哈贝马斯:《现代性的哲学话语》,同前注[76],第358页。

前国家的"自然"、"上帝"或者那种普适性的道德理由,也不是来自国家/主权者的伦理决定。前者是各种自然法学派的权利主张,而后者代表了典型法律实证主义的观点。

国家的伦理决定也许也会有"民主"的表象,以多数决的方式来确定这个国家(共同体)中的人民应该享有的基本权利,但是因为这种"民主"的方式并没有经历"理想言谈情境"的"论证性商谈",所以,以言取效的行动,以及各种目的理性行动会充斥其中,使得最后的决定虽然符合共同体之"善",但在道德向度上却可能站不住脚,当年希特勒的上台与屠杀犹太人,就是在德国内部民主的方式下进行的。《世界人权宣言》、《公民与政治权利国际公约》、《经济、社会与文化国际公约》等国际法律文件所构筑的基本权利体系,实际上就是自然法学派所谓的"天赋的"(natural、endowed by their creator)、"与生俱来的"(inherent)或"不证自明的"(self-evident)权利,这些概念也是古典自然法学派的常用表述。这些国际法文件要求缔约国所制定的法律不得与之相抵触,文件中提到的基本权利(人权)是"不可让渡"(inalienable)、不可"剥夺"(be deprived of)、不可"克减"(derogation)或不得"限制"(restriction),但是为何这些基本权利是"普适"的,是不得克减的,这些国际法文件却无法提供更深意义的论证,仍然没有跳出古典自然法学派或自由主义政治哲学的理论框架。虽然在普适主义的道德性论证上没有问题,但是由于没有经过"理想言谈情境"的商谈,没有经过法权人自主式的验证,仍然缺乏有效性基础。再加上当今世界发达国家"送"人权的现象凸显霸权主义倾向,何谓"普适人权"、为何普适的,如何普适也成为一个问题。[81]

哈贝马斯从主体间性角度出发,以权利"互赋论"(intersubjective right theory)取代权利"天赋论"与"国赋论","权利互赋论"实际上是"公民自我立法"理念的另一种表达,"互赋"是主体(法权人)之间通过民主过程进行自我立法的过程,这种过程既不同于传统的精英代议制民主,也不同于大众民主的简单多数决,重在强调法权人的积极参与,通过扎根于生活世界的非建制化的公共领域与建制化的立法机构之间的互动,创造精英民主与大众民主的"沟通之流"(communicative fluid),构筑"理想言谈情境"进行自我立法。[82]

通过这种权利"互赋论",不仅超越了权利"天赋论"与"国赋论"之间的争论,而且也消解了法律与权利之间的位阶张力。自由主义的自然法学认为权利为先,权利优位于实定法,而法律实证主义认为,权利产生于法律,法律高于权利。哈贝马斯认为主观权利与客观法同源产生于民主过程的商谈,不存在谁决

---

〔81〕 例如参见洪国起等:《人权·主权·霸权:透视美国人权外交》,世界知识出版社2004年版。

〔82〕 高鸿钧:"权利源于主体间商谈——哈贝马斯的权利理论解析",同前注〔24〕,第29页。

定谁的问题;同时,哈贝马斯也超越了卢梭在权利"天赋"与"国赋"之间的暧昧,用商谈论民主过程的沟通扩展甚至重构了"人民主权"的理论,从而开创了法律与权利关系理论的新面向。

哈贝马斯关于法律/权利内在面向的最大的贡献是将基本权利范畴"虚体"化。哈氏的基本权利范畴是"需要进行填值的占位符",而不是权利本身,五项基本权利范畴构成了规范性宪政架构的基础;这些基本权利范畴需要根据不同的社会情境对其进行实体化,各个伦理—政治共同体的宪法权利体系是非常实在的,成为现实性宪政架构的核心内容;基本权利既是虚体的,又是实体的,这种基本权利"虚"与"实"的辩证关系,也是以往的法哲学从未有过的。自然法学派的基本权利的正当性基础虽然很模糊,但是权利本身却是非常实在的,而且强调"不可克减"的"至上性";法律实证主义强调权利来源于实定法,也是非常具体的。而哈贝马斯的"占位符"理论超越了"具体权利"论,他的基本权利范畴实际上并不是一种"预设",并不是"先验的",这与自然法学派有明显的差别。他只是为了论证的方便而做的一种提前"描述",所以这些基本权利范畴在论证时是前提性的,但是实际上可以在民主商谈过程中获得验证,也就是说,这些基本权利范畴并不只是民主过程的起点,也是结果,这种起点与结果的统一,体现了哈贝马斯社会理论之法的巧妙之处。

(三) 事实与规范的关系重构

事实与规范之间的关系,或者说事实性与规范性(规范有效性)之间的关系,[83]是哈贝马斯社会理论之法的核心问题,实质上涉及的就是法律思想史上长期争论的"实然"与"应然"之间的关系。哈贝马斯认为,法律的有效性(Geltung)有两方面的意义:一方面是社会或事实的有效性,即事实上得到接受;另一方面是正当性或规范有效性,即合理(性)的可接受性,也就是"legality"(合法律性)与"legitimacy"(合法性/正当性)。[84]

哈贝马斯批判了经典法哲学关于事实性与规范有效性之间关系的理论。他认为,从霍布斯到康德的古典自然法学传统,法律的规范性基础来自于"自然的主观权利","这种权利授权每个人用强制力量来抵抗对他们的由法律确保的主观行动自由的侵犯"[85],随着自然状态向社会的转型,自然法转为实证法,强制力不再由私人行使,对使用强制力的授权,也变成了对提起诉讼的授

---

[83] 童世骏分析了"有效性"、"规范性"、"规范有效性"与"社会(事实)有效性"之间的区别,并详述了他中译本标题更倾向用英文本《在事实与规范之间》,而不采用德文本《事实性与有效性》的理由,参见童世骏:《中译者后记》,载哈贝马斯:《在事实与规范之间》,童世骏译,生活·读书·新知三联书店2003年版,第703—709页。

[84] Jürgen Habermas, *Between Facts and Norms: Contributions to a Discourse Theory of Law and Democracy*, supra note [2], pp. 29—31.

[85] Id., p. 28.

权;同时,如洛克所言,自然权利所衍生的抵抗国家暴力的权利仍然存在,这种抵抗可能是暴力的(积极的),也可能是非暴力的(消极的),这就衍生出后人所谓的公民不服从(civil disobedience)。[86] 这两者共同保障着法权人(主体)的主观权利。但法律实证主义却如此定义法的有效性:凡是根据合法(legally)程序而获得法律的,这个法律就有了有效性或正当性(legitimacy),实定法的规范性基础来源于"人为确立的事实性"。[87]

因此,法律实证主义认为法律只要具备了合法律性的外形(事实上被遵守+通过法定程序制定),就具有了合法性(正当性),不必去追问法权人遵守法律的动机与态度,也不用去追问制定程序本身的正当性,因为法律制定程序是政治权力实际运作的过程,而政治权力实际运作的过程又是通过法律授权的,因此,在这种意义上,实际上是事实决定了规范,或者说合法律性决定了法的规范有效性,并且法律赋予政治权力以合法性(正当性),而政治权力又是法律的主要生产者(制定或认可法律),这无异于政治权力自赋合法性;自然法学传统的法律的规范有效性源于超实证的自然状态与自然权利(或上帝赋权),似乎经历了"规范 A→事实→规范 B",但是,在现代社会,规范 A 失去了形而上学与宗教的后盾,"在这种社会中,全方位世界观和有集体约束力的伦理规范瓦解了,而残留下来的后传统的良心道德,则不再能够为曾经由宗教与形而上学来论证的自然法提供足够依据"[88];此外,在某种意义上,历史法学派不过是自然法学的变种,各种法律社会学也脱离不了法律实证主义的真实面目[89],它们都没有超越经典法哲学关于法律与规范关系的论述。

哈贝马斯的基本权利体系,则超越了规范与事实之间的关系,哈贝马斯认为,正当性唯一的后形而上学来源,是民主的立法程序提供的。[90] 现代法是一个强制的、实证的,同时又是保障自由的规范系统,现代法的有效性的获得,一方面要求法律得到事实上的遵守,另一方面这种遵守由于法律自身的尊重——即法律的正当性而遵守,这就需要对事实与规范的关系进行重构,哈贝马斯的基本权利体系提供了这样一种重构:哈氏的基本权利范畴是一种规范性的假设,这种规范性假设经历了法权人在沟通理性基础之上一起运用民主原则进行

---

[86] 关于公民不服从的讨论参见何怀宏编:《西方公民不服从的传统》,吉林人民出版社 2001 年版;以及 Jürgen Habermas, "Civil Disobedience: Litmus Test for the Democratic Constitutional State," *Berkeley Journal of Sociology*, vol. 30: 95—116(1985)。

[87] Jürgen Habermas, *Between Facts and Norms: Contributions to a Discourse Theory of Law and Democracy*, supra note [2], pp. 29—30.

[88] Id., p. 448.

[89] 高鸿钧:"走向交往理性的政治哲学与法学理论"(上),载《政法论坛》2008 年第 5 期。

[90] Jürgen Habermas, *Between Facts and Norms: Contributions to a Discourse Theory of Law and Democracy*, supra note [2], p. 448.

商谈的过程,这个过程是事实性的,也是合法(正当)之法的产生过程,为法律提供了合理的可接受性,于是重新获得了一种规范有效性,这也是对基本权利范畴假设的一种验证。因此,规范性既构成了规范之所以生成的事实本身,而事实又是产生规范的规范性本身,从而缓解法律的事实性与规范有效性之间的紧张关系,但同时又允许并维持两者之间的适当的动态张力。显然,这种方案已然超越了自然法传统与法律实证主义在这个问题上的争论。

六、结语

这是一个"权利的时代"[91],还是"走向权利的时代"[92],也许各人有各人的判断,不同社会情境中,也会有很多差别,但是无论如何,"权利话语"已经成为这个时代的主流话语,虽然也有人将这种话语称为"穷途末路的政治言辞"[93],但更多的人是"为基本权利辩护"。[94] 哈贝马斯通过对基本权利体系的重构,展开了其庞大的社会理论之法的论述,包括其通过公共领域的立法民主理论、程序主义法范式、论证性商谈与适用性商谈理论等。

在法理学与宪法学领域,对于基本权利的规范性基础的追问,似乎并没有引起足够的重视,在某种意义上来讲,学界基本满足于自由主义或者自然法学传统下权利优先性:既然有这么多的宪法文本,甚至《世界人权宣言》、《公民与政治权利公约》、《社会、经济与文化权利公约》都已然出台,对于主权国家而言,只需要将这些文本转换为自身国家的法律语言,就完成了宪政的构建,根本不必去考虑"自然状态"或"上帝"的假设在现代社会还是否经得起理性的追问。诚然,哈贝马斯的基本权利体系并没有提供新的权利类型,但却为权利的正当性来源的追问提供了另一种思考路径,乌尔比安曾经认为,"法学是关于人事与神事的知识;是关于正义与非正义的科学"。[95] 在后形而上学时代,法学只能是"人事"的知识,法律的正当性基础也只能从人间追寻,哈贝马斯以沟通理性与主体间性结构所重构的基本权利体系,正是提供了这种追寻的路径。他的基本权利观念,采用参与者的角度,以人与人之间的承认为前提,来构筑其法律与政治哲学的框架。这种人与人之间的承认,即是共同体伦理与认同得以存在的前提,也是道德性普适原则的基础。从某种意义上来讲,这是一次宏大

---

[91] 路易斯·亨金:《权利的时代》,信春鹰等译,知识出版社1997年版。
[92] 夏勇主编:《走向权利的时代:中国公民权利发展研究》,社会科学文献出版社2007年修订版。
[93] 玛丽·安·格伦顿:《权利话语:穷途末路的政治言辞》,周威译,北京大学出版社2006年版。
[94] Agustín J. Menéndez & Erik O. Eriksen(eds.), *Arguing Fundamental Rights*, Dordrecht: Springer, 2006.
[95] 查士丁尼:《法学总论:法学阶梯》,张企泰译,商务印书馆1989年版,第5页。

叙事的经典演绎。

说起宏大叙事,似乎与当下"潮流"不相吻合,自20世纪90年代以来,法学界一直有四种返回,即,返回中国本土语境[96],返回形而下[97],返回法律规范(文本)[98],返回具体法治与实证研究[99],这四种"返回"现象,虽然旨向各有不同,但矛头所指却同为法学研究的普适话语、形而上叙事、抽象理论研究与宏大叙事。从当代中国法学的成长史来看,这些"返回"现象确实使得法学界生机勃勃,看上去很美。那么,在当代中国,法学研究的宏大叙事模式真的应该抛弃吗?这与另外一个问题同时陷入了一个悖论:反理论的理论是否可能?

我没有答案,但是身边似乎有一条路,于是,我就沿着这条路,蹒跚前行。

(初审编辑:丁晓东)

---

[96] 例如苏力:《法治及其本土资源》,中国政法大学出版社1996年版;邓正来:《中国法学向何处去:建构"中国法律理想图景"时代的论纲》,商务印书馆2006年版。
[97] 例如孙笑侠等主编:《返回法的形而下》,法律出版社2003年版。
[98] 例如各种法律方法论、法律解释学与法律规范与文本分析的研究。
[99] 例如贺卫方:《具体法治》,法律出版社2002年版;王亚新等:《法律程序运作的实证分析》,法律出版社2005年版。

传统文化"误用"的政策分析
——从耐克广告争议案切入[*]

李斯特[**]

How Is Chinese Traditional Culture Misused in Nike's Advertisement: An Analysis of Cultural Policy

Li Site

内容摘要：在全球化经济中日益重要的文化产业在现阶段中国崛起的战略中有着特殊的意义。在这个过程中，丰富的中国传统文化资源既给文化产业提供了大量的机会，又是中国文化事业的重要组成部分。而传统文化的"误用"现象已日见增加。典型反映了误用现象的耐克广告争议表明，误用的发生，牵涉传统文化产业化、文化安全、人格物理论、文化自由和文化多样性等重要理论问题。因此，文化法律政策要对此作出及时、有力的反应，必须首先在中国崛起的语境中全面理解这些问题。

关键词：文化产业　文化安全　文化人格物　文化自由

---

[*] 感谢北京师范大学法学院沈明老师、北京大学法学院2007级博士生吕翔和《北大法律评论》匿名评审者提出的宝贵意见。文责自负。

[**] 华南师范大学法学院讲师，法学博士。

传统文化在近几十年里的眼球指数是直线向上的。发展利用传统文化的愿望落实为五花八门的行动：制作传统文化题材的影视作品、整理改编传统音乐、生产加工传统手工艺品、在广告中添加传统文化元素、利用传统文化背景创作电脑和网络游戏、借助传统文化开发旅游业、打造历史文化名城……在发展利用的过程中，难免出现文化撞车的不和谐现象，当外来者在场时尤为如此。这种情形在全球化趋势下只有愈演愈烈。从国际到国家再到地方，从政府到政府间组织再到民间组织，从世界文化遗产到口述传统再到非物质文化遗产，各种口号和行动不断涌现，真是热热闹闹一台戏。由此引发的传统文化所有权之争，以及传统文化保护的意义，演化成立法、司法和行政需要面对的各类问题。

国际潮流如此，中国作为世界四大文明古国之一，传统文化在这里自然不会沉寂。中共十七大把发展传统文化事业列为一项重要内容[1]，中央和地方政府不遗余力地制定法律法规和行政规章[2]，保护和发展传统文化，中国申遗取得辉煌成绩……如果说这些尚不为人广泛注意，但一定不会被错过的是以下娱乐性事件：美国公司利用中国传统文化元素制作《花木兰》和《功夫熊猫》，日本光荣公司二十年坚持如一开发着的"三国"系列游戏，日本动画片《三国志》、《大英雄狄青》、《武神戏曲》，韩国进行的风水申遗和宣称韩国发明活字印刷术，韩国端午祭成为世界文化遗产[3]……可见在中国传统文化的使用中，中外"撞车"事件早已屡见不鲜。而文化撞车事件在中国，较诸其他国家，问题尤为重大复杂。因此有必要扼要叙述当代中国传统文化的发展背景。

刚跨过改革开放三十周年，接着便是新中国建国六十周年，期间又值震荡全球的资本主义金融海啸，符号性的和实质性的事件交织着到来，中国的国际地位和影响力从起初的不容忽视到后来的相当重要再到今天的非常重要，这个三级跳太过迅速，以致人们在面对时都感到有点恍惚。纵览史书，能对世界产生深远影响力的民族，无不仰仗其光辉灿烂的文化，甚至经济政治制度的输出，同样有赖于此；同时文化产业在当今的产业结构中正占据着越来越显著的地

---

[1] 新华网："胡锦涛在中国共产党第十七次全国代表大会上的报告"，http://news.xinhuanet.com/newscenter/2007-10/24/content_6938568.htm，最后访问日期2009年9月20日。

[2] 1985年中国加入《保护世界文化和自然遗产公约》，2004年加入《保护非物质文化遗产公约》。随后在2005年国务院办公厅迅速制订了《国务院办公厅关于加强我国非物质文化遗产保护工作的意见》，2008年则有了《历史文化名城名镇名村保护条例》。而在地方人大和政府一级，已经颇有成果，其中有2000年通过的《云南省民族民间传统文化保护条例》、2002年通过的《贵州省民族民间文化保护条例》、2004年通过的《福建省民族民间文化保护条例》以及自治州一级的《黔东南苗族侗族自治州民族文化村寨保护条例》。

[3] "韩国'掠夺'活字印刷发明权"，载《新快报》2007年12月18日第A21版；"风水申遗成韩国家项目"，载《新快报》2007年12月17日第A16版；"韩国'豪抢'中华文化名人"，载《新快报》2007年12月14日第A26版；"7亿，韩国抢夺端午根"，载《新快报》2007年12月13日第A22版。

位[4],政治、文化与经济的多重意义纠结在一起,于是有了正确对待"文化事业"和"文化产业"的提法[5],也即今天常说的要重视发展软实力。[6] 这恰恰是中国崛起的薄弱一环,需要我们迅速摆脱恍惚作出反应。国家明显已意识到这一点,文化规划和文化发展的鼓声由远而近,由疏而密。[7]

文化问题于当代中国又尤为复杂,从积极方面说是崛起,从消极方面说则为安全。在全球现代化过程中,发达国家通过强势的文化输出,操控他国的意识形态,最终达到经济、政治上的目的。随着西方文化输入的不断加强,发展中国家感受到文化安全越来越成为国家安全中不可或缺的重要组成部分。由于社会主义国家和非西方国家的双重属性,由于转型阶段的特殊性,中国在维护文化主权和文化安全的任务更加艰巨和重大。2003年,胡锦涛首次提出了"确保国家的文化安全与社会稳定"[8],充分表明文化问题不仅仅是文化的问题。

在这张时代大旗下,传统文化的利用是大问题。因为自己想崛起,需要文化寻根,也需要文化输出;别人搞颠覆,也得走"灭人之国必先去其史"(龚自珍语)的路,都离不开传统文化。所以中国传统文化,作为"中华民族生生不息、团结奋进的不竭动力"(语出中国共产党十七大报告),同时具备了民族、国家、经济符号的多重属性。对这种多重属性的分析,将带出传统文化"撞车"事件中隐含着的诸多理论问题,如民族国家、全球化秩序、后殖民主义和文化多样性等。

在各种"撞车"事件中,传统文化的"误用"现象,较之"明争"现象,更能反映上述理论问题。对传统文化的明争,即某国宣称某某传统文化为我所有,属于"抢劫",技术含量较低;但传统文化的"误用",其原因要复杂得多,争议也大,而由此引起的法律或政策上的纷争,是有着客观不变的认定标准,还是因为我们前面所分析的各种因素合力制造出来的错误,亦不能简单地得出结论。如果属于后一种情况,则我们应当如何看待"误用"现象?还请看下文的分析。

为着方便讨论,本章选取了一个个案——2004年发生的耐克广告争议——入手。广告,作为一种现代传播现象,其信息之密、覆盖之广、花样之繁,无不令人咋舌,广告虽小,影响很大,关于广告的学术研究也很多。而广告已经

---

[4] 花建:《文化金矿:全球文化产业投资成功之谜》,海天出版社2003年版。
[5] 新华网:"政治局第七次集体学习 胡锦涛强调推进文化建设",http://news.xinhuanet.com/newscenter/2003-08/12/content_1022845.htm,最后访问日期2009年1月4日。
[6] 软实力指"一国通过吸引和说服别国服从你的目标从而使你得到自己想要的东西的能力。"文化是国家软实力的主要方面,软实力还包括政治价值观念和外交政策。约瑟夫·奈:《硬权力与软权力》,门洪华译,北京大学出版社2005年版。
[7] 2009年9月26日,国务院颁布了《文化产业振兴规划》。关于文化发展的系列步骤措施,可参见人民网:"共和国六十年文化建设",http://culture.people.com.cn/GB/22226/154984/index.html,最后访问日期2009年9月20日。
[8] 《人民日报》2003年8月13日第1版。

在传统文化的使用上开辟出一片新天地。本文拟在传统文化与现代广告的结合中分析中国传统文化的"误用"现象,并深入解读这一问题与文化多样性、创作自由之间的关系,这些因素加在一起,又怎样型塑着相关的文化法律政策及其运作。

一、误用的认定

2004年耐克公司名为"恐惧斗室"(chamber of fear)的篮球鞋广告在全球范围内播出,由NBA(美国职业篮球联盟)新鲜出炉的状元詹姆斯领衔主演,广告中对于包括中国龙在内的中国元素的使用,引起广泛的争议。许多国人认为此广告侮辱了中国传统文化,伤害了中国人的民族情感。没过多久,该广告被中国广播电视总局(下简称"广电总局")紧急叫停。原因是该广告违反了《广播电视广告播放管理暂行办法》第6条"广播电视广告应当维护国家尊严和利益,尊重祖国传统文化"和第7条"不得含有……亵渎民族风俗习惯的内容"的规定。中国各级播出机构纷纷停播了该广告。耐克公司先是自我辩护,拒绝主动撤回广告,继而作出反应,就此事向中国观众道歉。[9]

这一争议仅仅以耐克公司的让步告终,并没有触动司法程序,所以它不是一个司法意义上的案例(case)。但它已经具备了成为一个重要案例的全部"势能",只是引而不发而已。根据行政法律法规,广电总局作出的是一个具体行政行为,具有行政法和行政诉讼法上的可诉性,如果耐克公司提起诉讼,该行为有可能受到法律的审查[10],此其一。如果广电总局没有叫停"恐惧斗室"广告,民族情感因此受到伤害的广大华人观众,可不可以以此为由提起个人诉讼,或者以上述法律法规还有《广告法》以及民法上的"公序良俗"条款提起公益诉讼,这些在国内司法上都是崭新的问题。尽管目前我们还处于"打一元钱官司"的法治初级阶段,还没有培养起打这种没有明确受害者的官司的"高级"法律意识。但我相信,随着普法的纵深开展,这种"高级"法律意识迟早会形成,此其二。该争议还触及了具有宪法意义的基本权利配置问题。广电总局叫停耐克广告,维护的是国内广播电视的秩序,行使的是国家政府的文化管理职能,而耐克公司或其他公司和个人进行广告创作和传播,是市场经济活动中的私人行为。前者涉及国家文化安全,后者则指向言论自由和市场自由。两者都为法律要重点保护的重大利益,言论自由和经济自由是宪法和民法上言之凿凿的基

---

[9] 关于这起广告争议的报道,可访问新华网(www.xinhuanet.com)、人民网(www.people.com.cn)和tom.com等网站获取。本文关于事实部分的介绍,是对这几个网站的报道的概括。更多详细的信息可参见,潘知常、苗青:"'耐克广告'事件:民族主义话语权力的滥觞",载《东方论坛》2007年第2期。

[10] 《中华人民共和国行政诉讼法》第5条。

本权利。如何在两者之间衡量、取舍、调和，是法律基本权利配置的重大问题，此其三。耐克公司坚持自己的立场，同时撤回被争议广告，不寻求司法救济，这一"有理有节"的行为策略本身值得我们就司法介入这一点进行分析。是否选择诉讼，不只是取决于该争议本身具不具备可诉性（法院的衡量），同时也取决于相关主体能否从诉讼中获利（诉讼人的策略）。[11] 在耐克公司的考虑上，大打诉讼牌只会造成消费者的反感，给耐克品牌带来伤害，这种伤害在现代经济中是致命的。这种商业活动的逻辑将在传统文化资源使用中扮演异常重要的角色，此其四。耐克广告争议不是一起偶发的孤立的事件，与之类似的广告争议还有立邦漆的盘龙滑落广告[12]和丰田霸道的石狮敬礼广告[13]。如果不限于广告范围，在与视频广告有亲缘关系的影视制作中，所见就更多了。[14] 这类事件具有典型的意义，它代表着地方性的民族文化资源被卷入全球性经济中遭遇的冲突，而随着全球化程度的加深，这类冲突只会有增无减，此其五。这些理由已足以驱使我们对耐克广告争议案进行深度解读。

"恐惧斗室"中触动中国人民神经的镜头有以下几处[15]：镜头一：詹姆斯走到一楼大厅内。里面设有一个擂台，而台阶旁立着两个与中国渊源深厚的石狮。突然从空中飘落一位身穿长袍、须发花白、形似中国老者的武林高手，挡住詹姆斯前进的道路。两人随后开始"腾挪"竞技。结果，詹姆斯作出一个杂耍般的动作，摆脱对方，从背后将篮球扔出，经柱子反弹将老者击倒，后跃起上篮得分。镜头二：詹姆斯来到二层。这里到处飘着美钞和身穿中国服饰的妇女。这些女子的形态与敦煌壁画中的飞天造型极为相似。这些女子神态暧昧，向主角詹姆斯展开双臂做拥抱状。不过，随着詹姆斯毅然跃起，扣碎篮板，"飞天形象"片片破碎。镜头三：在名为"自鸣得意"的第四单元，篮板旁出现了两条中国龙，二龙变成吐出烟雾阻碍詹姆斯的妖怪。不过，詹姆斯几个动作晃过所有

---

[11] 苏力教授曾对此有所论述，参见苏力："戏仿的法律保护和限制——从《一个馒头引发的血案》切入"，载《中国法学》2006年第3期。

[12] 2004年9月的《国际广告》杂志上，刊登了立邦漆公司名为"龙篇"的广告，"画面上有一个中国古典式的亭子，亭子的两根立柱各盘着一条龙，左立柱色彩黯淡，但龙紧紧攀附在柱子上；右立柱色彩光鲜，龙却跌落到地上"。结果在网络上引起广泛的争论，有专家表示"龙是中国的图腾"，该广告的问题在于忽视了文化因素，见"立邦漆广告网上起争议 借用龙形象宣传产品"，载《北京晨报》2004年9月23日。

[13] "一辆霸道汽车停在两只石狮子之前，一只石狮子抬起右爪做敬礼状，另一只石狮子向下俯首，配图广告语为'霸道，你不得不尊敬'"。该广告同样引起了广泛争议。后北京市西城区工商局广告科责令整改，丰田公司公开致歉，称"不知狮子象征中国文化"。值得注意的是，该广告的制作方盛世长城广告公司是中英合资的公司，但绝大多数工作人员是中国人。见"丰田'霸道'广告踩了哪颗雷？"，载《发展论坛》2003年12月9日。

[14] 最典型如影片《花木兰》和《功夫熊猫》引起的争议。

[15] 相关广告信息：http://news.xinhuanet.com/newscenter/2004-12/07/content_2302593.htm，最后访问日期2009年1月3日。

障碍,投篮得分。此外在第三层中,上来向詹姆斯挑衅的不是中国人,但他们手中都持着中国特有的兵器——双截棍,结果是詹姆斯在他们面前轻松投篮命中。

广告播出后,这些部分引起华人世界的广泛抵触情绪,中国网友评论该广告"玷污了中国文化,侮辱了中国人的形象",新加坡媒体称"这是一场蓄意的行为",《华商晨报》报道"中国形象被击败"。[16] 耐克公司坚称,该广告只是利用最有代表性的中国传统文化元素,贴近中国在内的东亚广大消费者群体,向青少年宣扬积极向上、坚称梦想的人生观,从广告的创作意图到内容,都不存在侮辱中国和华人的情节。[17]

从主观意图上看,耐克公司不可能有冒犯中国人民民族情感的故意,这可以从广告制作的背景轻易推知。随着竞争对手阿迪达斯公司在篮球鞋领域的强力挑战,耐克公司感受到空前的压力。而一代篮球巨星迈克尔·乔丹的退役,给耐克公司留下了品牌代言人的巨大广告空白。此后耐克公司推出的广告都远远没有达到乔丹篮球鞋系列广告的高度。此则"恐惧斗室"正是耐克公司精心打造强势推出的主题广告,要把呼声极高的 NBA 新科状元勒布朗·詹姆斯培养成第二个乔丹。在现代经济中,顾客当然还是上帝,而品牌则是打开天堂大门的钥匙,耐克公司断无可能用一个耗资巨大的广告挑衅自己的消费者,损害自己苦苦等待的代言人的形象和长期培育的品牌。

同时从整个广告创意来看,耐克公司给出的解释是可以相信的。耐克公司有关人员辩解:"该广告只是通过多元化元素宣扬了一种积极的人生态度,鼓励年轻人直面恐惧,勇往直前。广告中运用的各种元素只是一种比喻形式,喻指各种恐惧。"[18] 细读"恐惧斗室"的文本内容,第一层中,和中国老者的交手告诉我们面对貌似强大的敌人只要勇敢沉着地应战必将取得胜利,第二层暗示了前进的道路上充满了金钱和美色的物质诱惑,只要坚持自己的理想和信念就能不为所惑,第三层意在说明面对嫉妒时冷静处理,让实力说话,第四层指克服内心自满情绪造成的虚幻障碍,最后第五层是詹姆斯冲上楼顶的天台,跟虚幻的自己 PK,讲的是如何永不满足,不断挑战极限,突破自我。如果不是将涉及中国元素的部分截取出来的话,这五部分确实构成一个作品的整体,表达了统一的中心思想。即使是在使用中国元素上面,该广告也不是明显将它们作为贬低的对象。在最后的天台决斗中,广告设计了超现实的背景,把古代中国的飞

---

[16] "耐克广告'中国形象'被击败侮辱国人?",载《华商晨报》2004 年 11 月 26 日。
[17] 相关信息: www.people.com.cn/GB/14677/40754/3024893.html,最后访问日期 2009 年 1 月 4 日。
[18] 相关信息: http://news.xinhuanet.com/newmedia/2004-12/03/content_2289314.htm,最后访问日期 2007 年 1 月 4 日。

檐楼阁和现代标志性建筑物如上海电视塔东方明珠结合起来。这就没有丝毫的侮辱的意思；在第二阵中，如果耐克公司要挑衅中国人的话，为何使用敦煌飞天和美钞，却不是敦煌飞天和人民币；第三阵中，耍弄着双截棍被打败的是美国人而不是中国人。这三点都支持了耐克公司的解释，无助于"恐惧斗室"侮辱中国文化和中国形象的判断。而略懂广告制作知识的人都明白，一则成功的广告必须有明确的受众，也就是说要有明确针对的消费者。"恐惧斗室"的主要对象群体是东亚地区的青少年，所以广告制作特意结合诸多中国文化元素。万没想到，这却成为该广告的掘墓人。

上述观点，要义不是替耐克公司鸣不平，指责广电总局的态度过于敏感和保守，所作出的行政处罚缺乏法律和事实依据。如果这样理解，分析还是只停留在具体问题的孰对孰错上。本文支持耐克公司并无法律上的明显过失，不是为了反对广告争议的处理结果，而是要指出，像耐克这样的顶尖跨国公司，还有与之合作的一流广告制作商，都拥有极为发达的广告和市场部门，事先又作了周密的市场调查和广告策划，尚且逃脱不了误用传统文化的命运，这足以说明，传统文化"误用"是一个深层和多面的社会问题。

我们都清楚，广告是否构成对有关法律法规的违反，是不问违反者的主观意图的，只视乎有关事实的客观后果，即它在实际中有没有对一社会或社区的公共秩序、民族习惯、善良风俗造成不良影响。这是法学入门的基础知识。根据已有的材料反映，这种不良影响至少是发生了，不管它的强度和范围如何。于是追问究竟是什么扣动了广电总局的扳机，似乎是我们首先要做的工作。这要从"恐惧斗室"中出现的中国元素的文化符号功能说起。

疑点一：中国老者被击败如何侮辱了中国人的形象？在第一层中出现的中国老者，确切地说更像一名道人，这一元素的使用应该是为了借助中国武术中重要的一脉——武当派的形象魅力，还有土生土长的中国宗教——道教的神秘力量。道教或武当派的有关宗教或武术组织应该是更直接的当事人，但他们自己并没有出来向耐克公司"讨个说法"，广电总局也没有把对道教的宗教侮辱或武当的名誉受损作为停播的理由。设想在美国的语境中，侵犯宗教信仰更应成为广告争端和法律上的诉因。但这在耐克广告争议中并没有出现，中国道人却成了中国人形象的代表，这是为什么？

疑点二：敦煌飞天的诱惑如何玷污了中国文化？"恐惧斗室"将敦煌飞天视为一种巨大的诱惑，是对它本身的形态美的肯定。敦煌飞天是敦煌艺术的标志，是当年中（中原）西（西域）合璧的文化瑰宝，它以完美的形象展现了佛教传说和佛教文化。敦煌地区约五百多个石窟中，都绘有大量的飞天形象。飞天，是佛教中乾闼婆和紧那罗的化身。乾闼婆，意译为天歌神、紧那罗，意译为天乐神。原是古印度神话中的娱乐神和歌舞神，是一对夫妻，后被佛教吸收为天龙八部众神之一。乾闼婆的任务是在佛国里散发香气,为佛献花、供宝,栖身于花丛,飞翔于天宫。紧那罗的任务是在佛国里奏乐、歌舞,但不能飞翔于云霄。后来,乾闼婆和紧那罗相混合,男女不分,职能不分,合为一体,变为飞天。[19] 但在耐克广告争议中,它成为中国文化的形象代表,它本身更明确的宗教意义和也曾是外来文化的背景被忽略了。

疑点三:中国龙的出现如何亵渎了中国民族民俗习惯?"恐惧斗室"里双龙盘旋于篮板两侧,詹姆斯并不是直接地与双龙较量,只是突破了双龙吞吐烟雾幻化而成的重重人形。龙能吞吐烟雾幻化的本领,源自中国古老的传说,这无甚出奇。蹊跷的地方是即使在中国本土的神话故事和传说中,龙也并非至高无上,常常有善恶之分,像最有名的《西游记》和《哪吒闹海》便为适例,还有许多民间传说也不乏蛟龙为恶的故事。为什么中国龙一出现在耐克的广告中就成为对中国民族民俗习惯的亵渎?哪怕是像我们看到的,比起中国的民间故事和传说,广告中对中国龙形象的使用还要温和得多。

上面的疑点充分表明,中国老者、敦煌飞天和中国龙作为文化的符号,它的能指与所指似乎是可以任意组合的。本来对中国老者和敦煌飞天的使用更可能触犯宗教信仰和宗教文化,但我们从广电总局的停播理由、耐克公司的声明、还有网络的相关评论中都没有读到这方面的质疑。龙在中国文化中本来是一个多义的符号,它可以是神谱中司雨的龙王、但也可以是毒龙、恶龙和妖龙;它可以处于神谱中较低的链条上,也可以是人世间九五之尊的象征;它还可以是图腾崇拜,成为民族的象征。在"恐惧斗室"的争议中,中国龙被限定为最后一个象征意义,它是中华民族的象征。"恐惧斗室"之所以触犯了有关法律法规,是因为它所使用的这些中国元素被赋予了严格解释。究竟是什么原因导致了这一情况的发生?

二、误用的发生

上面提出的诸多疑点表明,"误用"的存在,并非取决于一种外在静止的客观标准,而是取决于传统文化符号中本来流动不居的象征意义的瞬间定格。因此,追踪这些传统文化因素的符号学意义,是帮助我们理解文化法律政策运作的关键所在。

多义性和流变性是符号的应有之义。而符号的象征意义并不仅仅是语言或文化决定的,它还是具体语境中微观权力的角力所使然,这种角力渗透到文化符号使用的各个角落。这一点已有众多学者作出分析。萨义德在《东方

---

[19] 关于飞天的介绍,参见维基百科:"飞天(佛教)"的词条解释,更详细可见:http://www.zhaoqt.net/fo/index31.htm,最后访问日期2009年1月4日。

学》[20]中,集中关心各种东方的生活和文化现象如何被西方进行解读,从而形成"东方学",西方力量(帝国、殖民者、学者)在其中扮演着怎样的角色,最终"东方"如何被作为西方的对应物被生产出来。萨义德的论述丰富了我们对于东西方文化交流中的权力和知识的关系。采取相近的立场和方法,较多地直接关注近代以来中国与西方的跨文化交际现象的学者是刘禾。她在《语际书写》[21]、《跨语际分析》[22]和《帝国的话语政治》[23]等作品中对民俗、语词、翻译等各种文化现象勾隐索微,细致分析了各种文化符号的意义在中外交流中如何被型塑。本文也将借助这一方法解读耐克广告的文化误用。

我们集中来看关于"耐克广告侮辱了中国龙"的说法。前面说到有专家认为龙是中国的图腾,这种说法很符合我们的常识,其实经不起推敲。王蒙先生根据《辞源》的解释和对神话故事的考据,得出可靠的结论:龙的本身含义并无民族图腾之说,中华民族是龙的传人一说也从未见诸上古神话传说。龙的传人一说是侯德健先生通俗爱国歌曲传播的结果。[24] 中国火箭命名为"巨龙"还是"巨浪"之争也佐证了龙的图腾并非早被公认这一点。[25] 但是,为什么广告一出,即引起网民与媒体的关注,从而导致广电总局采取行动?甚至我们并不排除争议的起因是"有好事者为之",因为媒体和部分热衷发帖的网民确属好事者,但起哄的轻易成功更证明了其背后的借力点值得深入分析。

在上述分析中我们发现,广告中的传统文化符号都被生硬地解读成中华民族和中国的象征,使得误用和伤害成为可主张的事实,并顺利地达到禁播的目的。"族"与"国"作为问题的关键点渐渐清晰起来。这说明在耐克广告争议中,双方已经被解读为内与外的关系。所以问题首先出在言说者的身份上。广告制作者本身也作为符号被解读,在全球化的时代,这些在国际贸易中占主导地位的跨国公司(如可口可乐、迪士尼、福特公司等)常常被视为一个国家的象征,耐克公司作为美国最著名的跨国公司之一,被广告所针对的华人社会解读为美国国家的象征。因此,"恐惧斗室"的争议,中国元素的意义界定,是在内外对峙的语境中展开的,更确切地说,是在现代民族国家兴起的中国历史语境中展开的。这是"误用"得以成立的背景。

---

[20] 萨义德:《东方学》,王宇根译,北京三联书店1999年版。
[21] 刘禾:《语际书写——现代思想史写作批判纲要》,上海三联书店1999年版。
[22] 刘禾:《跨语际实践——文学,民族文化与被译介的现代性(中国,1900—1937)》,宋伟杰等译,北京三联书店2002年版。
[23] 刘禾:《帝国的话语政治——从近代中西冲突看现代世界秩序的形成》,杨立华等译,北京三联书店2009年版。
[24] 王蒙:《九命七羊》,王蒙自传第三部,花城出版社2008年版,第18页。
[25] "钱学森忆研制导弹始末:有人曾认为搞'两弹'错误",载《瞭望》新闻周刊2009年6月22日。

民族国家，本不是人类社会的一个普遍现象，它源起于欧洲大陆。[26] 随着欧洲国家的对外扩张，亚非拉地区的国家和人民被卷入世界资本主义生产体系之中，而在第二次世界大战之后，世界格局的改写，殖民体系的松动，在这些西方世界以外的地区，民族国家的建设与反殖民的独立斗争糅杂着发生，成为一个独特的历史进程。这些都已是学界的普遍共识。在这一进程中，文化与暴力一同发挥着重要的作用。安德森发现一个奇怪的现象：一个民族的成员不可能认识所有的同胞，然而他们相互联结的意象却活在每一位成员的心中。因此，民族意识形态对于统一民族的形成是不可缺少的，它同时存在于所有民族成员的意识之中。民族归属和民族主义是一种特定类型的文化人造物，民族被想象为一种政治共同体，一种本质有限的、同时也享有主权的共同体。这种"想象"不同于捏造或虚构，而是创造，它不涉及虚假/真实，只涉及不同的被想象方式。[27] 于是有学者敏锐地指出：民族主义先于民族，是前者造就了后者，而不是相反。民族主义利用历史上继承下来的文化遗产，并改头换面，创造传统，然后利用创造出来的"传统"塑造民族认同感。[28] 可以想见，传统文化在民族和民族国家共同体的建立和维系上是如何源源不断地输送着能量。在这个过程中起关键作用的是来自社会上层的精英知识分子。"开始时，本土知识分子极小的核心部分接触发达国家的文化，在经历合法性危机之后，他们激动起来，希望重新发现自己共同体的族裔过去，开始意识到改历史的范围或历史知识的不足，开始与其他共同体已知的传统、神话和共同的记忆进行比较。"[29] "历史学家、语言学家和作家试图重新发现共同体的过去，试图把一代代慢慢传递的各种集体记忆、神话和传统，阐发、整理、系统化并合理化为一部前后一贯的族裔历史。"[30] 通过这样的自上而下的过程，被重新创造出来的传统文化成为现当代民族—国家史的重要的无形资产，它参与塑造着民族—国家的精神文化和意识形态。

近现代以来的中国在努力创造这种想象的共同体。洪长泰在中国民间文学研究的兴起原因中指出，这与民族意识的觉醒有关。20世纪中期，中国陷身军阀混战和列强瓜分的危机之中，中国知识分子强烈地体验到精神上的压抑和痛苦。此时他们从民间文学中感受到本民族的情感，认为可以借助它唤醒民

---

[26] Charles Tilly, *Coercion, Capital, and European States, AD 990—1992*, Blackwell, 1992.
[27] 安德森：《想象的共同体——民族主义的起源与散布》，吴叡人译，世纪出版集团、上海人民出版社2005年版，第一、二章。
[28] 厄内斯特·盖尔纳：《民族与民族主义》，韩红译，中央编译出版社2002年版，第73—74页。另可参阅 E. 霍布斯鲍姆、T. 兰格：《传统的发明》，顾抗、庞冠群译，译林出版社2004年版。
[29] 安东尼·D. 史密斯：《全球化时代的民族与民族主义》，龚维斌、良警宇译，中央编译出版社2002年版，第74页。
[30] 同上注。

众,改造国民精神。民间文学被当作民族精神的结晶,救亡图存的利器。在北伐期间,中国民族潮流冲荡着广大农村地区,民间文学与民族主义的关系也更加紧密了。[31] 赵世瑜也指出,民俗研究在现代中国的兴起,与国民性和民族性的改造和重建密切相关。清末社会剧变,引发了人们对清廷的不满,许多人转向了民间文化,寻找其中的抗争性。而在以批判旧文化,建设新文化为主题,高举民主与科学的战斗旗帜的新文化运动中,对旧文化的研究成为学术上的一个热点。[32] 凡此种种,皆是对在文化上建设现代民族国家的回应。新中国建立后一个很长的阶段仍是这一进程的继续:如何实现和维护统一,如台湾、西藏、新疆地区的问题;在维护统一的同时,如何打破以前中国人一盘散沙的局面,把臣民转变为国民。反过来民族国家的逐步建成,又不断促进和增强普通民众对民族和国家的认同感。龙、梅花、长城,它们的象征意义是依附着文化宣传和认同感的强化而存在的。

自改革开放以来,中国积三十年之功,渐渐成为在世界上举足轻重的经济大国。但如果缺少文化的支撑,大国崛起的国际战略就如同三条腿的桌子,无法安放稳当。这从世界大国的发展历史中看得非常清楚。所有大国在努力用文化整合本国各民族各阶层国民的同时,无不积极把本国的文明拓展到国外。中国经济的规模与日俱进,它要求相应的文化发展。虽然中国目前已基本完成了民族国家的建设过程,它还必须面对一些问题:中国是多民族国家,各民族间语言和文化差异很大,如何为各民族提供对统一的中国的文化认同?中国是发展中国家,近几十年来一直处于高速发展和飞快变化当中,社会各阶层不断地分化重组,许多传统的价值观处于嬗变之中,如何为这些变化提供相应的文化稳定功能?中国是东方社会主义国家,在重大利益、主流文化和意识形态上与西方资本主义国家差别很大,如何在完成文化认同中抵制外来文化的干扰,又如何在坚持本国文化特色中扩大自己的国际影响力?在当代中国国家形象建设中,传统文化资源居于什么地位,该怎样为我们所用。这是对内对外正确树立中国国家形象的大问题。

中国龙正是由于它的特点,迎合了时代的需要而得到重新诠释。龙是中国历史上长期形成的文化符号,据考证龙的最早出现年代远在黄帝之前,后来历经沧桑变化,龙才发展成今天为我们所见的形象。在沟通上下的纵向方面,龙即在漫长的历史岁月里作为最高统治者的象征,随着国家形态的变化,龙可以非常自然地转化为一个抽象意义上的国家的象征;非常独特地,龙同时并行于

---

[31] 洪长泰:《到民间去——1918—1937 年的中国知识分子与民间文学运动》,董晓萍译,上海文艺出版社 1993 年版,第 27—31 页。

[32] 赵世瑜:《眼光向下的革命——中国现代民俗学思想史论(1918—1937)》,北京师范大学出版社 1999 年版,第 29—56 页。

寻常百姓的生活中,司雨、婚娶、节庆、生肖等,它与一个民族的全部生活紧密相连,极容易深入民心。在联系周边的横向方面,龙在漫长的演化过程中不仅是汉族的重要文化符号,它也是华夏各族的共同崇拜。龙的这些特点使它可以代表国家、凝聚国民和多个民族,这是其他文化符号所无法提供的。[33] 因此不难理解,"巨龙"逐渐成为中国的象征,"龙的传人"逐渐成为华人对自己的称呼。联系前面的真相,我们发觉,"龙"正是以一种以讹传讹(始于流行歌曲的忽悠)的吊诡形式,逐渐成为中华民族和中国的重要象征符号。不管是否成为图腾,龙象征国族的形象在各大媒体、体育竞技和消费品牌上都是随处可见了,甚至外国也开始把龙当做中国的象征。[34] 这些都是对"误用"达成的推波助澜。

回顾了这些,我们才会明白,中国龙是如何成为跨语际实践中的"衍指符号"[35],也才明白,耐克公司的恐惧斗室广告为什么会被中国政府的职能部门——国家广电总局叫停。作为实施国家文化职能的重要部门,中国国家广电总局的首要任务是"拟订广播电影电视宣传、创作的方针政策,把握正确的舆论导向和创作导向"[36],这"正确的舆论导向和创作导向",正是由上述诸因素决定的,为完成这一首要任务,广电总局作为政府的具体行为机构,"监管广播电影电视节目、信息网络视听节目和公共视听载体播放的视听节目,审查其内容和质量"[37],这"内容和质量"能否通过资格审查,正是看它是否与现阶段中国的文化政策方向相冲突。而作为外来者、闯入者,耐克公司无意中踏入中国的雷池,触犯了龙这一重要的文化符号。而龙的重要功能,只有在对中国的历史和今天有足够的认识后才能被充分认识。尽管耐克公司有着发达的营销部门、策划部门以及法律部门,我们很难要求它熟悉这背后的全部机密。而耐克公司身处的美国,恰恰是全球最强大的帝国。在那个国度里,中国等发展中国家所面对的民族国家建设的问题早已被解决,所以也早已被遗忘,以致焚烧国

---

[33] 关于龙的有关知识,可参阅:《龙文化与民族精神》,中华炎黄文化研究会组织编写,上海人民出版社 2000 年版;"龙凤艺术",见沈从文:《野人献曝》,北京出版社 2005 年版,第 10—18 页;刘宗迪:"华夏上古龙崇拜的起源",载《民间文化论坛》2004 年第 4 期,第 31—38 页;刘爱梅:"也谈华夏上古龙崇拜的起源——与刘宗迪先生商榷",载《民间文化论坛》2005 年第 6 期,第 45—50 页。本文的写作主题不在于历史地考察龙和龙崇拜的起源和演变,无争议的一般性事实足以满足本文主题的写作要求。

[34] 请看一例,丹尼尔·伯斯坦、阿恩·德凯基泽:《巨龙:商业、经济和全球秩序中的中国未来》,孙英春等译,东方出版社 1998 年版。

[35] 关于衍指符号,参见刘禾:《帝国的话语政治——从近代中西冲突看现代世界秩序的形成》,杨立华等译,北京三联书店 2009 年版,第二章。

[36] "国家广电总局主要职能",来源:国家广播电视总局官网。

[37] 同上注。

旗也会有"言论"抑或"行为"之争。[38] 因此,我们不难理解,习惯生活在美国宪法第一修正案和知识产权法律体系下的耐克公司,对中国亮出的红牌会感到无限的委屈。因为广告中因使用传统文化引起的争议,是中国发展语境中独有的问题。也正因为误用问题的严重性,使得广电总局"宁枉勿纵",谨慎地,很可能是过于紧张地,枪毙了耐克广告。

说到美国的宪政传统,那正是中国一直被诟病的缘由。美国与中国,在某些人眼里,正是自由与奴役、民主与专制、进步与保守的对立典型。这还是耐克广告争议案的深层宪政意义所在。一则出色的广告,包含了新颖的创意、崭新的手法,从策划到制作投入了巨大的资金,整个过程堪称完美。广电总局的管制,不但直接导致这样的投入没有结果,更是严重打击了广告业内甚至其他创意行业内广大人员的创作热情,同时禁锢了广大人民群众因接触作品而可能增进的心智和想象力。这一点正是关于传统文化资源使用的法律规定要回答的关键性政策问题,在后面还要详述,先按下不表。

三、误用与世界市场

关于耐克广告对中国元素的误用,上面已经解释。要进一步追问的是,耐克广告为什么会使用这些中国元素?也即是问,耐克广告争议如何可能?答案很简单,因为耐克公司要继续在中国运动鞋市场上占据有利地位,所以它希望用功夫、道者、龙和敦煌飞天这些本土文化符号吸引和打动中国的消费者。但本文要探究明白的是:这些传统的中国文化资源,是通过怎样的途径进入以美国为代表的西方的眼球的?这一途径对西方理解传统中国文化是否有所影响?解决这些问题,不但有助于我们理解耐克广告制作的过程,也有助于我们进一步理解耐克广告争议中"误用"发生的原因。

"误用"的发生,根本在于全球化经济和世界市场的出现和强化。在高度发达的现代西方市场经济下,激烈的竞争引发了难以想象的丰富和优质的产品和服务供给,人们的需求获得极大的满足。然而,市场要持续繁荣、经济要持续增长,有赖于不断生产和刺激消费欲望。这是如何做到的呢?奥秘部分在于不断提供新奇的产品和服务,符号经济随之兴起。[39] 中国传统文化资源正由此得以进入世界市场。长期以来,东方在许多西方人的眼里,是一个遥远神秘、充

---

[38] Texas v. Johnson, 491 U.S. 397 (1989); Unites States v. Eichman, 496 U.S. 310 (1990). 然而中国学者常常简单地把这些案例作为言论自由的界碑赞颂,却不实事求是地对待案件背后自由派与保守派的激烈争论,更不像某些杰出的学者在新情况(如"9·11"事件)发生后迅速地作出与时俱进的反应。"9·11"事件后如何重新对待焚烧国旗,参见波斯纳:《法律、实用主义与民主》,凌斌、李国庆译,中国政法大学出版社2005年版,第425、426页。

[39] 有关论述,可参阅《江西社会科学》2005年10—12期的"文学—符号人类学与符号经济"主题的系列文章。

满异国情调的地方,东方文明依然为数万数千年的神秘主义色彩所笼罩着,而东方即作为工业化和后工业化时代的西方的想象物存在着。"在战争、工业化和各种灾难之后,西藏——更准确地说——是香巴拉、香格里拉——成为许多西方人的梦幻世界:神秘的、精神性的、充满启示的、非技术的、热爱和平的、道德的、能够通灵的世界。"[40] 这种心态成为市场生产的刺激点。对市场契机保持高度敏感的大公司马上意识到,提供这种"异国情调"的产品是他们生存和获利的途径。就世界市场中的东方参与者而言,这更是他们的机会。他们得以方便地利用自身的传统文化资源,在自己的产品打上"东方"印记,以扣开世界市场的大门。

另一方面,东方的巨大市场在全球经济中从来没有被忽略,相反它正变得越来越重要。由于世界市场的形成,东、西方市场在空间上连成一体,但同时在时间上出现错位,处于发展的高级阶段的西方市场相对饱和,处于初级阶段的东方市场却存在巨大的空间和潜力。因此,在东方市场上,传统文化资源同样是一柄利器。东方参与者利用它打造民族品牌,对抗外来产品;西方参与者则借助它拉近与东方消费者的距离,顺利进入并占据东方市场。仍说中国龙,最近"中国龙芯"被炒得沸沸扬扬[41],正好与耐克广告中的中国龙形象争议现象相映成趣。

传统文化资源在世界市场中的符号价值决定了它在塑造品牌、提高品牌竞争力中的巨大作用。传统文化资源可以满足西方消费者的猎奇心理,而在国内市场上它可以打民族情感牌,打造民族品牌,缩小与本国消费者的距离。数千年积累的传统文化资源极其丰富绚烂,能够被加以利用的内容俯拾皆是。随着怀旧、复古成为现代社会的一种时尚,古老历史文化一旦与现代生活连接起来,可以迸发耀眼的火花。在当今的市场竞争中,品牌与它所代表的产品的功能和质量相关,但又远远不等于产品的功能和质量。现代经济中的品牌同时是消费者的自我反映自我期待,他们的内心渴望以品牌来展示自己身份的需求,他们消费的潜在目的是证实自己在茫茫人海中的个性。[42] 因此,品牌的功能,更多地在于建立它与某种特定生活方式的联系,创造商品大潮中与其他任何产品的细微区别,从而引发消费者联想,刺激消费的欲望。成功的品牌是指引和暗示消费者朝着它所期待的方向进行联想和推理的信息传递器。

---

[40] 汪晖:"东方主义、民族区域自治与尊严政治——关于'西藏问题'的一点思考",http://www.wyzxsx.com/Article/Class17/200807/44904.html,最后访问日期2009年1月30日。

[41] 相关信息:http://tech.sina.com.cn/focus/cx/index.shtml,最后访问日期2009年9月20日。另可登陆龙芯网站:http://www.loongson.cn/loongson/。

[42] 阿久津聪、石田茂:《文脉品牌——让你的品牌形象与众不同》,韩中和译,上海人民出版社2005年版,第1—9页;卫海英:《品牌资产生成路径》,经济科学出版社2006年版,第13—34页。

品牌的这一功能的实现,很大程度上依赖于广告宣称。现代传媒的发达,更是广告宣传上生出的两翼。报纸杂志、广播、电视、互联网等现代传媒手段,使广告的触角方便地伸展到我们生活的每个角落。它已经成为传递产品信息、打造品牌的最主要途径。不能想象一个成功的品牌可以脱离匠心独运、出奇制胜的广告而独立存在。[43] 仍以本文的分析对象——耐克争议广告"恐惧斗室"为例,它就极富想象力地使用了中国功夫、道家服饰、中国龙、敦煌飞天和双截棍等文化元素,通过先进的图像处理技术,把动漫和现实镜头结合起来。除了对运动服装和鞋的两三个特写,这一切根本没有涉及耐克产品的任何特性功能的描述,但是广告却向我们(耐克公司心目中的"我们",首先是东亚的广大青少年)传递了一种积极向上、勇往直前,同时带点颠覆、狂放和不羁的生活态度,这才是广告中与运动产品一起捆绑销售的品牌资产。[44]

在这样的国际生产过程中,东、西方参与者共同书写着传统文化的新面目。东方参与者常常有意或无意地迎合西方的眼光使用自身的传统文化,西方参与者却从这种常常是迎合的使用中获取信息和灵感,更加方便地把握东方文化的特色和代表性元素,利用已经积累起来的技术优势和市场经验,生产同样带有"东方印记"的产品。此种合谋最鲜明地体现在广告和影视作品中。如李安的《卧虎藏龙》、张艺谋的《英雄》、成龙主演的《神话》,都借用了大量的中国传统文化元素,剑、琴、毛笔书法、兵马俑、飞天,还有亭榭楼台、武当道观。这些传统文化元素,同样大量见于被视为美国影片的以中国古代传说为题材的《花木兰》,和把功夫和熊猫结合起来的《功夫熊猫》。[45] 广告方面,姚明登陆NBA后,NBA官方很快推出了一则宣传广告,把姚明在篮球场上的精彩镜头和他演练中国太极拳的情景穿插播出,使篮球运动与中国古老武术文化结合起来。本文中的耐克广告,其创意干脆就直接来自中国功夫巨星李小龙的代表作影片《死亡游戏》。[46] 这是中国传统武术深入美国民心,东、西方互相启发的产物。可也正是由于这种并不对等的启发,才有了许多传统文化的"误用"。在西方

---

[43] 冯象先生在"生活中的美好事物永存不移"一文中指出了广告及广告语塑造品牌的功能:"商标因了广告宣称,便不再仅仅是商品或企业的标记。它成了我们这个消费者社会的消费文化的中心环节,而与它配合的商务标语,则是为使商标和产品在最大范围内发生联想所给的提示……"见冯象:《木腿正义——关于法律与文学》(增订版),北京大学出版社2007年版,第62页。

[44] "一位消费者(比如说白领女职员)选购一瓶'巴黎·lancome'香水,买的当然不止香水盒上注明的那些功用,如润肤、提神、驻颜之类;她买下的还有靠千万计美元投资宣称,由西方名模表现的那一种女性形象和女性魅力,那一种女性生活和女性地位。一句话,一个国产香水品牌在现阶段尚且不可企及的理想'境界'。"同上注,第62页。

[45] 这里的作者身份其实是可疑的,随着现代影片的出资、制作和发行的多方参与,影片的国别身份同样是符号性的。

[46] 潘知常、苗青:"'耐克广告'事件:民族主义话语权力的滥觞",载《东方论坛》2007年第2期。

市场和西方文化占据主导地位的全球经济中,东方参与者们所生产的"东方",无非是西方所期待的"东方"。而他们生产的"东方",至少在一定程度上误导着世界市场中的西方参与者,使他们以为,这就是真实的"东方",所以当带着打上"东方"印记的西方产品,来到东方市场的时候,他们才发现,这些东方元素在真实的东方国度里原来并不是如他们想象的那样被使用的。这样一场共谋使得误用在所难免。从在西方获得巨大成功的电影在国内基本不受欢迎中,从我们眼下的耐克广告争议中,我们都能发现这一点。

前面的论述明显带有萨义德的东方学的腔调,东方在后殖民时期如何被不断地书写,它的含义是模糊不清的,它的界线是游移不定的,因为东方不是一个实在物,它依赖于西方而存在,作为西方的对立面而被想象、生产着[47]。但是,现代经济中品牌与生活方式、伦理价值观的捆绑销售,决定了传统文化在耐克广告中的误用不只是经济问题。生活方式、生活作风,昨天是,今天仍然是(尽管看似不是)严肃的政治问题。而市场与后殖民主义的亲缘性的存在,就由此引出了文化主权与文化安全的问题。

四、文化主权与文化安全

相比起市场中的品牌之争,传统文化更是一个国家的品牌。品牌之争同时在国与国之间展开。国家品牌竞争力可以理解为"国家依托该国企业、城市、产业簇群等方面的竞争力,使世界将某种形象和联想与这个国家的存在自然联系在一起,从而在全球化竞争中取得创造更多资源附加价值的竞争优势"[48]。像文章开头提到的中国龙能否代表中国的争议,便是在"构塑中国国家形象品牌"课题的开展中被提出的。有人曾言,国家的地理疆界正逐渐泯灭,品牌国家将取而代之。龙永图在长期的中国外贸活动中深有感触:"对一个商品、一个人、一个民族、一个国家来讲,品牌形象都至关重要,因为品牌形象往往意味着对这个国家的信任和信心。"[49]因此,某些具有标志性意义的文化符号,一旦可以被任意地使用,像在类似耐克广告争议的事件中,中国龙这种具有图腾般特殊意义的文化符号,敦煌飞天、石狮这种标志性的中华文化代表,如果大量频繁地作为反面的、被贬低、被调侃的形象出现,是否会对中国的国家品牌建设有负面影响?因此传统文化资源的使用,表面上仅仅是经济上的产权问题,实质却牵涉国家建设中的文化安全问题,成为文化主权上的问题,传统文化资源也

---

[47] 爱德华·W. 萨义德:《东方学》,王宇根译,北京三联书店1999年版。关于美国如何想象中国的更具体分析,参见王立新:"在龙的映衬下:对中国的想象和美国国家身份的建构",载《中国社会科学》2008年第3期。

[48] 李光斗:《品牌竞争力》,中国人民大学出版社2004年版,第59—61页。

[49] 同上注。

就不同于法律上一般的物,它的使用的背后,潜伏汇流着国内外政治经济的暗涌。对传统文化资源的产权制度配置,要受到国家发展特定阶段政治经济情势的制约。这样的话,对传统文化资源使用的产权制度导论,就不能单纯地用经济学上的产权学说来解决。因为经济学产权学说关注的,主要是市场价值的最大化,难以给予传统文化的其他价值足够的重视。

因此误用的发生,还得联系传统文化对于现阶段中国的特有意义来看。这在新华社所发的解读中国共产党"十七大"报告一文中得到清晰、准确的阐述:

> 一个民族的文化,凝聚着这个民族对世界和自身的历史认知和现实感受,积淀着这个民族最深层的精神追求和行为准则。任何一个国家和民族文化的延续和发展,都是在既有文化传统基础上进行的文化传承、变革与创新。如果离开传统,割断血脉,就会迷失自我、丧失根本。中华民族在几千年的历史长河中,创造了灿烂的中华文明,形成了优良的文化传统,不仅成为凝聚中华民族的精神纽带,而且对世界文明作出了重大贡献。我们要在新的历史起点上铸造中华文化新辉煌,必须依托历史、立足现实,尊重过去、面向未来,以礼敬、自豪的态度善待民族优秀传统文化,通过挖掘整理和科学扬弃,使中华民族的精神血脉得以延续,始终保持中华文化的鲜明个性和独立品格。[50]

由于中国传统文化在现阶段中国建设中的特别意义,胡锦涛在中共中央政治局第七次集体学习时强调,始终坚持先进文化的前进方向,大力发展文化事业和文化产业。[51] 注意,这里区分了文化事业和文化产业。文化产业是我们在前面分析的传统文化的经济价值所在,而文化事业则更多地指向传统文化的其他方面价值,而发展的前提"坚持先进文化的前进方向"蕴含了文化安全的重大问题,即如何避免为外来文化主要是西方文化所演变。这些足以说明,传统文化建设,同时包含了产业属性和意识形态属性。

但一个巴掌拍不响。回到耐克广告争议中,误用的形成,少不了美国政府的份。如前所述,耐克广告中的误用,是在内外对峙的语境中凸显出来的。内是中国方面的民族国家建设过程,但这还不够,因为在国内龙和其他传统文化符号的使用,也没有受到如此严格的限制;因此还有外的方面,耐克公司也被解读成了美国的象征符号,美国不仅仅是外国,还是世界头号帝国,而且美国文化正处于全球扩张之中。误用是一个崛起中的发展中国家和最强大的帝国的文

---

〔50〕 "弘扬中华文化,建设中华民族共有精神家园(党的十七大报告解读)",载《人民日报》2008年1月3日,第2版。

〔51〕 "政治局第七次集体学习 胡锦涛强调推进文化建设",http://news.xinhuanet.com/newscenter/2003-08/12/content_1022845.htm,最后访问日期2009年1月4日。文化产业是在中国共产党"十六大"报告中被正式提出的。

化遭遇战。

在这场遭遇战中,西方国家对中国传统文化资源的使用,从不是"一片冰心在玉壶",仅仅为了钱那么纯粹。美国在它的世界帝国主义战略中,坚持在全世界范围不遗余力地推广美国的主流文化,以自由传播的方式,将本国的道德价值观输送到世界的大部分国家和地区。[52] 美国参议员富布赖特曾指出:"一代人之后,我们与其他人进行社会价值观念交流的好坏要比我们军事、外交优势对世界格局的影响更大。"[53] 冷战结束后,包括文化在内的软实力竞争成为国家竞争的重要方面。克林顿时期美国国家安全战略报告宣称美国国家利益的一个重要内容是"通过扩大民主国家大家庭而取得的价值观的安全"。[54] 美国某高级官员"坦率"地说明:"如果世界趋向一种共同的语言,它应该是英语;如果世界趋向共同的电信、安全和质量标准,那么它们应该是美国的标准;如果世界正在由电视、广播和音乐联系在一起,节目应该是美国的;如果共同的价值观正在形成,它们应该是符合美国人民意愿的价值观。"[55] 随着中国的崛起,美国在经济上和政治影响力上逐渐感到威胁,而中国又是一个在主要制度、主流意识形态和文化传统都与其相去甚远的国家,于是在它的全球文化战略中中国成为首先重点照顾的对象。使中国在文化上美国化,这是美国官方在对待中国传统文化资源上的必然态度,它不可能会与中国本身的努力相一致,向全世界人民展现中华民族传统文化的健康灿烂的一面,而美国官方的态度,必定与中国政府的文化战略方向背道而驰,发生冲突在所难免。

可是,类似耐克广告、还有迪斯尼的"花木兰"、梦工厂的"功夫熊猫",它们都是在市场领域中的私人活动的产物,与美国政府的立场有什么联系?这里面涉及复杂的文化生产机制。我们发现,不管是耐克广告中的主角詹姆斯,还是美国本土传说的超人、蜘蛛侠,还是进口自中国的原型花木兰、功夫熊猫,都是典型的美国个人英雄主义形象,最后都以这些美国式英雄拯救世界告终。这正是这些广告、书籍和影视中夹带的"私货"——美国的主流意识形态。因此,美国的国家文化政策,会隐蔽而微妙地渗透到包括广告在内的文化市场中去。同样,美国的好莱坞卡通片,利用它强有力的市场运作模式,占有了许多国家的影院线,已经成为许多国家青少年的重要精神食粮,培养起他们对美国主流文化

---

[52] 于沛:"关于全球化和国家文化安全的思考",载社会问题研究丛书编辑委员会编:《文化安全与社会和谐》,知识产权出版社2008年版,第115—128页。

[53] 转引自于炳贵、郝良华:"全球化进程中的国家文化安全问题",载《哲学研究》2002年第7期。

[54] 《美国国家安全战略报告汇编》,时事出版社1996年版,第251页。转引自胡联合:"论冷战结束后的国家文化安全",载《现代国际关系》2000年第8期。

[55] 韩源:"全球化背景下维护我国文化安全的战略思考",载《毛泽东邓小平理论研究》2004年第4期。

的亲切感,进而建立起他们对美国价值观的认同。[56] 这样,市场活动与政治目标达成了一种默契,虽然在市场参与者方面不一定是有意识的。前面说了,现代广告要宣传的是产品背后的品牌文化,也就是为受众提供具体品牌与生活品位之间的遐想。广告中那种略带叛逆、打破一切的个人英雄形象一旦受到青少年的欢迎,这不仅是耐克公司们商业活动的成功,也是美国文化政策实施的成功,因为前者的成功有力地支撑着其他国家的人尤其是青少年对美国制度与文化的向往,其中包括美国式的言论自由和市场自由的制度文明。反之,美国的帝国霸权的成功,也有力帮助着耐克广告代表着的大众文化更容易得到成功,因为美国的经济政治制度和生活方式都更为地球人所熟悉,与此联系的大众文化接受起来就更少障碍。而中国传统文化,在这种貌似自由的使用中被塞入形形色色的美国文化特性,最终泯灭了自己原来的面目,成为外来文化的寄居体。既然耐克广告代表自由、进步和光明,那下达禁令的广电总局则显得多么保守、愚昧和可笑。无怪乎言:"世界跟美国打交道的实际经历,以及打完交道后的反应怎样,取决于美国的文化渗透和全球霸权的动态混合结果。"[57] 因此中国的文化崛起战略与美国的文化霸权战略不可避免地发生碰撞。

  所以说耐克公司对广电总局亮出的红牌感到委屈,有美国的功劳。正是美国的文化霸权战略,使文化安全成为中国政府必须高度重视的问题。(敌人的树立,本身是民族国家建设的重要内容。)也正由于耐克广告争议背后可能牵涉文化主权与文化安全的问题,令广电总局不得不重拳出击。

  不认清上面的现实,便会导致2007年某教授"中国龙需要改变形象"的提法。某教授提出,由于龙在西方经常是作为邪恶、凶残的形象出现,中国继续使用龙的形象不利于建设自己和平崛起的国际形象,他提出建议,另外确定一个中国形象的象征符号代替龙的形象。这一建议的提出,是"构塑中国国家形象品牌"的国家重点课题的阶段性成果。[58] 这表明了几点:(1)该建议的立项表明现阶段我国已经开始高度重视形象的建设;(2)传统文化资源在现代中国国家形象建设中具有重要意义;(3)西方的接受和认可依然是我们对外形象建设最看重的环节。而该教授提出的建议也可以从两方面揣测:一方面可能说明中国依旧无法摆脱对西方的仰视,我们的传统文化在现代的发展要受到西方文化

---

[56] 关于美国对华文化攻势的特点论述,见李庆四:"从美国中期选举看其未来'软力量'攻势",载社会问题研究丛书编辑委员会编:《文化安全与社会和谐》,知识产权出版社2008年版,第196—205页。

[57] 兹比格涅夫·布热津斯基:《大抉择:美国站在十字路口》,王振西等译,新华出版社2005年版,第206页。

[58] "'龙'为形象标志缺陷多多",载《联合时报》2006年12月1日。此事一经传播,被传为改变中国龙形象的始作俑者上海外国语大学的吴友富教授马上澄清他从未说过放弃中国龙图腾,但确实在研究如何使中国龙的形象更丰满、完整。详细见《新闻晨报》2006年12月5日。

的影响;另一方面却可以认为,中国已经拥有非常平等和开放的心态,能够宽容地接纳他国的看法改造传统文化,不再需要固守传统文化作为我们民族自信心和凝聚力的基石。后一方面的看法有一定迹象,但是从媒体多方面的报导炒作引起的反响来看,负面者居多,没过过久就偃旗息鼓了。事实上,即使在最发达最成熟的发达民族国家里,传统文化也是不可轻率移易的祖宗之业。如果我们轻易放弃对传统文化资源的利用,不但是放弃了前人留下的大笔财富,更将它拱手奉送给他人。这正是传统文化在国家振兴中被特别看重的原因。像日本和韩国,都投入极大的国民经济力量去重新发现民间传统文化,挽救濒危的传统文化。[59] 我们的法律政策应站在文化安全的立场上看待传统文化的建设问题。

因此我们解读耐克广告争议,要害不只在于具体事件上的孰对孰错,更重要的是通过这起误用事件,解读国家广电总局在行使职能时所代表的文化政策立场。在耐克广告争议中,广电总局通过叫停表明尤其是对外表明,中国传统文化承载国体,不能被随便"调侃"。而底线是很容易随着立场上的松动迅速地一路下滑的。哪怕在某一次误用的判断上出现错误,亦绝不等于说文化法律政策中的文化主权和安全问题的考虑是多余的。

五、文化人格物,是否可能

耐克广告争议一案完全有可能依照以下走势发展:广电总局没有叫停《恐惧斗室》广告,中国公民或海外华人观看后认为该广告内容丑化和侮辱了中国文化,伤害了广大中国人民的民族自尊心和民族感情,向中国法院或其他国家的法院提起诉讼,要求精神伤害赔偿。这种诉讼既可以由某位中国公民或海外华人提起,亦可以由某个群体提起,基于本人或某群体代理全体中国人和华人进行的此类诉讼,属于民事诉讼上的群体公益诉讼,在法治发达的国家是屡见不鲜的。一旦诉讼为法院受理,问题便旋踵而至:诉讼主体是否适格、侵害事实是否存在、精神赔偿标准如何认定。因此,实有必要提前探讨这一争议中包藏的法律理论问题。

有关司法实践已开此先河。在《乌苏里船歌》案中[60],原告主张精神损害赔偿,因为作品是作者个体智力活动的结果,作者在长期的智力劳动中对作品倾注了大量的心血和情感,当作品受到侵犯时,作者在精神上难免受到伤害,所以理应向侵权人要求精神损害赔偿。对于个体的精神损害赔偿,在诸多民事法

---

[59] 安宇、沈山:"日本和韩国的'文化立国'战略及其对我国的借鉴",载《世界经济与政治论坛》2005年第4期。

[60] 黑龙江省饶河县四排赫哲族乡人民政府诉郭颂等侵犯民间文学艺术作品著作权案,(2001)二中知初字第223号,(2003)高民终字第246号。

律中都是得到肯定的。然而《乌苏里船歌》案不同于其他案例之处在于,它提出了全体赫哲族人对于本族民歌被侵犯是否可以享有精神伤害受偿权的法律问题,这在中国是头一次。但《乌苏里船歌》案并没有涉及传统文化为外国所用的问题。

在《功夫熊猫》中,赵半狄作了一次尝试,他质疑《功夫熊猫》的形象设计和情节安排,认为制作方和发行方伤害了中国和中国人民的尊严,伤害了他本人的民族自尊心和民族感情。[61] 由于赵本人的动机使他的行为更像一出闹剧甚至被国人笑骂,法院也不予受理。[62] 但该案所涉及的问题并非没有法律思考的价值。既然在《乌苏里船歌》案中法院可以依据宪法和著作权法的立法精神和最低保护水平推断赫哲族人对本族民歌享有相关权益,而最终确认的署名权就是著作权中的精神权利,那么中国人民对熊猫形象和中国功夫为什么不能享有权益?有没有法律理论能提供有力的分析?

像龙、敦煌壁画和中国功夫这些传统文化元素,都在广泛参与的"中国100元素"网络评选中入选,成为最能代表中国形象的文化元素。[63] 而且,无可非议地,龙、敦煌壁画和中国功夫这些灿烂的文化成果,是中国人民非凡的智慧和心血在长期生产劳动中的结晶,是现代中国人民从先人手中继承的宝贵遗产。中华民族从这些文化遗产中认识自身的历史,体会和发展先人不同于其他民族的对世界和宇宙的独特认识。这些事实,使中国人与中国传统文化之间形成了类似作者与作品之间的,或后人与祖宗之物之间的关系,这种关系不仅仅是法律上冷冰冰的占有关系,而是在物权之上附加着强烈的情感。有学者将这种带有特殊情感的物称为"人格物",[64] 相应的物权概念即为"人格物权"。

关于人格物,法律上有相关的特殊保护规定。如在王青云诉美洋达摄影有限公司丢失其送扩的父母生前照片赔偿案中,原告幼时父母便在唐山大地震中双亡,原告成年后几经波折寻获一张父母的照片,在交由被告放大重印时被告由于疏于保管丢失了照片。后来法院判决被告赔偿原告精神损失费8000元。[65] 类似案例还有公民对于死者亲属的骨灰的特殊所有关系,公民对于死者亲属的尸体的特殊所有关系,等等。[66] 这种对于特殊物品对于所有人的特

---

[61] "'熊猫人'赵半狄正式起诉《功夫熊猫》",载《信息时报》2008年7月17日。
[62] "'熊猫人'赵半狄起诉《功夫熊猫》一案夭折",载《信息时报》2008年7月22日。
[63] 相关信息:http://cul.book.sina.com.cn/n/2007-08-25/1516169446.html,最后访问日期2008年12月1日。
[64] Margaret Jane Radin, *Reinterpreting Property*, The University of Chicago Press, 1993, pp. 35—71.
[65] 最高人民法院中国应用法学研究所编:《人民法院案例选》(1992—1999年合订本),民事卷·中,人民法院出版社2000年版,第995—999页。
[66] 冷传莉:"民法上人格物的确立及其保护",载《法学》2007年第7期。

殊意义产生的精神损害赔偿,由最高人民法院在2001年通过的《最高人民法院关于确定民事侵权精神损害赔偿责任若干问题的解释》确定下来:"具有人格象征意义的特定纪念物品,因侵权行为而永久性灭失或者毁损,物品所有人以侵权为由,向人民法院起诉请求赔偿精神损害的,人民法院应当依法予以受理。"[67] 此类法律问题,在司法实践经常遇到。因为人生于世,会不断与其他人,与身外之物发生联系,并产生各种复杂的情感,这是人之常情。这些情感中的许多寄托在与个人经历人际交往联系密切的物件上,所谓睹物思人触景生情。法律无力扭曲和压抑这种情感,便应择其为社会公共道德所接受者加以保护。[68]

讨论迄今还停留在以私人财产为对象。像本文所涉及的诸多文化元素,能不能成为法律上的人格物呢?苏力教授曾在这个问题上有所论述。前殖民地国家能否对当年被掠夺的但已被他国博物馆合法购买和收藏的艺术品主张返还。依照上述人格物理论,这些具有国家民族象征化意义的艺术品对于前殖民地国和人民有特殊的情感价值。或者,在全球自由贸易中,某国能否将一些最具民族象征性的历史文化建筑出售,哪怕通过全民投票的民主方式?苏力教授认为,对此可以用法律经济学理论进行解释。因为人格物之上的"同一个人、家庭、家族甚或国家无法分离的那种主管感受的价值",只属于特定的人或群体,无法随着实物的转让而转让,相反会在实物的转让中消失,从而造成社会财富的耗散,所以此类转让应为法律所不欲。[69]

本文更为具体地讨论传统文化作为无形财产使用的情形。这一点既与上述的分析有关,又类似于知识产权上对于作者精神权利的保护。这里不再涉及传统文化遗产的实物,而要论证,龙、敦煌壁画、功夫、熊猫等中国文化符号(不是实物)是否应视为法律上的人格物加以保护?无形财产与有形财产最大的不同在于无形财产可以同时被许多人使用彼此不会受到影响。比如长城位于中国境内,它也只能位于中国境内,但长城作为名称,它可以成为商标或者其他用途的称谓,拍摄或描画长城所成的照片或图案,也可以作为商标或者其他组织的标志。这些行为又并不影响中国对长城实体的所有权,也不影响其他人了解长城的历史、欣赏长城的风光。能否仅仅因为国外的个人或组织在无形财富(说财富而不说财产,因为侵犯人格物权不一定要求以营利为目的)的意义上使用长城的符号,就认定构成侵犯中国对长城的人格物权利,造成社会财富的

---

[67] 《最高人民法院关于确定民事侵权精神损害赔偿责任若干问题的解释》第4条。
[68] Margaret Jane Radin, *Reinterpreting Property*, supra note [64], pp. 35—38.
[69] 苏力:"海瑞定理",载《中国社会科学》2006年第6期。人格物理论肯定使我们联想起最近轰动一时的圆明园铜兽首拍卖事件。详见《南方周末》2009年2月26日。有趣的是,再雄辩的经济理论也不能自动使自身发生效力,可见有些较量从来不是在学术的舞台上进行的。

耗散呢？像在《功夫熊猫》、"恐惧斗室"中，也有不少正面评价认为是对中国文化的贡献，许多中国消费者尤其是青少年消费者都表示了支持态度。由于无形财产的特性，我们必须更细致地甄别其中的细微差别，不能与有形财产等同对待。一不小心，有可能滑向文化民族主义的泥沼，这种心态只会阻碍中国传统文化走向世界。

人格物权的另一个潜在问题是人格物承认人的主观价值为财富的尺度之一，这是经济学思想的新发展。传统经济学以货币收入或物质财富增长为效益的唯一判断标准，以致无法解释许多社会现象。新经济学随着对各种社会现象解释的扩张，也在不断修正本科学原有的预设。新的经济学思想试图用"效用"指称货币和非货币的各种收益，譬如社会地位、声望、闲逸等。[70] 但是以法律经济学的进路考量人格物交换的效率问题有些困难，因为主观价值不好衡量，如果不能以货币交换来计算，我们不知如何比较大小。像在侵害普通物权的情况下都容易根据常情得知，如果侵权行为人无法返还原物，赔偿标准应等于或大于原物体价值。但是，在平等自愿的市场等价交换中，如果当事人自己愿意出让属于他所有的人格物，不管价格高低，我们如何代替当事人估价，又如何能够阻却在自由等价交换形式下确实发生着的巧取豪夺？另一种情形是人格物中的主观价值是可能变化的，虽然某传统文化元素确实属于本国，但如果其他国家的艺术家通过极其出色的创作使该文化元素成为他国的经典并深受该国人民的喜爱，产生了强烈感情，而该文化元素在本国却寂寂无闻，陷于消亡的边缘得不到保护。在这个时候，如果依照人格物理论，一直在减弱的原人格物价值能否依然排斥一直在增强的新形成的人格物价值呢？

人格物理论在适用中国传统文化上还有一个困难，文化是群体性的，中国传统文化元素不会由任何个体独有，那么，这个群体的范围该如何确定？像龙这一符号，起源说法不一，难以考证，又久已成为中国和中华民族的象征，属于中国所有没有争议。像熊猫，被誉为国宝，自然也没有太多可争执的。但许多地方性传统文化，比如少数民族的民歌、某地区特定的剧种或某地区的历史名人形象能否因为它与某区域某民族某群体的紧密联系就认定它应当是该区域、民族、群体的人格物呢？这样，该区域、民族、群体能否主张人格物权利，排斥对该传统文化的国家所有权？如果可以，则该区域、民族、群体能否任意使用该文化元素，只要不妨害自身的人格物权利？万一这种使用与国家的人格物利益产生冲突呢？如何不可以，理由又是什么？诉讼主体的不确定和过于广泛性，都是人格物理论在操作上的问题。

---

[70] 一个例子是波斯纳对法官效用最大化的研究。见波斯纳：《超越法律》，苏力译，中国政法大学出版社 2001 年版，第三章。

人格物的根据在于个人或由个人组成的群体,他们作为人的自由意志和善良情感应当成为法律保护的价值。但是,与此相对立的是另一个基本权利——言论自由(在此处可具体化为创作自由)。这也是宪法保护的基本权利之一,而且也有不可忽视的伦理价值:惟有公民的言论自由得到保障,作为个体的人才能享有完整的人格尊严和发挥人的价值的最大空间。当人格物强调的基本伦理价值与言论自由强调的基本伦理价值撞车的时候,前者并不能天然地压倒后者。在耐克广告争议案中,即使我们假设该广告侵犯了中国人民对于中国传统文化的民族文化情感,我们依然必须论证保护这一情感的好处要超过限制耐克广告创作自由的伤害。

六、"误用"与文化自由

立场正确,不一定做法对头。在我看来,耐克广告对中国传统文化元素的使用是相当温和的,尽管有少许放荡不羁的味道,那也是为整个广告追求的叛逆中带点野性的统一风格服务。这种误用(或者说"戏说")传统文化的现象大致都可以归入时下盛行的恶搞文化中。恶搞行为有一个学术名叫"戏仿",戏仿"属于一种传统文艺创作方式……就是拿原作最具特色的人物形象情节对白场景等,加以模仿、夸张、戏谑、讽刺,新编一个跟它唱对台戏的故事"。[71] 但类似本文中耐克广告的使用传统文化的方式并不追求与传统文化唱对台,它仅仅把一些元素表现得与以往形象不太一样,借此增强表现的效果。因此传统文化的误用中,耐克广告为代表的戏说,在程度上要比严格意义上的戏仿——如大禹不入家门是由于婚外情等[72]——稍弱一些。

上述恶搞传统文化的行为,已经不只是传统文化使用的中外冲突的问题,而是一种在国内外都极为流行的普遍模式。这种恶搞行为给传统文化带来怎样的影响?法律应当如何管制,才能把对传统文化的使用导入一个良性的轨道?

关于恶搞中的戏仿类型,已经有学者给予论证,由于戏仿具有娱乐性和评论的功能,著作权法应当基于"合理使用"予以保护。[73] 其中许多具体的论述在传统文化的使用中同样适用。如戏仿作品可能使更多的人去了解该传统文化要素,查阅更多的历史典籍和材料,对传统文化为更多人所熟知可能有积极作用;戏仿作品虽然借用原有的传统文化符号,但戏仿同样是源自现实生活的

---

[71] 冯象:《政法笔记》,江苏人民出版社2004年版,第262页。
[72] "近日,因北京师范大学二附中高级教师纪连海在上海电视台《文化中国》讲述《历史上的非凡女人》时,提出了大禹三过家门而不入是因为和瑶姬搞婚外恋的惊人观点。"徐梦醒、徐子敬:"从'大禹婚外情'谈历史人物的名誉保护",载《检察日报》2008年5月8日。
[73] 苏力:"戏仿作品的法律保护和限制——从《一个馒头引发的血案》切入",载《中国法学》2006年第3期。

创作，失败的戏仿在信息轰炸的今天肯定会被人们飞快地遗忘，对传统文化构不成伤害，只会被认为是无聊或贬低了传统文化，这类失败的戏仿根本不值得耗费社会资源进行管制，成功的戏仿造成轰动，引起社会和政府部门的注意，当然有借助人们熟悉的传统文化的便宜，但必定更多的是因为戏仿本身深入而形象地揭示了现代生活中的某种现象或背后的道理。这种戏仿是有社会价值的。即使仅仅是搞笑，但成功的搞笑创作就实现了情感宣泄的社会价值。[74] 因而像并不具有针对性的耐克广告，以及微软公司推出的对联软件[75]，其实是一种文化财富的创造。

有趣的是，在传统文化的使用中许多被恶搞者本身也可以被看做恶搞者。像陈凯歌导演的电影作品《无极》，是否就恶搞了"无极"这个传统文化概念呢？吴宇森导演自称他是在演义《三国演义》，这一坦诚的态度表明电影《赤壁》相对于原著就是一种恶搞。这些电影作品虽然顶着严肃史诗巨作之名，可得到的骂名只怕不少于许多恶搞作品。为什么对传统文化的这类"恶搞"应视为创作得到保护，对传统文化的另类"恶搞"要受到打击？这恐怕不符合法律平等的原则。但一旦将打击恶搞推广开去，又不符合言论创作自由的我国宪法精神，而言论创作自由是"我们每个人享有人格尊严的基本条件之一"[76]。对恶搞传统文化行为的一般性管制，只会导致传统文化传播和创新的枯萎。由此得出的结论是，对于恶搞产生的误用，并无必要因恶搞的对象——传统文化的特殊性而在法律政策上与一般的恶搞行为区别对待。况且，希望硬性地强调内外有别也无法做到。因为内与外的分别，并非一准乎地理疆界，由于文化安全的渗透性，内也可以是外，不论自觉还是不自觉地。

再有，尽管传统文化作为精神情感方面的无形资产是无法转移的，但这种无形资产并非一成不变永存在传统文化符号之中。任何物的价值变化不只是物本身的变化，也不是经济学上表面的供需关系，关键是在不同时期不同社会中我们会赋予同样的物或文化不同的价值。人是万物之灵的一个意义在于他有能力对物赋值，尽管会受到生存的基本需要这一生物规律的制约。无形资产同样会随着社会的变迁而发生变化。前面对中国龙的符号功能的历史分析已经包含了这一观点。如果某恶搞行为可以轻易地被普遍接受，我们很难说它所借用的传统文化符号在我们心目中处于多么神圣不可侵犯的地位。因此近日广电总局和有关单位吹响要对网络低俗行为进行管制的号角，其真正目的是对

---

[74] 同上注。

[75] 微软公司推出一对联软件。对联是中国传统艺术形式，微软推出该款软件，可以随意输入汉字组成上联，软件将生成下联组成一副对联。比如输入上联"我劝天公重抖擞"，软件就给出下联："谁言王母更精神"。《成都商报》2008年8月6日。

[76] 冯象：《政法笔记》，江苏人民出版社2004年版，第194页。

社会风气的培育和对公民德性的培养,即使对象中针对以美国大众文化为代表的消费主义低俗文化,亦不能想当然地等同于对传统文化使用的保护。[77]

因此在传统文化误用的问题上,如广电总局、新闻出版总署等部门,以及司法机关基于文化主权文化安全立场的介入时,便需十分注意对文化自由价值的保护;稍不小心,即有滑向文化民族主义的危险。其根本错误,在于太过当真,把捍卫几个传统文化符号等同于文化安全和国族振兴,其根本伤害,在于禁锢文化自由发展,不利于文化繁荣。这些道理,似乎也无需专门的法学研究来告诉我们。如鲁迅先生所言:"但是要进步或者不退步,总须时时自出心裁,至少也必取材异域,倘若各种顾忌,各种小心,各种唠叨,这么做即违了祖宗,那么做又像了夷狄,终生惴惴如在薄冰上,发抖尚且来不及,怎么会作出好东西来。"[78]说的是洋为我用,但也极适宜拿来做传统文化使用的指南。

在耐克广告争议中,广电总局的做法,大概有它的苦衷,但也给我们提了醒,在传统文化误用上要提防狭隘的文化民族主义。究其原因,我们不应把文化振兴的重担寄托在文化管制的法律政策上。文化的兴盛,从来没有靠管制保护出来的。诚如布热津斯基所言,美国大众文化的成功,首先得力于美国民主制度下保证的自由与平等(不含褒贬)[79],而不仅仅依靠航空母舰和美金的保驾护航。今日之中国,应当有力量和气魄进行一场文化复兴,而不是畏缩地利用法律政策进行文化管制。况且,在今天的互联网时代,管制的成本未免太高了。同时,在以繁荣市场经济为主要目标的法制下,文化管制政策从一开始便没有适宜它的政法环境。

要防止狭隘文化民族主义导致的过严管制,不得不谈及行政与司法机关在文化法律政策上的分工。让我们再回到耐克广告争议中。耐克广告顺利通过国家电视主管部门的审查并播出,至少表明广告中的误用程度并没有引起所有人的反感,广告播出后引起各种不同反响则属于再正常不过的事。而反感该广告的民族主义情绪得以迅速激化,虽然有前面所谈的诸多因素起作用,但不得不说主要是媒体参与的结果。《华商晨报》、《兰州晨报》和《京华时报》等各大报刊,人民网、新华网等重要网站的报道,所谓专家意见的不断被引用、转载,加上各大网络论坛的热议,是这些轰动效应,而不是事件本身造成了误用的严重性。[80] 媒体总是可以把问题的严重性放大。在这样的形势下,加上广电总局的地位,决定了耐克广告被禁播的命运。因为行政部门实行问责制,一旦耐克

---

[77] "网络低俗之风不可长",载《人民日报》2009年1月6日第5版。再看,《关于计算机预装绿色上网过滤软件的通知》,工信部软【2009】226号文。

[78] 鲁迅:"看镜有感",载《鲁迅杂文选集》,人民文学出版社1993年版,第22—25页。

[79] 布热津斯基:《大抉择:美国站在十字路口》,同前注[57],第201页。

[80] 关于大众媒体对耐克广告争议的传播的详细分析,参见潘知常、苗青:"'耐克广告'事件:民族主义话语权力的滥觞",载《东方论坛》2007年第2期。

广告争议引发广泛的社会不良后果,则足证对该广告的事前审查出错,事后又不及时制止,将对该部门的行政负责人及主管官员非常不利。关于行政审查的特性,已故的杨洪逵先生有精辟的论述:"一般来说,行政审查对行为内容的要求,基于社会公共利益、公共秩序方面的要求比较多,且审查原则比较抽象,又是事先审查,就很难预料到具体的私权保护上可能出现的问题和形式。"[81] 事后审查又将受到基于事前审查失职带来的压力。因此在传统文化误用的处理上,当司法机关有介入机会时,便应自觉注意到自身与行政机关在文化法律政策中的不同地位,而对私人活动的文化自由保障给予足够的关注。这种关注,应当包括了对媒体引导、炒作过激言论的提防。[82]

因此我以为,由于文化自由价值的存在,要在传统文化误用的问题中引入人格物理论,其范围可能要受到严格限制。传统文化法律政策更多应着眼于扶持而非管制,除却重大的文化安全问题。这里似乎说了一句大空话,但确实,具体的措施要取决于一时一地之情势,不可一概言之,因为传统文化作为无形资产,它的意义是流动着的。这个也是我强调"政策性"要表达的意思之一。

七、余论:"误用"与文化多样性

文化自由(也可称为言论自由、创作自由)属于重要的宪政价值,文化自由的目的在于保证文化创造力和文化多样性。文化多样性是20世纪中后期逐渐引起国际关注的世界性事件。第二次世界大战之后,虽然再没有爆发新的世界大战,但西方国家的语言、文化和价值观,却随着他们的经济援助和政治影响继续向全世界输出。许多非西方国家意识到本国文化被西方文化全面改造和削弱的威胁,他们在国内外利用法律和国际组织抵制西方文化的侵蚀。近二十年来,随着美国的独霸地位形成,美国文化的强劲输出,使许多西方发达国家如法国和加拿大也加入这个阵营。[83] 于是有了今天的保护和促进文化多样性的国际潮流,而文化多样性也成为文化安全的应有之义和文化法律政策制订绕不开的弯。

只是,仅仅抱着文化自由的高枕是否就可以无忧地保持自身的文化特性和文化创造力? 在我看来,肯定的结论还不能过早地下。前面分析耐克广告中我们已经看到,中国传统文化的使用,可能只是沦为好莱坞式的美国英雄主义的助推器,因此这种多样性的虚假繁荣下掩盖着的是文化进一步单一化。全球化

---

[81] 《人民法院案例选》,人民法院出版社2000年第4辑,第141页。
[82] 这就说明正确处理司法活动与媒体的关系对司法功能的正常发挥非常重要,参见景汉朝:"从大局出发 正确把握司法与传媒的关系":http://www.chinacourt.org/public/detail.php?id=377068,最后访问日期2009年10月15日。
[83] 顾军:"法国文化遗产保护运动的理论与实践",载《江西社会科学》2005年第3期;戴晓东:《加拿大全球化背景下的文化安全》,上海人民出版社2007年版,第177—186页。

与文化多样性,有可能是相矛盾的。捍卫自身文化的独特性,真正问题不在于对传统文化误用的管制,而在"文化自觉"(费孝通先生提出)意识的培养。这是要另文探讨的问题了。

(初审编辑:徐斌)

自由裁量管辖权及其行使
——《美国最高法院受案议程表的形成》导读[*]

傅郁林[**]

The Discretionary Jurisdiction and Its' Exercise:
The Introduction of Agenda Setting in the United States Supreme Court

Fu Yulin

关于美国联邦最高法院的研究可谓浩如烟海,但关于该院程序或过程(process)的研究作品却凤毛麟角。在获悉经典作品《最高法院实务》[1]一书

---

[*] 全译书名为《译案而审——美国最高法院受案议程表的形成》,傅郁林、韩玉婷、高娜译,中国政法大学出版社 2009 年版。H. W. Perry, Jr., *Deciding to Decide*, *Agenda Setting in the United States Supreme Court*, Cambridge, Massachusetts: Harvard University Press. 非常感谢两位匿名评审人的中肯意见,但迫于时间压力,仅作了部分修改,其他意见只能在日后修缮中再予采纳。

[**] 北京大学法学院副教授,博士生导师。

[1] Robert L. Stern & Eugene Gressman, *Supreme Court Practice*, Washington, D.C.: Bureau of National Affairs, 1978.

从不授权翻译之后,"民事诉讼法学精粹译丛"[2]经长达两年的大量搜索却始终未有合适选择。直到2005年初冬,当我流连于美国最高法院大楼内的小书屋时,这本封面凌乱标题怪异作者名不见经传的小书猝然跃入视野。我在大法官们或许坐过的位子品着咖啡浏览目录,刺探内幕的好奇心获得极大满足,不过真正使我迫不及待要与更多读者分享本书的动因,是在从纽约返回蒙特利尔的火车上详细阅读访谈内容时所受到的震撼。作者与受访者之间的睿哲对话和其中揭示的丰富信息,一页一页掀开着裁量受理申诉(petition)案件的过程,犹如窗外不断闪过的绮丽风景(据称这是北美风景最美的铁路线),不断撞击着我的狂喜……特别是作者的独特视角,对于我国司法界了解并理解美国司法中人与制度、法官与程序之间的关系富有启迪——我国当时正在经历从法律虚无主义走向法律万能主义、从程序虚无主义走向程序至上主义、从唯政治主义走向司法形式主义的极端更替,本书却揭示了这样一个命题:当司法进入到最高法院这一层次时,程序制度对于控制司法权滥用的价值已在很大程度上逊位于法官选任体制,权力的行使与其说依赖于**程序**的"制约",毋宁说更依赖于**人**的"道性"。而这也回答开头的疑问:为什么在程序如此重要、研究如此发达的美国,关于联邦最高法院"程序"的研究却如此罕见?为什么我们看到最多的相关研究是对大法官本身的研究?因为美国联邦最高法院既是一个司法机构又是一个政治机构,因为美国大法官们享有的其他国家最高法院无与伦比的自由裁量权足以使外界将目光盯在了行使权力的"人"的身上。

然而,当我们完成本书翻译交付出版时,我国司法改革的方向已经发生重大逆转——在规则意识、程序理念和司法独立的空泛概念尚未真正植入理性实践之前,司法理念和司法实践在诉讼爆炸和信访大潮的挟持下,以席卷全国的势态正在向规则虚无主义、去程序主义、政法一体主义的极端大踏步回归。这种司法价值目标的摇摆甚至逆动,已改变了我当初选译本书时的社会背景和主观导向,而译著和法律移植在输出国与输入国之间的背景差异所致的各种误读误用的例子不胜枚举。为了避免本书遭遇这种厄运,译者甘冒佛头着粪之不敬,专文导读,以诠释这种政治与法律纠结的司法结构的真正内涵和基础,以及自由裁量权"对人的依赖胜于程序制约"这一命题在何种前提下才得以成立。

---

[2] "民事诉讼法学精粹译丛"由傅郁林主持翻译,中国政法大学出版社自2003年开始,目前已出版美、德、英、日、法等国关于民事诉讼程序和民事司法制度方面的经典作品10本,本书是最后一本。丛书中对于本文讨论内容直接相关的作品有弗兰克·柯芬:《美国上诉程序——法庭·代理·裁判》,傅郁林译,中国政法大学出版社2009年版;J. A. 乔罗威茨:《民事程序研究》,吴泽勇译,中国政法大学出版社2008年版。

一、美国最高法院的自由裁量管辖权

本书研究的重心是以调卷令/申诉(a writ of certiorari/petition)和上诉(on appeal)两种途径启动联邦最高法院管辖权的过程。除此之外,案件进入该院的途径还有三种:确认书(certification),非常令状(extraordinary writ),以及初审管辖权(original jurisdiction)。初审管辖权主要适用于一切有关大使、公使、领事以及州为当事一方的案件,但国会规定为例外及另有处理规定者不在此限。以初审管辖途径进入联邦最高法院的案件屈指可数,平均每一届开庭期只有4起初审管辖权案件。因此本文不作详介。非常令状是依据国会立法设立的联邦最高法院和所有法院为行使各自的管辖权而发布各种必要或适当的以及各种符合法律惯例和原则的令状,主要有执行令(mandamus)、制止令(prohibition)、人身保护令(habeas corpus)、(普通法)调卷令。[3] 人身保护令需要《美国法典》第2241节的特别授权,用于谋求释放被违法羁押的公民;执行令和制止令分别可以要求或禁止下级法院为某种行为;普通法调卷令区别于占据美国最高法院绝大部分案件而作为本书研究对象的制定法调卷令[4],普通法令状可以并曾经将案件提交到联邦最高法院,不过在现代极少发生,因此也无须展开。

(一) 典型的裁量管辖权:调卷令申诉(petition of certiorari)

联邦最高法院受理案件最常见的方式是"许可调卷令(granting cert.)",亦即因当事人提出调卷令申诉(petition of certiorari)而许可发布一个调卷令状(writ of certiorari),在本书作者访谈期间大概占联邦最高法院受理案件80%,现在几乎占其全部。调卷令状是一种裁量性令状,即指它的发布完全取决于大法官彻底的自由裁量权,亦即当事人提出的调卷申请取决于最高法院自由裁量地决定是否受理或许可(grant),因此在理论上归类于裁量管辖权(discretionary jurisdiction),又称为许可上诉。《布莱克法律词典》对调卷令的定义是"一项由受理申诉案件的法庭发布的命令,该法庭拥有决定审理申诉案与否的自由裁量权。如果调卷令申诉被驳回,意味着法院拒绝受理申诉,它的效力是维持下级法院的判决。如果被许可,则具有命令下级法院确认(certify)审理卷宗(record)并移送到上级法院的效力,由上级法院依据其裁量权审理该申诉案件"。因此,当调卷令申诉获得许可,则在理论上会向下级法院发布调卷令状,要求将有关案件的审理档案向上移送到联邦最高法院接受复审。

---

[3] Robert L. Stern & Eugene Gressman, *Supreme Court Practice*, Washington, D.C.: Bureau of National Affairs, 1978, p.627.

[4] 参见该书附录对调卷令沿革的考察。

在当代美国，几乎占据联邦最高法院全部受案数的这种调卷令状，在历史上源于英国衡平法庭（大法官法庭或王座法庭）的初始令状（original writ），即普通法令状，最初是衡平法院为了确保正义而基于裁量权提审异常案件的一种命令，任何上级法院（superior court）依普通法都能够发布诸如调卷令的特别令状，除非成文法禁止其这么做。在美国，普通法令状的原貌由如前所述的非常令状保留了下来；而本书所讨论的联邦最高法院受理案件所使用的调卷令状是在普通法令状的基础上几经演变之后形成的"制定法令状"（statutory writ）。这种"制定法调卷令"保持了普通法令状的一个特点，即允许上级法院在裁量的基础上受理和复审案件，从而区别于依据权利提起的上诉（an appeal by right）[5]；但与普通法令状用于保障正义的功能目标不同的是，联邦最高法院使用调卷令状的目的，亦即申诉程序在预设功能和价值目标，不是为当事人设置权利救济途径，保障正义实现，而是为美国最高法院阐释和发展法律设置的信息管道。读者将从附录中发现，这种演变是随着最高法院功能的演变而逐步发生的，或者说，制定法调卷令状从传统的普通法调卷令状中分离出来，成为最高法院完成自己职能转变的一种工具或历史载体。

众所周知，美国宪法只创设了唯一的联邦法院，即联邦最高法院，而将其他联邦法院的创设留给了国会自由裁量[6]；而国会设立了各种联邦法院则以各自不同的路径发生了复杂的演变，在此不赘。在审级制度领域，1891 年《巡回上诉法院法》（circuit courts of appeal act）为了强化上诉功能而创设了巡回上诉法院，授权其在某些领域的判决具有终局性；不过该法同时已在重构最高法院复审管辖权的道路上迈出了主要的一步，规定"最高法院都有法定资格凭借调卷令或其他方式，要求在巡回法院作为终审的任何这类案件向最高法院进行证明，最高法院有权对其进行复审并裁决，如同它是通过上诉（by appeal）或称纠错令状（writ of error）被提交到最高法院来一样"。[7] 1914 年调卷令扩展到某些州法院判决中，这种扩展被视为是"异常案件（anomalous）的一种安全

---

[5] 联邦最高法院早在 1806 年就在 *Ex parte Burford* 案中，从 1789 年《司法法》的"全部令状部分（all writs section）"推导出它有权利使用普通法调卷令，这一法案的现代版本如今被编纂进《美国法典》第 28 编 1651 节。所以从技术上讲，普通法调卷令状也是由成文法规定的，因此很容易引起混淆。不过当代人提到"法定调卷令"时，已不是在谈论现在成文法（法典）所编纂的普通法令状了。见 J. Myron Jacobstein and Roy M. Mersky, *Fundamentals of Legal Research*, Mineola, N. Y.: Foundation Press. 1981. pp.140—141 中有关《美国法典》编纂程序的解释和其他有用的信息。

[6] 美国《宪法》第 3 条第 1 款。

[7] Peter Linzer, "The Meaning of Certiorari Denials," *Columbia Law Review* 79 (November 1979), pp. 1232—1235.

阀"。[8] 但与此同时，由于许多类型的案件仍然享有通过上诉或纠错令状直接上诉至联邦最高法院的权利，特别是新劳动法引起的雇主责任诉讼大量上诉至最高法院，因此该院的强制性管辖权也得到了增长，于是积案问题不断彰显。1916 年，《韦伯法》（Webb Act）通过在若干重要的分类中将依据纠错令状（强制性复审）的复审改变为依据调卷令的复审，解决了这一问题，更重要的是韦伯法使调卷令状的功能发生了深刻的变化，现在"调卷令也可以主宰很多主要领域的案件了"[9]。法兰克福特（Frankfurter）也赞同说："这里有一个值得注意的政策转变，尽管在形式上仅仅是通过渊源于《巡回上诉法院法案》的**调卷令裁量性管辖权原则**的一种扩展，但是这种措施的主要目标是如此引人注目，它将最高法院从大量无意义的雇主责任诉讼中拯救出来，以至于该法案的这个重大革新没有经过认真考虑——而且肯定未经争论——就被国会通过了。"[10]而 1925 年的《法官法案》（Judge's Bill）（因其由最高法院大法官起草而得名）彻底变革最高法院的上诉管辖权，从此"制定法调卷令"取得了联邦最高法院占主导性复审方式的地位，而强制性管辖权的种类所剩无几。直到 1988 年国会立法几乎废除了联邦最高法院的强制管辖权，正如作者所说，"今天联邦最高法院的管辖权几乎是完全不受限制的"，即当事人的申诉（petition）是否许可（即受理），以及受理之后是否进行实体审理（抑或只作简易处理），都由最高法院裁量性地决定。而且经其决定许可受理该案申诉的，才发布调卷令（状）（writ of certiorari），命令下级法院将卷宗向上移送至最高法院，使案件进入复审程序；不予受理的案件甚至不必制作意见书或说明理由，因为最高法院对于许可调卷令申请的基本原则是"推定不受理"，因此只有那些许可受理的案件才需要说明给予特别许可的理由，这正是作为"裁量"性复审途径的"申诉"程序与作为"权利"性复审途径的"上诉"程序之间的重大差异。

（二）变相的裁量管辖权——上诉（appeal）

除了以 petition of certiorar 的途径启动复审程序之外，在理论上和立法上，appeal 被认为是美国联邦最高法院复审程序的另一重要途径。appeal 通常译为上诉（本书亦同），源于普通法上古老的纠错令状（writ of error）——在性质上属于权利令状，是当事人的一种权利（right），意即当事人启动 appeal 程序的权利直接由国会的制定法赋予，对司法管辖权具有拘束力，故 appeal 在理论上又称为权利性上诉；基于当事人 appeal 产生的司法管辖权称为上诉管辖权，在性

---

[8] 对州法院判决的复审，无论是依上诉还是调卷令，都只有当判决是终审时，并且如果是在可以作出判决的最高一级法院时，才能被受理。至于具体依上诉还是依调卷令复审，简单地说，如果联邦法律败给了州法，就存在上诉的权利；如果州法失败，就可能存在依调卷令的复审。Id., p. 1238.

[9] Peter Linzer, "The Meaning of Certiorari Denials," supra note [7], p. 1239.

[10] Frankfurter, *The Business of the Supreme Court*, Transaction Publishers, 2006, p. 213.

质上为制定法强制赋予的司法管辖权,故理论上又称为强制上诉管辖权、法定管辖权或制定法管辖权(statutory jurisdiction)。在美国联邦审级制度中,appeal主要用于在巡回法院提起针对初审法院裁判的复审,理论上称为第一级上诉、权利性上诉或强制性上诉,以区别于以上述各种途径在联邦最高法院启动的复审,后者往往被统称为第二级上诉、许可性上诉或裁量性上诉。本书将 appeal 直译为"上诉",是因为本书就是在第二级复审这样一个明确而特定的语境下使用 appeal 这一概念的,与之相对的另一种复审途径就是 petition(译为"申诉"),因此,将 appeal 译为上诉,而将 petition 译为申诉(petition of certiorar 译为调卷令申诉),已足以区分二者,而且这样翻译才真正承载了美国复审制度的本义,而不是以中国读者的视角所强加的理论符号。[11] 但必须再次提请读者注意,本书中的"上诉"概念仅指作为权利性上诉或强制性上诉即 appeal,而不包括被理论上归入"许可性上诉"或"裁量性上诉"的调卷令申诉(petition of certiorar)。

上诉(appeal)用于针对制定法明确授权的少量事项向联邦最高法院谋求复审的情形,在作者访谈期间大约占到该院受理案件的20%到25%。但是,在该院的强大案件压力下及其与国会一次一次的成功交涉中,国会在制定法中赋予上诉权的案件一直处于减少趋势,到1988年国会已废除了绝大部分(虽然不是全部)上诉案件的类型。但本书仍以这种分类存在为前提,因为作者认为受访者对上诉的讨论经常为程序总体上如何运作提供了重要的认识,比如国会立法所确定的"强制"上诉管辖权实际上对程序没有很大影响,上诉案件在联邦最高法院实际上也变成了自由裁量性的,不过强调上诉与调卷令的不同之处既不是毫无意义,也不是无关紧要。

进而言之,虽然在理论上联邦最高法院只有在调卷令申诉中才享有自由裁量权,而对于"上诉"这一制定法明确赋予当事人权利的强制管辖权,最高法院至少在受理权限上的确无权拒绝依据制定法授权提起"上诉"的案件,但是,最

---

[11] 关于翻译与比较研究之间的微妙关系,一直是困扰许多译者的问题,常常看到一些译者以自身的知识储备替代读者或研究者阅读必备的知识储备,将自己的角色无意中转换为外国法/比较法研究者的角色。我的总体主张是,译者是原作者与读者之间的媒介,其重要任务是进行语言转换,而不是进行语言阐释,特别是法律语言的翻译,译者不能自作主张地以自己的解读取代原著作者或译著读者的解读,增衍、遗漏或改变原著的内涵;如果语言转换的结果实在无法传递原文所承载的制度信息,可以通过译注的方式解决。翻译的一个基本假定是,读者具备了相应的知识背景,因为原作者是写给其本土语言特定的读者群的——即使在其本国,所有读者都精通该书的语言,也未必所有读者都能够读懂此书。以上所说的归纳,比如将包括美国在内的各国名目不同的复审程序区分为第一级上诉和第二级上诉,是研究者根据不同符号下的复审程序的特征和功能等,所进行的比较法意义上的划分,不应当成为翻译的根据。这种划分参见傅郁林"审级制度的建构原理",载《中国社会科学》2002年第4期;关于法律术语的翻译方法的讨论,参见傅郁林:"法律术语的翻译与法律概念的解释",载《北大法律评论》第2卷第1辑,法律出版社1999年版。

高法院对于案件处理方式却拥有自由裁量权,最高法院可以裁量决定对"上诉"案件进行简易处理抑或开庭审理,而且实践中大部分上诉案件都受到简易驳回或简易撤销,并没有进入完全审理和制作意见书阶段。

(三) 罕用的裁量管辖权——确认(certification)

在常用的调卷令管辖权和偶尔使用的上诉管辖权之外,美国联邦最高法院值得一提的是极其少用的一种复审途径,即申请"确认"程序,这是上诉法院向最高法院谋求确认其法律问题裁判意见的途径。与其他复审途径不同的是,申请确认的责任由下级法院承担,而并非诉讼当事人。通过确认程序,上诉法院可以在任何时间,对任何民事或刑事案件中的任何法律问题,作出必要的裁令,联邦最高法院可以依据确认程序作出有约束力的裁令,或是要求下级法院移送全部审理档案,由本院对争议的全部事项作出判决。不难看出,在形式上这种确认程序很类似于我国案件请示与批复制度,却存在着明显的实质差异。比如,"确认"是下级法院将已经作出的裁判请求最高法院确认,审级职责很明确;而"请示"则是下级法院等待上级法院批复后才作出裁判,特别是除向最高人民法院的案件请示仅限于法律事项之外,其他各级法院的请示事项则无所不及,甚至包括对裁判结果的请示,因此会妨碍上下级法院的相互独立并实际上损害当事人的上诉权。同时,除最高人民法院的批复有一部分以书面形式并予公布之外,其他批复都是暗箱操作。更重要的差异还在于,美国上诉法院以确认途径谋求复审的频率非常非常低,以至于即使在美国律师界也较少有人知道其存在,实际上几乎没有案件以请求确认的方式提交到联邦最高法院,联邦最高法院选择作出回应的就更少,从 1946 年到 1974 年间仅有 3 件得到了联邦最高法院的回应[12];而我国案件请示在实践中的适用却广泛而普遍。使用频率的量对于质的改变,在原理上毋庸过多阐释,只需对比一下我国与大陆法系其他国家的再审程序在制度符号上的相似性与其在使用频率上的差异性,以及这种差异对于司法终局性、权威性和司法信用的巨大影响,就足以警示,制度的比较不能仅限于有与无的比较,也必须关注多与少的比较,而对于导致多与少的差异之后的背景和原因的挖掘和比较,才是比较研究的关键,因为常常由此发现寻找答案的一个方法或路径,我简单地归纳为:"问题在制度之中,答案往往在制度之外。"或者有时问题在制度 A 的运行中出现,答案却需要在制度 B、C、D 中去寻找。

二、植根于社会分工的司法与政治的纠结

"在美国,一个政治问题几乎迟早会转变为一个司法问题。"托克维尔的这

---

[12] Robert L. Stern & Eugene Gressman, *Supreme Court Practice*, Washington, D.C.: Bureau of National Affairs, 1978, p.592.

句名言已为我国法律界所熟知。我国有学者则对比说,"在中国,一个司法问题几乎迟早会转变为一个政治问题。"无论这些说法是否准确,至少都揭示了一个事实——司法与政治的纠结,无论在法治国家或者在走向法治的国家,都是无法避免的。按照戴维·伊斯顿(David Easton)的著名定义,"政治是对价值的权威性分配"。那么当司法参与价值分配时,司法就具有政治性,司法对于价值分配的参与程度越高,其政治性越强。然而,按照人们心中的法治理想,政治是排斥在司法过程之外的,正如作者引证朱迪思·施克莱(Judith Shklar)教授的话所指出的,一直以来"人们始终不懈地追求完美的、非政治的、超然中立的法律和判决的圣杯,常说一个以政治为取向的法律系统意味着司法正当性的终结……人们认为大法官及整个法律程序的公平要求无偏见的、自由的、对那些镌刻于精神石碑的规则的追求,规则的变动应当由立法机构作出,绝不能由司法人员改动,所有关于司法行为的批评和赞扬都以由此信念延伸而来的词句表达的。"本书作者在大量访谈的基础上挑战了这一法治神话,评论说:"实际上,人类社会的各种机制能存续下来是因为大多数人能够在完全矛盾的信念中舒适地共生共存,尽管这在哲学上是非常惹人恼厌的。"[13]然而,这一结论是在"美国""联邦""最高"法院的特定语境下得出的;如果以此为据解读所有国家、所有体制、所有层次的司法过程中的政治角色,还必须了解和关注这一结论赖以成立的底色和背景,以避免简单地进行对比、参照或推动借鉴、嫁接或移植,至少以下三个层次的差异应当受到充分关注。

在第一层次上,政治与司法的纠结程度取决于社会发展、社会分工的程度。法律从政治、道德等范畴中独立出来,如同工业从农业、手工业从工业中分离的过程一样,取决于一个社会发达程度对于社会分工的需求,取决于并反过来决定着这一行业自身的社会担当能力。在社会分工和市场发达的法治国家,不仅司法权的份额更大而政治等(如道德、文化)领域保留的份额更小,而且司法技术更依赖于法典或判例确定的"既有"规则,从而司法在功能和技术上都更具有法律性特征;而发展和转型之中的我国,不仅司法权的份额较小、政治权力的份额更大,而且司法技术也更依赖于"当下"利益权衡和价值考量,从而更具有政治性特征。这种差异明显体现在,一部分按照法治国家的标准属于司法领域的事项却被我国纳入政治领域,或者虽然基于法律移植等原因(我国许多立法条款是直接照抄法治国家的)在职能上纳入了司法领域,却基于惯性或司法职业自身的社会担当能力不足而在方法或技术上仍依赖于政治手段。

除此之外,在法律与政治分离较早和较为成熟的法治国家,不仅司法与政

---

[13] Judith Shklar, *Legalism: Law, Morals, and Political Trials*, Harvard University Press, 1986, X. 转引自 H. W. Perry, Jr., *Deciding to Decide, Agenda Setting in the United States Supreme Court*, Harvard University Press, p. 284。

治等领域的分界较为清晰,边界模糊和相互交叉的领域相对狭小,而且在这些界线模糊、权力领地有待拓展的领域,法治国家的司法权借助日益增长的强势而得以将手伸向政治那一端;中国的状况则恰恰相反,不仅司法与政治等领域之间的边界较为模糊,权限不清和相互交叉的领域相对广阔,而且在这些界线模糊、权力领地有待拓展的领域,政治力量的借助传统强势使之得以将手伸向司法这一端。

第二层次的差异取决于法制传统所形成的立法与司法的分工模式,即司法功能的定位。相对而言,判例法国家的司法过程更多地参与了价值分配和公共政策的形成,成文法国家的这一功能则主要由立法机构承担,司法参与分配至多是例外性或补充性的,主要体现在那些社会急剧需求规则、立法速度明显滞后的新型案件中。然而,在当代社会,由于第一层次即社会分工已达到足以使法律独立于政治等范畴,法系所定位的法律传统对于司法功能和司法技术的影响对于司法中的政治角色的影响已很少成为一个研究视角。即使是判例法系的法律家也难以接受政治学者的论断——"全部问题最终都被归结为政治的";即使是成文法系的法学家也很难再认同司法作为三段论逻辑的"售货机"(输入事实和法律即可输出裁判)的传统定位。换言之,一方面,在法治国家,无论政治与法律在司法过程中纠结到怎样的程度,政治与法律的功能分界和技术特征是较为明晰的;另一方面无论政治与法律的区分怎样明显,总有一些领域是政治和司法共管的(职能),总有一些事项是政治和法律混用或并用的(技术)。

第三层次的差异取决于司法系统之内法院的位阶和审级职能的分层模式。即使在同一法系,乃至同一国度,居于不同位阶或审级的法院,司法过程中政治与法律的纠结程度也大为不同。一般而言,越接近于司法金字塔底部的法院,越关注个案纠纷的解决,而参与价值分配的功能就越弱;越接近塔顶的法院,司法参与公共政策形成的功能就越强,其政治色彩就越深厚。比如在成文法传统的德国,位于司法金字塔顶端的宪法法院的判例具有拘束力,次于其地位的普通最高法院的判决具有几乎相当于判例的说服效力,而高等法院和中级法院判决的判例效力和司法统一性至少没有像最高法院联合合议庭那样的制度性机制来保障。在实行判例法传统的美国,审级制度所体现的分洪闸原理更加明晰。两级上诉法院都以法律审和生产判例为基本职能,使上诉法院与初审法院的功能泾渭分明;由于最高法院受案数量极其有限,因而绝大多数判例是由中级上诉法院形成的;但两级上诉法院之间在法律事项上的分工仍呈现出司法位阶和审级意义——中级上诉法院的重点是保障法律"适用"的正确性,最高法院的重点是"创制"法律和维护法律适用的一致性,虽然上诉法院在适用法律的过程中不可避免要解释法律并且实际上通过解释法律而创制了大量新规则、新判例,但由于最高法院保留了最终发言权,大法官们有权通过本书介绍的调卷令等多种途径撤销上诉法院违反先例或与其他巡回区冲突的判决,因此从理论上说,中级上诉法院参与价值分配的政治性职能受到最高法院的潜在制约。至于初审法院,事实问题才是其职能的重心,对于法律问题的决定,上诉法官可以"假定初审法官未曾决定"的标准进行审查和重新考虑,因此初审法院通过创制判例参与价值分配和公共政策形成的空间和机会极其有限。

鉴于以上种种差异,当我们解读作者对于"大法官应当总是纯粹的法律人"这一命题的质疑、理解作者对于"作为纯粹的法律人才是令人钦佩的"理想的评论时,不能忘记,本书的研究对象是美国联邦最高法院,而不是整个美国司法体系(特别是初审法院),更不是我国的最高法院乃至整个法院体系;不能忽略,"美国联邦最高法院既是一个政治机构,又是一个司法机构",其事实前提是在社会分工的层次上完成了法律与政治的分界,在宪政架构内政府机构的内部分工层次上明确授权司法以判例形式承担部分立法职能,在司法体系内审级分工的层次上各级法院的职能及行使方式泾渭分明。这些前提构成对本书所揭示的事实、所得出的结论的重要限定。更为明确地说,在我国确立这些分界线之前,"纯粹法律人"的理念对于当下中国法官而言,并不是走过头之后需要反思和回转,而依然是一种遥远的理想和目标。

三、依赖于信仰和信用的自由裁量权

在权力性质上,美国最高法院受理案件的主要依据是自由裁量权,这早已不是什么新鲜的命题,不仅受理调卷令申请的权限如此,即使对于国会立法明确赋予上诉权利的案件,大法官们也以某种方式保留了实质上的裁量权。因此,本书将镜头聚焦于决定形成过程(decision making),通过对大法官和法律助手的大量访谈,试图探知和回答:大法官们(justices)在行使裁量权决定受理或驳回哪些案件,以及选择哪些案件作出实质性审理或进行程序性处理的过程中,裁量权的行使是否有一定标准? 适用了哪些标准? 考量了哪些因素? 其考量和行为是政治性的还是法理性的? 其决策模式是否受意识形态和个人偏好影响? 决策过程是否存在协商、通融、妥协或交易? 同一大法官对待同类案件是否采取了双重标准或有分裂人格的情形……这些问题也正是美国公众特别是律师和研究者们衡量最高法院自由裁量管辖权及其行使的正当性的要点。在讨论这些问题之前,先简略介绍美国审级制度中的自由裁量管辖权与强制管辖权中的自由裁量权;同时建议缺乏基本背景知识的读者,在阅读访谈和评论之前,先阅读第 2 章"管辖权和诉讼程序"及附录"关于管辖权的扩展性讨论"。

在美国联邦—州两套并列的司法体系中,联邦和大部分州现在都是三级结构,第一级是初审(trial),第二级是权利性上诉(appeal),第三级以许可性上诉即申诉(petition)为主,伴有权利性上诉(appeal)。

如第一部分所述,最高法院对于实行裁量管辖权的申诉案件从受理到审理都享有完全的自由裁量权,同时对于实行强制管辖权的上诉案件的处理程序也享有自由裁量权。那么,在我国这样一个将"监督"作为"灵丹妙药"并以审判监督程序作为整个司法体制的落脚点的国度,一个自然而然的问题是:美国最高法院何以享有几乎不受法定规范或程序限制的自由裁量权却几乎不受社会质疑?联邦大法官们的自由裁量权又为何未被滥用或未被质疑为滥用?本书没有直接回答这个问题,但译者却一次次受到从受访者字缝里不时逸出的某种东西的深深触动——其中的玄机就是信仰,以及以信仰为基础的信用!这种自由裁量权从设立到行使得以获得正当性的基础,是大法官、法律界乃至整个社会的笃实信仰——宗教信仰,法律信仰,自由、平等、公平、正义、诚实信用的人生信条,是最高法院、整个司法系统乃至法律共同体的忠实信用——个人的声望和整体的声誉以及二者之间的相互证成和良性互动。在此基础之上和前提之下,才能展开关于自由裁量权的内涵和行使原则的探讨。

(一)比较视野中的最高法院裁量管辖权

最高法院在决定案件受理和/或处理方式上享有自由裁量权,并非美国联邦司法系统的独特配置,而是一种普遍实践。向各国最高法院谋求的复审,无论其名称如何,在性质上大致均属于申诉(petition),亦即最高法院的复审不再是当事人的权利或救济,而受制于法院的裁量和许可。然而,在所有这些享有自由裁量权的最高法院中,美国联邦最高法院的自由裁量权最少控制。在普通法系,英国在直到最近才成立最高法院,此前上议院一年受理的约50宗案件主要来自殖民地最高法院,本土的案件基本上只有一次上诉并且是基于制定法授权才能提起;加拿大最高法院直到20世纪晚叶才获得在控制自己的案件数量方面的自由裁量权;澳大利亚是在独立于英国之后才跟进美国和加拿大,基于宪政目标而推动和扩大最高法院的独立财政管理权和自由裁量权。在大陆法系,德国最高法院受理三审上诉的权限受二审裁判许可上诉的制约,即最高法院不得拒绝受理二审法院许可上诉的案件,虽然在决定对案件进行程序性处理抑或实质性审判方面保留了自由裁量权;法国和意大利最高法院在受理案件方面没有自由裁量权,在决定案件处理程序方面的自由裁量权也受到法律文化的阻扰,因此长年受积案严重困扰而几乎丧失了在统一适用和发展法律方面的预设功能。我国最高法院在两审终审制和审判监督程序并存的体制下,曾经以强制管辖权即二审上诉为主,同时在是否受理申诉再审和批复案件请示方面都享有自由裁量权,此外在审判程序中对于案件由本院改判抑或发回重审的处理程序也享有有限的自由裁量权;但2007年民事诉讼法修正案对再审级别管辖权的调整以及最高法院相应进行的一审级别管辖权调整,导致了最高法院行使强制管辖权的上诉案件大幅减少,而自由裁量权的适用范围和适用的对象都骤然剧增。这一状况使司法自由裁量权研究在当今中国更加重要和迫切。将美国最高法院在甄别案件方面的自由裁量权作为观察对象,可能是一个模型化的视角——在最少外部控制的权力配置模式下,自由裁量权应当具备怎样的前提或基础,其行使最低限度应受怎样的规范或制约?

(二)美国联邦大法官的自由裁量权及其行使

就自由裁量权(discretion)的定义而言,依据最大约数的共识,系指官员所享有的基于自己的判断而行事的权力,它赋予官员某些决策方面的选择权,但权力的行使通常要受某些规则和原则的限制,不能独断地行使,并且行使权力的人更不得从中享有自身利益。[14] 这包含了四个层次的内容:其一,在权力配置上,自由裁量权是一种决策者的自由选择权;其二,在条件控制上,选择的自由度要受某些条件或因素的约束;其三,在过程控制上,自由选择要经过一定程序或符合一定规范;其四,在效果上,自由选择的结果不能使决策者自己获益。[15] 借助相关知识背景,解读本书的介绍、访谈和评价,笔者尝试从以上四个方面来观察美国联邦大法官们案件受理过程中是如何行使自由裁量权的。

第一层,自由裁量权的基本原理或原则(doctrine)。裁量事项与法定事项、裁量事项与权利事项之间的区分,在美国法律制度和法律文化中有清晰的概念/观念(concept)。自由裁量权的本质内涵、制度性质、基本原理或原则,就是决策者享有自由选择权,除非其在后三个方面存在明显瑕疵从而构成滥用裁量权,否则决策者的选择就不受干预或更改。比如,权利性上诉意味着上诉是赋予当事人的权利因而不受司法干预,而裁量性上诉则意味着法官对受理案件的自由选择权不受当事人质疑;同样的例子在民事诉讼程序中更是俯拾皆是;上诉程序对于下级裁判的审查标准也因裁量事项、事实事项或法律事项而明显不同,裁量事项除非存在明显滥用裁量权的情形,否则上级法官不得干预,意即上诉法官不得假定自己若处于下级法官同等位置则会作出不同判断或选择从而以自己的裁量决定取代下级法官的裁量决定,因为裁量事项意味着法律将裁量

---

[14] 参见 Black's Law Dictionary, West Publishing Co. 2002;《牛津法律大辞典》中译本,光明日报出版社 1988 年版;《元照英美法律词典》,法律出版社 2004 年;另参见梁迎修:《法官自由裁量权》,中国法制出版社 2005 年版,第一章所引证的关于自由裁量权概念的各种定义。

[15] 关于程序法的控制模式,笔者将所有规范归入两大类,即条件控制和过程控制,相关讨论另见傅郁林:"职能分层目标下的高层法院角色转型——以自由裁量权的行使为切入点",载《清华法学》2009 年第 4 期。近日读到王锡锌:"行政自由裁量权控制的四个模型——兼论中国行政自由裁量权控制模式的选择"一文,颇有异路同道之欣悦。参见王锡锌:"行政自由裁量权控制的四个模型——兼论中国行政自由裁量权控制模式的选择",载《北大法律评论》第 10 卷第 2 辑,北京大学出版社 2009 年版。

权赋予下级法官而非上级法官来裁量决定该事项。[16]

　　裁量事项与法定事项的区分还内含着原则与例外的关系以及由此产生的说服责任和救济途径等多方面的差异。比如，向最高法院申诉和调卷复审作为裁量事项，奉行的原则是"推定不许可"，意即不许可是原则和常态，而许可是例外和特许。因此，若干个同类案件中仅受理其中一案、驳回其他案件是正常现象，法院对于驳回申诉不必说明理由，相反对于许可即要说明该案有特别值得受理的理由。同样，在《联邦民事诉讼规则》第11条规定了法官有权对滥诉进行制裁，由于法律措辞上使用了应当（shall），因而这一事项被设定为"法定"，因此认为受滥诉侵害的一方当事人有权动议制裁滥诉，并有权因请求被法院驳回而提出质疑，因为制裁是法定、是原则，法官有义务"进行制裁"；相反，有学者认为这一规定本来应当规定为裁量事项，即法官"可以"（may）制裁，倘若如此，那么制裁是裁量、是例外，因此法官应当就"施加制裁"的决定说明理由并接受质疑，而不必对驳回制裁动议说明理由或接受质疑。

　　这种以政府—社会二元结论和政府分权理念为基础的"裁量"与"法定"的区分，也是整个法律文化中评价最高法院行为的重要尺度。既然宪法、法律和惯例将最高法院受理案件作为裁量事项赋予大法官们自由决定，那么大法官们就有权根据自己的感觉、知识、经验和智慧进行自由的判断和选择，无论这种选择是否符合其他人的感觉、判断和取向，公众都会理所当然地尊重和服从，除非大法官们存在明显滥用裁量权的状况而受到公众的普遍质疑。这种观念构成全社会法律信仰的一部分，也成为美国最高法院行使自由裁量权不因其标准的模糊性或选择结果的不可预期而受到置疑的正当性基础。

　　正因如此，对于自由裁量权的最根本控制，是尽可能将交付裁量的事项控制在最小范围。然而，一旦某些事项因法定授权的僵硬性缺陷而不得不交付裁量决定时，立法者和整个社会都必须意识到，自由裁量权本身的灵活性特质所蕴含的相应缺陷和风险，在将具体事项划入裁量范围时即已注定，因此裁量权的行使除非达到滥用的程度，否则就必须接纳和容忍，而不是在赋予裁量权的同时寄希望于对裁量权行使的干预、控制、事后监督和救济。

　　第二层，自由裁量权的条件控制——调卷价值（certworthiness）。《联邦最高法院规则》第10条列举了该院受理案件的若干考量因素，以公开的形式表明了其自由裁量权行使的原则，从而设定了自由裁量权行使的条件控制，即案件是否有"调卷价值"。在上述"推定不受理"的原则下，联邦最高法院只存在明

---

[16] 对于事实问的审查标准，上诉法官要假定自己处于与下级法官同等的地位，故不接受当事人的新的主张、证据或理由，因为按照源于"纠错令状"的上诉理念，上诉法官如果获得比下级法官优势的信息从而否定下级法官的判断，则不能作为确认原判决存在错误的根据。对于法律事项则采取严格的审查标准，即假定问题未被下级法院决定过，从而给予完全重新的考虑和决定。

显不符合受理条件的案件,比如毫无意义的(frivolousness)案件、因事实而异的案件、证据不足的案件和异籍案件;但不存在明显符合受理条件的案件。换言之,即使一案存在许可受理的重点考虑因素,也不必然导致受理,因为这些因素还要受到其他变量的影响。考量因素的多元性本身即意味着受理标准的可变性,何况这些因素还要受到其他因素的干扰,而每一个因素的考量标准在不同的大法官那里也有可能有不同的解读和把握。这就是说,实践即使是调卷价值中仍有巨大的解释和操作空间,在具体案件中究竟如何发挥作用,法律实践者仍然莫衷一是,以至于有人怀疑最高法院是否真正具有什么可以把握的原则或可以探知的倾向,甚至真正起作用的因素不是案件自身的特征,而是大法官自己的政治倾向或学术兴趣。

本书作者通过对大法官和法律助手的大量访谈,在对这些因素在个案中的具体影响进行归纳之后指出,即使是最明确的、最常规的调卷价值要素,比如巡回区法院之间存在冲突和案件具有法律重要性(包括重大事件,宪政问题全国性争议,有助于澄清法律制度中的含糊或歧义的案件),也要受到其他变量的影响,比如该问题是否经充分渗滤、是否棘手或无解、是否还有可能进一步等待,该案是否是解决这一问题的良好载体(比如不是事实复杂缠绕的案件),甚至该问题所涉及的领域是否在具体大法官的兴趣范围之内,倘受理本案能否赢得结果(支持许可受理该案的大法官法律观点),等等。可见,决定调卷价值的具体因素在具体案件中、在具体的美国大法官那里如何具体解读和适用,仍然依赖于每一位大法官以自己的标准进行自由判断。因此作者在反驳认为大法官们的行为是以结果为取向的策略性行为的政治学者的观点时,也只是审慎地说:"大法官们作出调卷决定,并不仅仅是基于达到某个他们所希望的政策性或原则性结果的策略性考虑,也不仅仅是一种带有不断被遮掩的政治性欲求的法理判断",而是一个综合考量多重因素的复杂过程;并且特别强调,研究最高法院的人必须心胸博大,而不能狭隘或停留于事物表面。

然而,就中国读者的关切而言,当这些行使自由裁量权的原则本身并不是、不可能是、也不需要是那么清晰和确定时(否则就不称其为自由裁量事项而是法定事项了),那么将防止自由裁量权被滥用寄希望于明确的适用条件就更不切实际了,甚至评价滥用裁量权的标准本身也并不那么清晰;而当标准不明确、具体的时候,我们所习惯的"监督"或制裁就更加无所依从了。于是,我们不得不把目光进而投向自由裁量权的其他控制途径。

第三层,自由裁量权的程序控制——四票规则。所谓四票规则,就是指一个调卷令申诉获得四票赞成即获许可。五票规则是四票规则的例外,在某些法律争议上(比如猥亵罪)——有时是对某个特定案件——形成一种不可松动的5:4格局,少数派阵营(block)虽然可以汇集四票赞成许可调卷令申诉,但这一阵营中的每个人都知道他们会在实质性问题上失利,因为形成判例至少需要五票,结果四票的一方不再坚持受理此案。六票规则是一种极端例外,因此大法官称之为惯例(convention)而非规则(rule)。一种情形是在调卷令申诉案件中,如果在法律发展意义上的调卷价值未达到四票以上的共识,则在获得六票支持的情况下受理该案,但仅作简易处理;另一种情形是在上诉案件中,如果根据制定法提起上诉(appeal)的案件一目了然,则在六票支持的情况下对之进行简易处理,而不必进入庭审。

作为原则的四票规则和作为例外的五票规则和六票规则,与美国最高法院众所周知的集体决策机制以及作为整个最高法院议事规程的有关规定或惯例,对于受理调卷令申请和案件处理程序决定过程中的自由裁量权构成程序限制。本书调查表明,大法官们在决定案件受理和处理程序的过程中的确存在某种通融和妥协的情形,作为例外的五票规则和六票规则本身就是通融和妥协的产物。按照我们的惯性思维,既然承认受理案件的四票规则有种种例外,而且无论作为原则的考量因素抑或作为例外的特别情形都取决于大法官们自由裁量,甚至大法官们之间的确存在妥协、通融甚至交易,则表明制度本身并没有而且也不可能堵塞发生交易的空间和机会,然而调查表明,美国大法官们之间并不存在交易,比如你在这个案件上支持我,我在另一案件中支持你,甚至那些承认案件在**实体处理**(即判决结果和判例形成)中偶尔存在投桃报李的某种默契的"交换"的受访大法官和法律助手,也明确否认了在案件受理和处理程序中存在这种情形。无论在案件受理程序还是在实体审判过程中,大法官们在会议之外从不进行讨论或说服,更不能想象一个大法官给另一大法官打电话或串门谋求支持。他们在实体处理中的"说服",主要是在会议讨论中各自表达意见或在传阅判决书的过程中进行书面修改;而在案件受理议程会议上却只是将各自拟定的受案列举放在一起进行讨论,极少进行正式投票。[17] 惯性思维往往是思维对普遍现实的本能反应,而差异恰恰在这里。特别有趣的是,坚持受理某个案件的大法官"威胁"或恐吓其他大法官的方式,就是制作对驳回调卷令申诉的决定制作不同意见书(通常案件受理程序中只需公布决定结果而毋须就驳回申诉制作附理由的意见书,也就没有不同意见书),并且常常因此成功地获得妥协而达到四票。那么美国大法官们为何没有充分利用制度预留的机会进行交易?是不是事后另有"监督"?他们为什么不愿尝试给所针对的大法官打个电话,说服他们接受和支持自己的意见,而要如此麻烦地写意见书呢?受访的法律助手说,这样做会损伤大法官们的骄傲。

---

〔17〕 如果有人要求投票,则按照资历由高到低的顺序表决。在此特别一提的是,传统上以讹传讹的认识是,大法官们按照资历以由深到浅的顺序讨论,以由浅到深的顺序表决(discussed down and voted up),但本书作者以多位大法官的访谈证伪了这一讹传。

译到这里,我不禁掩面长叹！制度的操作者将制度预留的这个空间和机会用来做什么,已不再取决于制度、规则或程序本身的控制力,而取决于制度之外——法官的信仰、修养、境界、道性、文化等——精神方面的控制力。前者的空间越大机会越多,对于后者的依赖性就越强;反之,后者越值得依赖,前者的设计难度越小。法律是在精神控制无效、道德底线突破之后才发生作用的,刑罚更甚于此。中国古代"刑不上大夫"的规则,经常被作为法律公开确认特权和不平等性而遭到批判,其实这一规则并非全无道理。大夫犯法不受"刑"罚,并不等于不受惩罚——对于大夫而言,来自尊严、名誉、道德、廉耻心、社会评价等精神层面的损失,以及职位、俸禄、社会地位等方面的物质损失等,这些东西应当比皮肉之苦更为重要。且不论在以"刑"为获取口供的主要手段、以口供为定罪的主要依据的时代,大夫享有不受刑的特权与当今人大代表享受不受逮捕的特权和法官职务豁免有无某种相似之处,且说如果一个官员步步高升位及大夫,却连普通百姓的下限标准都达不到,却要堕落到与普通百姓犯同样的罪（如偷盗）和使用同样的刑罚,那就不是刑罚本身可以奏效的问题,而是整个国家的人事制度出了问题。质言之,对于自由裁量权滥用的有效控制,对于人的内在约束的依赖远胜于对于制度的外部制约的依赖。试想,当无论如何强调依法治国也不可能避免要由人来适用规则和操作程序制度,但一国所选任的法官缺乏信仰和尊严,法官的信仰、独立、尊严乃至生存保障在种种"监督"名义下受到肆意践踏,那么无论设计出怎样完美的规则和程序,滥用权力和践踏人民利益和尊严的情形都会防不胜防;而当政府和整个社会对于操作法律和程序的"人"丧失尊敬和信心时,法律的尊严和程序的价值也都无何谈起。

第四层,自由裁量权的底线规则——决定者不得有自身利益。如上所述,除了最大限度地减少裁量事项范围以根本降低滥用风险之外,除了设定自由裁量权行使的适当条件和程序之外,自由裁量权行使中的人的因素更为要害,其中一个底线规则是绝对不能突破的,这就是行使自由裁量权的决定者不得在决定事项中有自身利益。突破这一底线,权力的信用就会遭到破坏,司法信仰就会面临危机,裁量权的正当性基础就会崩溃。就自由裁量权的行使原则和研究方法而言,中国与美、德所遵循的原理并无二致,但是处于不同发展阶段的国家和社会,划定的决定者"自身利益"的底线位置有所不同。

德国对于自由裁量权中的"自身利益"的标准十分严苛,比如宪法法院明确否定了普通最高法院将本院案件负荷作为处理案件考量因素。德国法律将许可当事人向最高法院提起三审上诉的裁量权赋予了作出裁判的二审法院,除了因为德国联邦制下州与联邦之间分享司法终审权的宪政理由之外,德国不容许最高法院根据自身案件压力来自行决定是否受理案件也是重要理由之一。换言之,德国在"确定"自由裁量权的范围时就在根本上排除了在受理案件中掺入法院和法官自身利益的机会。相比之下,美国大法官由于在"授权"中享有更大的自由裁量权,因此对于自由裁量权"行使"中的自身利益的定义也相应采取了更高标准。在本书其他许多关于美国大法官和法官行为的实证研究中,这些"自身利益"主要聚焦于党派性或政治倾向、个人阅历、学术偏好等个人因素,因为这些个人因素会影响自由裁量的公平和中立。

与此相对照,我国在立法技术和实践需求上都明显存在大范围自由裁量事项和裁量空间,条件控制和程序控制也相应欠缺,那么按照权限越大、标准越高的正常逻辑,我国对于自由裁量权行使中的"自身利益"的定义应当有更高标准。但实际上,我国司法在总体上并不明确承认自由裁量权,对于"自身利益"更无具体定义。按照当下社会评价与官方制裁的主要目标,"自身利益"基本上定位在法官个人的经济利益,或者更狭窄地说以腐败手段获取的不正当、不合法的经济利益等低层次利益,即使按照中国社会发展阶段所采取的低水准的"自身利益"定义,在裁量过程中掺入自身经济利益或人情利益等因素考虑,也是赤裸裸地超越了底线规则,因此,这样的自由裁量权的正当性当然要受到严峻挑战。笔者在此无法展开讨论我国司法腐败问题是否根源于社会发展水平和法官的底线需求未能满足,因为往往问题在制度之中答案却在制度之外。司法腐败问题并非自由裁量权研究所能包涵或解决的问题,却是自由裁量权的设定和控制模式所必须面对的现实,腐败问题不应当成为强化我国从理论上或曰在原理上否认自由裁量权的理由,但可以成为增加法定事项、减少裁量事项或范围的理由。当某些事项不得不被赋予自由裁量权,那么裁量权行使原则本身就不是、不可能是、也不需要是那么清晰和确定的,否则就不能称其为自由裁量事项而是法定事项了,此时除了加强寄希望于裁量者本身的选任机制之外,恐怕我们必须改变所习惯于依赖的"监督"路径,因为当对评价标准本身并不清晰和具体时,"监督"的失范是必然的结果,而这种失范的监督只不过是以同样缺乏规则和标准的方式分享自由裁量权而已,即监督者以自己的自由裁量替代被监督者的自由裁量而已,而这种的裁量替代除了在理论上改变了自由裁量权的本义之外,更重要的是在增加执法成本的同时并未增加公正,相反却可能导致更加的无序。而且没有实证研究结论表明,这些试图以自己的裁量替代司法裁量的监督者在群体意义上比当下行使司法裁量权的被监督者拥有更好的智识、经验、道德水准或社会信誉。这就是笔者长期以来强烈抑制检察监督和人大监督等介入我国以自由裁量管辖权为主体的再审程序的原因。

本书通过大量访谈,回应了公众对于美国联邦大法官的疑虑。作者的结论是,大法官们在裁量性选择受理调卷令申诉案件的过程中,的确不是也不可能是纯粹法理的,而是会在一定程度上受到政治倾向或学术偏好等个人因素的影响,但这个程度是在其限定角色预期范围之内的;更重要的是,他们没有为此进行不正当或不能公开的交易,从而破坏或威胁到自由裁量权行使的实质条件和程序规则。作者还特别提到,在最高法院裁量受理的申诉案件中,有一类主体申诉的案件获得许可的成功率很高,那就是联邦总检察长提起的申诉,其理由,一方面是因为联邦总检察长代表政府,因而所启动的案件本身更具有社会公益性和法律普适性,这符合最高法院阐释和发展法律的基本角色定位;然而,同类案件的申诉仅有约百分之一能够成功获得受理许可,因此起重要作用的是另一方面的理由——联邦总检察长从不滥用自己的信用,他在挑选向最高法院申诉的案件时非常严谨和苛刻,宁可为此遭受同行的批评,并且总是准备好了富有说服力的法律理由,制作了无可挑剔的理由书。本书还提到了下级法官的信用对于最高法院决定受理某个申诉案件的影响,比如可能下级法官对于事实问题的清晰、准确的判定为最高法院解释法律提供了前提和基础,对于法律问题的分析也为最高法院提供了有价值的"渗滤"和参考。这表明,在一个高度依赖于"人"的道性的自由裁量权体系中,所有相关重要的人的信用对于自由裁量权的正当行使都产生直接影响,决定者只有在可提交决定的信息本身具有相当可靠性的基础上自由选择,才能作出具有高度可靠性的甄别、权衡和选择;而无论自由裁量标准多么模糊,裁量过程如何复杂,裁量者的自身利益怎样难以界定,标准和过程的公开性或可视性都是自由裁量权的行使免受正当性质疑的要旨。

四、服从于正义之终极目标的司法终局性

在强调司法的权威和终局性时,我们常常引证一位美国大法官的名言:"我们不是因为正确而权威,而是因为权威而正确。"然而,如果脱离具体语境,这种宣言就丧失了根基和正当性。的确,在美国联邦审级制度中,初审法院的功能是在解决纠纷的同时维护正义,上诉法院的功能是在保障正义的同时创制规则,最高法院的功能是保障法律的统一适用和渐进发展。[18] 质言之,由于下级法院在保障正确裁判和正义实现方面承担了应有的职能,就像逐级分洪闸一样一级一级地过滤了社会纠纷,才使最高法院得以在舒缓的水流中将精力集中在通过充分酝酿和渗滤而形成的判例,来统一解释和创制法律。于是本书展示的现象就不难理解了:即使在这个高度强调司法终局性的国家,即使各级法院之间原则上存在并受制于如上所述的审级职能分工,即使在这个大法官们甚至一再宣称"本院是一个阐释法律而不是确保正义的法庭"的联邦最高法院,但当下级法院的判决结果存在异乎寻常的错误,以至于

---

[18] 详细讨论见傅郁林:"审级制度的建构原理",载《中国社会科学》2002年第4期;"论最高法院的职能",载《中外法学》2003年第5期。

触怒了大法官们因而不能容忍予以放行时,也会将所有这些日常原则置于正义的终极目标之下。换言之,当司法正义受到离谱的裁判错误的公然挑战时,最高法院以阐释法律而非纠正错误为宗旨的职能也会出现极端例外,此时调卷令申诉即使没有提出对阐释法律有任何价值的问题,也会被许可受理,然后以简易处理的方式撤销判决,以警戒那些恣意妄为的下级法官。这类案件在以"六票规则"简易处理的案件中占相当大比重,导致人们对于最高法院自己宣称的角色及其裁量的原则感到迷惑和质疑,因为简易撤销对于阐释或发展法律显然没有起到任何作用。本书用了专门的篇幅来探知这种情形鲜为人知的原因。用一位大法官的话说,因为这种判决让他们"感到罪恶"!一位法律助手则精辟地说,简易撤销是大法官们的"佐罗概念",就是以闪电般出击来实现正义(do justice)。虽然每位大法官被触怒的着火点不尽相同,但都承认有这种极端的情形。

除了导致简易撤销的离谱错误之外,最高法院以判决结果作为决定受理考虑因素的另一类案件,是死刑案件,这是最高法院受理的案件类型中最无争议的当然进入复审列表的案件,无论该案是否提出了对阐释法律有意义的问题。当被问及其中理由时,一位对死刑不持反对意见的大法官神情黯然地回避了。其实理由太明显了,当人的生命将受到司法剥夺时,无论最终实体结果如何,在程序上都必须受到这个国家司法最大限度的审慎对待,以示整个系统对于生命价值的尊重。换言之,无论对于支持或反对死刑的大法官而言,死刑案件明显不适用"毫无意义"(frivolous)的裁量标准——"毫无意义"在美国诉讼制度中是一个非常重要但含义模糊的概念,通常用于指相对于不同的审级职能而言纯粹是浪费司法资源的案件,比如在以解决纠纷为目标的初审程序中的鸡毛蒜皮的纠纷,在上诉程序中对初审裁判毫无根据吹毛求疵的案件,在以阐释法律为目标的最高法院没有任何判例价值的案件。这表明,各级法院之间尽管存在相对的审级职能分工,尽管纠正司法错误的职责在上诉法院,亦即上诉判决具有很强的终局性,但正义仍然是司法的终极目标,当正义的底线被突破时,按照正常职能分工局限于阐释法律和解释判例的最高法院也不可能漠然无视,袖手旁观,而必须确保整个司法体系的集体信用和整个社会的集体信仰——正义。

在中国司法制度中,申诉和再审是备受争议的制度。不过应当再次强调的是,中国特色的申诉与适用于美国及其他主要西方国家最高法院(下简称其他最高法院)的"申诉"(petition)的相似点主要在于,案件的受理基本取决于法律赋予权力者的裁量,而不是基于法律赋予当事人的权利。除此之外,制度之间的差异明显多于相似。其中最突出的差异是,我国的申诉是一种救济途径,用于纠正错误和保障正义;其他最高法院的申诉原则上是一种阐释法律的途径,用于保障全国司法的统一性和法律发展的连续性。相应的另一差异是，我国申诉引起的再审审查范围包括法律问题（含程序问题）和事实问题；其他最高法院原则上只处理重大法律问题。此外，在我国能够启动司法权的申诉不仅适用于各级法院，而且适用于各个有"监督权"的部门，从而构成社会主义特色的"审判监督程序"；其他各国的申诉只能在最高法院层次上启动，被通称为"三审"。然而，随着《民事诉讼法》2007年修正案的颁布实施，最高人民法院以裁量管辖权受理的申诉案件大幅增加、以法定管辖权收到的二审上诉随之减少，加之法律赋予最高法院在决定案件自审或由下级法院再审方面自由裁量权，因此，最高法院通过裁量决定自己审理的案件类型来确定本院的职能向着纠正错误、保障正义抑或阐释法律、统一司法哪个方向倾斜，将有巨大的空间。更令人担忧的是，当下最高法院在受理案件和决定案件处理程序方面掌握着空间巨大的自由裁量权，却又将侧重点放在个案事实问题和实体结果上，那么如前所述的自由裁量权几个特征的控制力更难奏效，其自身滥用权力、滋生腐败或招致质疑的可能性更大，甚至在判断裁量者是否存在"自身利益"的问题上，也无法像处理法律事项的美国大法官们那样以是否符合"法理思维"的标准去衡量。这种无法超脱的困境将使最高法院自身的公平正义更容易受到置疑和挑战，而整个司法系统的信用、权威和终局性也会因此处于危境。

为此，笔者专文讨论了我国最高法院职能以民事再审级别管辖裁量权的行使为契机在审级职能分层目标下推进高层法院角色转型的具体路径，包括公开裁定再审的立案理由和确定级别管辖的具体理由，以及最高法院如何运用这一空间巨大的自由裁量权，逐步由纠纷解决、审判监督和法律解释三重职能并存，向着审判指导（法律解释）为核心、兼顾监督职能的角色转型，并最终使纠纷解决职能淡出最高法院。[19] 然而，决定最高法院角色走向及其转型速度的客观因素，仍然是下级法院在实现正义方面的作为和由此决定的二审判决的终局性。从司法制度的良性发展来看，特别是当代中国所面临的社会转型所带来的大量新型问题迫切需要最高法院通过司法判例形成统一的法律适用规则和明确的司法政策，以减少全国司法系统出现错误、混乱、不满。然而，如果下级法院存在大量不可容忍的非正义的判决，最高法院就不可能从保障纠正个案判决错误和保障个案正义的任务中解脱出来。因此，最高法院职能的建构和实现是在整个司法制度的体系性建构中完成的，其中重点在于优化和充实下层法院和一审程序，同时增强权利性上诉程序在监督审判质量和确保正义实现方面的能力，才能为逐步转变最高法院职能提供前提

---

[19] 详细讨论见傅郁林："审级职能分层目标下的高层法院角色转型——以民事再审级别管辖裁量权的行使为契机"，载《清华法学》2009年第5期。

和基础。结合本文第二部分关于大法官道性的讨论,这里回应了本文第一部分的议题:问题出在最高法院的受理制度之中,答案却要到下级法院的审判制度和最高法院人事制度中去寻找。

(初审编辑:储福民)

编 后 小 记
责任与担当

又到了快要交稿的时间了,各位编辑都在为文章作最后的校对。在稿件即将付梓的时候,重新回顾自己负责的论文,每位编辑的心中或许都会有一个声音在叩问自己:我负责的这篇稿件是所有来稿中最优秀的吗?我的学术判断是否真的会对学术思考有所贡献?

这是每一个《评论》编辑不能不面对的问题,同时,这也是一个无法轻易回答的问题。自然,我们可以宣称,《评论》的招新程序(严格的初试、稿件试审、面试)和编辑程序(匿名初审、匿名复审、编辑不获酬劳、在任和离任后两年内不得发文)保证了我们最大限度的客观中立。同时,我们或许也可以将这个问题抛给学术市场,将引证率或作者的学术声誉作为衡量文章水准的重要标准。但是我们明白,真正决定《评论》精神内核的东西并不是这些被包裹为客观中立的外在标准,在每一个需要作出决定和选择的时刻,给予我们最大支撑的仍然是每个人内心的学术操守、学术道德和学术眼光,是苏力先生提到的那种"刻骨铭心的真诚毫不妥协的追求"(见苏力:"追求不可替代——《北大法律评论》十年感言",载《北大法律评论》2009年第10卷第2辑)。

在法治、程序、制度成为法学界主流话语的今天,这样一种解读多少有些政治不正确的意味,给人一些"人治"和"德治"的感觉。然而,正如现实所显示的那样,纯粹的程序必然无法使得制度有效运转,离开了人和人的精神感召力,程序和制度就可能会走向僵化和它的反面。十多年前,当一群身怀学术理想的青年学子创立《评论》,其动力正是出于对中国法学学术中的官僚体制的不满,出于改变中国法学学术的憧憬和期望。而一届又一届的《评论》编辑对于学术伦理的坚守,对于《评论》精神的薪火相传,也无不渗透着这种学术的热情和使命。

如果说学术伦理和学术道德是一种精神的感召力,毕竟可以实现的话,那么学术眼光和学术判断的能力就是一个更加棘手的问题——太过棘手以至于人们往往会回避这个问题。在一个诸神冲突和价值多元的社会,任何一种价值的决断都会引起不满,甚至引起道德上的怀疑。

但在另一个意义上,我们又必须要作出判断。《评论》每年出版两辑,一共刊登不到三十篇的文章,而每年收到的投稿文章接近五百篇,这就注定了《评论》不能让所有的投稿者都如愿以偿,也注定了每位编辑必须凭借自己的学术能力作出艰难的抉择。这是一种权力,但更是一种义务和责任,一种使命和担当,它要求我们不断地学习和更新知识体系,要求我们具备更加敏锐的学术眼光和判断力。没有其他人可以代替你完成这项工作,也没有一种简单方便的标准可以把你从这种责任中解脱出来。

当然,也可以说有一种模糊的标准,那就是对问题更为深入的思考,对法律更为整全的把握。从创刊之日起,《评论》就一直和"意见法学"保持着一定的距离,拒绝简单的政策建议和学术八股文。我们相信,这种与直接法治实践保持一定距离的立场正是我们这个时代所特别稀缺的学术姿态,也正是学术可能给法律实践带来的最有益的贡献。贺卫方先生在总结八年《中外法学》主编经验时曾经指出,学院派刊物和具体法治建设的关联"必须建立在深刻的学理基础上,而不是急功近利地为现实服务"(见贺卫方:"平淡无奇的八年",载《中外法学》2008 年第 1 期),对于《评论》来说,这一洞见值得我们反复体味。

或许正是出于这种学术冲动,《评论》更多地刊载了理论性的文章。无论是法理、宪法行政法等学理性比较强的学科,还是民商法、经济法、刑法、国际法等实践性更强的学科,我们都试图从学术的视角来理解具体的问题,试图提供主流话语所忽略和遮蔽的问题。也正是出于这种学术的考虑,《评论》在容纳和欢迎法律内部视角的同时,也更多地将法律放置在一个更大的框架中,以超越法条主义的、更为整全的视角来理解法律相关的问题。因此,我们不仅仅刊登了法律和社会科学的各种交叉研究,例如法律社会学、法律经济学、法律与心理学,我们也刊登了法律与政治、法律与人文的研究,我们希望,这些人文学科和政治哲学或许能够开拓一些被遮蔽了的视野。

同样,更为整全的视野也意味着研究对象的扩展。近十年来,出于对九十年代"言必称西方"的简单比较范式的反弹,法学界逐渐开始将焦点集中在了中国研究上,以中国的问题作为思考的出发点。对于开药方式的西方研究来说,这种转变有着非常积极的历史意义。但是,从另一方面来说,随着中国的崛起和世界地位的上升,我们将越来越无法回避中国之外的问题。或者说,世界其他地区的问题也必将同时成为中国的问题。如果我们不去积极和深入地研究西方,做好充分的思想积累和学术准备,那么我们可能不仅无法满足时代对于我们提出的知识需求,而且也无法掌握真正的解释权。在新的历史条件下,如何思考和把握学术的走向,以深刻和敏锐的视角进行思考,这无疑是"这个时代向我们扔下的白手套"。

2007 年底,《评论》被南京大学 CSSCI 正式收录为核心集刊,且排名名列前茅,这对于一代又一代为《评论》付出心血的作者、读者和编辑来说,不啻为一种莫大的鼓舞。然而,也正是在这个时候,冯象先生"永不核心期刊"的教诲或许更值得我们警醒和重温。因为正是当我们进入了一些学校的学术评价体制,我们面临被收编、面临人情稿件的压力才更为强大。在那封写给《评论》编辑部的信中,冯象先生借古罗马哲人 Plotinus 的名言"除去德性,神不过是一空名"寄语《评论》编辑部:"《评论》的名誉与尊严……不在行政评级山头接纳,而在反抗者即各位同学的德性,对光明与真理的追求"。(见冯象:"致《北大法律评论》编辑部(二)",载《北大法律评论》2005 年第 7 卷第 1 辑)无论是坚守学术伦理的德性,还是学术判断的要求,对光明与真理的追求,正是我们每时每刻的责任与担当。

丁晓东

2009 年 12 月 1 日于北大畅春园

引 征 体 例

(最新修订版)

援用本刊规范:

苏力:"作为社会控制的文学与法律——从元杂剧切入",载《北大法律评论》第 7 卷第 1 辑,北京大学出版社 2006 年版。

一 般 体 例

1. 引征应能体现所援用文献、资料等的信息特点,能(1)与其他文献、资料等相区别;(2)能说明该文献、资料等的相关来源,方便读者查找。
2. 引征注释以页下脚注形式连续编排。
3. 正文中出现一百字以上的引文,不必加注引号,直接将引文部分左边缩排两格,并使用楷体字予以区分。一百字以下引文,加注引号,直接放在正文中。
4. 直接引征不使用引导词或加引导词,间接性的带有作者个人的概括理解的,支持性或背景性的引用,可使用"参见"、"例如"、"例见"、"又见"、"参照"等;对立性引征的引导词为"相反"、"不同的见解,参见"、"但见"等。
5. 作者(包括编者、译者、机构作者等)为三人以上时,可仅列出第一人,使用"等"予以省略。
6. 引征二手文献、资料,需注明该原始文献资料的作者、标题,在其后注明"转引自"该援引的文献、资料等。
7. 引征信札、访谈、演讲、电影、电视、广播、录音、未刊稿等文献、资料等,在其后注明资料形成时间、地点或出品时间、出品机构等能显示其独立存在的特征。
8. 不提倡引征作者自己的未刊稿,除非是即将出版或已经在一定范围内公开的。
9. 引征网页应出自大型学术网站或新闻网站,由站方管理员添加设置的网页,应附有详细的可以直接确认定位到具体征引内容所在网页的 URL 链接地址,并注明最后访问日期。不提倡从 BBS、BLOG 等普通用户可以任意删改的网页中引征。
10. 英文以外作品的引征,从该文种的学术引征惯例,但须清楚可循。
11. 其他未尽事宜,参见本刊近期已刊登文章的处理办法。

引 用 例 证

中文

1. 著作
   - 朱慈蕴:《公司法人格否认法理研究》,法律出版社 1998 年版,第 32 页。
2. 译作
   - 孟德斯鸠:《论法的精神》(下册),张雁深译,商务印书馆 1963 年版,第 32 页。
3. 编辑(主编)作品
   - 朱景文主编:《对西方法律传统的挑战——美国批判法律研究运动》,中国检察出版社 1996 年版,第 32 页。
4. 杂志/报刊
   - 张维迎、柯荣住:"诉讼过程中的逆向选择及其解释——以契约纠纷的基层法院判决书为例的经验研究",载《中国社会科学》2002 年第 2 期。
   - 刘晓林:"行政许可法带给我们什么",《人民日报》(海外版)2003 年 9 月 6 日第 H 版。
5. 著作中的文章
   - 宋格文:"天人之间:汉代的契约与国家",李明德译,载高道蕴等主编:《美国学者论中国法律传统》,中国政法大学出版社 1994 年版,第 32 页。
6. 网上文献资料引征
   - 梁戈:"评美国高教独立性存在与发展的历史条件",http://www.edu.cn/20020318/3022829.shtml,最后访问日期 2008 年 8 月 1 日。

英文

1. 英文期刊文章   consecutively paginated journals
Frank K. Upham, "Who Will Find the Defendant if He Stays with His Sheep? Justice in Rural China", 114 *Yale Law Journal* 1675 (2005).
2. 文集中的文章   shorter works in collection
Lars Anell, "Foreword", in Daniel Gervais, *The TRIPS Agreement: Drafting History and Analysis*, Sweet & Maxwell, 1998, p. 1.
3. 英文书   books
Richard A. Posner, *The Problems of Jurisprudence*, Harvard University Press, 1990, p. 456.
4. 英美案例   cases
New York Times Co. v. Sullivan, 76 U. S. 254 (1964). (正文中出现也要斜体)
Kobe, Inc. v. Dempsey Pump Co., 198 F. 2d 416, 420 (10th Cir. 1952).
5. 未发表文章   unpublished manuscripts
Yu Li, *On the Wealth and Risk Effects of the Glass-Steagall Overhaul: Evidence from the Stock Market*, New York University, 2001 (unpublished manuscript, on file with author).
6. 信件   letters
Letter from A to B of 12/23/2005, p. 2.
7. 采访   interviews

Telephone interview with A, (Oct 2, 1992).

8. 网页　internet sources

Lu Xue, *Zhou Zhengqing Talks on the Forthcoming Revision of Securities Law*, at http://www.fsi.com.cn/celeb300/visited303/303_0312/303_03123001.htm? 最后访问日期 2008 年 8 月 1 日。

　　注释中重复引用文献、资料时,若为注释中次第紧连援用同一文献的情形,使用"同上注,第 2 页"、"Id. ,p. 2"等。

　　若为非次第紧连出现的文献,可将文献的版次、出处等简略,仅使用"同前注"、"supra note",但须注明引用文献的名称、作者和页码,以便于识别。如"苏力:《送法下乡》,同前注〔×〕,第×页"。